Wolfgang Gädeke

EHE
Sehnsucht – Idee – Wirklichkeit

Wolfgang Gädeke

EHE

Sehnsucht – Idee – Wirklichkeit

Verlag Urachhaus

Meiner lieben Frau gewidmet

ISBN 3-8251-7294-5

Erschienen 2000 im Verlag Urachhaus

Die Zeichnungen auf den Seiten 57 und 61 stammen von Edgar Bayer, Stuttgart.
Umschlaggestaltung: Ursula Weismann, Bild: © Bildagentur Bavaria, Gauting
Druck: Offizin Chr. Scheufele, Stuttgart

Inhalt

Vorwort

Dieses Buch richtet sich an alle, die Fragen in Bezug auf das Zusammenleben von Mann und Frau haben, weil sie einerseits bei sich und anderen feststellen, dass dieses Zusammenleben offenbar schwierig ist und sehr häufig nicht zur Zufriedenheit beider Partner gelingt, und weil sie andererseits eine tiefe Sehnsucht nach einem solchen Gelingen in sich spüren; oder auch nur, weil sie sich einfach dafür interessieren, was andere Menschen bewegt, die eine solche Sehnsucht haben. Unter »Ehe« wird das dauernde Zusammenleben von Frau und Mann verstanden, unabhängig davon, ob diesem Zusammenleben eine rechtliche Form zum Beispiel vor dem Standesamt gegeben oder eine religiöse Segnung durch eine kirchliche Trauung hinzugefügt worden ist oder nicht.

Es ist vor allem auch für diejenigen Jugendlichen und jungen Erwachsenen geschrieben, die durch eine tiefe und beglückende Erfahrung der Liebe zu einem anderen Menschen die Sehnsucht in sich fühlen, dieser Liebe im Leben Dauer zu verleihen, weil sie empfinden, dass sie in solcher Liebe das eigentliche Wesen des geliebten Menschen ahnend erlebt und sich selber im innersten Wesen erkannt und gestärkt gefühlt haben; weil sie ahnen, dass solche Liebe ein Geschenk des Schicksals ist, das ihnen ohne ihr Zutun zuteil wurde, und dass dieses Geschenk ihnen genauso unverhofft wieder »abhanden kommen« kann. Und vielleicht auch, weil sie die Erhöhung ihres Daseins durch solche Liebe als etwas erlebt haben, das ihrem Leben einen Sinn geben kann und das anzustreben sich lohnt.

Dieses Buch ist auch geschrieben für solche Menschen, die schmerzlich das Scheitern ihrer Hoffnungen auf dem Feld der Lebensgemeinschaft erleben mussten und nun im Nachhinein die Gründe für dieses Scheitern besser verstehen wollen, ohne sich und dem ehemaligen Partner Schuldvorwürfe machen zu müssen.

Dieses Buch ist nicht geschrieben für solche Menschen, die aus freien Stücken und aus Überzeugung allein oder mit einem gleichgeschlechtlichen Partner zusammenleben wollen, nicht weil ich solche Lebensformen für weniger berechtigt oder wertvoll halte, sondern weil ich weder aus eigenem Erleben noch in genügendem Maße aus der Beratungspraxis mich in der Lage sehe, zu solchen Lebensformen Hilfreiches sagen zu können. Deshalb beschränke ich mich auf die Fragen der Lebensgemeinschaft von Frau und Mann.

Dieses Buch ist das Ergebnis von mehr als 25 Jahren Arbeit an und mit dem Problem Ehe. Im Winter 1973/74 erlebte ich als Pfarrer in Kiel das Scheitern einer Ehe mit zwei kleinen Kindern mit. Im Begleiten dieses Schicksals ergab sich mir der Eindruck, dass dieses Scheitern seine Ursache wesentlich auch in der Tatsache hatte, dass die Ehefrau viel zu jung und direkt aus dem Elternhaus die Ehe eingegangen war und dass beide Eheleute völlig unvorbereitet geheiratet hatten. Daraus entstand der Gedanke, es müsse eigentlich so etwas wie eine Ehevorbereitung für junge Leute eingerichtet werden, durch die sie ein wenig an Kenntnissen über den Unterschied von Mann und Frau, über Sexualität mehr als im Aufklärungsunterricht und über das Wesen der Ehe als Lebensgemeinschaft vermittelt bekämen.

In dieser Zeit kam eine Studentin aus dem damaligen älteren Jugendkreis der Christengemeinschaft zu mir mit der Frage, ob ich ihnen ein Theaterstück empfehlen könnte, das sie gemeinsam einstudieren und aufführen wollten. Ich versprach, mir etwas zu überlegen, fragte sie aber auch ganz spontan, ob sie nicht vielleicht Lust hätten, an einem Ehekurs teilzunehmen zur Vorbereitung künftiger Lebensgemeinschaften. Sie fragte, was das sei, und ich antwortete, dass ich das auch nicht wüsste, aber Lust hätte, es einmal mit einem solchen Kurs zu versuchen.

Dieser Kurs hat dann an einem Abend der Woche mit etwa zwölf jungen, unverheirateten Erwachsenen über ein Vierteljahr stattgefunden. – Ich habe dann in den folgenden Jahren in Hamburg in jedem Winterhalbjahr einen solchen wöchentlichen Jugend-Ehekurs durchgeführt mit bis zu 25 Teilnehmern. Eines Tages kamen Eltern solcher Jugendlicher zu mir und wollten auch so einen Kurs. So habe ich im Laufe der Jahre auch mehrere Erwachsenen-Ehekurse durchgeführt. Aus diesen ging dann das Bedürfnis nach Einzelberatung hervor, in der ich seit 1982 bis heute tätig bin. Außerdem wurde ich auch häufig zu Vortragsreihen und Kursen in andere Gemeinden der Christengemeinschaft und in deren Tagungsstätten eingeladen.

Zu den damit verbundenen Erfahrungen kamen noch ein regelmäßiger Erfahrungsaustausch unter den staatlichen und kirchlichen Eheberatern Kiels und eine halbjährliche Fortbildung mit anthroposophisch orientierten Biographieberatern hinzu. Parallel zu all diesen Tätigkeiten habe ich im Werk Rudolf Steiners nach allen Äußerungen und Hinweisen zum Themenkreis Ehe gesucht. Mein eigenes Verzeichnis dieser Fundstellen wurde dann ergänzt durch das von Herbert Kretschmer in seinem Buch *Ehe und Familie*,[1] durch ein weiteres von meinem Kollegen Richard Lewis in Sacramento und schließlich durch eines der Ärztin Vera Dorn, Essen, in dem medizinische Aspekte besonders berücksichtigt sind. Diesen drei Persönlichkeiten sei an dieser Stelle ein herzlicher Dank ausgesprochen. So kann ich sagen, dass ich wohl nahezu alles, was Rudolf Steiner zu diesem Themenkreis geäußert hat, berücksichtigt habe, auch wenn ich nicht alles ausdrücklich erwähne. Hinzu kommt die anthroposophische Sekundärliteratur und einiges aus der in den letzten Jahren ins Unüberschaubare angewachsenen psychologischen, soziologischen, historischen und beratenden Literatur. Von dieser kann ich nur einen kleinen, mehr oder weniger zufälligen Ausschnitt berücksichtigen, der im Literaturverzeichnis angegeben ist. Dabei gehe ich in meinen Ausführungen nicht auf alle angegebenen Bücher ausdrücklich ein, weil eine eingehende wissenschaftliche Auseinandersetzung mit ihnen jenseits meiner Möglichkeiten liegt.

Es kam mir sehr entgegen, dass meine Arbeit zunächst nicht mit dem Anspruch eines Buches, sondern in der Nachschrift von Vorträgen und in der mehr vorläufigen Form von Gesprächen und Interviews in den *Flensburger Heften* (Sonderheft 1, Heft 20 und 44) herauskam. Ich bin mir sehr bewusst, dass ein Buch in seiner mehr »endgültigen« Gestalt eine noch stärkere Verpflichtung bedeutet, muss demgegenüber aber die Vorläufigkeit und den fragmentarischen Charakter aller Erkenntnisbemühung betonen, die mir ganz besonders für diesen Themenbereich deutlich vor Augen steht.

So ist dieses Buch der Versuch, die Erfahrungen aus der eigenen 30-jährigen Ehe, aus der Eheberatung und -therapie zu verbinden mit den aus der Anthroposophie gewonnenen Gedanken und Ideen. Dabei muss ich die Grundlagen der anthroposophischen Menschenkunde und Kosmologie, wie sie in den Büchern *Theosophie* und *Die Geheimwissenschaft im Umriss* dargestellt sind, voraussetzen. Denn alle Schilderungen und Gedanken in Bezug auf unser Thema beruhen auf dieser Grundlage. Ich habe mich dennoch bemüht, auch für den anthroposophisch nicht vorgebildeten Leser verständlich zu schreiben. Deshalb ist auf wörtliche Zitate aus Steiners Werk weitgehend verzichtet worden, durch Fußnoten auf seine Schriften und Vorträge verwiesen, und nur Kernaussagen sind im Wortlaut wiedergegeben. Wer sich genauer mit diesen Inhalten beschäftigen will, für den wird es selbstverständlich notwendig sein, diese Wortlaute in ihrem ursprünglichen Zusammenhang aufzusuchen, auf den in den Fußnoten hingewiesen wird.

[1] Dornach 1988

Im Wesentlichen ist dieses Buch aber nicht für anthroposophische »Insider« geschrieben, sondern für all jene, die für ihre Ehe oder Partnerschaft nicht nur eine psychologische Hilfe suchen, wie sie heute gut und viel in anderen Büchern angeboten wird, sondern die nach dem eigentlichen Sinn von dauernder oder gar lebenslanger Lebensgemeinschaft zweier Partner unterschiedlichen Geschlechts fragen.

Danken möchte ich allen Menschen, die als Teilnehmer von Kursen und als Ratsuchende in der Beratung mir ihre Erfahrungen mitgeteilt haben. Ohne sie hätte dieses Buch nicht verwirklicht werden können. Ein besonderer Dank gilt meiner Frau, die mit ihrem Leben und ihrem Bewusstsein diese Arbeit möglich gemacht hat.

Einleitung: Das Problem Ehe

Persönliche Erfahrungen, Schicksale und die Kinderproblematik

Wahrscheinlich hat es jeder schon einmal erlebt: Da kennt man ein Ehepaar, vielleicht mit Kindern, und man hat das Gefühl: Das ist ein ideales Paar, sie passen zusammen und sind glücklich. Man hört immer wieder Gutes von dieser Familie, ist auch sehr erfreut, wie sich die Kinder darstellen, und wünscht vielleicht sogar heimlich, auch so glücklich sein zu können. Dann hört man eines Tages von Dritten: Hast du schon gehört? Er ist ausgezogen! Oder: Sie hat es nicht mehr ausgehalten und ist mit den Kindern zu Freunden gezogen! Wie aus heiterem Himmel ist eine scheinbar »heile Ehe« zerbrochen. Und man fragt sich: Wie konnte das nur geschehen? Warum habe ich nichts gemerkt? Hätte man vielleicht helfen können? Was wird mit den Kindern? Hat er eine »Neue«?

Und dann hört man nach und nach von dem ganzen Elend und wie es sich »schon lange« angebahnt habe, die Eheleute hätten sich schon lange nicht mehr richtig verstanden und kaum noch miteinander gesprochen, und nun sei es eben vorbei. Eine wirkliche Erklärung ist das nicht und man fühlt ein Unbehagen und Unverständnis gegenüber der Situation. Wo liegen die wirklichen Gründe für das Scheitern einer Hoffnung auf dauernde Lebensgemeinschaft? Wer ist an diesem Scheitern schuld? Hätte es nicht vermieden werden können? Man fühlt deutlich, dass man nur einen kleinen Ausschnitt der Ehewirklichkeit anderer Paare kennt, und weiß bei näherer Kenntnis des Paares auch, dass dieses selbst über die wahren Gründe des Scheiterns ihrer Ehe nur einseitige Vorstellungen hat.

Dann tröstet man sich vielleicht damit, dass es ja sowieso deren Angelegenheit sei, dass man sich nicht in die persönlichen Verhältnisse anderer einmischen sollte und dass jeder für sich selbst verantwortlich ist. So richtig diese Überlegungen auch sind, so können sie einen doch nicht innerlich befriedigen, wenn es sich bei den Betroffenen um nähere Bekannte, Verwandte oder Freunde handelt. Und wenn es einen sogar selbst betrifft, so wird das Ungenügen solcher Gedanken für das Leben unabweislich deutlich.

Durch solche Erlebnisse angeregt, kann sich jeder einmal fragen: Wie viele Ehen kenne ich in meinem Umkreis, die seit mehr als zehn Jahren bestehen, in denen Kinder groß werden und die ich als »gelungen« empfinde? Und wie viele gescheiterte Ehen und wieder aufgelöste Partnerschaften kenne ich? Und dann kann man den Eindruck haben, dass das Problem Ehe gar kein persönliches ist, sondern ein allgemeines, in unserer Zeit liegendes. Sollte es zum Schicksal des 20. und 21. Jahrhunderts gehören, dass diese alte Lebensform nicht mehr so gelebt werden kann wie früher?

Dieser Gedanke hat zunächst etwas sehr Einleuchtendes, kann uns aber auch nicht beruhigen. Denn nicht nur das Leid, das mindestens jeder sechsten Frau in Deutschland durch Gewalt in der Ehe zugefügt wird,[2] sondern auch das Leben und Schicksal der meistens vorhandenen und betroffenen Kinder kann uns nicht gleichgültig lassen. Was da an Leid durchgemacht wird, bekommen die Eheleute selbst, Lehrer, Psychologen, Therapeuten, Ärzte und Sozialarbeiter hautnah zu spüren und sind dann mit Schadensbegrenzung beschäftigt. In allen so genannten Problemgruppen sind die »Scheidungswaisen« überrepräsentiert (siehe den nächsten Abschnitt). Und damit wird das Problem Ehe ein allgemein-soziales, das nicht nur die Ehepartner angeht.

Statistische Bestandsaufnahme: Scheidungen

Der Blick auf das Problem Ehe mit Hilfe der Statistik zeigt auf seine Weise, dass es sich nicht um ein persönliches handeln kann. In Gesamtdeutschland wurden 1956 knapp 70.000 Scheidungen ausgesprochen. Das waren die wenigsten aller Nachkriegsjahre. 1998 wurden über 192.000 Scheidungen vollzogen. Das ist in gut vierzig Jahren eine Steigerung auf mehr als das Zweieinhalbfache. Nimmt man nur die alten Bundesländer, so stiegen die Scheidungen von 46.000 im Jahr 1956 auf 161.000 im Jahr 1997 und damit auf das Dreieinhalbfache. Die Zahl der Eheschließungen fiel in Gesamtdeutschland parallel dazu vom Maximum 1950 mit 750.000 auf 417.000 im Jahr 1998.[3] Die Scheidungsrate (Scheidungen pro Jahr, bezogen auf 1.000

[2] *Der Spiegel,* Nr. 9/1998, S. 126 [3] Quelle: Statistisches Bundesamt, Wiesbaden

Einwohner) verdoppelte sich in der Bundesrepublik von 1960 bis 1990 von 0,8 auf über 2. In den Stadtstaaten Hamburg und West-Berlin lag diese Zahl schon 1975 bei 3,5. Und damals schon kam dort auf zwei Eheschließungen mehr als eine Scheidung. Seither hat sich diese Quote auf die ganze Bundesrepublik ausgedehnt. In anderen Statistiken wird von einer Steigerung der Scheidungsrate in nur 9 Jahren, von 1975 bis 1984, von 1,7 auf 2,6 gesprochen. In einer weiteren Untersuchung wird festgestellt, dass vom

Eheschließungsjahrgang 1950 nach 25 Jahren 10%, vom
Eheschließungsjahrgang 1960 nach 25 Jahren 15% und vom
Eheschließungsjahrgang 1977 nach 10 Jahren 17% geschieden waren.[4]

Wenn man diese letzte Zahl hochrechnet, was natürlich nur bedingt richtig sein kann, so ergibt sich für den Ehejahrgang 1977 nach 25 Jahren, also für das Jahr 2002, eine Scheidungsrate von über 40%. Dem entspricht, dass in den USA vom National Council on Family Relations prognostiziert wird, dass zwei Drittel aller neuen Ehen wieder gelöst und 40 bis 50% aller von 1970 bis 1980 geborenen Kinder die Scheidung ihrer Eltern erleben werden.[5]

Man muss sich immer wieder klarmachen, dass hinter diesen nüchternen Zahlen unzählige Schicksale, zerbrochene Hoffnungen, leidende Erwachsene und geschädigte Kinder stehen. Auch die Hoffnung, dem Leid zu entgehen, indem man eben zusammenlebt, ohne standesamtlich zu heiraten, hat sich als trügerisch erwiesen. Zwar hat sich die Zahl der unverheiratet zusammenlebenden Paare von 1972 bis 1982 um 565% erhöht,[6] und es leben inzwischen etwa drei Millionen Menschen so zusammen, aber besser halten diese Verbindungen nicht, nur gibt es naturgemäß über das Auseinandergehen dieser Paare keine Statistik. Bei einer Umfrage unter 13.000 Personen wurde allerdings festgestellt, dass 50% aller nichtehelichen Lebensgemeinschaften wieder auseinandergehen.[7]

Auch das probeweise Zusammenleben vor der Ehe bewirkt nicht, dass diese länger hält: In einer Vergleichsstudie wurde festgestellt, dass nach vier Ehejahren ein Drittel aller Paare wieder geschieden war, egal ob sie vorher zusammengelebt hatten oder nicht.[8] In einer späteren Untersuchung wurde sogar festgestellt, dass Ehepaare, die vor der Hochzeit zusammenleben, ein um 40% höheres Scheidungsrisiko haben. Anders ausgedrückt: 10 Jahre nach der Eheschließung waren 27% derjeniger Paare wieder geschieden, die vor der Ehe nicht zusammengelebt hatten, während es von denen, die vorher Tisch und Bett geteilt hatten, 38% waren![9]

[4] *Der Spiegel,* Nr. 27/1989 [5] *Der Spiegel,* Nr. 8/1992 [6] *Der Spiegel,* Nr. 2/1991
[7] *Der Spiegel,* Nr. 27/1989 [8] *Der Spiegel* vom 1.7.1981 [9] *Der Spiegel,* Nr. 27/1989

Man kann die Tendenz auch an der Entwicklung der Haushalte ablesen: 1950 waren 28% aller Haushalte solche, in denen nur eine Person lebt, 1976 waren es schon fast 40%. Der Anteil der Drei- und Mehrpersonenhaushalte ging von knapp 42% auf knapp 28% zurück. Dieser Trend ging weiter: Mehr als 50% aller Haushalte in München sind heute Einpersonenhaushalte. In Hamburg sind 43% der Frauen und 59% der Männer zwischen 25 und 34 Jahren ledig. In Zürich und Paris lebt die Hälfte aller Einwohner allein und in der letztgenannten Stadt wird jede zweite Ehe wieder geschieden.[10]

Die Wirkung der Tatsache, dass immer mehr Kinder nur mit einem Elternteil aufwachsen, ist aus den Erfahrungen der Pädagogen bekannt. Statistisch zeigt sich das darin, dass in den USA 49% aller Kinder ohne Vater aufwachsen, diese Kinder aber 63% aller jugendlichen Selbstmörder, 71% aller schwangeren Teenager, 90% aller Ausreißer und obdachlosen Kinder, 70% der Jugendlichen in staatlichen Einrichtungen, 85% aller jugendlichen Häftlinge, 71% aller Schulabbrecher und 75% aller Heranwachsenden in Drogenentzugszentren ausmachen.[11]

Vor allem auch in den großen Städten vollzieht sich eine Entwicklung, die anzeigt, wie es im Ganzen weitergehen wird: Immer mehr Ehen und Lebensgemeinschaften werden nicht mehr lebenslang, sondern nur noch für eine begrenzte Zeit geführt. Und da muss die Frage auftauchen: Warum ist das so? Wo liegen die Ursachen dafür? Und auch die folgende Frage muss gestellt werden: Ist diese Entwicklung einfach nur als negativ zu beurteilen? Ist die lebenslange Einehe vielleicht eine alte, überlebte soziale Form?

Ursachen

Es ist eine paradoxe Situation: Die meisten Menschen sehen in Ehe und Familie einen hohen Wert, aber immer weniger Menschen können diesen Wert auch im Leben umsetzen. Statt lebenslanger Einehe wird immer mehr die von den Soziologen so genannte »serielle Monogamie« gelebt, d.h. dass jeder zur Zeit nur einen Partner, im Laufe des Lebens jedoch mehrere Partner nacheinander hat. Und das, obwohl zu den elementaren Sehnsüchten vieler Menschen gehört, mit dem geliebten Partner alt zu werden. Anspruch und Wirklichkeit klaffen also weit auseinander. Und wenn Betroffene auf die Gründe

[10] *Der Spiegel,* Nr. 2/1991 [11] *Der Spiegel,* Nr. 47/1997, S. 101

hin befragt werden, so lautet die Standard-Erklärung meistens: »Wir passen eben nicht zusammen« oder: »Wir haben uns auseinanderentwickelt.« Beide Aussagen gehen unausgesprochen davon aus, dass zwei Menschen unterschiedlichen Geschlechts überhaupt zusammenpassen können für ein gemeinsames Leben bzw. dass das Auseinanderentwickeln ein unbeeinflussbarer Naturprozess sei. In beiden Fällen wird also eine vermeintliche Naturtatsache verantwortlich gemacht.

Es sind aber im Wesentlichen objektive Gründe, weswegen die lebenslange Einehe immer seltener gelingt. Laut *Spiegel*[12] gehört zu diesen Gründen vor allem »der Wertewandel der letzten Jahrzehnte, insbesondere der mit der Ehe verknüpfter geschlechtsspezifischer Erwartungen, die Säkularisierung der Ehe und die Liberalisierung der Sexualmoral, der allgemein gestiegene Wohlstand, der ›teure‹ Wohnformen in Einzelwohnungen erlaubt, die zunehmende Verstädterung und die steigenden beruflichen Anforderungen an Mobilität, zunehmende Individualisierungen und ein allgemeiner politischer Institutionenprotest«.

All das ist sicherlich richtig, und es gibt noch eine ganze Reihe anderer solcher Gründe, aber die Frage nach der Einehe ist damit nicht beantwortet. Die Diskrepanz zwischen Hoffnung und Sehnsucht einerseits und praktischem Leben andererseits bleibt bestehen.

Wenn ein Lehrer eine Klassenarbeit schreiben lässt und die Mehrheit der Schüler eine Fünf oder eine Sechs schreibt, so sind nicht die Schüler schuld an ihrer mangelnden Leistung, sondern der Lehrer hat entweder zu schwere Aufgaben gestellt oder er hat die Arbeit im Unterricht nicht gut genug vorbereitet.

Vielleicht trifft für die Einehe etwas Ähnliches zu: Dass die meisten Eheleute völlig unvorbereitet in die Ehe gehen, ist eindeutig, denn eine verbindliche »Eheschule«, vergleichbar einer Fahrschule, gibt es nicht. Aber könnte nicht auch das andere richtig sein, dass die Aufgabe »Einehe« einfach zu schwer ist für den heutigen Menschen? Wer hat uns diese Aufgabe eigentlich gestellt? Müssen wir uns nicht von dieser Aufgabe oder Erwartung distanzieren, weil sie offensichtlich nicht erfüllbar ist? Wer stellt uns diese Aufgabe eigentlich und warum? Können wir unsere eigenen Erwartungen ablegen? Oder liegt die Lösung des Problems ganz woanders? Könnte es sein, dass wir unabhängig von eventuellen Aufgaben oder vorhandenen Erwartungen nach dem Sinn der lebenslangen Einehe fragen müssen?

[12] Nr. 2/1991, S. 101

Ist die Einehe naturgegeben?

Eine elementare Frage ist, ob die lebenslange Einehe dem Menschen natürlich, quasi ein angeborener Instinkt ist oder nicht. Denn die meisten Menschen sehen die Ehe als etwas Natürliches an. Was heißt aber »natürlich«? Es ist beispielsweise natürlich, dass es auf der Nordhalbkugel der Erde im Winter kälter ist als im Sommer, dass die Pflanzen wachsen und blühen, dass die Sonne scheint oder von Wolken bedeckt ist, dass mein Herz schlägt und meine Nieren Harn ausscheiden. Alles dies geschieht ohne unser Zutun, ohne dass wir Menschen es erfinden, planen und durch unser Handeln hervorbringen müssen. Natürlich ist alles Gegebene, das wir als Tatsachen der vom Menschen unabhängigen Welt vorfinden. In diesem Sinne ist auch unser Bedürfnis, unser Trieb nach dem anderen Geschlecht »natürlich«, weil die meisten Menschen diesen als eine Grundtatsache ihres Seelenlebens vorfinden. Ist aber damit auch die Art der Befriedigung dieses Bedürfnisses und dieses Triebes natürlich?

Diese Frage erscheint zunächst absurd, weil allzu offenkundig ist, dass dies nicht der Fall ist. Denn wäre zum Beispiel die lebenslange Einehe im oben gekennzeichneten Sinne natürlich, so würde sie genauso fraglos funktionieren wie Herz und Leber. Es gäbe keine Eheprobleme. Oder wir müssten diese als Krankheitserscheinungen auffassen und behandeln wie Herzrhythmusstörungen oder Nierenversagen. Außerdem müssten alle Menschen in allen Völkern und Kulturen diese Eheform leben. Besonders bei frühen Kulturstufen der Menschheit müsste sich die Einehe ausnahmslos finden. Ist die Ehe also unnatürlich?

»Ehe« im Tierreich

Auch die Tiere haben offenkundig einen Trieb zum anderen Geschlecht. Und sie haben darüber hinaus auch einen Instinkt, wie dieser Trieb befriedigt wird. Dieser Instinkt bezieht sich aber nicht nur auf die unmittelbare Befriedigung des Geschlechtstriebes, sondern auf das Zusammenleben der Geschlechter allgemein. So gehört es in der Zoologie zur Beschreibung einer Tierart dazu, nicht nur das Fortpflanzungsverhalten, sondern auch das Sozialverhalten einer Art zu beschreiben. Denn beides ist für die jeweilige Art kennzeichnend. Es könnte nun sein, dass diese Instinkte bei den Tieren so auftreten, dass sich für den Menschen Schlussfolgerungen daraus ziehen lassen. Betrachten wir deshalb diese Instinkte bei einigen Tierarten genauer.

Insekten

Jeder weiß von den Staaten bildenden Insekten, den Bienen, Ameisen und Termiten. Im Bienenstaat gibt es nur ein fortpflanzungsfähiges Weibchen, die Königin, und wenige männliche Tiere, die Drohnen. Die größte Zahl der Tiere sind geschlechtslose zurückgebildete Weibchen, die Arbeiterinnen. Die Drohnen werden nach dem Hochzeitsflug und der Begattung der Königin vernachlässigt und sterben. Die Königin legt fortwährend Eier. Ein Zusammenleben der Geschlechter findet nicht statt. Das Geschlechtliche ist auf ein notwendiges Minimum reduziert. Man kann eigentlich weder von Ehe noch von Familie sprechen, sondern nennt ein solches Sozialgebilde eben einen Staat. Das Zusammenleben innerhalb desselben ist von einer bewunderungswürdigen Ordnung. Aber keine Königin könnte nach der Begattung zu ihrer Drohne sagen: Ach, bleibe doch noch ein bisschen bei mir – du bist mir so sympathisch geworden! Sie kann keine weitere Gemeinschaft mit ihr leben.

Einen gewissen Gegensatz dazu bildet die Kreuzspinne: Sie lebt als Einzelgänger ohne jede Gemeinschaft. Die Männchen sind viel kleiner und schwächer als die Weibchen und müssen sich diesen zur Begattung sehr vorsichtig nähern, um nicht für eine willkommene Beute gehalten zu werden. Wenn sie nicht richtig an den Netzfäden des Weibchens zupfen, sozusagen eine richtige Melodie auf den Saiten dieses »Instrumentes« spielen, werden sie vom Weibchen totgebissen und verspeist.[13] Auch nach der Begattung besteht diese Gefahr fort, und das Männchen muss sich durch eilige Flucht in Sicherheit bringen. Ein Gemeinschaftsleben der Geschlechter findet nicht statt, aber auch kein »Familienleben«. Denn die Weibchen legen ihre Eier in einen Kokon ab und sterben im Winter, bevor im nächsten Frühjahr die Jungen ausschlüpfen.

[13] Siehe Hans-Heinrich Vogt, *Tiere intim*

Vögel

Schauen wir aber jetzt auf die dem Menschen am nächsten stehenden, die warmblütigen Tiere, auf die Vögel und die Säugetiere: Da zeigt es sich, dass es gerade unter den Vögeln ein ausgeprägtes Gemeinschafts- und Paarleben gibt. Auch viele Beispiele von lebenslanger Einehe finden wir da: beim Höckerschwan, der Dohle und der Krähe und bei den Pinguinen. Die Letzteren wechseln sich beim Brüten ab und erkennen sich in einer Kolonie von Tausenden von Artgenossen nach langer Abwesenheit zum Zweck der Nahrungssuche wieder. Dann kommt es zu einer lebhaften Begrüßung und der schwierigen Prozedur des Eiwechsels. Denn das Ei muss mit spitzem Schnabel von den Füßen des einen auf die des anderen Partners bugsiert werden! Der bisher brütende, völlig abgemagerte Partner darf nun seinerseits ins Meer auf Nahrungssuche davonschwimmen.[14] Dabei braucht der abwesende Partner keine Sorge zu haben, dass ihm der andere inmitten all der Artgenossen untreu werden könnte. So sehen wir, dass die Einehe und das Leben in einer Kolonie bei vielen Tieren, beispielsweise auch bei den Krähen, sehr wohl vereinbar sind.

Bei den Höckerschwänen ist die Einehe bzw. die Familie nicht in eine größere Gemeinschaft eingebunden, sondern jedes Paar lebt in einem Revier für sich allein.[15]

Andere Vögel leben in einer so genannten »Saisonehe«, d.h. in einer Einehe, die für eine Fortpflanzungsperiode geschlossen wird.

Bei der Dreizehenmöwe, deren Verhalten sehr gut erforscht ist, leben die Paare grundsätzlich in einer Einehe, es gibt aber »Scheidungen«. Diese haben ihren Grund aber immer in einem Mangel der Nachwuchsaufzucht. Gelingt diese nicht oder nur unvollkommen, so trennen sich die Vögel und versuchen die Familiengründung mit einem anderen Partner. Ansonsten kommt es nur durch den Tod zur Trennung der Partner.[16]

Säugetiere

Im Reich der Säugetiere herrschen vorwiegend andere »Eheformen«. Und dabei können diese selbst bei nahe verwandten Tierarten sehr unterschiedlich sein. So führt der Tiger ein strenges Einzelgängerdasein, während der Löwe in Rudeln lebt. Beim Tiger ist es ähnlich wie bei den Spinnen: Wegen des extremen Einzelgängertums dieser Tiere ist eine Paarung außerordentlich schwierig und gefährlich. Zunächst wird die Tigerin in ihrer heißen Phase

[14] Ebd., S. 16 [15] Ebd., S. 106 [16] Ebd., S. 18

»kindisch«. Sie wirft sich auf den Rücken wie ein hilfloses Baby, dann streicht sie zärtlich um den Tiger. Wenn er aber in dieser Phase seinerseits auf sie zugeht, riskiert er eine Prankenhieb der gleichstarken Tigerin. Die Paarung vollzieht sich unter lautstarkem Gebrüll und Gefauche. Und danach muss der Tiger sofort das Weite suchen, denn der sogleich wieder erwachte Aggressionstrieb der Tigerin hätte zwangsläufig zur Folge, dass er durch Prankenhiebe erheblich verletzt würde. In der heißen Phase der Tigerin wiederholt sich dieser Vorgang, der Wechsel zwischen Aggression und Sexualität, bis zu achtzehnmal am Tag. Ist die Brunftzeit vorbei, haben Tiger und Tigerin gar nichts mehr miteinander zu tun: Jeder geht wieder seine einzelgängerischen Wege im sorgfältig gehüteten eigenen Revier. Die Tigerin zieht ihre Jungen alleine auf. Von Ehe oder Familie keine Spur.[17]

Ganz anders bei den nahe verwandten Löwen. Sie leben in kleinen Rudeln, die von einem männlichen Löwen angeführt werden. Andere rangniedere Männchen können in der Gruppe mitleben, kommen bei der Paarung mit den Weibchen aber immer nach dem »Boss« an die Reihe. Die Vorherrschaft in einer Gruppe wird durch Kämpfe ermittelt. Alternde männliche Löwen werden zu Einzelgängern und sind dann ohne den Schutz des Rudels den Leoparden und dem Hunger ausgesetzt.[18]

In einer ganz anderen Art von Rudel leben die Seelöwen. Zwar hat ein männliches Tier als Pascha einen Harem von bis zu zwanzig Weibchen, aber er ist nicht eigentlich der Herr dieses Rudels. Denn in der Paarungszeit muss er sich ständig um die Gunst der Weibchen bemühen. Um ein Weibchen zur Paarung zu bewegen, muss er einen über 24 Stunden währenden Balztanz im Wasser vollführen, bis sich die Umworbene von dem Felsen, von dem aus sie seine Künste bewundert hat, zu ihm ins Wasser herablässt. Dann bleibt das Paar für eineinhalb Stunden regungslos aneinandergeschmiegt im Wasser, und schließlich schläft er vor Erschöpfung ein. Aber schon nach einer Viertelstunde wird er von dem nächsten Weibchen wieder geweckt, das auch gedeckt werden will, und er muss erneut zum langwierigen Balztanz ansetzen. In der ganzen Paarungszeit schläft der Bulle sehr wenig und frisst überhaupt nicht. Wenn er nicht genügend tanzt oder zu früh erschlafft, wird er von den Weibchen weggejagt, und ein anderes Männchen aus der Junggesellengruppe tritt an seine Stelle.[19]

Bei Rehen und Hirschen, die auch in Rudeln leben, werden zur Brunftzeit durch Kämpfe der Männchen die weiblichen Tiere in kleinere Haremsgruppen aufgeteilt. Aber die eigentlichen Rudelführer bleiben die Weibchen. Der

[17] Ebd., S. 12 und 186 ff. [18] Ebd., S. 182 ff. [19] Ebd., S. 12 ff.

Hirsch kümmert sich auch nicht um den Nachwuchs, der sich nach drei Jahren in eigenen Rudeln von Jugendlichen zusammenfindet. Ähnlich ist das Rudelverhalten der Elefanten.[20]

Affen

Bei den Affen erscheint die strenge Bindung der Sexualität an eine Brunftzeit aufgehoben. Gültige Aussagen sind aber nicht durch Zoobeobachtungen zu machen, sondern allein durch Beobachtungen im natürlichen Lebensraum. Die meisten Affen leben in Rudeln mit einem männlichen Rudelführer. Die Menschenaffen haben eine lange Tragezeit und die Mütter müssen die Jungen sehr lange betreuen. So kommt es, dass das Gorillaweibchen nur alle drei Jahre, die Schimpansin sogar nur alle sieben Jahre eine kurze Brunftperiode hat.[21]

Als letztes Beispiel sei angeführt, was Vitus Dröscher einmal in einer Zeitung beschrieben hat: Ein Affe lebt immer mit zwei Weibchen, einem älteren, das die Nahrung sucht, vor Feinden warnt und eine erste Verteidigung übernimmt, und einem jüngeren, das sich bei dem Männchen aufhält, die Jungen aufzieht, das Männchen laust und seine Geschlechtspartnerin ist. Wenn das ältere Weibchen, das im »Außendienst« gefährlicher lebt als das jüngere, stirbt, schickt der Affe die Jüngere an die Front und nimmt sich für das nahe Zusammenleben ein neues, jüngeres Weibchen.

Zusammenfassung

So sehen wir, dass es im Tierreich alle möglichen Arten des Zusammenlebens der Geschlechter gibt, dass dieses Zusammenleben aber immer durch den Instinkt festgelegt und nur durch menschlichen Einfluss veränderbar ist. Man könnte sagen, dass die jeweilige Eheform beim Tier eine artspezifische, feststehende Naturtatsache ist, die nicht der Willkür des Einzelindividuums unterworfen ist. Das scheint eine Binsenwahrheit zu sein, ist aber im Blick auf den Menschen von entscheidender Bedeutung. Denn wir können feststellen, dass der Mensch einen solchen Instinkt, der das Zusammenleben der Geschlechter regelt, nicht besitzt, d.h., dass es keine dem Menschen natürliche Eheform in diesem Sinne gibt.

Darauf deutet auch die Tatsache hin, dass es im Tierreich keine erkennbare Entwicklungsrichtung zum Beispiel auf die Einehe hin gibt. So findet sich die

[20] Ebd., S. 164 ff. und S. 179 ff. [21] Ebd., S. 22 f. und 190 ff.

Einehe vorwiegend bei Vögeln, bei den höchststehenden Säugetieren (Huftiere und Affen) aber die Gruppenehe oder Mehrehe. Der Mensch ist also in Bezug auf das Zusammenleben der Geschlechter aus der Naturnotwendigkeit entlassen und muss dieses deshalb als eine Kulturtat gestalten, genauso wie die Beschaffung von Nahrung, Kleidung und Behausung.

Wie dies in der Vergangenheit geschehen ist, wollen wir im folgenden Kapitel betrachten.

Ist die Einehe ein Gipfel in der kulturgeschichtlichen Entwicklung?

Die evolutionistische Ehetheorie

Im vorigen Jahrhundert wurde unter dem Eindruck der Idee der Entwicklung in der Natur, wie sie besonders von Darwin vertreten wurde, von Morgan, Engels und Bachofen die Theorie aufgestellt, die Einehe habe sich in einem gradlinigen Prozess in der Kulturgeschichte der Menschheit aus primitiven Sozialformen entwickelt. Man stellte sich vor, dass der ursprüngliche Naturzustand im Verhältnis der Geschlechter zueinander der der Promiskuität, also der völligen Regellosigkeit, gewesen sei. Der Sexualtrieb habe sich frei von allen Beschränkungen, Normen und Tabus ausleben können. Dann sei die Form der Gruppenehe entstanden, die dadurch gekennzeichnet ist, dass nur Angehörige der Gruppe sexuell miteinander verkehren durften; dann die Geschwisterehe, in der mehrere Brüder mehrere Schwestern gemeinsam zu Frauen hatten; dann das Matriarchat, in dem die Frauen die Bestimmenden über Besitz, den Erbgang und den Namen waren (eventuell als Ehe einer Frau mit mehreren Männern, Polyandrie); dann das Patriarchat mit dem Vorrecht der Männer auf die Bestimmung der Lebensverhältnisse und auf mehrere Ehefrauen (Polygynie), und als Letztes und Höchstes sei dann die Einehe entstanden (Monogamie).

Ergebnisse der Völkerkunde

Das klingt ganz plausibel, entspricht nur nicht den inzwischen gewonnenen völkerkundlichen Erkenntnissen. Zwar gibt es alle diese Eheformen und sogar noch viele andere Variationen wirklich. Aber sie stehen in keinem erkennbaren zeitlichen Entwicklungszusammenhang untereinander. So gibt es zum Beispiel schon bei steinzeitlichen Jäger- und Sammlerkulturen die Form der Einehe, die nach der evolutionistischen Theorie erst auf einer viel höheren Kulturstufe auftreten dürfte. Auch ist die für ursprünglich gehaltene Promiskuität als Entwicklungsstufe in der Wirklichkeit nicht nachweisbar. Vielmehr ist für die frühen Kulturen die Gruppenehe charakteristisch, d.h. dass es auch da ein Tabu gab, nämlich den Verkehr mit Nichtangehörigen der eigenen Gruppe.

Für unseren Zusammenhang ist die Tatsache wichtig, dass es zu allen Zeiten und in allen Kulturen eine Eheform gegeben hat, die durch die jeweilige Gesellschaft, ihre Gesetze und Normen, Sitten und Bräuche mit Hilfe von Tabus, Sanktionen und Strafen durchgesetzt wurde. Die Notwendigkeit der Letzteren beweist, was wir im vorigen Kapitel schon gesehen haben, dass der Mensch als Naturwesen keinen Instinkt für eine bestimmte Eheform hat. Denn wenn er einen solchen hätte, bräuchte in keiner Kultur die Eheform durch Gesetz und Recht durchgesetzt zu werden.

Man kann auch sagen, dass der Mangel an Instinkt auf diesem Felde zu allen Zeiten durch gesellschaftliche Einrichtungen ergänzt worden ist. Es stand aber nicht im Belieben des einzelnen Angehörigen einer Kultur, sich seine eigene Form des Zusammenlebens mit dem anderen Geschlecht frei zu wählen. Er musste sich vielmehr in die in seiner Gesellschaft gegebene Form einfügen.

Die Vielfalt der Eheformen

Im Folgenden seien einige Beispiele aus der Völkerkunde für die Vielfalt der Eheformen angeführt:

Grundsätzlich kann man sagen, dass die vaterrechtliche Monogamie bei Jäger- und Sammlerkulturen vorherrschend ist, ebenso bei asiatischen Hirtennomaden. Die mutterrechtliche Familie findet sich dagegen bei Nomaden selten, ebenso bei Jägern und Sammlern in Australien und bei Hackbauern wie den Irokesen und Huronen Nordamerikas sowie den Bantus in Afrika.

In der Pampa Südamerikas und südlich davon herrscht das Vaterrecht, im Chaco aber das Mutterrecht. Bei den Indianern des Amazonasgebietes gibt es sowohl polygame Eheformen, auch als Polyandrie, aber auch die Einehe. In Afrika leben die Hottentotten polygam patriarchalisch, die Buschmänner meistens monogam. Bei dem Zwergvolk der Pygmäen Zentralafrikas ist die Frau dem Mann sozial gleichgestellt, und deshalb gilt dort die Einehe.

Bei den Eskimos hat ein Mann nicht selten zwei Frauen, es kommt aber auch Polyandrie vor. Das Verleihen der Frau bei Abwesenheit des Mannes, zum Beispiel durch eine länger dauernde Jagd, oder an einen Gast ist nichts Ungewöhnliches.[22]

[22] Alle Beispiele stammen aus *Fischers Lexikon der Völkerkunde,* Frankfurt/M. 1959.

Was in der Vergangenheit als so genannte Gruppenehe angesehen worden ist, hat sich inzwischen als etwas anderes herausgestellt. So ist die Form des Punalua bei Südseevölkern keine Eheform, sondern der nebeneheliche Geschlechtsverkehr mit Verwandten; und auch das Pirauru bei den Dieri Zentralaustraliens ist keine Eheform, sondern der einvernehmlich gewährte Geschlechtsverkehr befreundeter Ehepaare zu bestimmten Gelegenheiten.[23]

Auf die vielerlei Formen der Brautwerbung, der Eheschließung und -führung mit all dem dazugehörigen Brauchtum müssen wir für unsere Darstellung nicht eingehen. Es genügt für unseren Zweck die Feststellung, dass es weder aus der Naturentwicklung noch aus der Kulturgeschichte abzuleiten ist, dass der Mensch auch heute und in Zukunft in einer bestimmten Eheform, zum Beispiel der Einehe, leben muss.

So ergibt sich erneut die Frage, warum eigentlich die meisten Menschen unseres Kulturkreises immer noch die Einehe anstreben, obwohl sie immer weniger gelingt, wie wir gesehen haben.

Manche Menschen werden sagen, die Einehe sei durch das Christentum durchgesetzt worden, weil sie dem göttlichen Gebot der Bibel entspreche. Ob dies zutrifft, wollen wir im folgenden Kapitel untersuchen.

[23] Walter Hirschberg, *Neues Wörterbuch der Völkerkunde*, S. 108 ff.

Ist die Einehe göttliches Gebot?

Die Ehe im Alten Testament

Wenn wir das Alte Testament aufschlagen mit der Frage, ob aus ihm die Einehe als göttliches Gebot hervorgeht, so müssen wir diese Frage eindeutig verneinen. Denn es findet sich ein solches Gebot weder unter den Zehn Geboten noch unter den vielen anderen Geboten der Mosesbücher. Zwar finden wir das Verbot des Ehebruches im sechsten Gebot. Aber gemäß dem patriarchalischen Verständnis der orientalischen Völker bedeutete nicht jeder außereheliche Geschlechtsverkehr eines Verheirateten gleich einen Ehebruch, sondern nur der einer verheirateten Frau mit einem Mann und der eines verheirateten Mannes mit der Frau eines anderen. Ehebruch war immer ein Vergehen am Besitzstand des Mannes. Wenn ein verheirateter Mann ein Mädchen verführte, so war das eine Torheit in Israel, und er musste sie entweder heiraten oder dem Vater eine Entschädigung zahlen.

An den Beispielen der großen Gestalten des Alten Testaments sehen wir, dass die Einehe nicht die einzige, wenn auch die häufigste Eheform, besonders bei den weniger begüterten Schichten des Volkes, gewesen ist: Abraham hatte zwar nur eine Frau, Sarah, aber das hinderte nicht, dass er mit seiner ägyptischen Magd Hagar einen rechtmäßigen Erben, Ismael, zeugte (1. Moses 16). Nach Sarahs Tod heiratete er wieder und hatte auch Kinder von Nebenfrauen (1. Moses 25,6).

Abrahams Sohn Isaak hatte nur eine Frau, aber Jakob, sein Enkel, hatte zwei Schwestern, Lea und Rahel, zur Frau, dazu deren Mägde. Seine zwölf Söhne, die Stammväter der zwölf Stämme Israels, wurden ihm von diesen vier Frauen geboren. An keiner Stelle der Erzählung wird diese Tatsache missbilligt. Ja, es scheint diese Eheform mit zwei Frauen und zwei Mägden eine Art Vorbild geworden zu sein, das bis in die Vorschriften des Koran (4. Sure, 4) weitergewirkt hat.

Moses, der Gesetzgeber, lebte zwar selbst in einer Einehe mit Zippora, hat aber diese Lebensform nicht zur Norm für alle gemacht, hat sogar die Scheidung erlaubt in Form einer einseitigen Erklärung des Mannes.

König David hat eine schwere Schuld auf sich geladen, weil er Bathseba, die Frau eines seiner Offiziere, verführt hat, durfte sie aber nach dessen Tod heiraten (2. Samuel 11,27), obwohl er schon mit Sauls Tochter Michal (1. Samuel 18,27), mit Ahinoam von Jesreel und Abigail (1. Samuel 25,42 f.) verheiratet war. In 2. Samuel 3,2–5 werden noch vier weitere Frauen aufgezählt, von denen David Söhne hatte. Nirgends wird diese Tatsache missbilligt.

Sein Sohn Salomo hatte eine Vorliebe für ausländische Frauen. Er hat offensichtlich eine erfolgreiche dynastische Heiratspolitik verfolgt, die zu der lang anhaltenden Friedensperiode in seiner Regierungszeit mit beigetragen haben dürfte. In 1. Könige 11,3 wird berichtet, er habe siebenhundert Frauen und dreihundert Nebenfrauen gehabt. Das religiöse Problem lag nicht in der Anzahl der Frauen, sondern in der Tatsache, dass der alternde Salomo sich von diesen Frauen verleiten ließ, deren Götter anzubeten, also das zweite der Zehn Gebote zu übertreten.

Trotz dieser Beispiele war die Einehe für den normalen Mann die Regel, denn mehrere Frauen konnten sich nur wenige leisten. Nach dem Exil in Babylonien scheint sich die Einehe unter persischem Einfluss stärker durchgesetzt zu haben.

Der Sinn der Ehe bestand hauptsächlich in der Zeugung von Nachkommen, aber auch darin, dass die Frau dem Mann eine »Gehilfin« sein sollte (1. Moses 2,18 ff.). An dem streng Patriarchalischen der orientalischen Ehe änderte sich bei den Juden durch das Gesetz und die Propheten nichts.

Die Ehe im Neuen Testament

Im Neuen Testament findet sich in den Evangelien auch kein Gebot zur Einehe. Jesus hat allerdings das Verbot des Ehebruches in der Bergpredigt sehr verstärkt, indem er schon den begehrlichen Blick auf eine Frau – auch die eigene – als Ehebruch »im Herzen« bezeichnet hat (Matthäus 5,28). Auch hat er die von Moses erlaubte Scheidung als nicht im Einklang mit der Schöpfung bezeichnet, als ein Zugeständnis des Moses an die »Härte des Herzens« der Menschen (Markus 10,2 ff. und Parallelstellen). In der Bergpredigt allerdings hat er die Scheidung im Falle von Ehebruch anerkannt (Matthäus 5,32). Von Einehe ist direkt nicht die Rede. In der Begründung seiner Ablehnung der Scheidung verweist Jesus auf zwei Stellen im Schöpfungsbericht, die auch später immer als Begründung der Einehe angeführt wurden. Im ersten Kapitel des ersten Mosesbuches heißt es in Vers 27: »Und Gott (Elohim) schuf den Menschen (Einzahl!), nach dem Bilde Gottes schuf er ihn, männlich und weiblich (nicht: einen Mann und ein Weib) schuf er sie (Mehrzahl)«. Aus der Tatsache, dass der Mensch ursprünglich androgyn geschaffen und erst später in Mann und Frau getrennt wurde (1. Moses 2,21–24), haben jedenfalls die Juden nie den Schluss gezogen, dass die Einehe Bestandteil der Schöpfung und damit im Willen Gottes begründet sei.

Auch das andere Wort, das Jesus anführt (Markus 10,7) müssen wir näher betrachten: Adam, der Mensch, nicht der Mann, hatte unter den Tieren keinen »Gehilfen« gefunden. Und so nahm Gott ihm im Schlaf eine Rippe heraus und schuf daraus die Frau. Nun erst ist Adam ein Mann. In das Bild der entnommenen Rippe kleidet die Bibel den Vorgang der Geschlechtertrennung, der uns später noch einmal beschäftigen wird (Seite 93 ff.). Als Adam die Frau erblickt, sagt er: »Das ist doch Bein (Knochen) von meinem Bein und Fleisch von meinem Fleisch; man wird sie Männin heißen, darum dass sie vom Manne genommen ist.« Und dann fährt der Text fort: »Darum wird ein Mann Vater und Mutter verlassen und seinem Weibe anhangen, und sie werden ein Fleisch sein.«

Dieser Satz erscheint als Fortsetzung der Rede Adams, des Mannes, nicht als Wort Gottes. Aber selbst wenn man es als solches nimmt, so ist es mehr ein Vorausblick auf die Sehnsucht und den Trieb des Mannes nach der Frau als ein Gebot zur Einehe.

Nach dem Zitat dieses Satzes aus 1. Moses 2,24 fährt Jesus fort: »So sind sie nun nicht zwei, sondern ein Fleisch. Was nun Gott zusammengefügt hat, das soll der Mensch nicht scheiden« (Markus 10,8 f.). Jesus will also nicht die Einehe begründen, sondern seine Ablehnung der Scheidung. Ein Rätsel bleibt, wie Jesus von dem Zusammenfügen (wörtlich: in ein Joch spannen) sprechen kann angesichts der gerade von Gott vollzogenen Geschlechtertrennung. *Er* hat doch gerade Mann und Frau getrennt aus dem einheitlichen Urmenschen! Man kann diesen Satz auch so verstehen, dass sich dieses Zusammenspannen als Bildwort auf das natürliche Spannungsverhältnis zwischen Mann und Frau bezieht. Denn die menschliche Existenz auf Erden ist seit diesem Schöpfungsaugenblick an die Verbindung von Mann und Frau geknüpft. In welcher Form diese Verbindung geschieht, ist damit aber noch nicht gesagt.

Wenn diese Bibelstellen von Luther und von der katholischen Theologie als Begründung der Einehe im Schöpfungswillen Gottes angeführt werden, so kann ein unbefangenes modernes Denken dem nicht folgen.

Auch wenn Paulus über die Ehe schreibt (besonders in 1. Korinther 7), ist ebenfalls nicht von der Einehe die Rede. Im Epheserbrief (Kap. 5,22 ff.) geht er auf das Verhalten von Mann und Frau in der Ehe ein und benutzt das Verhältnis von Ehepartnern als Bild für das Verhältnis Christi zu seiner Gemeinde. Zwar wird diese Stelle in der katholischen Theologie als Begründung für das Ehesakrament genommen, weil das Verhältnis von Mann und Frau ein »Mysterion«, ein Geheimnis (lateinisch: sacramentum), genannt wird, aber man kann auch in diesen Sätzen die Einehe nicht begründet oder geboten finden. Denn das Bild der Ehe für das Verhältnis Christi zur christlichen Gemeinde ist auch dann stimmig, wenn man die jüdische Mehrehe voraussetzt: Christus als der eine Herr und die Gemeinde in ihrer Vielheit von Gliedern als die Braut. Nur die priesterlichen Gemeindevorsteher und die Diakone sollen »einer Frau Mann« sein (1. Timotheus 3,2 u.12 und Titus 1,6). Diese Vorschrift steht in der Tradition des Einehegebotes für Priester, das in Ägypten gültig war. Ansonsten ist im ganzen Neuen Testament von Einehe nicht die Rede.

Wenn also behauptet wird, die Einehe beruhe im Christentum auf einem göttlichen Gebot, so ist die Begründung dieser Behauptung in der Bibel nicht zu finden. Warum also die Einehe zu leben versuchen?

Da aber in unserem Kulturkreis die Einehe zum Regelfall und weithin auch Gesetz geworden ist, wollen wir im folgenden Kapitel auf die Entwicklung der Ehe im christlichen Abendland eingehen.[24]

[24] Siehe auch Herrad Schenk, *Freie Liebe, wilde Ehe,* S. 29 ff.

Die Entwicklung der Ehe im christlichen Abendland

Die vorchristlichen Kulturen

Zu den Wurzeln unserer abendländischen Kultur gehören nicht nur das Judentum und das Christentum, sondern besonders auch die Kultur der Griechen, Römer und Germanen. Deshalb wollen wir kurz betrachten, wie in ihnen die Ehe gelebt wurde.

Die Griechen

In Athen war die Wirklichkeit der Ehe bestimmt durch den »Oikos«, die Hausgemeinschaft. Die Frau war nicht rechts- und geschäftsfähig, sondern hatte als Ehefrau lediglich die Funktion, für den Oikos erbberechtigte Nachkommen zu gebären. Damit diese Nachkommen eindeutig Kinder ihres Mannes waren, war sie zur ehelichen Treue verpflichtet. Der Mann aber durfte sich durchaus mit anderen Frauen einlassen, ja, ein persönliches Liebesgefühl wurde für die Ehe nicht vorausgesetzt. Da die meist sehr jungen und ungebildeten Ehefrauen weitgehend im Haus bleiben mussten, waren sie auch keine Gesprächspartnerinnen für ihre Männer. Diese befriedigten ihre emotionalen und sexuellen Bedürfnisse eher mit Knaben oder Hetären, Frauen, die nicht einfache Prostituierte, sondern in den Künsten ausgebildet waren. Für den Alltag gab es außerdem noch die Sklavinnen, die die reicheren Griechen für die niederen Arbeiten hatten.[25]

Erst in spätklassischer Zeit wird bei Aristoteles die gegenseitige Treue zur moralischen Forderung, und bei Euripides taucht die Idee auf, dass die Ehegatten einander aufgrund ethischer Ebenbürtigkeit in Liebe verbunden sein sollten.[26]

[25] H. Schenk, a.a.O., S. 30 ff.; ausführlich bei Ernest Bornemann, *Das Patriarchat,* S. 189 ff.

[26] Carola Reinsberg, *Ehe, Hetärentum und Knabenliebe im antiken Griechenland,* S. 12 ff.

So können wir sagen, dass die Einehe als Rechtsform in Griechenland zwar die Regel war, dass dies aber andere Beziehungen des Mannes einschloss.

Die Römer

Bei den Römern hatte die Ehefrau mehr Rechte als bei den Griechen. Sie war die »Domina«, die Vorsteherin des Hauses und seit Kaiser Augustus selbst geschäftsfähig. Die Einehe war die Regel, aber es gab auch das Konkubinat, d.h. eine Ehe minderen Rechtes zusätzlich. Die Konkubine war also nicht nur eine Geliebte des Mannes, sondern seine rechtmäßige Frau. Sie hatte allerdings keinen Anteil an dem Status und den Rechten des Mannes und ihre Kinder waren nicht erbberechtigt. Außerdem hatte der Römer, der es sich leisten konnte, noch die Sklavinnen. So war die Einehe zwar die Rechtswirklichkeit, aber nur in den ärmeren Schichten auch die Lebenswirklichkeit.[27]

Die Germanen

Die Germanen lebten vorwiegend in der Einehe, die Vielehe war aber erlaubt und kam besonders bei den Fürsten vor. In der Regel wurde die so genannte »Muntehe« durch einen Vertrag zwischen dem Vormund des Mädchens und dem Bräutigam geschlossen. Außerdem gab es die »Friedelehe«, die auf der freien Zuneigung der Partner beruhte; aus ihr hat sich die »Ehe zur linken Hand« oder »morganatische Ehe« zwischen zwei nicht ebenbürtigen Partnern entwickelt.[28] Außerdem gab es noch die so genannte »Kebsehe«, die dem sexuellen Verhältnis zu einer Sklavin gleichkam.[29] Wir können also feststellen, dass es in den Wurzelkulturen Europas eine starke Tendenz zur Einehe gab, dass sie aber nirgends die allein erlaubte Form des Zusammenlebens der Geschlechter gewesen ist.

Die Ehe in christlicher Zeit

Mit den Anfängen des Christentums änderte sich an der Eheform im Römischen Reich zunächst nichts, denn die Ehe wurde von den Christen als eine weltliche Angelegenheit betrachtet, die mit dem Kommen des Gottesreiches sowieso aufhört, weil der Mensch dann nicht mehr Mann oder Frau sein

[27] Siehe auch H. Schenk, a.a.O., S. 33 ff.; ausführlich bei E. Bornemann, a.a.O., S. 381 ff.
[28] Edith Ennen, *Frauen im Mittelalter,* S. 35 f. [29] Siehe H. Schenk, a.a.O., S. 41 f.

wird. Andererseits wurde durch das Christentum die bestehende Tendenz zur Einehe verstärkt, indem die schon bei Euripides beobachtbare Personalisierung der Ehe zum Gebot wurde. War in der Antike die Ehe eine reine Zweckgemeinschaft unter patriarchalischem Vorzeichen, so hat Paulus dies zwar nicht aufgehoben, indem er nämlich ebenfalls die Unterordnung der Frau unter den Mann forderte (Epheser 5,22 ff.), aber er hat für damalige Verhältnisse Außerordentliches von den Ehemännern verlangt, nämlich ihre Frauen zu lieben wie ihren eigenen Leib (Epheser 5,25–32). Damit ist die Gleichwertigkeit von Mann und Frau wenigstens veranlagt, denn was ich wirklich liebe, das kann ich nicht mehr beherrschen. Diese Tendenz zur Gleichberechtigung zeigt sich auch in den Verhaltensregeln, die Paulus den Eheleuten gibt: In 1. Korinther 7,3 ff. werden Mann und Frau als völlig gleich in Recht und Pflicht angesprochen: »Der Mann leiste der Frau, was er ihr schuldig ist, desgleichen die Frau dem Mann. Die Frau verfügt nicht über ihren Leib, sondern der Mann. Ebenso verfügt der Mann nicht über seinen Leib, sondern die Frau. Entziehe sich nicht eins dem andern ...«

Diese geforderte Gleichberechtigung von Mann und Frau bei Paulus ist etwas völlig Neues und wird gegenüber seinen mehr traditionellen Äußerungen meistens übersehen. In ihr liegt aber der Keim für das moderne Bewusstsein von der prinzipiellen Gleichheit von Mann und Frau vor dem Gesetz, wie sie im Grundgesetz der Bundesrepublik erst in diesem Jahrhundert festgeschrieben worden ist.

An den Lebensverhältnissen der Menschen hat dieses Wort des Paulus allerdings zunächst nichts geändert. Die patriarchalische Einehe war weiterhin die Regel, aber nicht verbindliches Gesetz. Die morganatische Ehe, das Konkubinat und die Verbindungen mit Sklavinnen bestanden fort, meistens parallel zu einer Ehe mit der Hauptfrau. Auch das Ideal der ganzheitlichen persönlichen Liebesbeziehung trat hinter den praktischen Erfordernissen der Zeugung von Nachkommenschaft, der wirtschaftlichen Notwendigkeiten und der sozialen Verpflichtungen noch nicht hervor.

Ja man kann sagen, dass persönliche Liebesgefühle oft als störend empfunden wurden, vor allem wenn sie nicht im Einklang mit den gesellschaftlichen Regeln waren. Und sie gaben dann den Stoff ab für Epen und Dramen mit tragischem Ausgang (beispielsweise Tristan und Isolde; Agnes Bernauer). Solche Gefühle gar zur Grundlage einer Ehe zu machen wäre den Menschen nicht in den Sinn gekommen.

Die Ehe als Sakrament

Entsprechend der Auffassung von Ehe als einer weltlichen Angelegenheit gab es im Christentum des ersten Jahrtausends keine kirchliche Trauung, kein Sakrament der Ehe. Die Eheschließung galt als eine staatlich-rechtliche Angelegenheit. Allerdings wurde die Braut gesegnet. Erst im 12. und 13. Jahrhundert wurde die Ehe als Sakrament angesehen. Dabei beruft sich die kirchliche Lehre vor allem auf folgende Bibelstellen: 1. Moses 1,27 f. und 1. Moses 2,18–24 werden als Beleg dafür gedeutet, dass die Ehe schon im Schöpfungswillen Gottes begründet sei. Die Anwesenheit Jesu bei der Hochzeit in Kana in Galiläa (Johannes 2,1–11) wird als gnadenhafte Qualifizierung der Ehe durch Christus angesehen und der sakramentale Charakter der Ehe aus dem Brief des Paulus an die Epheser (5,22–33) abgeleitet. Die Begründung des Ehesakramentes auf diese neutestamentlichen Stellen ist für den modernen Menschen kaum nachvollziehbar, und schon Luther hat deswegen die Trauung als Sakrament abgelehnt.

In dieser Zeit bildete sich auch die Praxis der kirchlichen Eheschließung, zunächst vor der Kirche und später in der Kirche, heraus. Aber erst mit dem Konzil von Trient in der Mitte des 16. Jahrhunderts erlangte die sakramental geschlossene Einehe allgemeine Gültigkeit im katholischen Bereich.

Die Ehe bei Luther

Luther hat die Ehe als Sakrament zwar abgelehnt, weil sie für ihn zwar gottgewollt, aber doch »ein weltlich Ding« war, aber er hat die Einehe aus den oben angeführten Stellen der Bibel als in der natürlichen Schöpfung Gottes gelegen begründet. Im großen Katechismus und in anderen Schriften und Predigten *(Sermon von dem ehelichen Stand,* 1519; *Vom ehelichen Leben,* 1522; *Eine Predigt vom Ehestand,* 1525) begründet er die Ehe als von Gott gebotenen Stand für alle, die nicht an der seltenen, von Gott verliehenen Gnade teilhaben, ohne Ehe keusch leben zu können. Denn für ihn und auch für die katholische Theologie ist die Geschlechtlichkeit nur dann nicht sündig, wenn sie in der Ehe stattfindet.

Die juristische Fixierung der Einehe

Aus der Einigkeit der reformatorischen und der katholischen Theologie des Konzils von Trient entstand die Möglichkeit, die Einehe auch im weltlichen Recht des Heiligen Römischen Reiches Deutscher Nation als die allein erlaubte Form des Zusammenlebens von Mann und Frau zu verankern. Dies geschah mit der Reichspolizeiordnung von 1577, und damit waren auch Ehen zur linken Hand, das Konkubinat und das Halten von Sklavinnen verboten, wiewohl all dies in der Praxis durchaus auch weiterhin vorkam, besonders bei reichen und adeligen Personen.

Machen wir uns noch einmal klar, dass eineinhalb Jahrtausende lang im christlichen Abendland die Einehe zwar die Regel, aber nicht die allein erlaubte Form der Ehe war, so können wir uns nicht wundern, wenn heute die Einehe wieder in Frage gestellt wird. Denn offenbar ist ihre Herleitung aus der Bibel doch nicht so zwingend, sonst hätte ihre Durchsetzung nicht so lange gebraucht.

Die Ehe in der Neuzeit

Obwohl sich die Einehe im Wesentlichen durchgesetzt hatte, war Ehe noch lange nicht das, was wir darunter verstehen: eine auf persönlicher Zuneigung beruhende, ganzheitliche und partnerschaftliche Lebensgemeinschaft. Sie war vielmehr immer noch eine Zweckgemeinschaft, deren Sinn vor allem in der Zeugung von Nachkommen, der Wahrung und Vermehrung des Besitzes, dem gemeinsamen Wirtschaften in Haus, Hof und Werkstatt und in der Daseinssicherung für Alter, Krankheit und Invalidität bestand. In einer Zeit, in der über neunzig Prozent der Bevölkerung in Landwirtschaft und Handwerk beschäftigt waren und keinerlei Sozialversicherung einer größeren Solidargemeinschaft bestand, hatten Ehe und Familie als verlässliche Dauergemeinschaft eine ungeheuer große soziale und staatstragende Bedeutung.

Liebe war für diese Gemeinschaft nicht die Voraussetzung, schon gar nicht das Fundament, sondern zunächst als persönliche Sympathie ein möglicher Anlass und sodann aufgrund der paulinischen Mahnung eine von der Kirche geforderte Aufgabe. Das Ideal der Minne, das im Hochmittelalter die Dichtung und das Leben geprägt hat, bezog sich im Allgemeinen nicht auf die eigene Ehefrau und war auch in der Regel nicht mit einer geschlechtlichen Beziehung verbunden.

Das romantische Ehe-Ideal

Die Entwicklung der Ehe seit dem 18. Jahrhundert hat Herrad Schenk ausführlich beschrieben.[30]

[30] A.a.O., S. 67 ff.

Die Trennung zwischen geistiger Gemeinsamkeit, seelischer Verbundenheit in Freundschaft und leiblich-geschlechtlicher Beziehung, wie sie schon bei den Griechen üblich war, machte die Einehe zu einer unwahren, zum Teil verlogenen Institution, gegen die die Romantiker um die Wende zum 19. Jahrhundert protestierten. Friedrich Schleiermacher und Friedrich Schlegel wurden die Hauptvertreter einer neuen nur auf freier, persönlicher und ganzheitlicher Liebe gebauten Ehe-Idee, die zwei zusammenpassende Individualitäten gleichberechtigt zur Lebensgemeinschaft verbindet. Sie verachteten die nur auf äußere Zwecke gerichtete konventionelle Ehe mit ihren Leiden, Nöten und Unwahrhaftigkeiten und glaubten fest daran, dass es für jedes Individuum den einen zu ihm gehörenden, passenden Partner gäbe. Dieses romantische Ehe-Ideal hat Ricarda Huch im *Ehebuch* von Hermann Graf Keyserling[31] meisterlich beschrieben. Sie hat außerdem gezeigt, dass die Romantiker alle in ihrem eigenen Leben dieses Ehe-Ideal nicht verwirklichen konnten.

Nun ist es kein Beweis gegen die Richtigkeit einer Idee, wenn derjenige, der sie zuerst fasst und ausspricht, nicht in der Lage ist, sie auch zu verwirklichen. Leonardo da Vinci hatte die Ideen für ein U-Boot und ein Flugzeug, und diese waren im Grundsatz richtig, auch wenn er sie selbst noch nicht hat bauen können. Es dauerte eben noch etwa vierhundert Jahre, bis diese Ideen in funktionierende Fortbewegungsmittel umgesetzt werden konnten. Bemerkenswert ist aber die Tatsache, dass eine solche Idee in der Menschheit nicht nur auftritt, sondern so wirksam wird, dass sie in vielen Menschen als das Anzustrebende weiterlebt. So ist es auch der romantischen Ehe-Idee ergangen. Wenn man heute irgendeinen Menschen unseres Kulturkreises fragen würde, wie er sich eine Ehe vorstellt, so würden die meisten das romantische Ehe-Ideal formulieren, ohne zu wissen, woher es stammt. Eine Idee, die noch nicht einmal zweihundert Jahre alt ist, ist in allen Köpfen und Herzen tief verankert!

Vor dieser Zeit hätte man eine so ernste und schwerwiegende Frage wie die der Ehe nicht den persönlich-subjektiven Gefühlen Einzelner überlassen, dies sogar als gefährlich angesehen. Aber die individualistische, freiheitliche und ganzheitliche Ehe-Idee der Romantiker war offensichtlich doch eine berechtigte und zeitgemäße, denn sonst hätte sie nicht in so kurzer Zeit das Bewusstsein der Menschen erfüllen können. Wir werden noch unterscheiden müssen, was an dieser Idee zukunftsweisend und was an ihr illusionär ist.

[31] Celle 1925, S. 147 ff.

Die Ursachen des heutigen Eheproblems

Die Ehe als Wirtschaftsgemeinschaft

Trotz der allgemein gewordenen Ehe-Idee der Romantiker haben seitdem die alten Funktionen die Einehe noch weitgehend erhalten:

Sie war immer und in allen Kulturen eine *Wirtschaftsgemeinschaft*. Das spiegelt sich bis heute in der Tatsache wider, dass die Scheidungsziffer in Großstädten doppelt so hoch ist wie in Landkreisen mit vorwiegend in der Landwirtschaft tätigen Bewohnern. Ein bäuerlicher Familienbetrieb braucht einfach, um funktionieren zu können, beide Eheleute. Eine Scheidung würde auch die wirtschaftliche Existenz in Frage stellen. Wo diese so eng an den Bestand der Ehe gebunden ist, hat die Lebensgemeinschaft eine starke, objektive Bindekraft. Ähnlich ist es in den Familienbetrieben des Handwerks, wo der Mann gar nicht arbeiten kann, ohne dass die Frau zu Hause Bestellungen abwickelt, Lieferungen und Telefonate annimmt, die Buchführung erledigt und Kunden betreut. Diese Lebensform ist außerdem so stark durch Arbeit, besonders auch körperliche, geprägt, dass die Menschen sich viel weniger mit ihren eigenen Angelegenheiten beschäftigen können. Sie problematisieren viel weniger ihre persönlichen Verhältnisse.

In unserem Jahrhundert, in dem erstmalig in der Geschichte der Menschheit fast alle Frauen einen Beruf außerhalb der Familie erlernen und ergreifen und damit wirtschaftlich unabhängig von Ehe und Familie sein können, entfällt der Grund zur Ehe, der bisher in der Wirtschaftsgemeinschaft gelegen hat.

Die Ehe als Rechtsgemeinschaft

Die Ehe war in der Vergangenheit auch immer eine *Rechtsgemeinschaft*. Auf der einen Seite war sie »Keimzelle des Staates« als kleinster Baustein des Stammes, des Volkes und des Staates und stand deswegen immer unter dem besonderen Schutz desselben; auf der anderen Seite hatte sie Funktionen, die seit dem vorigen Jahrhundert der Staat übernommen hat: Wir können es uns kaum noch vorstellen, wie stark die Menschen und insbesondere die Frauen an Ehe und Familie gebunden waren durch die Tatsache, dass ihre Versorgung im Alter, im Krankheits- und Invaliditätsfall von dieser abhing. Durch die Bismarck'sche Sozialgesetzgebung sind diese Risiken der menschlichen Existenz übertragen worden auf die so genannte »Solidargemeinschaft«, letztlich auf den Staat. Damit hat die Ehe bzw. die Familie eine uralte Funktion verloren, die ihr einen festen Bestand garantieren konnte.

Dieser Prozess ist noch nicht abgeschlossen, weil die Zeit, die eine Frau zur Pflege und Erziehung von Kindern aufwendet, immer noch nicht vollständig bei der Berechnung ihrer Rentenansprüche berücksichtigt wird und weil dadurch das Rentensplitting im Scheidungsverfahren eine große Rolle spielen muss. Durch die damit verbundene Minderung der Rente der beiden Partner ist immer noch ein Rest von wirtschaftlichem Interesse am Fortbestand der Ehe vorhanden, was besonders im Fall einer Wiederheirat von großer Bedeutung werden kann.

Mit Recht kämpfen Frauen heute um die Anrechnung der Erziehungszeit bei der Rentenberechnung. Und es gibt wohl kaum jemanden, der dieses Anliegen nicht für berechtigt halten würde. Es besteht nur die Meinung, das sei nicht zu bezahlen. Es muss und wird aber kommen, weil es der Sache nach richtig ist: Kinder zu erziehen ist nicht einfach eine Privatangelegenheit, sondern im Interesse der Rechtsgemeinschaft im Ganzen. Das wird ja auch deutlich durch die Diskussion um eine Sondersteuer für Kinderlose. Ob das allerdings der richtige Weg ist, ist eine andere Frage.

Es wird jedenfalls mit Recht als unwürdig empfunden, wenn das Scheitern einer Ehe durch rechtliche und wirtschaftliche Nachteile noch bestraft oder wenn die Ehe nur um rechtlicher und wirtschaftlicher Vorteile willen aufrechterhalten wird.

Die Ehe als Geistgemeinschaft

Die Ehe war auch zu allen Zeiten und in allen Kulturen eingebunden in einen weltanschaulichen und religiösen Sinnzusammenhang und damit auch eine *Geistgemeinschaft*. Wir können heute kaum noch ermessen, wie stark dies die Ehe in der Vergangenheit getragen hat. In allen Mythen und Religionen spielen Mann und Frau, Ehe und Familie eine große Rolle bis hin zur Erklärung des Weltprozesses, und der Einzelne konnte sich geborgen und aufgehoben fühlen in einem weltumspannenden Sinnzusammenhang. Auch das ist in diesem Jahrhundert verloren gegangen. Man spricht von einer »Säkularisierung der Ehe«. Eine allgemeine und verbindliche Sinngebung der Ehe gibt es nicht mehr, oder sie wird mit Recht als von außen kommend abgelehnt. In unserer pluralistischen Gesellschaft, in der jeder »nach seiner Façon selig werden« kann (und muss), wie der berühmt gewordene Ausspruch Friedrichs des Großen lautet, kann der Staat keinen Sinn und Inhalt mehr für die Ehe vorgeben. Deshalb ist im Scheidungsrecht das alte Schuldprinzip vom Zerrüttungsprinzip abgelöst worden. Denn um eine Schuld feststellen zu können, muss es Normen und Regeln geben, gegen die verstoßen worden ist. Heute beschränkt sich der Staat, die Rechtsgemeinschaft, auf die Feststellung, ob die Lebensgemeinschaft dauerhaft zerrüttet ist oder nicht. Damit hat sich der Staat in der Ehefrage auf die notwendige formale Seite und ihre rechtlichen Folgen zurückgezogen und ist nicht länger der vollstreckende Arm einer Ideologie oder Kirche, die für alle feststellt und für verbindlich erklärt, was und wie eine Ehe zu sein hat.

Mit diesem Verlust der weltanschaulichen und religiösen Sinngebung der Ehe ist eine wesentliche Stütze derselben entfallen, und wir werden sehen, dass etwas Neues an dessen Stelle treten muss.

Die Ehe als Fortpflanzungsgemeinschaft

Die Ehe war auch und vor allem in allen Kulturen und zu allen Zeiten eine *Fortpflanzungsgemeinschaft*. Ihr Sinn bestand hauptsächlich in der Zeugung und Erziehung von Kindern. Auch dieser Sinn ist dem modernen Menschen angesichts der Überbevölkerung der Erde und der damit verbundenen Probleme fragwürdig geworden. Zwar wünschen sich noch die meisten Menschen – wenn auch immer weniger – eigene Kinder. Aber das bedeutet nicht, dass sie diese als den Sinn der Ehe ansehen können. Es bleibt ja auch meistens bei einem oder höchstens zwei Kindern, und deren Erziehung dauert nicht so lange, dass sie Sinn und Zweck der lebenslangen Einehe – bei der heutigen Lebenserwartung – sein könnten.

Man mag diese dargestellten Entwicklungen bedauern oder begrüßen, man muss damit rechnen, dass der moderne Mensch diese vier alten Sinngebungen für die Ehe weder inhaltlich noch der Form nach – weil von außen durch die Gesellschaft gegeben – für sich akzeptieren kann. Damit sind uralte Stützen der kulturellen Einrichtung »Ehe« unwiederbringlich entfallen.

Die Emanzipation der Frau

Es gibt aber noch andere Gründe, weswegen die Ehe früher meist funktioniert hat und heute nicht mehr. Da ist vor allem die Idee der Gleichheit zu nennen, die sich aus der im Christentum neuen Idee der Gleichheit aller Menschen vor Gott (Galater 3,28) über viele Stationen entwickelt und in der Französischen Revolution eine neue politische Dimension gewonnen hat. In der deutschen Romantik wurde diese Idee wie schon besprochen auf die Gleichberechtigung der Frau ausgedehnt. In demselben 19. Jahrhundert, in dem fast überall die Sklaverei und die Leibeigenschaft im Geiste der Idee der Gleichheit abgeschafft wurde, begann der Kampf um die rechtliche und gesellschaftliche Gleichstellung der Frau, die auch heute noch nicht vollendet ist. Diese übergeordnete kulturgeschichtliche Entwicklung hat auch für die Ehe tiefgreifende Folgen. Denn man kann sagen: Ohne die patriarchalische Gesellschaft mit der Unterordnung der Frau unter den Mann konnte die Einehe in der Vergangenheit nicht existieren. Erstmals in der Geschichte der Menschheit versuchen heute Männer und Frauen in prinzipiell gleichberechtigter Partnerschaft zusammenzuleben. Das ist etwas völlig Neues, und so kann es nicht verwundern, wenn es nicht gleich gelingt.

Das neu erwachte Selbstbewusstsein der Frau verträgt die alte Unterordnung nicht mehr, und selbst der letzte männliche Chauvinist weiß ganz genau, dass die Zeit der fügsamen Frauen vorbei ist, ja, er wünscht sich, wenn er ehrlich mit sich ist, keine unselbständige, unterwürfige Frau mehr. So kann man überspitzt sagen: Die Emanzipation der Frau hat die alte Form der Ehe zerstört.

Die Rollenverteilung in der Ehe

Eine weitere feste Stütze der alten Ehe war die Rollenverteilung, wie sie Schiller klassisch in dem *Lied von der Glocke* beschrieben hat. Diese Rollenverteilung ist zwar heute in den meisten Ehen noch die Regel, besonders wenn Kinder zu betreuen sind, aber ihre Begründung in den naturgegebenen Unterschieden von Mann und Frau, wie sie früher üblich war, ist unmöglich geworden. Sie ist vielmehr eine von Menschen eingerichtete Arbeitsteilung, die man auch umkehren kann. Damit ist die Rollenverteilung nicht mehr ein unumgängliches Schicksal, sondern eine hoffentlich frei und selbst gewählte Aufgabe. Das erfordert nicht nur persönliche Entscheidungen, sondern auch ein hohes Maß an Flexibilität, das in den Zeiten fester Rollenverteilung nicht nötig war. Dabei haben es die Männer besonders schwer, die ihre Identität vorwiegend auf ihre Erwerbsarbeit gründen, sich mit dem Status als Hausmann anzufreunden. Jedenfalls bedeutet das Ende der starren Rollenverteilung eine zusätzliche Verunsicherung der Partner und damit eine Destabilisierung der Lebensgemeinschaft.

Die sexuelle »Befreiung«

Für die Ehe ist auch dadurch eine neue Situation entstanden, dass mit der allgemeinen Verfügbarkeit der so genannten »Antibabypille« seit der Mitte der sechziger Jahre die Frauen zum ersten Mal in der Geschichte der Menschheit eine sichere und selbst bestimmte Methode der Empfängnisverhütung haben. Das hat vielfältige Auswirkungen. Zunächst stand die damit gewonnene Freiheit im Vordergrund, die der Frau eine nie gekannte Möglichkeit in der Entfaltung ihrer Sexualität ermöglichte. Gleichzeitig wuchs der Anspruch der Männer auf die sexuelle Verfügbarkeit der Frauen, und es kam zu einer Liberalisierung der Sexualmoral. Fremdgehen und Partnerwechsel waren sehr erleichtert worden. Die Hemmschwelle gegenüber diesen Dingen wurde erheblich herabgesetzt. Das hatte auch Auswirkungen auf die Eheführung. Denn wenn man all dies nicht will, muss man für sich und den Partner einsehbare Gründe haben. Warum lebenslange Einehe, dazu noch mit sexueller Treue? Angst vor unerwünschtem Nachwuchs oder gesellschaftlicher Diskriminierung sind keine Gründe mehr.

Zugleich wuchs der Anspruch an Glückserfüllung durch Sexualität, der zu einem Erwartungs- und Leistungsdruck in der Ehe führte, der in der Wirklichkeit des Ehe-Alltags kaum einlösbar ist. Wenn Geschlechtlichkeit auch außerhalb der Ehe leicht und schnell zu haben ist, dazu noch ohne menschliche oder finanzielle Verpflichtung, dann ist ein weiterer alter Sinn der Ehe, nämlich eine *Geschlechtsgemeinschaft* zu sein, hinfällig. Denn früher war die Ehe der einzige Ort, wo Geschlechtlichkeit, insbesondere von den Frauen, gesellschaftlich akzeptiert gelebt werden konnte.

Zuletzt sei auch noch daran erinnert, dass in der Vergangenheit die Nichteinhaltung der auf die Ehe bezüglichen Normen und Gesetze oder auch nur die Abweichung von der Norm durch soziale Ächtung, durch Sanktionen und Strafen geahndet wurde. Von der Steinigung von Ehebrechern bis zur Verstoßung lediger schwangerer Töchter, von der Bestrafung Homophiler bis zur Verweigerung eines Hotelzimmers für unverheiratete Paare – all das muss heute schon als kaum vergangene Geschichte der jüngeren Generation in Erinnerung gebracht werden.

All dies ist heute nicht mehr gegeben oder wird nicht mehr akzeptiert. Und es ist nur eine Frage der Zeit, wann das überall und für alle gelten wird.

So sehen wir, dass wir in Bezug auf die Ehe vor einer völlig neuen, nie da gewesenen Situation stehen, für die es keine Vorbilder gibt. Es kann daher nicht verwundern, dass die Sehnsucht nach einer dauerhaften Lebensgemeinschaft für immer mehr Menschen unerfüllt bleiben muss.

Anthroposophische Aspekte des Eheproblems

Wie schon im Vorwort erwähnt, können hier weder die methodischen noch die inhaltlichen Grundlagen der Anthroposophie behandelt werden. Dafür muss auf das gedruckt vorliegende Werk Rudolf Steiners verwiesen werden, besonders auf seine Schriften.

Die fortschreitende Individualisierung

Rudolf Steiner hat die Entwicklung der Menschheit oft als einen zur Individualisierung und zur Freiheit des Einzelnen führenden Prozess beschrieben. Mit Notwendigkeit wird der Mensch allmählich in die Selbständigkeit und aus einer verbindlichen Ethik der Gesellschaft entlassen oder er befreit sich aus dieser. Schon in seinem ersten Hauptwerk, der *Philosophie der Freiheit,* führt er im 9. Kapitel aus: »Die Natur macht aus dem Menschen bloß ein Naturwesen; die Gesellschaft ein gesetzmäßig handelndes; ein *freies* Wesen kann er nur *selbst* aus sich machen. Die Natur lässt den Menschen in einem gewissen Stadium seiner Entwickelung aus ihren Fesseln los; die Gesellschaft führt diese Entwickelung bis zu einem weiteren Punkte; den letzten Schliff kann nur der Mensch selbst sich geben.«[32]

In diesem Sinne ist der moderne Mensch in Bezug auf die Frage der Ehe nicht nur aus den Fesseln der Natur entlassen, wie wir im Kapitel »Ist die Einehe naturgegeben?« gesehen haben, sondern die Weiterentwicklung der Natur durch die Gesellschaft ist ebenso an ein Ende gekommen. Deshalb ist der Einzelne mit der Ehefrage ganz auf sich gestellt, und es kommt darauf an, ob er selbst eine »moralische Intuition«, eine Idee für das, was sein soll, für die Einehe findet oder nicht. Ohne eine solche tragende und richtungsweisende Idee ist eine Kulturtat wie die Ehe in Zukunft nicht mehr zu leisten.

[32] Rudolf Steiner, GA 4, S. 170

Das Ende der Blutsgemeinschaften und des Wirkens alter Gruppenseelen

In seinen Schilderungen der Menschheitsentwicklung hat Rudolf Steiner oft beschrieben, wie in der Vergangenheit die Impulse zur Gemeinschaftsbildung und zum Leben in der Gemeinschaft an die Tatsache des gemeinsamen Blutes, der Blutsverwandtschaft, gebunden war. Aber das Wirken der Blutskräfte hört auf und damit auch die Möglichkeit einer instinktiven Art der Gemeinschaftsbildung.[33]

Letztlich waren es geistige Wesen, fortgeschrittene Engel oder Erzengel, die durch das Blut verwandter Menschen diese zu einer Gemeinschaft auch der Seelen bildeten. Für eine Familie sprach Rudolf Steiner ganz direkt von einer Familienseele[34] oder von einem Familiengeist.[35] Diese an das Blut gebundenen Gruppenseelen, die beispielsweise auch in Völkern wirken, ziehen sich allmählich aus der Menschheit zurück. Man kann auch sagen: Der Mensch emanzipiert sich immer mehr von ihnen. Dadurch gelingt die Gemeinschaftsbildung auch in der Ehe immer weniger von alleine, quasi von Natur aus, sondern muss bewusst von Einzelnen gewollt und errungen werden.

Gelingt es nun zwei oder mehreren Menschen, ihre Gedanken und Gefühle zu objektivieren und zusammenströmen zu lassen, so verbindet sich eine neue Art von Geistwesen einer solchen Gemeinschaft. Steiner nennt sie »freilassende Gruppenseelen« im Unterschied zu den im Blute mit Notwendigkeit wirkenden alten Gruppenseelen, weil sie mit der Freiheit des Individuums vereinbar sind.[36] In Zukunft wird es keine Gemeinschaft von Menschen mehr geben können, ohne dass solche Wesen, die auf das freie Wollen der Menschen angewiesen sind, mitwirken.

Auch die Ehe war in der Vergangenheit von geistigen Wesen abhängig. Sie wirkten mit in den Entscheidungen der Menschen, die eine Ehe beschlossen, und in den Sympathiegefühlen und Trieben des sich findenden Paares. Darauf kann man das Sprichwort beziehen: »Ehen werden im Himmel geschlossen.« Heute ziehen sich diese Geistwesen aus den natürlichen Gefühlen der Sympathie und der Verliebtheit zurück, so dass diese keine genügende Grundlage mehr für Schicksalsentscheidungen sind.[37]

[33] R. Steiner, GA 102, S. 194 f.; GA 55, S. 61 f.; GA 96, S. 267 und GA 110, S. 181

[34] R. Steiner, GA 10, S. 200 [35] R. Steiner, GA 54, S. 192 [36] R. Steiner, GA 102, S. 194 ff.

[37] R. Steiner, GA 168, S. 97

Begleiterscheinungen der Entwicklung der Bewusstseinsseele

Wir leben seit dem Beginn der Neuzeit im Zeitalter der Bewusstseinsseele, d.h. in einer Zeit der zunehmenden Individualisierung, die gegenseitiges Verständnis, soziales Leben und Gemeinschaftsbildung immer schwieriger werden lässt. Wir können das heute vielfältig beobachten. Selbst der so starke Sexualtrieb führt die Menschen nicht mehr zusammen, sondern vereinzelt das Individuum, so dass Erscheinungen wie Cyber-Sex immer stärker in Erscheinung treten.[38]

Es gehört zu den Begleiterscheinungen der Bewusstseinsseele, dass es zunächst schwieriger wird, sich gegenseitig zu verstehen. Ja, sogar das Kennenlernen wird immer schwerer.[39] Das ist für die Individualisierung des Menschen auch notwendig, birgt aber die Gefahr in sich, zu immer mehr Streit und Krieg zwischen den Einzelnen zu führen.

Die alten moralbildenden Kräfte der Gesellschaft verlieren ihre Wirksamkeit in der Mitte des 20. Jahrhunderts,[40] weil die göttliche Welt den Menschen in die Freiheit entlässt und dadurch vieles in unserer Zeit zunächst chaotisch werden muss.[41] Das wird im Bereich von Partnerschaft und Ehe besonders deutlich.

Antisoziale Triebe

Die Gefahr von Streit und Krieg im Sozialen besteht auch dadurch, dass der Mensch nicht nur ein soziales, sondern durch seine Natur auch ein antisoziales Wesen ist. Das hat Rudolf Steiner 1918 in einem Vortrag ausführlich beschrieben.[42] In unserem Denken und Vorstellen, in unseren natürlich aufsteigenden Sympathien und Antipathien wirken Kräfte, die uns von unseren Mitmenschen trennen. Sogar das Gefühl der Liebe, wie es von selbst auftritt, wirkt antisozial, weil es im Kern doch nur Selbstliebe ist. Auch diese antisozialen Triebe sind zur Herausbildung der Persönlichkeit notwendig, müssen aber durch soziale Einrichtungen ein Gegengewicht erhalten. Solche Einrichtungen genügen aber nicht, sondern der Einzelne muss sich um ein bewusstes Interesse für den anderen einzelnen Menschen konkret bemühen.[43]

Dass diese Tatsachen gerade auch die Eheführung erschweren, liegt auf der Hand.

[38] *Der Spiegel,* Nr. 46/1993 [39] R. Steiner, GA 168, S. 97 [40] R. Steiner, GA 194, S. 182 f.
[41] R. Steiner, GA 186, S. 111 [42] Ebd., S. 88 ff. [43] Ebd., S. 158 ff.

Die neue Aufgabe der Frau

Daneben hat Rudolf Steiner natürlich auch gesehen, dass in der Entwicklung der Frau ein neues Stadium eingetreten ist. Schon in seiner *Philosophie der Freiheit* hat er es als unwürdig bezeichnet, dass die Frau nur als Gattungswesen und nicht in erster Linie als Individualität betrachtet wird. Er forderte die freie Berufswahl für die Frauen und ihre Selbstbestimmung.[44] 1906 hat er einen öffentlichen Vortrag über die Frauenfrage gehalten, in dem er nicht nur das Wirken von Frauen in der Kultur der Vergangenheit gewürdigt, sondern auch die besonderen Möglichkeiten beschrieben hat, die durch eine nicht bloß männlich-materielle Betrachtung der Welt, durch die mehr spirituelle Natur der Frau für eine künftige Kultur gegeben sind.[45]

Er hat innerhalb seiner esoterischen Schule die früher übliche Trennung von Männern und Frauen aufgehoben[46] und im Zusammenhang mit dieser Schule erklärt: »Und insbesondere ist heute die Frau berufen, ihr Selbst zu finden und geltend zu machen.«[47] 1921 erklärte er: »Nun, ich glaube, dass in der Tat die Zeit gekommen ist, in welcher die Frau durchaus in Gleichberechtigung teilnehmen soll an allen Zweigen des öffentlichen Lebens.«[48] Dementsprechend hat er bei der Begründung einer neuen Kirche, der Christengemeinschaft, die Zulassung von Frauen zum Priesteramt befürwortet.[49]

Als er zu Weihnachten 1923 die Allgemeine Anthroposophische Gesellschaft gründete, berief er einen paritätisch besetzten Vorstand aus drei Frauen und drei Männern.[50] Das war kein Zufall, sondern entsprach einer tiefen Notwendigkeit.[51]

So können wir sagen, dass in der Anthroposophie die Emanzipation der Frau, ihr neu erwachendes Selbstbewusstsein erkannt und anerkannt wird. Es gehört dieses neue Bewusstsein der Frauen aber, wie wir gesehen haben, zu den Tatsachen, die die Ehe im alten Sinne und im alten Stil unmöglich machen.

Es ist aber nicht damit getan, dass die Frauen gleichberechtigt in allen Berufen und in allen Zweigen des öffentlichen Lebens tätig sein können, denn dieses Leben ist eine durch und durch männlich geprägte Kultur, in die die Frau mit ihrer Natur nicht ohne weiteres hineinpasst.[52] Deswegen muss sich die Frau der Männerkultur annähern[53] und gleichzeitig darum bemüht sein, nicht einfach den Mann zu imitieren, sondern ihren eigenen, weiblichen Bei-

[44] GA 4, S. 238 f. [45] GA 54, S. 105 ff. [46] GA 93, S. 215 ff. und S. 258 ff. [47] GA 264, S. 56
[48] GA 343, S. 479 [49] Siehe auch Rudolf Gädeke, *Die Gründer der Christengemeinschaft,* S. 102
[50] R. Steiner, GA 260, S. 50 ff. [51] R. Steiner, GA 265, S. 453 [52] R. Steiner, GA 54, S. 116
[53] R. Steiner, GA 93a, S. 65

trag in die Kultur einzubringen.[54] Es ist leicht einzusehen, dass die so gekennzeichnete Aufgabe der Frau in der Gegenwart eine Fortsetzung der Ehe im alten Stil unmöglich macht.

Das Ende alter moralbildender Kräfte

Als letzter dieser anthroposophischen Aspekte des Eheproblems sei noch Folgendes angeführt: Die Menschheit wurde in ihrer Kultur zu allen Zeiten geführt durch das Wirken von Menschen, die aus der geistigen Welt die Formen des sozialen, künstlerischen und auch des äußeren Lebens empfangen konnten. Man nannte sie Seher, Schamanen, Propheten oder Eingeweihte. Durch sie wurde die Kultur einer Menschengemeinschaft, eines Volkes, so gestaltet, dass der einzelne Mensch die Wirkung des Geistigen aus seiner Umwelt aufnahm und im Sinne des Geistigen handeln konnte. So waren auch die Formen des ethischen Handelns nicht nur durch Gesetze vorgegeben, sondern die Impulse zu solchem Handeln flossen dem Menschen durch die Religion, durch die Kunst und durch alle Gestaltungen des Alltagslebens zu. Und diese von außen kommenden sozialen und moralbildenden Kräfte haben in der Mitte dieses Jahrhunderts zu wirken aufgehört, so dass der Mensch bei seinem ethischen und sozialen Handeln immer mehr auf sich selbst gestellt ist.[55] Man kann auch sagen, dass der Mensch von diesem Zeitpunkt an entweder bloß aus seiner Natur heraus handelt oder nur aus den gesellschaftlichen Zwängen seiner Umgebung, die nicht mehr geistgetragen ist, und beides führt zum Unmenschlichen. Humanes Handeln wird abhängig von der individuellen Möglichkeit der »moralischen Intuition«, d.h. davon, ob der Einzelne geistige Inhalte zu Motiven seines Handelns machen kann.[56]

Zusammenfassung: Die Ehe als Kulturtat

So sehen wir, dass die Frage nach der Ehe nur ein Teil einer umfassenderen Problematik ist. Da die Ehe nicht naturgegeben ist, muss sie, um überhaupt real werden zu können, eine Kulturtat sein. Dies wurde sie in der Vergangenheit durch die gesellschaftlichen Verhältnisse und Einrichtungen. Davon will der moderne Mensch sich mit Recht nicht mehr bestimmen lassen. Deshalb muss er, wenn er in einer Ehe leben will, sie wie jede andere Kultur-

[54] R. Steiner, GA 343, S. 479 ff. [55] R. Steiner, GA 194, S. 181 ff. [56] R. Steiner, GA 4, Kapitel 9

tat selber hervorbringen, sie sozusagen erschaffen. Dazu müssen wir uns zunächst von dem tiefsitzenden Vorurteil befreien, die Ehe sei etwas Natürliches. Das ist in den vorigen Kapiteln hoffentlich zur Genüge geschehen.

Des Weiteren muss klar werden, was das für Konsequenzen hat: Wenn die Ehe nur als Kulturtat des Einzelnen bestehen kann, dann muss für ihre Hervorbringung dasselbe gelten wie für alle anderen Kulturtaten. Denken wir uns, wir wollten einen Garten anlegen und pflegen. Dazu brauchen wir zunächst ein Stück Land, das wir bearbeiten können. Dann brauchen wir eine Idee, einen möglichst genauen Plan, was für einen Garten wir wollen: einen Gemüsegarten, einen Obstgarten, einen Garten, der den Kindern zum Spielen dienen soll, einen englischen Rasen, einen französischen Barockgarten, einen wissenschaftlich ausgerichteten botanischen Garten, einen Blumengarten – oder von jedem etwas? Es ist leicht einzusehen, dass sich manches von dem gegenseitig ausschließt, anderes sich miteinander verbinden lässt. Und dann kommt die Frage, wie ich die verschiedenen Teilbereiche sinnvoll auf dem Grundstück anordne. Bis dahin ist alles nur Idee und Plan. Nun muss man sich fragen: Was habe ich an Kapital (Geld, Samen, Pflanzen etc.), was habe ich an Fähigkeiten zur Verfügung (Kenntnisse, Arbeitszeit zur Pflege, körperliche Kräfte etc.), um meine Pläne verwirklichen zu können? Und schließlich: Ist mir der Garten so wichtig, dass ich tatsächlich all das einsetze, um ihn zu verwirklichen? Wenn ich keine Zeit oder Lust zur Gartenarbeit habe, kann ich das Stück Land gleich wild belassen.

Wir sehen, dass zu jeder Kulturtat eine Idee, ein Plan, Kapital, bestimmte Fähigkeiten und Arbeit gehören, sonst kann sie nichts werden. Meinen Garten kann ich mir von anderen, von Fachleuten anlegen und pflegen lassen. Gleiches gilt von fast allen Kulturtaten: Essen und Kleidung, Behausung und Verkehrsmittel, Theater und Konzerte – alles kann ich mir kaufen, d.h. ich kann die Kulturleistung, die ich haben will, an andere delegieren. Und genau da liegt das Besondere des Eheproblems: Die Kulturtat Ehe kann ich nicht delegieren, ich muss sie selber schaffen, niemand kann sie für mich hervorbringen! Das bedeutet aber auch, dass ich selber eine Idee haben muss, selber Kenntnisse und Fähigkeiten erwerben muss, die zur Ehe notwendig sind, und vor allem, dass ich selber die Arbeit zur Begründung und Pflege der Ehe leisten muss. Zusätzlich erschwert ist diese Kulturtat dadurch, dass ich sie nicht alleine vollbringen kann, was allerdings für viele andere Kulturtaten auch gilt. Ich muss mich also zunächst darum bemühen zu klären, ob mein Partner wirklich dasselbe will wie ich, wenn er von Ehe spricht. Diese Klärung unterbleibt bei jungen Paaren fast vollständig, ist aber heute wichtiger denn je, weil, wie wir gesehen haben, keine allgemeine, verbindliche Zielnorm für die Ehe mehr vorhanden ist.

Unterbleibt also eine gemeinsame Zielplanung der Partner für ihre Ehe, so bedeutet dies dasselbe wie in anderen Bereichen der Kultur. Bleiben wir bei unserem Gartenbeispiel: Es wollen zwei gemeinsam einen Garten anlegen. Genauer haben sie sich nicht abgesprochen. Sie fangen an zu graben, säen und pflanzen, und zunächst geht alles ganz gut. Bis einer von beiden merkt, dass der andere gerade ausjätet, was er selbst gepflanzt hat. Worin liegt der Fehler? Natürlich in der fehlenden Planung und Absprache. Denn die Planung besteht ja gerade darin festzulegen: Was soll an Pflanzen in diesen Garten wo hinein und welche sollen heraus? Darin besteht ja die Kultur, dass von der Natur nur ein Teil und der in veränderter Art an einem bestimmten Ort bestehen bleibt.

Was bei einem Garten noch einigermaßen harmlos und ungefährlich ist, erweist sich in seiner Brisanz, wenn wir andere Beispiele wählen: Denken wir daran, was geschieht, wenn Arbeiter bei einem Brückenbau oder beim Bau eines Flugzeuges ohne oder mit mangelhaftem Plan oder auch nur nicht genau nach Plan arbeiten würden! Es gäbe eine Katastrophe! Nun ist eine Ehe mindestens so kompliziert wie eine Brücke. Und demgemäß muss es eine Katastrophe geben, wenn sie nicht entsprechend geplant wird.

Auch alles Weitere ist uns in anderen Bereichen der Kultur längst selbstverständlich: Ein Garten, ein Flugzeug und sogar eine Brücke (wenn sie etwas größer und komplizierter ist) müssen ständig gepflegt und gewartet werden, sonst werden sie untauglich zu ihrem Zweck; sie können die Idee, nach der sie angelegt sind, nicht mehr erfüllen. Für die Ehe gilt dasselbe: Ohne bewusste pflegende Arbeit an ihr kann sie nicht bestehen bleiben. Sie verwildert wie ein ungepflegter Garten. Dieser wird wieder ein Stück Natur. Jene aber verschwindet ganz.

Wir können auch sagen: Die Ehe muss als eigener Beruf aufgefasst werden, sonst kann sie nicht gelingen. Und zu jedem Beruf gehört eine Ausbildung, der Erwerb von Kenntnissen und Fähigkeiten. Daran mangelt es bisher. Denn wer ist schon auf eine Eheschule gegangen?

Jedes Handwerk verlangt eine dreijährige Lehre. Eine gute Ehe zu führen ist schwieriger als jedes Handwerk, und jeder meint, er könne dies, ohne etwas gelernt zu haben.

So wollen wir in den folgenden Kapiteln zunächst auf die der Ehe zugrunde liegende Ur-Gegebenheit blicken, nämlich die Tatsache, dass der Mensch von Natur aus als Frau und Mann geschaffen ist. Denn ohne diese Tatsache gäbe es das Problem Ehe nicht. Außerdem ist es ein Stück »Materialkunde«, ohne die kein Handwerk, keine Kunst und keine Kultur auskommt.

Die Ur-Gegebenheit: Mann und Frau

Wenn man über die Unterschiede von Frau und Mann spricht, so betritt man Glatteis, auf dem man sehr leicht zu Fall kommen kann. Man setzt sich besonders dem Verdacht aus, man wolle mit der Feststellung »naturgegebener Unterschiede« von Mann und Frau nur die alten patriarchalischen Rollenverteilungen und Machtverhältnisse legitimieren und stabilisieren. Seit Alice Schwarzer mit ihrem Buch *Der kleine Unterschied* bis auf das Gebären und Stillen alle Unterschiede zwischen den Geschlechtern als gesellschaftsbedingt und damit für veränderungsfähig (und -bedürftig) erklärt hat, kann über diese Unterschiede kaum noch unbefangen gesprochen werden. Es wird dabei übersehen, dass die Feststellung von Tatsachen und die daraus zu ziehenden Schlussfolgerungen zwei Paar Stiefel sind.

Auf der anderen Seite ist seit der Mitte der achtziger Jahre auf diesem Feld eine Wende eingetreten, für mich deutlich geworden an dem Buch von Ekkehard Kloehn *Typisch weiblich? Typisch männlich?*[57] Seitdem gibt es eine Fülle von Veröffentlichungen, Artikeln und Büchern, die sich mit dem tatsächlichen Unterschied der Geschlechter beschäftigen und ihn nicht leichthin als gesellschaftlich verursacht hinweginterpretieren, sondern versuchen, ihn zu akzeptieren und mit ihm umgehen zu lernen.[58] Dabei soll hier nicht etwa geleugnet werden, dass Erkenntnisse über den Unterschied der Geschlechter missbraucht werden können und missbraucht worden sind, um persönliche oder Gruppeninteressen durchzusetzen. Es soll auch nicht geleugnet werden, dass es gesellschaftliche Prägungen gibt, die zu »weiblichem« oder »männlichem« Verhalten führen. Aber es soll hier doch versucht werden, auf Unterschiede der Geschlechter aufmerksam zu machen, die tief in der Natur verankert sind, und

[57] Hamburg 1979

[58] Zum Beispiel Joachim Illies, *Theologie der Sexualität,* S. 19; Wolfgang Wickler / Uta Seibt, *Männlich – weiblich,* zuerst erschienen 1983; Anne Moir / David Jessel, *Brainsex,* zuerst erschienen 1989; John Gray, *Männer sind anders. Frauen auch,* 1992

diese Unterschiede auch möglichst verständlich zu machen. Dabei wird uns die anthroposophische Menschenkunde einen unschätzbaren Dienst leisten können. Es sollen aus diesen Unterschieden auch keine Schlussfolgerungen für die Rollenverteilung in der Ehe gezogen werden, denn diese Unterschiede lassen einen weiten Raum für individuelle Lebensgestaltungen.

Die Erkenntnis der Unterschiede von Frau und Mann ist auch deshalb für die Eheführung wichtig, weil sie die Anerkennung der Andersartigkeit des Partners erleichtert und der Gefahr vorbeugen hilft, den anderen ändern zu wollen.[59]

Die alten mythologischen Anschauungen und das moderne Gleichheitsideal

Dem Menschen der Vergangenheit wäre es überhaupt nicht eingefallen, den Unterschied der Geschlechter zu leugnen oder auch nur zu relativieren. Zu deutlich trat er für den unbefangenen Blick ins Bewusstsein. Ja, er wurde als so grundlegend empfunden, dass in vielen Mythologien die Polarität Mann – Frau für den Schöpfungs- und Weltprozess als konstitutiv angesehen wurde. Die am Menschen erlebte Polarität wurde zum Bild der polaren Weltenkräfte: Himmel und Erde, Tag und Nacht, Sonne und Mond wurden als männlich-weibliche Gegensatzpaare empfunden, was sich bis heute in der grammatikalischen Geschlechtsbestimmung dieser Worte widerspiegelt.

In der griechischen und germanischen Mythologie sind auch die Schöpferwesen und die späteren Götter männlich oder weiblich. In der schon mehr philosophischen Art, wie in China von »Yin« und »Yang« als von Prinzipien gesprochen wurde, die die ganze Welt konstituieren, finden wir eine andere Weise, den erlebten Gegensatz der Geschlechter zum Erklärungsmodell der Wirklichkeit zu machen.[60]

Erst die Gleichheitsidee, die, wie wir gesehen haben, im Christentum wurzelt, sich seit der Französischen Revolution entwickelt und allmählich immer mehr durchgesetzt hat, führte dazu, dass man die Unterschiede der Geschlechter relativieren oder sogar leugnen konnte. Denn eine tiefe und berechtigte Sehnsucht erfüllt den modernen Menschen: die nach gleichem Recht aller. Die Gleichberechtigung aller Menschen, so unterschiedlich sie von Natur aus nach

[59] Siehe auch Michael Lukas Moeller, *Die Wahrheit beginnt zu zweit*, S. 43 und 153 ff.

[60] Siehe auch J. Illies, a.a.O., S. 54 f.

Hautfarbe, Volk und Geschlecht auch sein mögen, ist eine der Grundstrebungen der modernen Seele. Aber Gleichberechtigung bedeutet nicht Gleichheit, und natürliche Unterschiede brauchen keine Folgen im Rechtsleben zu haben. So wollen wir versuchen, uns den Unterschied der Geschlechter ohne vorschnelle Urteile und Konsequenzen deutlich zu machen.

Rudolf Steiner hat das, was wir hier anstreben, innerhalb eines pädagogischen Vortrages als Ideal und Notwendigkeit gekennzeichnet: »Und gerade wenn man das recht anstreben will, was mit Recht in der Gegenwart angestrebt wird und was in der Zukunft kommen muss, die völlige Gleichheit, die Gleichberechtigung der beiden Geschlechter für die Welt, dann muss man einen klaren, unbefangenen Blick haben für die Differenzierung. Nur dadurch kann die Gleichheit realisiert werden, dass man einen klaren, unbefangenen Blick für die Differenzierung hat.«[61]

Das Männliche und das Weibliche

Der Körperbau

Wenn wir uns den Menschen leiblich als Mann und Frau vergegenwärtigen, so sehen wir, dass die allermeisten und wichtigsten Merkmale gleich sind: Dieses Wesen geht aufrecht auf zwei Beinen, der eine Kopf sitzt oben und ist rund gestaltet, darunter ist der Rumpf mit den zwei Armen rechts und links; die Ohren sind seitlich am Kopf, die Ausscheidungen geschehen unten zwischen den Beinen etc. Wir könnten nun endlos fortfahren in der Beschreibung des Menschenleibes und dabei nur die Übereinstimmungen bei Mann und Frau erwähnen. Das ließe sich auch bei einer Beschreibung der inneren Organe so durchführen. Aber da sind dann auch einige Unterschiede in der Leibesbildung, die eben mit dem Geschlecht, mit der Fortpflanzung zu tun haben: am auffallendsten die Geschlechtsorgane des Mannes und die Brüste der Frau. Dann sind da noch die feineren Unterschiede des Körperbaues, zum Beispiel die Stellung der Oberschenkel, die Breite von Schultern und Hüften, das unterschiedliche Unterhautfettgewebe und vieles andere mehr. Aber insgesamt überwiegen doch die Gleichheiten, insbesondere wenn man den Menschen mit den ihm am nächsten stehenden Tieren, den Menschenaffen, vergleicht. So kann man sagen, dass nach dem Körperbau Mann und Frau überwiegend gleich und nur wenig verschieden sind.

[61] GA 305, S. 167

Die Chromosomen

In der Biologie lernen wir, dass in dem Kern jeder Körperzelle die Chromosomen als Träger der Erbinformationen vorhanden sind und dass diese Chromosomen in gleichartigen Paaren vorliegen, nur ein Paar kann verschieden sein beim gesunden Menschen, das ist das Geschlechtschromosom. Von diesem gibt es zwei Arten, die nach ihrer Form das X- und das Y-Chromosom genannt werden. Befinden sich nun in den Zellen eines Individuums je zwei X-Chromosomen, so ist es in der Regel weiblich, sind es jedoch ein X- und ein Y-Chromosom, so ist es männlich. Auf der Ebene der Chromosomen ist der Mensch also entweder männlich oder weiblich, der Unterschied ist absolut. Gegenüber den anderen 22 Chromosomenpaaren, die bei Frau und Mann gleich sind, ist dieser Unterschied allerdings relativ klein, ein Sechsundvierzigstel sozusagen. Aber die Chromosomen bestimmen nicht allein das Geschlecht des Menschen. Eine wesentliche Rolle bei der Herausbildung der leiblichen Unterschiede von Mann und Frau spielen die Hormone.[62]

Die Hormone

In den so genannten innersekretorischen Drüsen werden Stoffe erzeugt, die nicht über die Haut oder in den Magen-Darm-Trakt, sondern in die Blutbahn ausgeschieden werden. Es sind dies die Botenstoffe oder Hormone, die bei der Steuerung der Leibesvorgänge eine wichtige Rolle spielen. Einige dieser Hormone wirken auch mit bei der Herausgestaltung der unterschiedlichen Körpermerkmale von Mann und Frau. Weibliche Hormone, die Östrogene, bewirken weibliche, männliche Hormone, das Testosteron, bewirken männliche sekundäre Geschlechtsmerkmale. Man kennt das von der Behandlung von Sportlerinnen mit Testosteron, wodurch das Muskelwachstum und damit die Leistung gesteigert werden kann. Es wird aber der ganze Körper dabei männlicher: Die Brüste werden oder bleiben klein, die Klitoris wächst, der ganze Körper verliert an Rundungen und der Bartwuchs wird angeregt. Man kennt es auch durch die Behandlung von Menschen, die sich in ihrem männlichen oder weiblichen Körper unglücklich fühlen und sich einer operativen Geschlechtsumwandlung unterziehen. Sie werden nach der Operation mit Geschlechtshormonen behandelt, wodurch ihnen die fehlenden sekundären Geschlechtsmerkmale teilweise oder vollständig nachwachsen.

[62] Eine gute Zusammenfassung der biologischen Entwicklung von der ungeschlechtlichen Vermehrung zur sexuellen Vermehrung im Tierreich bietet W. Wickler / U. Seibt, *Männlich – weiblich.*

Nun ist es aber so, dass in jedem Menschen weibliche und männliche Geschlechtshormone produziert werden. Ob jemand Mann oder Frau ist, hängt davon ab, welche Hormone überwiegen. Schon in der dritten Schwangerschaftswoche beginnt das Ungleichgewicht dieser Hormone und damit die Differenzierung der Organe, die zuvor undifferenziert angelegt waren. Man kann also sagen, dass Mann und Frau auf der hormonalen Ebene nicht absolut, sondern nur relativ verschieden sind. Der absoluten Verschiedenheit bei den Chromosomen steht also eine relative bei den Hormonen gegenüber.

In der Regel überwiegen bei Organismen mit XY-Chromosomen die männlichen Hormone und bei solchen mit XX-Chromosomen die weiblichen. Aber es gibt auch Ausnahmen. Entscheidend für das Geschlecht des ganzen Körpers aber sind die Hormone.

Wir wollen aber nun versuchen, die Qualitäten des Weiblichen und des Männlichen unabhängig von Mann und Frau zu untersuchen, denn in beiden sind beide vorhanden, wie uns der Blick auf die Hormone gezeigt hat.

Eizelle und Samenzelle als Urbild

Die einzigen Zellen im menschlichen Organismus, die ausschließlich weiblich oder männlich sind, weil sie nur einen Chromosomensatz und damit auch nur ein Geschlechtschromosom haben, sind die Keimzellen, Eizelle und Samenzelle. Die Eizelle hat immer ein X-Chromosom, die Samenzelle entweder ein X- oder ein Y-Chromosom, so dass bei einer Befruchtung entweder die Kombination XX (weiblich) oder XY (männlich) entsteht.

Uns soll hier aber eine andere Betrachtungsart weiterhelfen. Wenn wir uns nämlich die Gestalt und Funktion dieser beiden Zellen genauer ansehen, ergibt sich eine interessante Polarität: Die Eizelle ist rund, groß (mit bloßem Auge gerade noch zu erkennen), als Gestalt eine Einheit, sie tritt normalerweise einzeln auf, ist biologisch recht alt (schon bei der Geburt des Mädchens vorhanden), ohne Eigenbewegung und dazu bestimmt, dass etwas auf sie zukommt und in sie eindringt. Die Samenzelle dagegen ist gerade gestreckt, sehr klein (0,06 mm lang einschließlich Schwanz, der Kopf nur etwa ein Zehntel so lang), als Gestalt eine Polarität oder Zweiheit von Kopf und Schwanz, der Zahl nach immer eine Vielheit von vielen Millionen (30–50 Millionen pro Tag), biologisch sehr jung (wenige Tage alt), eigenbeweglich und dazu bestimmt, sich auf ein Ziel zuzubewegen und in es einzudringen.

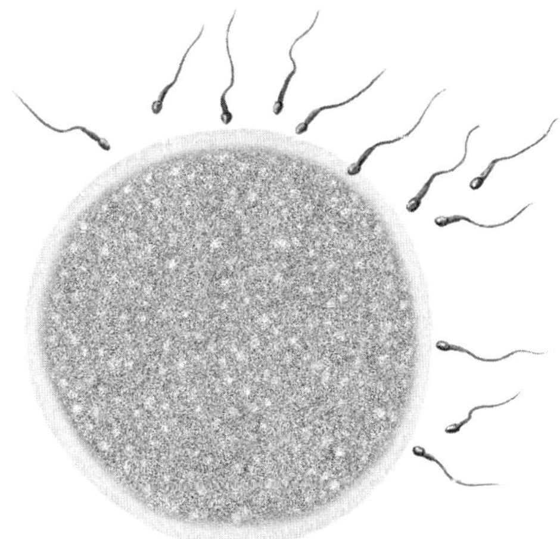

Eizelle, von Spermien umgeben

	Eizelle	Samenzelle
Gestalt:	rund	gestreckt, gerade
	Einheit	Zweiheit (Polarität)
Zahl:	eine	viele
Raum:	groß	klein
Zeit:	alt	jung
Funktion:	aufnehmen (zentripetal)	eindringen (zentrifugal)
Bewegung:	ruhig, unbeweglich, passiv	eigenbewegt, aktiv
	weiblich	männlich

Damit haben wir einen aus der Anschauung gewonnenen Begriff des Weiblichen und Männlichen als leibbildende Prinzipien.[63]

Und wenn wir nach diesen Gestaltungsprinzipien die ganze Menschengestalt betrachten, so sehen wir, dass der Kopf eine weibliche Bildung ist, denn er ist rund, der Zahl nach ein einziger, biologisch alt (beim Embryo sehr

[63] Einen ähnlichen Ansatz findet man in dem Aufsatz von Udo Derbolowsky, *Das Weibliche als Struktur, als Rolle und als Funktion*, in der Zeitschrift *Sexualmedizin* 2/1973, S. 423–427.

früh veranlagt, bei der Geburt am weitesten entwickelt), dazu da, um aufzunehmen (Atmung, Nahrung und vor allem Wahrnehmungen). Er funktioniert in Denken und Wahrnehmen am besten, wenn er ruhig und unbewegt ist.

Demgegenüber sind unsere Gliedmaßen männliche Bildungen, denn sie sind gerade gestreckt, mehrere sich verzweigende, späte Bildungen, dazu bestimmt, in die Welt hinaus durch Eigenbewegung zu wirken. Bei ihnen befinden sich die Ausscheidungsorgane (zentrifugale Funktion).

So sehen wir, dass jeder Mensch in seinem Körperbau männlich und weiblich ist und dass damit keine Wertung, keine Über- oder Unterordnung verbunden ist.

Die Dreigliederung des Organismus

Rudolf Steiner hat die Idee der Dreigliederung des Organismus erstmals 1917 in seinem Buch *Von Seelenrätseln* formuliert[64] und dann in zahlreichen Vorträgen weiter ausgeführt. Diese Idee ist auch für unseren Zusammenhang fruchtbar.

Man muss dabei deutlich unterscheiden zwischen den Vorgängen der Nerven-Sinnes-Organisation, der rhythmischen Organisation und der Stoffwechsel-Gliedmaßen-Organisation einerseits und deren hauptsächlichen Organbereichen: Kopf, Brust und Bauchhöhle / Gliedmaßen andererseits. Alle drei Organprozesse finden sich überall im Organismus, zum Beispiel Nerventätigkeit im Verdauungssystem oder Stoffwechsel im Gehirn. Trotzdem kann man sagen, dass der Kopf vorwiegend geprägt ist von den Nerven-Sinnes-Prozessen und der Bauch von den Stoffwechselprozessen.

Wir haben gesehen, dass wir den Kopf als weibliche, die Gliedmaßen als männliche Bildung verstehen können. Das mittlere, das rhythmische System, steht in seinen Bildungen und Prozessen zwischen beiden und hat an beiden Anteil: Am Skelett fallen im Rumpfbereich der Brustkorb und die Wirbelsäule besonders auf. Beides sind Bildungen, die durch variierende Wiederholung des gleichen Grundelementes entstehen: Aus dem mehr sphärischen, kopfähnlichen Wirbel (der Kopf ist anatomisch ein umgebildeter Wirbel), also einer weiblichen Form, entsteht durch rhythmische Wiederholung die annähernde Gerade der Wirbelsäule (also eine eher männliche Form); und aus den eher geraden Rippenknochen entsteht mit dem Brustkorb eine mehr sphärische Form. So greifen die männlichen und weiblichen Bildeprinzipien im mittleren Bereich ineinander. Sie werden dabei durch rhythmische Wieder-

[64] GA 21, S. 150 ff.

holung variiert. Wer sich mit dieser Art der Betrachtung des menschlichen Organismus weiter beschäftigen will, dem sei das Buch von Lothar Vogel, *Der dreigliedrige Mensch,*[65] empfohlen.

Für unseren Zusammenhang ist es wichtig, dass diese Anschauung auch erlaubt, die Verbindung der Leibesprozesse mit den Lebens-, Seelen- und Bewusstseinsvorgängen zu verstehen. Denn im Nerven-Sinnes-System finden sich vorwiegend Abbau- und im Stoffwechsel-Gliedmaßen-System vorwiegend die Aufbauprozesse (zum Beispiel die Fortpflanzung). Die Seelenvorgänge von Denken, Fühlen und Wollen sind deutlich den drei Organsystemen zuzuordnen und mit ihnen die uns bekannten drei Bewusstseinsarten: Wachen, Träumen und Schlafen. Wir können das in einem Schema zusammenfassen:

	Nerven-Sinnes-System	rhythmisches System	Stoffwechsel-Gliedmaßen-System
Form:	sphärisch	Wiederholung gleicher Grundelemente	linear
Funktion:	zentripetal	rhythmisch wechselnd ein – aus	zentrifugal
Leben:	Abbau		Aufbau
Seele:	Denken	Fühlen	Wollen
Bewusstsein:	wach	träumend	schlafend

Man könnte diese Betrachtung noch sehr ausführlich erläutern. Uns genügt die hier gegebene Andeutung, um unseren Begriff des Männlichen und Weiblichen zu erweitern.

[65] Dornach 1967

Der Geschlechtsorganismus

Wenn wir diese Betrachtung nun auf die besondere Gestalt der Fortpflanzungsorganisation von Mann und Frau anwenden, so zeigt sich zunächst, dass diese bei beiden zwischen Stoffwechsel und Gliedmaßen eingeschaltet ist. Die weiblichen Fortpflanzungsorgane liegen im Inneren des Rumpfes wie die Hauptorgane des Stoffwechsels, die männlichen aber außerhalb des Rumpfes, an diesen angefügt, wie die Gliedmaßen. So spricht man ganz sachgemäß vom männlichen Glied. Die weiblichen Fortpflanzungsorgane sind die ursprünglicheren, d.h. sie sind der Anlage des so genannten Urogenitalbereiches im Embryo näher geblieben als die männlichen, die durch Reduktion und Umwandlung, besonders aber durch Umstülpung nach außen entstanden sind.

Bei der Frau ist diese Organisation im Wesentlichen dreigliedrig: Eierstöcke, Gebärmutter und Scheide. Wenn wir sie von oben nach unten betrachten, so sind sie wie ein Mensch im Kleinen: oben die runden Eierstöcke, ruhend, unbewegt und im Vergleich zu den Hoden biologisch wenig aktiv – eine Art von Kopfbildung; dann die Gebärmutter: ein Hohlmuskel wie das Herz, dazu bestimmt, sich auszudehnen und zusammenzuziehen, in seiner Muskelstruktur dem Herzen verwandt; und dann die Scheide als relativ gerade Bildung, eine Art »negativer« Gliedmaße. Alle diese Bildungen sind aber charakteristisch überprägt von den Prinzipien des Stoffwechsel-Gliedmaßen-Systems: Die Eierstöcke (Kopf) sind verdoppelt, die Gebärmutter (Herz) wird zu einem Organ stärkster Stoffwechselvorgänge bei der Regelblutung und besonders bei einer Schwangerschaft; und die Scheide ist wie eine in den Stoffwechselbereich umgestülpte Gliedmaße.

Dagegen erscheint der männliche Fortpflanzungsorganismus als sekundäre Bildung: Die Keimdrüsen, die Hoden, wandern nicht nur entwicklungsgeschichtlich erst aus der oberen Bauchhöhle, wo sie veranlagt sind, nach unten und außen in den Hodensack, d.h. in den Bereich der Gliedmaßen, sondern vollziehen diese Bewegung auch bei jeder Keimesentwicklung von neuem. Sie sind in ständiger Bewegung begriffen und biologisch aktiver als die Eierstöcke. Das Glied ist als Gliedmaße oberhalb der »Kopfbildung« der Hoden angeordnet und hat selber eine Art Kopf in dem Nervenzentrum der Eichel. Alles ist männlich, d.h. nach der Zweiheit oder Polarität organisiert. Eine Mitte, dem Herzen entsprechend, gibt es nicht. Das, was im männlichen Körper der Gebärmutter entspricht, ist zu wenigen Zellen zurückgebildet.[66]

[66] Diese Betrachtung stützt sich wesentlich auf den Aufsatz von Klaus Dumke, *Erkennen und Zeugen,* in der Zeitschrift *Die Drei* vom September 1973, S. 409 ff.

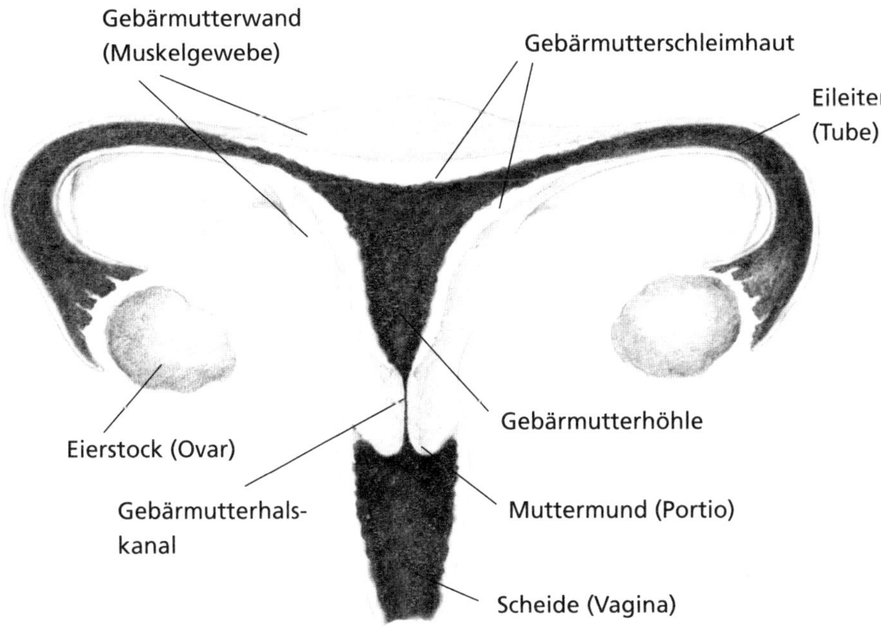
Gebärmutterwand
(Muskelgewebe)
Gebärmutterschleimhaut
Eileiter
(Tube)
Gebärmutterhöhle
Eierstock (Ovar)
Gebärmutterhals-
kanal
Muttermund (Portio)
Scheide (Vagina)

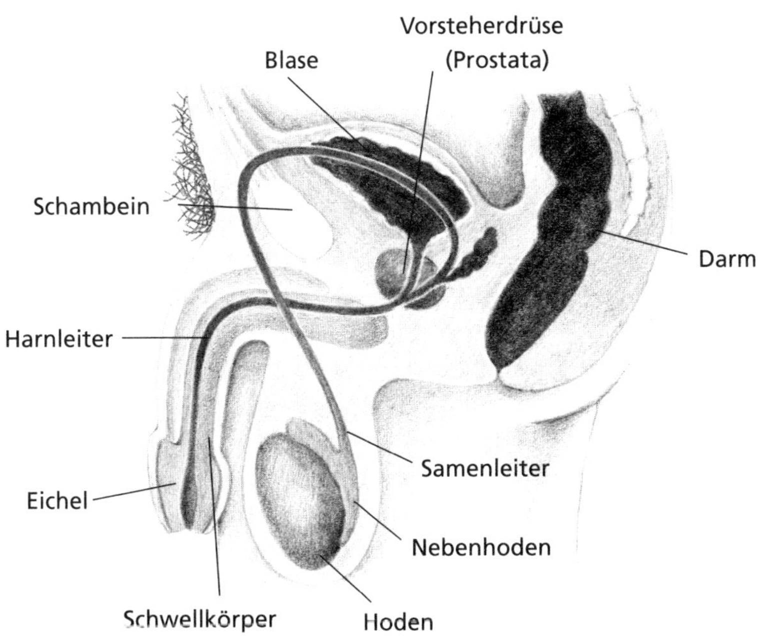
Vorsteherdrüse
(Prostata)
Blase
Schambein
Darm
Harnleiter
Samenleiter
Eichel
Nebenhoden
Schwellkörper
Hoden

Betrachten wir zum Schluss noch die Bewusstseinsseite dieser Organisationen: Alle nach außen weisenden Organe in allen drei Systemen sind von wacherem Bewusstsein begleitet als die nach innen orientierten. Die Sinne ermöglichen überhaupt erst unser Wachbewusstsein; das Nervensystem bleibt uns, wenn es gesund ist, ganz unbewusst; im rhythmischen Bereich ist die Atmung, die nach außen die Verbindung herstellt, unserem Bewusstsein näher und unserem bewussten Einfluss zugänglich; das Herz mit dem Blutkreislauf ist ein geschlossenes System, das keine direkte Verbindung nach außen hat und unserem bewussten Einfluss entzogen ist; der Stoffwechsel, der sich im Inneren abspielt, funktioniert am besten, wenn wir kein Bewusstsein von seinen Vorgängen haben. Je mehr wir von ihm bemerken, desto unwohler fühlen wir uns, und er ist der Steuerung durch unser Bewusstsein vollständig entzogen. Die Gliedmaßen sind demgegenüber ein nach außen gerichtetes System. Sie sind ihrer Form und Funktion nach in die Welt hinaus gerichtet. Und wir können ihre Bewegungen mit dem Eigenbewegungssinn wach verfolgen und sie vom Bewusstsein her steuern. Wenn das nicht möglich ist, sind wir krank. So können wir sagen, dass dem Stoffwechselsystem ein träumend-schlafendes und dem Gliedmaßensystem ein waches Bewusstsein eigen ist. Auf den Fortpflanzungsorganismus angewendet bedeutet das, dass dieser bei der Frau mehr von einem schlafend-träumenden, beim Mann aber von einem wachen Bewusstsein begleitet ist. Das hat weitreichende Konsequenzen.

Damit ist keinerlei Wertung verbunden; es handelt sich dabei nur um die Beschreibung beobachtbarer Tatsachen. Ob ein wacheres oder ein mehr traumhaftes Bewusstsein in diesem Bereich »besser« oder »schlechter« ist, ist eine ganz andere, eventuell eine müßige Frage.

Die Wesensglieder von Mann und Frau

Im Folgenden soll nun versucht werden, die Unterschiede von Frau und Mann anhand der Menschenkunde Rudolf Steiners, wie sie grundlegend in seiner *Theosophie*[67] geschildert ist, zu beschreiben. Wir gehen dabei von der Viergliederung in Körper (physischer Leib), Leben (Ätherleib), Seele (Astralleib) und Geist (Ich) aus.

Der *Körper* des Mannes ist gewöhnlich größer und um 20% schwerer als der der Frau. Zwar gibt es große Frauen und kleine Männer, aber als Aussage

[67] GA 9, S. 33–60

über einen statistischen Durchschnitt ist das eine Tatsache. Nur als eine solche statistische Aussage ist im Folgenden vom Unterschied von Mann und Frau die Rede. Am Beispiel der Körpergröße wird deutlich, dass die Aussage: »Männer sind größer als Frauen« niemals bedeuten kann: »Jeder Mann ist größer als jede Frau.«[68] Der Mann hat auch mehr Muskelmasse, zum einen durch das größere Gewicht, zum anderen aber auch dadurch, dass der Anteil seiner Muskulatur am Gesamtgewicht mit 42% um ein Sechstel größer ist als bei der Frau (36%). Außerdem bringt das weibliche Muskelgewebe pro Gewichtseinheit 20% weniger Kraftleistung.[69] Der Unterschied zwischen Mann und Frau hinsichtlich der Körperkraft ist also beträchtlich. Schon diese Tatsache hat weitreichende Folgen: Man stelle sich nur einmal vor, wie anders das Verhältnis der Geschlechter wäre, wenn wie bei den Tigern Mann und Frau gleich stark wären! Viele problematische Erscheinungen wie Vergewaltigung oder Gewalt in der Ehe gäbe es nicht.

Wenn man aber den *Ätherleib,* die Lebenskräfte untersucht, so ergibt sich ein ganz anderes Bild: Auf 100 befruchtete Eizellen, die genetisch weiblich sind, kommen 150 bis 170 männliche. Aber auf 100 lebend geborene Mädchen kommen nur noch 106 Jungen. Das heißt, dass viel mehr männlich Embryonen absterben als weibliche. Auf 100 tot geborene Mädchen kommen 115 tot geborene Jungen. Die Sterblichkeit im ersten Lebensjahr liegt bei den Jungen 33% über der der Mädchen. Bei vielen Krankheiten und Behinderungen sind Jungen weit häufiger betroffen als Mädchen. Erst im Alter von etwa zwanzig Jahren ist die Anzahl von Männern und Frauen gleich. Wir sehen also, dass am Anfang des Lebens die Lebenskraft des weiblichen Geschlechtes eindeutig größer ist.

Dasselbe Bild ergibt sich, wenn wir auf das Lebensende blicken: Die Lebenserwartung der Frau ist um etwa 10% höher als die des Mannes (etwa 79 zu 72 Jahre). Man schaue in Alters- und besonders in Pflegeheime: Die Belegung besteht weitgehend aus Frauen. Bei den über 90-jährigen überwiegen die Frauen. So können wir sagen, dass die Lebenskraft der Frau größer ist als die des Mannes.[70]

Diese Unterschiede auf dem Gebiet des Leiblichen sind wir eher geneigt, als naturgegeben anzuerkennen und hinzunehmen. Denn was können wir schon dafür, dass es sie gibt? Wenn wir jetzt aber auf die *Seele* und ihre Kräfte blicken, so kommen wir in einen empfindlichen Bereich. Unter »Seele« ver-

[68] Siehe Ekkehard Kloehn, *Typisch weiblich? Typisch männlich?,* S. 51 ff.

[69] Etwas andere Zahlen, aber die gleiche Grundtatsache nennt *Der Spiegel,* Nr. 9/1984, S. 202.

[70] Siehe auch W. Wickler / U. Seibt, a.a.O., S. 156

stehen wir hier, gemäß der Schilderung im ersten Kapitel der *Theosophie,* all die Kräfte und Vorgänge innerhalb des Menschen, die nur für ihn erlebbar und von Bedeutung sind. Aus ihr kommt als Antwort auf Wahrnehmungen von außen, was an Gefühlen und Stimmungen, an Sympathie und Antipathie, an Begehren und Ablehnen ohne denkendes Erkennen aufsteigt und sich in Willensäußerungen kundtut. Was nur für mich, nur in Beziehung zu mir Bedeutung hat, das ganz persönliche Element in uns, ist Seele. Dazu gehört auch die Phantasie, der freie Umgang mit Vorstellungen und deren von der Außenwelt unabhängiger neuer Kombination.

Man kommt nun nicht umhin anzuerkennen, dass die Frauen meist eine stärkere und differenziertere Seele haben. Das geht so weit, dass Frauen oft vor der Frage stehen, ob Männer überhaupt eine Seele haben. Natürlich haben auch sie Empfindungen und Gefühle, Emotionen und Leidenschaften, Abneigungen und Willensimpulse. Und doch ist es anders als bei Frauen. In den letzten Jahren ist eine Fülle von Büchern erschienen, die sich mit diesem Thema beschäftigen und die die Neigung, solche Unterschiede leichthin als gesellschaftlich bewirkt abzutun, überwunden haben.[71]

Schon die leibliche Grundlage des Seelenlebens, das Gehirn und seine Entwicklung[72] und der Hormonhaushalt, ist bei Mann und Frau sehr verschieden. So kann es nicht verwundern, dass auch die Seele bei Mann und Frau sich als verschieden erweist.

Rudolf Steiner hat dies einmal so ausgedrückt: »Der astralische Leib hat durch das ganze Leben hindurch beim weiblichen Geschlecht eine größere Bedeutung als beim männlichen Geschlecht. Die ganze weibliche Organisation ist ja durch den astralischen Leib mehr nach dem Kosmos hin organisiert. Durch die weibliche Natur enthüllt und offenbart sich vieles, was eigentlich Geheimnisse des Kosmos sind. Der astralische Leib der weiblichen Natur ist in sich differenzierter, wesentlich reicher gegliedert als der astralische Leib des Mannes, der in gewisser Weise ungegliederter, undifferenzierter, gröber ist.«[73]

Frauen sind mehr auf die Beziehung als auf die Sache orientiert. Schon die Mädchen zeichnen eher Menschen, die Jungen eher Gegenstände. Auch beim Umgang mit Gegenständen ist für Frauen Sympathie und Antipathie wichtiger als für Männer.[74] Ihre Fähigkeit zum Mitgefühl ist größer als die des Mannes. Schon im Kindesalter suchen sie die eine »beste« Freundin (oder zwei), wäh-

[71] Siehe zum Beispiel Anne Moir / David Jessel, *Brainsex;* M.L. Moeller, a.a.O., S. 31; Paul Tournier, *Rückkehr zum Weiblichen*

[72] Siehe E. Kloehn, a.a.O., S. 144 ff. [73] GA 302, S. 74 [74] E. Kloehn, a.a.O., S. 74 ff.

rend die Knaben eher die Gruppe suchen.[75] Jungs sind abhängiger von der Meinung ihrer Altersgenossen als Mädchen.[76] Darin kommt ihre schwächere Seele zum Ausdruck. Sie müssen immerfort durch Leistung, Wettbewerb und Konkurrenzverhalten sich und anderen ihren Wert beweisen.

Wenn wir nun die Ebene des *Geistes,* das Ich ins Auge fassen, so wird es noch schwieriger, Missverständnisse zu vermeiden. Denn dieser Bereich ist der eigentlich über- oder ungeschlechtliche. Man kann nicht sagen, dass wir im Ich Mann oder Frau sind. Da sind wir nur Mensch. Und doch offenbart sich dieses rein Menschliche bei Frau und Mann verschieden. Wenn wir unter »Geist« mit Steiner zunächst nur die Fähigkeit verstehen, durch gedankliche Erkenntnis etwas von dem unsichtbaren Wesen einer Sache, das diese Sache konstitutiv bedingt, in uns zu erfassen, zum Beispiel in Begriffen, unabhängig von unserem Gefühls- und Willensverhältnis zu dieser Sache, dann können wir sagen, dass dies dem Mann leichter fällt.

In der Übersicht können wir das so zusammenfassen:

Frau			Mann	
schwach		Körper	stark	
	stark	Leben		schwach
	stark	Seele		schwach
schwach		Geist	stark	

Die starken Wesensglieder sind bei der Frau in der Mitte, unmittelbar miteinander verbunden. Man kann das zum Beispiel daran erleben, dass Lebensvorgänge des eigenen Organismus vom Bewusstsein (der Seele) der Frau viel stärker wahrgenommen werden als beim Mann. Frauen sind gesundheitsbewusster als Männer, gehen häufiger zum Arzt oder zu Vorsorgeuntersuchungen, bemerken gesundheitliche Beeinträchtigungen eher als Männer und haben ein größeres Interesse für Gesundheitsfragen (man beachte die obligatorische medizinische Ratgeberspalte in Frauenzeitschriften), und das ist nicht nur rollenbedingt.

Andererseits ist auch das seelische Leben der Frau viel stärker mit dem Zustand ihrer Lebenskräfte und den Lebensvorgängen verbunden. Allein die

[75] Ebd., S. 60 f. [76] Ebd., S. 60 und 76

rhythmische Schwankung des Hormonhaushaltes im Monatszyklus mit den dazugehörigen wechselnden Stimmungen zeigt diese Verbindung. Noch stärker sind diese hormonal bedingten Veränderungen bei Schwangerschaft und Geburt.[77] Beim Mann ändert sich der Hormonspiegel nicht so stark.

In der Stärke ihrer Seele liegt auch der Grund, warum sich bei der Frau die Erfahrungswelt viel tiefer einprägt als beim Mann. Und weil ihre Seele stärker mit den Lebenskräften verbunden ist, wirken ihre Erlebnisse auch tiefer in ihren Organismus hinein. Der Mann dagegen kann die Realität seiner Seele sogar leugnen und zum rein materialistischen Intellektuellen werden.[78]

Die starken Wesensglieder des Mannes bilden keine Einheit, sondern eine Polarität, einen Gegensatz. Wie schnell und direkt kann ein Mann von den höchsten philosophischen Gedanken, von der »objektiven« Weltbetrachtung zu den alltäglichen Bedürfnissen seines Leibes (Essen und Sexualität) »überspringen«! Es hat einmal jemand gesagt, der Mann lebe in der Spannung von Intellekt und Sexualität. Das Bewusstsein des Mannes neigt zu plötzlichen Änderungen des Inhaltes, während Frauen länger bei einem Bewusstseinsinhalt verweilen, mit ihm »leben« und mehr in fließenden, assoziativen Verbindungen von einem Seeleninhalt zum nächsten wechseln. Der Mann beurteilt auch viel schneller und absoluter, ob eine Sache, ein Gedanke oder ein Gesprächsinhalt wichtig ist oder nicht. Er meint dabei, ein »objektives Urteil« aus dem »Geist« gefällt zu haben, ist auch um eine gescheite Begründung nicht verlegen, und hat doch in Wahrheit nur seine Bequemlichkeit oder seine Bedürfnisse gerechtfertigt. Es fällt ihm schwer zuzugeben, dass er subjektiven Interessen folgt, und hat das Bedürfnis, alles, was er denkt und tut, zu objektivieren. Denn das ganz Subjektive, seine Seele, ist eben zart und schwach. Er versteckt sie am liebsten, wie ein Einsiedlerkrebs sein empfindliches Hinterteil in einem Schneckenhaus, in einer Schale »objektiver Tatsachen«.

Für Lebensvorgänge bringt der Mann nicht so viel Bewusstsein und Zuwendung auf wie die Frau. Wer freut sich mehr über ein Blumengeschenk? Und vor allem: Wer kümmert sich auch weiterhin um die Pflege des Straußes oder der Topfpflanze?

Männer sind auch Gesundheitsmuffel, solange sie eine Krankheit übersehen oder verdrängen können. Wenn sie nicht gerade Hypochonder oder von melancholischem Temperament sind, gehen sie so lange wie möglich nicht zum Arzt. Und wenn es sich nicht vermeiden lässt, verlangen sie nach sofortiger »Reparatur«, ohne ein Gefühl oder Bewusstsein vom Unterschied zwischen einem lebendigen Organismus und einer Maschine.

[77] Siehe E. Kloehn, a.a.O., S. 161 ff. [78] R. Steiner, GA 120, S. 177

Die Verschiedenheit in Bezug auf Seele und Geist zeigt sich klassisch in einem Test der Raumorientierung: Die Testperson sitzt auf einem gekippten Sessel mit Blick auf ein anderes gekipptes Raumobjekt, zum Beispiel ein Haus. Es ist die Aufgabe, die schiefen Ebenen gerade zu richten. Das Ergebnis ist: »Ein Mann wird mit größerer Wahrscheinlichkeit für den Raum die Erdhorizontale und für seinen Körper die Senkrechte finden. Eine Frau dagegen wird eher schräg sitzen bleiben und sich den Horizont nur vermeintlich waagerecht, bezogen auf ihre Position, zurechtschieben.«[79] Der Mann bezieht also etwas nicht unmittelbar Wahrnehmbares, den Horizont und die Senkrechte, etwas »Geistiges«, in die Lösung der Aufgabe mit ein, während die Frau das unmittelbar sinnlich Gegebene miteinander in Beziehung setzt. Sie begnügt sich damit, dass das Haus in Bezug zu ihr gerade erscheint. »Was bedeuten die Dinge füreinander? wäre demnach eine männliche Frage, das weibliche Pendant hingegen lautete: Was bedeuten die Dinge für mich?«[80]

Damit haben wir genau den Unterschied von Seele und Geist, wie ihn Rudolf Steiner im ersten Kapitel seiner *Theosophie* beschreibt. Das heißt ja nicht, dass eine Frau nicht »objektiv« sein kann, sondern nur, dass die meisten Frauen von Natur aus eher geneigt sind, in Beziehungen und in Beziehung zu sich zu denken. Da zeigt sich ihre stärkere Seele.

Aus dem obigen Schema (Seite 65) können wir auch verstehen, dass Rudolf Steiner einmal davon spricht, dass das Ich der Frau von ihrem Astralleib viel stärker »aufgesogen« wird als das Ich des Mannes.[81] Das hat zur Folge, dass die Frau dazu neigt, eher aus ihrem subjektiven Gefühl heraus zu urteilen.[82] Andererseits ist dieses Gefühl oft viel stärker mit der Wirklichkeit verbunden als ein »klares, logisches« Urteil des Mannes. Dazu ein Beispiel: Ein Mann, der es kriegsbedingt sehr schwer hatte, eine berufliche Arbeit zu finden, hatte eines Tages die Idee, mit einem Partner gemeinsam eine Firma zu gründen, die etwas herstellen sollte. Dazu erbat er sich von seiner Frau eine Bürgschaft über 30.000 Mark. Die Frau warnte ihn aus einem Gefühlsurteil heraus vor seinem Kompagnon, mit dem die Sache nicht gut gehen könne. Ihr Mann hatte aber sachlich die besseren Argumente, die sie auch einsehen konnte. Und so gab sie ihm die Bürgschaft. Die Sache scheiterte aber, und das Geld war weg. – So etwas ist für einen Mann natürlich schrecklich, wenn die Frau mit ihrem Urteil »aus dem Bauch« auch noch Recht behält! Und Frauen sind in der Gefahr, wegen solcher intuitiver Urteile, die die Wirklichkeit oft besser treffen als die mühsam logisch erdachten des Mannes, das logische Denken zu verachten und

[79] *Der Spiegel,* Nr. 9/1984, S. 202 [80] Ebd.; siehe auch E. Kloehn, a.a.O., S. 73 f.
[81] GA 302, S. 75 [82] R. Steiner, GA 343, S. 481

zu übersehen, dass sie mit ihrer Art von Urteilen genauso oft die Wirklichkeit verfehlen oder einfach in ihrem Sinne uminterpretieren. Wir sehen also, dass weder die weibliche noch die männliche Art zu denken und zu urteilen »besser« ist, sondern dass sie zunächst einfach nur verschieden sind. Eine Wertung ergibt sich erst dadurch, dass man erkennt: Es gibt Bereiche der Wirklichkeit, die müssen von der Sache her mit logisch-abstraktem Denken erkannt werden, andere dagegen mit einem intuitiv-beweglichen.

So können wir als Zusammenfassung sagen: Der Mann lebt in der Polarität von Ich und physischem Leib, die Frau in der Einheit von Ätherleib und Astralleib.[83]

Der physische Leib

Rudolf Steiner wandte sich früh gegen eine zu starke Betonung des Geschlechtes bei der Beurteilung von Mann und Frau und forderte eine solche rein aus den individuellen Fähigkeiten.[84] Er nannte sogar den Begriff »Frau« eine »unmögliche Generalisation«[85] und betonte die viel größere Bedeutung der Individualität gegenüber dem Gattungshaften für die menschliche Gesellschaft. Später hat er sich sehr häufig und differenziert über die Unterschiede von Frau und Mann geäußert. Aber diese Äußerungen bedeuten eben keine Änderung in seiner grundsätzlichen Forderung nach Gleichberechtigung.

Den Ursprung des Gegensatzes von Männlichem und Weiblichem sah er in dem Gegensatz höherer Prinzipien, die er »Leben« und »Form« nannte.[86] Das geistige Prinzip »Leben« ist der Ursprung alles Männlichen, das Prinzip »Form« der alles Weiblichen. Für die Gestalt des physischen Leibes haben wir das im Kapitel »Eizelle und Samenzelle als Urbild« (Seite 56 ff.) auf anderen Wegen gefunden.

In Bezug auf den physischen Leib sah er noch ein anderes Gegensatzpaar im Kosmos als Urbild für den Unterschied des Männlichen und Weiblichen. Er schildert, dass der menschliche Körper der Form nach nur in Kopf und Gliedmaßen dem dahinter liegenden Geistigen entspricht, dass die Form des Rumpfes aber von diesem Geistigen abweicht, ihm nicht ganz entspricht. Der Rumpf der Frau sei in seiner Form geistiger geblieben, nicht so materiell geworden, während der männliche Rumpf zu materiell geworden sei. Und dieser Gegensatz entspreche dem von Komet (noch nicht so materiell) und Mond (schon zu

[83] Siehe auch R. Steiner, GA 112, S. 209 f., wo von dem mütterlichen Charakter von Astralleib und Ätherleib und von dem väterlichen des physischen Leibs und des Ichs die Rede ist.
[84] GA 4, S. 238 f. [85] GA 54, S. 113 [86] GA 56, S. 98

fest materiell) im Weltall.[87] Aber nicht nur die Form, sondern auch die Stofflichkeit des Leibes sei bei der Frau geistiger geblieben und beim Mann materieller geworden.[88] Dies gelte insbesondere für das Gehirn,[89] das bei der Frau weicher, bildsamer und als Organ noch stärker geistdurchdrungen sei als beim Mann. Daher käme es auch, dass die Frau mehr bewegliche Begriffe habe und leichter geistige Inhalte aufnehmen und denken könne. Die mehr verhärtete Struktur des männlichen Gehirns sei stärker geistverlassen und daher mehr zu intellektuellen und abstrakten Gedanken geeignet.[90]

Mit der stärkeren physischen Leiblichkeit hängt es wohl auch zusammen, dass die Männer schon von Kindheit an in der Grobmotorik den Frauen, diese aber in der Feinmotorik den Männern überlegen sind.[91] Das hat zur Folge, dass die Gehirnreifung bei den Mädchen schneller vor sich geht,[92] denn die Ausbildung der Verbindungen der Nervenzellenendungen (Synapsen) wird durch Feinmotorik wesentlich gefördert.

Es gibt in der Anatomie und Physiologie der Geschlechter sehr viele, oft feine Unterschiede. So enthält das männliche Blut 20 bis 25% mehr roten Blutfarbstoff, wodurch das Blut des Mannes mehr Sauerstoff binden kann. Das wesentliche Element dabei ist das Eisen, für das man früher das Zeichen des Mars verwendet hat, dasselbe, das auch für »Mann« oder »männlich« steht. Im Blut der Frau ist aber mehr Kupfer, für das man das Zeichen der Venus benutzte, dasselbe wie für »Frau« und »weiblich«. Lange bevor man also den Eisen- und Kupfergehalt im Blut von Mann und Frau messen konnte, wusste man auf andere Weise von dem Zusammenhang Mars – Eisen – Mann und Venus – Kupfer – Frau.

Auch die größere Risiko- und Gewaltbereitschaft des Mannes dürfte nicht nur mit den stärkeren Willenskräften seiner Seele, sondern auch mit seiner größeren Körperstärke zu tun haben.

Der Ätherleib

Rudolf Steiner hat mehrfach betont, dass der Unterschied von Mann und Frau sich eigentlich nur auf den physischen und den Ätherleib bezieht.[93] Aber selbstverständlich beeinflusst dieser Unterschied den ganzen verkörperten

[87] R. Steiner, GA 116, S. 105 ff. und GA 118, S. 97 ff. u.a. [88] R. Steiner, GA 118, S. 165
[89] R. Steiner, GA 118, S. 105; GA 116, S. 107 f.; GA 139, S. 197 f. und GA 120, S. 179
[90] R. Steiner, GA 150, S. 76 und GA 258, S. 72. Ein besonderer Aspekt der Entstehung des weiblichen und männlichen Körpers findet sich in GA 107, S. 79 f. [91] E. Kloehn, a.a.O., S. 55
[92] Ebd., S. 143 f. [93] GA 116, S. 104 und GA 118, S. 135

Menschen, weil seine Seele und sein Geist mit den einseitig geprägten unteren Wesensgliedern verbunden sind.[94]

Die am häufigsten von Rudolf Steiner über den Unterschied der Geschlechter gemachte Aussage ist die, dass die Frau einen männlichen und der Mann einen weiblichen Ätherleib habe. Diese Einsicht hat er zunächst in einem internen Schulungskurs 1905,[95] dann auf einem theosophischen Kongress 1906[96] und schließlich auch in öffentlichen Vorträgen dargestellt.[97] Vorher hat er sie in einem Aufsatz nur angedeutet.[98] Am Ende seines Lebens hat er in seiner Autobiographie *Mein Lebensgang* gerade diese Erkenntnis als etwas bezeichnet, was für ihn »zu den erschütterndsten inneren Seelenerlebnissen gehörte«.[99]

Zunächst ist diese Aussage nicht evident, weil wir die Wirklichkeit des Ätherleibes als eine übersinnliche nicht direkt wahrnehmen können und daher auch nicht in der Lage sind, ihren männlichen oder weiblichen Charakter festzustellen. Wir wissen aber von den Beispielen anderer Wirklichkeiten, die wir auch nicht wahrnehmen können wie etwa Elektrizität oder Magnetismus, dass wir über deren Eigenschaften viel erfahren und erkennen können, wenn wir ihre Wirkungen ins Auge fassen. Das soll nun im Folgenden in Bezug auf den Ätherleib versucht werden.

Wir haben bereits gesehen, dass zur Bildung des ganzen menschlichen Leibes sowohl weibliche als auch männliche »Bildekräfte« (ein anderer Ausdruck Steiners für die Kräfte des Ätherleibes) notwendig sind und dass die weiblichen sich in den runden, die männlichen in den geraden Gestaltungen ausdrücken. So trägt jeder Mensch in Kopf und Gliedmaßen weibliche bzw. männliche Gestaltungen an sich. Im Fortpflanzungsorganismus haben wir es aber mit stärker weiblichen Bildungen bei der Frau und mit stärker männlichen beim Mann zu tun. Nun können wir fragen: Wo bleiben die Kräfte bei der Frau, die einen männlichen Fortpflanzungsorganismus hervorbringen könnten, daran aber in der frühen Embryonalzeit und in der Pubertät durch das Überwiegen der weiblichen Hormone gehindert werden? Und wo bleiben die entsprechenden weiblichen Kräfte im Mann, die keine weiblichen Organe gestalten und erhalten können, weil das Testosteron sie daran hindert?

Nun sind die übersinnlichen Bildekräfte des Ätherleibes zunächst auf die Bildung und Erhaltung des physischen Leibes gerichtet. Wenn sie aber teilweise von dieser Aufgabe frei werden und sich nicht mehr auf den Leib hin orientie-

[94] R. Steiner, GA 116, S. 107 und GA 118, S. 103 [95] GA 93a, S. 65 und S. 74 [96] GA 94, S. 38
[97] GA 54, S. 127 [98] GA 11, S. 75 ff. Weitere Stellen sind: GA 95, S. 149; GA 99, S. 25 und 124; GA 100, S. 29 und S. 199 f.; GA 116, S. 110; GA 118, S. 103 f.; GA 122, S. 177 und GA 106, S. 83.
[99] GA 28, S. 459

ren müssen, so stehen sie dem Leben der Seele zur Verfügung. Das Grundbeispiel für diese Tatsache ist bei Rudolf Steiner die Situation des Kindes beim Zahnwechsel: Ungefähr im siebten Lebensjahr, mit der Bildung der zweiten Zähne, werden Bildekräfte vom Leib frei, denn es werden von da an keine weiteren Zähne mehr gebildet, sondern nur noch unterhalten. Und diese frei werdenden Ätherkräfte stehen nun der Seele zum Lernen zur Verfügung.[100] So sind auch weibliche Ätherkräfte des Mannes und männliche der Frau aus dem Fortpflanzungsbereich nicht in diesem tätig, sondern gehören zu der Grundlage des seelischen Lebens und verändern dieses auf charakteristische Weise.

Wir müssten also im Seelenleben des Mannes typisch weibliche, also mehr zentripetale, ruhige, aufnehmende Tendenzen finden und bei der Frau mehr zentrifugale, bewegende und gebende. Beginnen wir bei den Gedanken und Vorstellungen. In diesem Bereich sind Mann und Frau zunächst, wie wir gesehen haben, gemäß der Kopfbildung weiblich. Nun treten die männlichen Bildekräfte bei der Frau in diesen Bereich des Seelenlebens ein, und das Ergebnis sind die lebendigeren Vorstellungen der Frau, die das aus der Welt durch die Wahrnehmung Aufgenommene in Bewegung bringen. Wir nennen das Phantasie. Die Frau hat keinen großen Gefallen daran, die Wirklichkeit der Welt nur in Vorstellungen abzubilden und gleichsam widerzuspiegeln, sondern die Neigung besteht, das Aufgenommene durch die Eigenbewegung der Seele zu verändern. Männer sagen dann leicht, Frauen könnten nicht objektiv sein. Wenn sich das steigert, so können die so erzeugten Vorstellungen einen realeren Charakter annehmen als eine Sinneswahrnehmung. Es wurde einmal ein Test gemacht, bei dem Männer und Frauen Photographien beschreiben sollten, die man ihnen vorlegte. »Die Frauen interpretierten die Photos, erzählten über den Bildinhalt Geschichten, wogegen die Männer die Abbildungen einfach beschrieben.«[101] Männer dagegen sind »Objektivitätsfanatiker«, denn in ihren Vorstellungen wirken die zusätzlichen weiblichen (aufnehmenden) Bildekräfte mit, die das durch Wahrnehmung Aufgenommene nicht verändern, sondern so belassen, wie es ist. Das nennen Männer dann Wahrheit und sind tief befriedigt, wenn sie einen Weltinhalt in dieser Weise in der Vorstellung exakt widerspiegeln können.[102]

Darin liegt auch der Grund, warum Männer es so schwer haben, eine einmal erfasste Vorstellung, eine ergriffene Idee oder ein gefälltes Urteil wieder in Bewegung zu bringen, d.h. in Frage zu stellen. Männer können Irrtümer viel schwerer zugeben als Frauen, denen es wegen der männlichen Kräfte, die

[100] R. Steiner, GA 34, S. 321 ff. [101] *Die Zeit* vom 24.8.1990

[102] Siehe Klaus Dumke, *Erkennen und Zeugen*, in: *Die Drei*, September 1973, S. 418

ihrem Vorstellungsleben zugrunde liegen, leichter fällt, einen gedanklichen Irrtum einzusehen, eine neue Vorstellung oder ein anderes Urteil anzunehmen, weil all das in ihrer Seele nicht so einen unbeweglichen, ruhigen, bleibenden Charakter hat wie beim Mann.

Auch im Gefühlsleben können wir diesen Unterschied finden, zum Beispiel in der Art, wie Männer und Frauen lieben: Männer lieben die Frau, wie sie ist, und wollen eigentlich nichts lieber, als dass sie bleibt, wie sie sich ihm am Anfang dargestellt hat. Frauen lieben den Mann eigentlich nie so, wie er ist, sondern so, wie sie meinen, sich vorstellen, wie er werden sollte. In ihre Gefühle für den Mann mischen sich pädagogische Impulse, die sein Wesen verändern wollen. So ist ein Standardvorwurf der Frauen, den ich in der Eheberatung immer wieder gehört habe: »Er bleibt immer derselbe; er will sich nicht entwickeln und sagt, er könne nicht aus seiner Haut heraus und nicht über seinen Schatten springen; er will immer nur dasselbe.« Und der entsprechende Vorwurf des Mannes lautet: »Sie hat sich seit unserer Hochzeit verändert, ist nicht mehr dieselbe und will immer etwas Neues und anderes; sie hat den Grundkonsens des Anfangs, sozusagen die Vertragsgrundlage verlassen.«[103]

Rudolf Steiner sieht auch in der stärkeren Tendenz der weiblichen Seele zur Aufopferung und des Mannes zum Ehrgeiz eine Folge der gegengeschlechtlichen Ätherleiber.[104] Wenn man meint, das habe sich wohl durch die Emanzipation der Frau im Laufe der letzten Jahrzehnte erledigt, so täuscht man sich gewaltig. Denn es ist kaum zu glauben, zu welcher Hingabe ihrer eigenen Interessen, Gefühle und Anliegen eine Frau fähig ist um der Erhaltung ihrer Beziehung willen. Das ist oftmals pure Selbstverleugnung. Und was das ehrgeizige Konkurrenzverhalten angeht, so kann man es schon in früher Kindheit bei den Jungs überwiegen finden.

Auch im Willensbereich können wir die unterschiedliche Betonung dieser grundsätzlich männlichen Kräfte durch die jeweils gegengeschlechtlichen Kräfte bei Frau und Mann beobachten: Der Mann ist, was den Nahbereich des eigenen Leibes, der Kleidung und Behausung angeht, eher konservativ und unbeweglich, die Frau eher veränderungsfreudig. Wie viele Männer ziehen sich im Laufe des Tages ohne äußere Veranlassung andere Kleider an und haben daran Freude oder Wohlgefallen? Hört man nicht eher den Vorwurf der Frau: »Musst du diese Heimwerkerarbeit denn unbedingt in deinem besten Anzug machen?« Eine Frau hat demgegenüber einfach Freude am Kleiderwechsel. Man kann sich auch in einem Versandhauskatalog den Umfang

[103] Siehe auch R. Steiner, GA 303, S. 244 [104] GA 99, S. 124

der für Frauen und Männer angebotenen Textilien ansehen. Zwar wird mit allen werbetechnischen Mitteln versucht, die Männer zu einem ähnlich hohen Konsum an Kleidern und Schuhen zu ermuntern, aber sicher nur mit begrenztem Erfolg. – Wie oft ändern Frauen im Leben ihre Frisur und wie oft Männer? Man sage nicht, Frauen täten das um der von Männern gewünschten Schönheit willen. Das kann nicht das einzige Motiv sein. Denn warum ist mal das eine und mal das andere schön? Männer behalten oft ihre Frisur ein Leben lang. Frauen finden das langweilig, sie haben Freude einfach an der Veränderung um der Veränderung willen. – Ähnlich ist es mit der Wohnung: Wer stellt plötzlich die Möbel um? In wessen Zimmer bleiben die Einrichtung, die Bilder und die Anordnung der Gegenstände über Jahre die gleiche? Man kann sagen, dass diese Unterschiede auf das Wirken der gegengeschlechtlichen freien Ätherkräfte in Mann und Frau zurückzuführen sind.

Der Mann verändert nicht so gerne sich selbst und seine unmittelbare leibliche Umgebung, sondern viel lieber die Welt und die Gesellschaft. Die Frau verhält sich in Bezug auf die Welt eher konservativ-bewahrend, ist aber eher bereit, sich selbst zu verändern.

In diesen Zusammenhang gehört die Aussage Steiners, es falle der Frauennatur leichter, sich selbst bzw. ihre Seelenerlebnisse zu besiegen,[105] das heißt, dass sie eher bereit ist, sich selbst gerade auch in der Seele zu verändern. Die Kehrseite davon ist, dass die Frau durch die größere Beweglichkeit ihrer Seele leichter zwischen den Extremen der Seele hin- und herpendelt und durch ihre labilere seelische Gleichgewichtslage weniger beständig ist als der Mann.[106] Das hängt auch wieder mit den stark wechselnden Zuständen ihres Hormonhaushaltes zusammen. Beim Mann dagegen wechseln die seelischen Zustände weniger stark, er ist dafür aber auch seelisch unbeweglicher.

Man kann die Modifikation der Seelenkräfte durch die gegengeschlechtlichen freien Bildekräfte auch am Grad der Zufriedenheit mit sich selbst feststellen: Wie viele Frauen sind jemals mit dem Zustand ihres Leibes ganz zufrieden? Eine Frau kann die Figur eines Models haben und wird immer noch etwas finden, was nicht ganz vollkommen ist und dem sie ihre Aufmerksamkeit und ändernde Tätigkeit zuwendet. Von dieser konstitutionellen Unzufriedenheit profitiert eine milliardenschwere Industrie. Einen Mann stört es nicht in gleicher Weise, wenn er körperliche Mängel an seiner Gestalt bemerkt, solange sie nicht seine Kraft und Arbeitsmöglichkeiten behindern.

In die gleiche Richtung weist die unterschiedliche Art, wie Männer und Frauen seelisch ihre Beziehung zum Partner bewerten: Ein Mann zieht innerlich

[105] R. Steiner, GA 137, S. 81 [106] R. Steiner, GA 343, S. 483

Bilanz wie mit Soll und Haben oder wie mit Einnahmen und Ausgaben. Übersteigen die Einnahmen die Ausgaben, so macht das Unternehmen Gewinn und ist deswegen positiv. So wägt der Mann innerlich Positives und Negatives gegeneinander ab, und wenn das Positive in seiner Beziehung überwiegt und gewisse Grundbedürfnisse befriedigt sind, so ist die ganze Beziehung positiv und das Negative verschwindet; es ist von dem größeren Positiven »aufgehoben«.

Bei der Frau ist das anders, sie bilanziert nicht in dieser Weise. Wenn sie in ihrer Beziehung 60% positiv findet, so ist sie dennoch gänzlich unzufrieden, denn 40% sind ja noch nicht gut! Das Negative wird von dem Positiven nicht ausgelöscht oder verdrängt, es bleibt im Bewusstsein und im Gefühl erhalten und führt zu Unzufriedenheit und dem Willen zur Veränderung. Der Anteil des als positiv Empfundenen muss für die Frau sehr viel höher sein als beim Mann, damit sie glücklich und zufrieden sein kann.

Man kann in diesem Unterschied von Mann und Frau die Wirkung der weiblichen (ruhig-beharrenden) und männlichen (bewegend-verändernden) Bildekräfte wiedererkennen. Sie zeigt sich auch darin, dass die Frauen mit ihrer Ehe-Beziehung meist unzufriedener sind als Männer: 50% der Frauen, die einige Jahre verheiratet sind, wollen ihre Ehe nicht mehr, aber nur 20% der Männer![107] Dabei ist die leichter zu erreichende Zufriedenheit des Mannes nicht etwa »besser« als die Unzufriedenheit der Frau, denn ob etwas besser oder schlechter ist, hängt ganz von der Situation ab. Die Zufriedenheit des Mannes kann auch ganz leicht zur Selbstzufriedenheit und zur Bequemlichkeit werden, und die Unzufriedenheit der Frau kann die Grundlage für sinnvolle und vielleicht längst überfällige Veränderungen werden. Es sei damit noch einmal grundsätzlich betont, dass mit dem Versuch, die Unterschiede von Mann und Frau zu charakterisieren, keine Wertungen verbunden sein sollen.

Der Astralleib (Seele)

Im vorigen Kapitel haben wir schon Einblicke in den Bereich des seelischen Lebens gewonnen, insofern er von den gegengeschlechtlichen Bildekräften modifiziert wird. Gemäß unserem Schema auf Seite 59 können wir sagen, dass auch die Seelenkräfte, die mit den Organsystemen verbunden sind, als männlich und weiblich bezeichnet werden können, wobei die Vorstellung das weibliche und der Wille das männliche Element ist. Rudolf Steiner drückt das so aus: »Denn die Seele ist männlich und weiblich zugleich. Sie trägt in sich diese beiden Naturen. Ihr männliches Element ist dem ver-

[107] Siehe M.L. Moeller, a.a.O., S. 40

wandt, was man *Willen* nennt, ihr weibliches dem, was als *Vorstellung* bezeichnet wird.«[108]

Dem entspricht, dass schon bei kleinen Jungen gegenüber den gleichaltrigen Mädchen das Aggressionsverhalten, die Risikobereitschaft und die Vorliebe für Wettspiele stärker ausgeprägt sind.[109] Physische Grundlage dieser Willensbetonung ist das männliche Hormon Testosteron. Auch Mädchen, bei denen es in höherer Konzentration vorkommt, verhalten sich eindeutig aggressiver. Die stärkere Prägung des weiblichen Seelenlebens durch das Element der Vorstellung zeigt sich in dem Vorsprung, den Frauen gegenüber Männern bei der zweidimensionalen, bildhaften und farbigen Erinnerungsfähigkeit haben. Männer wiederum können besser räumliche Vorstellungen bilden, sich in einer fremden Umgebung orientieren oder Angaben einer geographischen Karte in Raumvorstellungen umsetzen.[110]

Mädchen sind den Jungen schon früh in der Sprachentwicklung voraus und dieser Vorsprung bleibt auch erhalten: Frauen haben einen reicheren Wortschatz, sprechen flüssiger, ohne so viele »Ähs« oder »Hms« zu sagen, und sind in ihrem sprachlichen Ausdruck nuancenreicher als Männer.[111] Darin kommt ihre reichere und differenziertere Seele zum Ausdruck. Außerdem verwenden sie die Sprache anders als Männer, woraus viele Missverständnisse entstehen: Frauen wollen durch die Sprache hauptsächlich eine Beziehung bzw. menschlich-seelische Nähe herstellen. Männer benutzen sie vorwiegend zur Übermittlung von Informationen und Problemlösungen und um Status und Macht zu gewinnen, zu zeigen oder zu festigen.[112]

Man kann auch gut beobachten, worüber Männer und Frauen sprechen, wenn sie zusammen sind. Denken wir uns, ein Ehepaar besucht ein anderes, und sie machen einen Spaziergang. Meistens unterhalten sich nach einiger Zeit die Frauen miteinander und die beiden Männer auch. Die Männer reden über Politik, Sport, Autos und über Berufliches, sie »fachsimpeln«. Die Frauen sprechen über Gesundheit, Mode, Kinder, gemeinsame Bekannte und deren Beziehungen, d.h. mehr über Menschlich-Seelisches und die Männer mehr über Sachlich-Unpersönliches. Über ihre eigenen Seelenangelegenheiten sprechen Männer selten, manchmal nicht einmal mit dem besten Freund. Als Mann kann man nur staunen, über welch intime Dinge Frauen, die sich gerade erst kennen gelernt haben, in der ersten Viertelstunde reden können, wenn sie sich sympathisch sind. Darin kommt zum Ausdruck, dass der Mann

[108] R. Steiner, GA 11, S. 75 [109] E. Kloehn, a.a.O., S. 63 f. [110] Ebd., S. 67 f.
[111] Ebd., S. 70 f. [112] Siehe Deborah Tannen, *Du kannst mich einfach nicht verstehen*, und John Gray, *Männer sind anders. Frauen auch,* S. 77 ff.

seine Seele eher versteckt, die Frau aber das stärkere Bedürfnis hat, das, was sie erlebt und fühlt, auch zu äußern, das Innere äußerlich wahrnehmbar zu machen. Vielleicht hängt damit auch zusammen, dass Frauen einen leichteren Zugang zum religiösen Kultus haben, in dem es ja wesentlich darum geht, Übersinnlich-Unsichtbares sinnlich wahrnehmbar zu machen, zu »äußern«.

Ausdruck des stärkeren Bedürfnisses der Frau nach sprachlicher Äußerung ihres Seeleninhaltes ist auch die Tatsache, dass es ihr in der Regel schwerer fällt, etwas für sich zu behalten, Verschwiegenheit zu üben,[113] während der Mann eher in der Gefahr ist, zu wenig zu reden und auch da zu schweigen, wo es besser wäre zu sprechen.

Steiner sah aus der Grundpolarität Wille – Vorstellung noch andere Unterschiede hervorgehen: Die Zuwendung des Mannes zur Welt nach außen zum Beispiel bei der Arbeit oder im Krieg ist Ausdruck der zentrifugal wirkenden Willenskräfte, die innere Tapferkeit und Hingabe der Frau aber der zentripetal nach innen wirkenden Kräfte der Vorstellung.[114]

Frauen zeigen auch dadurch ihre stärkere Betonung des Seelischen, dass sie viel eher geneigt sind, übersinnliche Wirklichkeit anzuerkennen, denn sie erleben deren Wirksamkeit viel stärker in ihrer eigenen Seele als der Mann. Deshalb sind Frauen auch der Religion gegenüber aufgeschlossener, gläubiger als die Männer, die lieber alle Welterscheinungen auf »vernünftige Gründe« zurückführen.[115] Denn der Astralleib, der bei der Frau stärker ist, hat als seine Grundkraft das, was wir Glauben, Vertrauen nennen. Und deshalb bezeichnet Rudolf Steiner ihn auch als den »Glaubensleib«.[116]

Auch die Liebe von Mann und Frau zueinander ist durch den mehr willensbetonten Grundcharakter der männlichen Seele und den mehr vorstellungsbetonten der weiblichen verschieden nuanciert: »Bei der Frau geht durchaus die Liebe von der Phantasie aus und ist immer damit verknüpft, ein Bild zu formen. Die Frau liebt – verzeihen Sie, wenn ich das sage – niemals vollständig bloß einfach den realen Mann, der dasteht im Leben; die Männer sind ja auch gar nicht so, dass man sie, wie sie heute sind, mit einer gesunden Phantasie lieben könnte, sondern es ist immer etwas mehr darinnen, es ist das Bild darinnen, das aus jener Welt heraus ist, die eine Gabe des Himmels ist. Der Mann hingegen liebt mit Wunsch; die Liebe des Mannes trägt einen ausgesprochenen Wunschcharakter [...] Aber dieser radikale Unterschied ist zwischen Mannes- und Frauenliebe. Die Frauenliebe ist in Phantasie getaucht; die Männerliebe ist in Wunsch getaucht.«[117] Wir haben oben schon auf den

[113] R. Steiner, GA 343, S. 482 [114] R. Steiner, GA 56, S. 94 [115] R. Steiner, GA 135, S. 75
[116] R. Steiner, GA 130, S. 173 f. [117] R. Steiner, GA 303, S. 246

pädagogischen Eros in der Liebe der Frau zum Mann hingewiesen. Der Wunschcharakter in der Liebe des Mannes zur Frau wird für unsere heutigen Ohren noch deutlicher, wenn wir den Willenscharakter des Wunsches mehr betonen und statt Wunsch »Begierde« sagen.

Der Wille des Mannes, also sein eigentlich männliches Seelenelement, ist unabhängiger von seinem Organismus als bei der Frau und deshalb stärker. Sein Verstand ist stärker an den Leib gebunden als bei der Frau und deshalb mehr auf die materielle Welt gerichtet, unbeweglicher und fester. Der Verstand der Frau, also ihr eigentlich weibliches Seelenelement, ist weniger an den Leib gebunden als beim Mann und deswegen beweglicher, dem Geist geneigt. Sie hat nicht nur mehr, sondern auch weitere Begriffe.[118] Dafür ist ihr Wille stärker an die Leibesorganisation gebunden und kann sich deshalb nicht so frei entfalten wie beim Mann.

Mit dieser Verschiedenheit hängt es auch zusammen, dass der nach außen drängende Wille des Mannes zum Ehrgeiz und der mehr innerlich bleibende Wille der Frau zur Eitelkeit neigt.[119]

Der Geist – das Ich

Natürlich muss man sagen, dass der Geist, das Ich, an sich weder männlich noch weiblich, sondern das eigentlich Übergeschlechtliche im Menschen, sein Menschlichstes ist. Das Ich ist das Gegenteil der Gattung, das Individuelle, das sich jeder Typisierung entzieht. Der Mensch ist in Mann und Frau derselbe, denn die Unterscheidung von Mann und Frau betrifft nur die Hüllen, aber nicht den Wesenskern des Menschen.[120]

Schon in den verschiedenen Seelengliedern[121] wird der Unterschied der Geschlechter immer geringer. In der Empfindungsseele, die noch stark an die Leibeshüllen gebunden ist, ist er noch sehr groß. In der Verstandes- und Gemütsseele wird er schon geringer, und »in Bezug auf die Bewusstseinsseele ist eigentlich eine solche Differenzierung nicht mehr vorhanden.«[122]

Und dennoch ist im verkörperten Menschen das Ich immer mit der Hüllennatur der anderen Wesensglieder verbunden und wird in seinem Wirken von diesen modifiziert. Wenn das nicht so wäre, wenn wir ganz aus dem Geist denken, fühlen und wollen würden, wenn alle Seelenäußerung schon vom Ich gelenkt und beherrscht wäre, dann hätten wir das Erdenziel erreicht und der Unterschied der Geschlechter wäre »aufgehoben«. Unser Ich ist aber

[118] R. Steiner, GA 343, S. 481 f. [119] R. Steiner, GA 99, S. 124 und GA 343, S. 483
[120] R. Steiner, GA 116, S. 104 [121] Vgl. R. Steiner, GA 9, S. 42 ff. [122] R. Steiner, GA 343, S. 483 f.

noch nicht »Herr im Haus« unserer Wesensglieder. Es ist das jüngste von allen und erst in einer sehr späten Entwicklungsphase der Menschheit in Erscheinung getreten. Es ist gegenüber der Seele und besonders gegenüber dem Leib ein »Baby«, wie Rudolf Steiner es öfters bezeichnete.[123] So kann es uns nicht mehr verwundern, dass auch das Ich, der Geist des Menschen sich noch als männlich und weiblich nuanciert erweist.

Die erste geistige Fähigkeit des Menschen ist sein Denken. Denn durch dieses kann er die unsichtbaren Gesetzmäßigkeiten erfassen, welche die Dinge konstituieren.[124] Da aber das Denken zunächst das Gehirn als leibliche Grundlage braucht, wird es durch diese auch verändert, zwar nicht seinem Inhalt nach – denn dieser kann der gleiche sein –, aber seiner Qualität nach.

Wir haben bereits im Kapitel über den physischen Leib (Seite 68 f.) erwähnt, dass das Gehirn der Frau nicht so stark materiell verfestigt ist wie das des Mannes und dass dadurch auch ihre Begriffe beweglicher und lebendiger sind als die seinen. Solche Begriffe sind besser geeignet, rein geistige Tatbestände zu erfassen, weil diese selbst in ständiger Bewegung sind.[125] Die Begriffe des Mannes sind unbeweglicher und unlebendiger – dafür aber klarer und schärfer konturiert als die der Frau – und deshalb besser geeignet zur Erfassung der irdisch-sinnlichen Wirklichkeit,[126] die nicht so stark in sich beweglich ist. Weil das so ist, sind Frauen eher geneigt, anthroposophische Gedanken zu denken,[127] wenn es aber darum geht, diese Gedanken in der Welt zu vertreten, haben sie es schwerer als Männer, denn sie werden »Schwierigkeiten haben, wenn es sich darum handelt, einen im Objektiven wurzelnden Willen geltend zu machen.«[128]

In einem anderen Bereich, den jeder überschauen kann, ist das Wirken des Ich gut zu beobachten: Stellen wir uns vor, wie bei Mann und Frau ein Entschluss zum Kauf eines Paares Schuhe zustande kommt. Er wird wohl nur in die Stadt gehen, wenn es unumgänglich notwendig ist, neue Schuhe zu kaufen. Dann wird er sich vorher möglichst genau überlegen, welche Art von Schuh und welche Farbe er will. Und wenn er dann im ersten Geschäft ein Paar findet, das diesen Kriterien entspricht, passt und auch noch preiswert ist, so wird er es kaufen und nicht in ein weiteres Geschäft gehen, auch wenn ihm irgendeine Einzelheit, zum Beispiel eine Ziernaht, nicht sonderlich gefällt.

Wie anders die Frau! Selten wird sie vor dem Kauf zu Hause eine genaue Vorstellung vom Aussehen der Schuhe haben. Sie lässt sich vom Angebot an-

[123] Zum Beispiel in GA 123, S. 154, GA 175, S. 94 und GA 317, S. 181 f.
[124] R. Steiner, GA 4, 1. Teil [125] R. Steiner, GA 9, S. 119 ff. [126] R. Steiner, GA 343, S. 480 f.
[127] R. Steiner, GA 116, S. 107 und GA 118, S. 105 [128] R. Steiner, GA 343, S. 481

regen, kauft eventuell auch, wenn sie nicht unbedingt neue Schuhe braucht, probiert in mehreren Läden, lässt sich viele Modelle zeigen und kehrt vielleicht doch in den ersten Laden zurück, um dort das erste Paar zu kaufen – und bringt es möglicherweise am nächsten Tag zum Umtausch zurück!

Nun könnte man meinen, Frauen seien weniger entschlussfähig. Aber warum erscheint das so? An dem Beispiel des Schuhkaufes sehen wir, dass der Mann eher nach wenigen begrifflichen Bestimmungen (Art des Schuhs, Farbe, Preis, passend) entscheidet, die Frau aber eine Fülle von sinnlichen Einzelheiten bei ihrer Entscheidung berücksichtigt. Das dauert eben länger, ist deswegen aber nicht unbedingt schlechter, denn ein Mann kann bei seinen Entschlüssen eher die Fülle der Wirklichkeit aus dem Auge verlieren und ihr sogar Gewalt antun, wenn er nur auf Grund weniger begrifflicher Bestimmungen handelt.

Als Letztes soll noch der Unterschied im Ich-Gefühl von Frau und Mann betrachtet werden: Die Grundlage für ein gesundes Selbstgefühl ist für alle Menschen zunächst ein gesunder Leib. Aber schon in der Kindheit beginnt für das Selbstwertgefühl wichtig zu werden, ob der Leib auch schön (bei den Mädchen) und stark ist (bei den Knaben). So differenziert sich die leibliche Verankerung des Selbstgefühls bereits sehr früh. In der Jugend verstärkt sich diese Differenzierung noch einmal, und es ist für den jungen Mann und sein Selbstwertgefühl sehr wichtig, kein »Schwächling« zu sein. Für die junge Dame ist die Schönheit ihres Körpers – wie auch immer sie definiert sein mag – von entscheidender Bedeutung. Man kann sie ernsthaft kränken und verletzen, wenn man ihre Schönheit bezweifelt oder sich auch nur abfällig über irgendein körperliches Merkmal äußert.

Eine zweite wesentliche Grundlage für ein gesundes, starkes Selbstgefühl ist seelischer Art und hängt davon ab, ob das Kind von der Schwangerschaft an von Mutter und Vater gewollt und geliebt worden ist. Je mehr Urvertrauen das Kind entwickeln kann in einer Familie mit festen Bezugspersonen, je mehr Sicherheit und Angenommensein es erlebt hat, desto stärker wird sein Selbstgefühl im späteren Leben sein. Entgegen früheren Annahmen gehört auch dazu, dass das Kind von früh an sinnvolle Grenzen für die Befriedigung von Bedürfnissen gesetzt bekommt, damit seine »Frustrationstoleranz« nicht zu niedrig wird. Denn das Selbstgefühl entwickelt sich auch ganz wesentlich an Versagungen, am Verzichten, am Aufschub von Genüssen und der Überwindung von Hindernissen.

Wenn die leibliche und seelische Grundlage für das Selbstgefühl in guter Weise vorhanden ist, kann dieses trotzdem schwach und labil sein. Dann kann man vermuten, dass die Ursache dazu in der Person selber liegt, d.h. nicht in diesem Leben, sondern in einem vorigen zu suchen ist.

Der Unterschied im Selbstwertgefühl von Mann und Frau liegt aber noch in etwas anderem begründet: Jeder Mann hat in unserem Kulturkreis durch Jahrtausende patriarchalischer Gesellschaft ein beinahe natürliches Selbstgefühl. Er ist eben ein Mann und schon deswegen gut und in Ordnung. Die Frau dagegen hat aus denselben Gründen ein mehr oder weniger ausgeprägtes Minderwertigkeitsgefühl. Sie war eben schon als Kind »nur« ein Mädchen. Obwohl diese Prägungen zum Glück immer mehr abnehmen, kann man doch nicht sagen, dass sie schon ganz verschwunden seien. Aber dieser Unterschied im Selbstwertgefühl ist nur ein oberflächlicher, ist nur »kulturelle Tünche«. In tieferen Schichten kommt zum Vorschein, dass die Frau das stärkere Selbstbewusstsein hat. Sie hat die stärkere Lebens- und Seelenkraft, ist mit allem Leben und auch mit der geistigen Welt von Natur aus stärker verbunden, kann Rückschläge und Niederlagen besser verarbeiten und ertragen und neigt auch deswegen weniger zu Gewalttaten als Männer, deren Schwäche des Selbstwertgefühles sich oft gerade in Gewalttaten einen Ausgleich sucht. Dieses schwache Selbstgefühl kommt auch darin zum Ausdruck, dass doppelt so viele Männer wie Frauen sich das Leben nehmen, in den USA sogar dreimal so viele.[129]

Der Mann ist eben für sein Selbstgefühl viel mehr als die Frau auf Kultur, d.h. auf Leistung angewiesen, weil seine Natur ihm dafür eine geringere Grundlage bietet. Deswegen spielen für ihn die so genannten »Statussymbole« als Ausdruck seiner Leistung eine so große Rolle. Das kann geradezu groteske Formen annehmen, wenn man bedenkt, wie manche Männer darauf reagieren, wenn ihnen jemand aus Versehen einen Kratzer in den Lack ihres Autos macht. Das scheint schlimmer zu sein, als wenn man ihnen einen Kratzer auf der Haut zufügte.

Auch das in ihrer Natur ruhende stärkere Selbstgefühl der Frau kann – besonders im späteren Lebensalter – groteske Formen annehmen, wenn Frauen ihren Leib behandeln und benutzen, als wären sie zwanzig Jahre alt geblieben. Denn je älter wir werden, desto schwächer wird die Leibesgrundlage – auch für das Selbstwertgefühl – und desto mehr müssen Kultur, Arbeit und Leistung an ihre Stelle treten. Damit ist nicht nur Arbeitsleistung nach außen, sondern vor allem auch Arbeit an sich selbst, Selbsterziehung, gemeint.

Abschließend soll noch einmal betont werden, dass all die geschilderten Unterschiede zwischen Mann und Frau keine absoluten und für jedes Individuum gültigen sind, sondern solche, die sich zeigen, wenn man vom Durchschnitt vieler Individuen ausgeht. Natürlich gibt es Männer, die Blumen pflegen, nicht aggressiv sind, an sich selber arbeiten etc., und Frauen, die wenig

[129] E. Kloehn, a.a.O., S. 66

auf ihren Körper achten, verschwiegen sind und ein gutes Raumorientierungsvermögen haben. Aber man sollte darüber die meistens vorhandenen natürlichen, in der Konstitution liegenden Unterschiede nicht gering schätzen, denn sie wirken sich in jeder Ehe und Partnerschaft aus. Schließlich ist das, worin wir gleich sind, das Ich, die Person, eben noch ein »Baby«[130] und gegenüber den anderen Wesensgliedern oftmals ohnmächtig.

Man sollte auch berücksichtigen, dass alle geschilderten Unterschiede noch zusätzlich durch das Temperament modifiziert werden. Denn das Temperament ist nicht eine Frage der seelischen Stimmung – diese ist nur dessen Auswirkung –, sondern der spezifisch unterschiedlichen Kräfte des Ätherleibes, die die seelischen Regungen in der einen oder anderen Weise verändern. So ist das cholerische Temperament von einer zentrifugal wirkenden Willenstendenz – in unserem Sinne also männlich – und das melancholische von einer zentripetalen Wahrnehmungstendenz – also weiblich. Deswegen hat eine cholerische Frau eher männliche und ein melancholischer Mann eher weibliche Charakterzüge.

Es soll mit dem Dargestellten auch nicht geleugnet werden, dass Erziehung und Umwelt einen starken Einfluss auf die männliche oder weibliche Prägung des Charakters haben. Aber dieser Einfluss kann nur die bereits bestehende Naturgrundlage verstärken oder abschwächen.[131]

Ein Einwand gegen die ganze Art der Behandlung dieses Themas könnte sein: Hier werden die erkennbaren Unterschiede zwischen Mann und Frau mit ganz verschiedenen Denkmodellen erklärt: Einmal sollen es die Hormone sein, dann die unterschiedliche Stärke der Wesensglieder, dann die Beeinflussung der Wesensglieder untereinander und dann auch noch die Grundkräfte der Seele selber und die Temperamente. Wo liegen nun eigentlich die Ursachen? Ich denke, dass es für ein modernes wissenschaftliches Bewusstsein nicht mehr verwunderlich sein sollte, wenn die Erscheinungen in einem Teilbereich der Wirklichkeit nicht alle mit demselben Denkmodell erklärbar sind. Das hat uns in der Physik der Streit zwischen der Wellen- und der Korpuskeltheorie in Bezug auf das Licht gezeigt. Manche Phänomene sind eben besser durch die eine, andere durch die andere Theorie zu verstehen. Und der Mensch ist sicherlich eine kompliziertere Wirklichkeit als das Licht. Deshalb kann es als angemessen erscheinen, die verschiedenen Phänomene von unterschiedlichen Gesichtspunkten aus zu beleuchten.

Als letzter Gedanke sei in diesem Abschnitt dargestellt, wie die Unterschiedlichkeit von Mann und Frau betrachtet werden kann, wenn wir die

[130] R. Steiner, GA 123, S. 154, GA 175, S. 94 und GA 317, S. 181 f.

[131] Siehe E. Kloehn, a.a.O., S. 209 f.

Idee der wiederholten Erdenleben, die Rudolf Steiner in seiner *Theosophie*[132] grundlegend dargestellt und in vielen Schriften und Vorträgen weiter ausgeführt hat, zugrunde legen. Wie wir gesehen haben, ist der Kern der Menschenseele, das Ich, weder weiblich noch männlich. Damit ist auch das in uns, was durch die verschiedenen Inkarnationen hindurch identisch mit sich selber ist, von der jeweiligen männlichen oder weiblichen Verkörperung unabhängig. Da aber der Mensch als Frau oder Mann geboren wird, ist sowohl die Konstitution seiner Wesensglieder als auch das Umfeld seiner Erlebnisse und Erfahrungen notwendigerweise grundverschieden und einseitig.[133] Damit sich das ausgleicht, wird der Mensch in der Regel abwechselnd als Frau oder Mann geboren, und zwar in jeder Kulturepoche einmal.[134] Warum sich normalerweise eine weibliche und eine männliche Verkörperung unmittelbar abwechseln, hat Rudolf Steiner in seinem Vortragszyklus *Die Offenbarungen des Karma*[135] dargestellt.

Ziel der menschlichen Entwicklung ist unter diesem Aspekt die allmähliche Umgestaltung der geschlechtsspezifisch einseitigen Hüllennatur, der Seelen- und Leibesglieder durch die »Befruchtung mit dem Geist«, durch die die Gleichheit der Menschen nicht nur im Keimpunkt des Ich erscheint, sondern auch seine ganze Natur ergreift und verwandelt. Diese Umwandlung ist zugleich die Entwicklung der in der *Theosophie* geschilderten geistigen Wesensglieder: Geistselbst, Lebensgeist und Geistesmensch.[136]

Die Geschlechtlichkeit bei Frau und Mann

Kehren wir nun noch einmal zurück zu der in der Leiblichkeit von Mann und Frau begründeten Verschiedenheit und wenden uns dem Gebiet zu, das für die Ehe eine wesentliche Bedeutung hat: die Geschlechtlichkeit.

Unter »Geschlechtlichkeit« verstehe ich nicht dasselbe wie die freudianische Psychologie unter Sexualität. Deshalb verwende ich auch diesen vielleicht etwas ungebräuchlichen und umständlichen Ausdruck. Nicht alle Lust, nicht alles Begehren nenne ich Geschlechtlichkeit, sondern nur dasjenige, das mit den leiblich-organischen Vorgängen des Fortpflanzungsorganismus verbunden ist. Auch nenne ich nicht wie Manfred van Doorn jeden

[132] GA 9, S. 61–89 [133] R. Steiner, GA 56, S. 95 und GA 99, S. 56
[134] R. Steiner, GA 93a, S. 64 f.; GA 94, S. 77; GA 95, S. 39; GA 99, S. 56; GA 135, S. 75
[135] GA 120, S. 178–181
[136] R. Steiner, GA 9, S. 53 ff.; GA 11, S. 78; GA 54, S. 130

intensiven körperlichen Genuss Sexualität,[137] auch wenn Geschlechtlichkeit einen intensiven körperlichen Genuss bedeutet und andere intensive körperliche Genüsse geschlechtlichen Charakter annehmen oder in Geschlechtlichkeit übergehen können. Denn Sinnlichkeit, sinnliches körperliches Erleben kann vollständig unabhängig von geschlechtlichen Vorgängen stattfinden. Deshalb kann auch im vollen Sinne von Geschlechtlichkeit erst gesprochen werden, wenn dieser Organismus mit der Pubertät ausgebildet ist. Was vorher an Erscheinungen bei Kindern auftritt, ist noch keine Sexualität, auch wenn selbstverständlich lustvolle Erlebnisse am Leibe gemacht werden. Man kann auch sagen: Hier wird unter Geschlechtlichkeit »genitale Sexualität« verstanden. Die Kindheit sollte eine davon »freie Zone« sein, wie sie die Seele der Heranwachsenden »benötigt, um die Kräfte zu sammeln, die außerhalb dieses Freiraumes zum Umgang mit eigener und fremder Sexualität nötig sind.«[138] Rudolf Steiner hat oft darauf hingewiesen, dass das Kind eigentlich noch ein ungeschlechtliches Wesen ist.[139] Dem liegt zugrunde, dass erst mit der Pubertät die Differenzierung der Ätherleiber bei Jungen und Mädchen vollständig in die Gegengeschlechtlichkeit, die wir betrachtet haben, ausgeprägt wird.[140]

Vom Unterschied der weiblichen und männlichen Geschlechtlichkeit zu sprechen erscheint heute noch manchem Professor der Sexualkunde als der Urfehler, durch den allein auf diesem Feld Probleme hervorgerufen werden. Ich kann mich dieser Meinung nicht anschließen. Die beobachtbaren Tatsachen und die Erfahrungen aus der Eheberatung lassen eine solche Deutung nicht zu, wenn man die Wirklichkeit nicht durch ideologische Vorgaben vergewaltigen will. Schon die oben beschriebenen leiblichen und seelischen Unterschiede lassen eine Gleichheit auf diesem Gebiet, das so viel mit Leib und Seele zu tun hat, als höchst unwahrscheinlich erscheinen. Wir wollen dem im Einzelnen nachgehen.[141]

Wir haben gesehen, dass schon die Lage und die Funktion des Fortpflanzungsorganismus und damit auch das Verhältnis zwischen Leib und Seele in diesem Bereich bei Frau und Mann unterschiedlich ist. Das männliche Glied

[137] Manfred van Doorn, *Sexualität. Zwischen Geist und Sinnlichkeit*, S. 27

[138] Joachim Illies, *Theologie der Sexualität*, S. 95. Wer sich mit der Entwicklung des Kindes und des Jugendlichen in dieser Hinsicht beschäftigen will und Hilfe in der Sexualerziehung sucht, dem sei empfohlen: Ernst Ell, *Flegelalter* und Stefan Leber u.a., *Die Geschlechtlichkeit des Menschen*. [139] Zum Beispiel in GA 170, S. 44 und 48 [140] R. Steiner, GA 307, S. 80

[141] Siehe auch Anne Moir / David Jessel, *Brainsex*, S. 138 ff. und Elisabeth Camenzind / Kathrin Knüsel, *Frauen wollen's anders*

drängt sich durch seine Lage, seine Sichtbarkeit und durch die Erektionen dem Mann viel mehr in das Bewusstsein als der Frau ihre Klitoris, die viel kleiner, verborgener ist und sich auch nicht so leicht, zum Beispiel durch optische Reize, verändert. Dem entspricht, dass diese Organe in ihrer Möglichkeit, sexuelle Lust zu vermitteln, von Mädchen und Jungen nicht gleicherweise entdeckt werden. Rund 25% der erwachsenen Frauen kennen diese Funktion ihres Körpers nicht gegenüber nur 3% bei den Männern, weil sie durch ihren Organismus nicht zur Selbstbefriedigung veranlasst wurden.[142] So wundert man sich auch nicht, dass der Mann seine Geschlechtlichkeit viel stärker mit seinem Genital identifiziert als die Frau, für die sie stärker eine Angelegenheit des ganzen Körpers ist.

Ein anderer noch ganz leiblicher Unterschied liegt in der schon besprochenen unterschiedlichen Konzentration der Hormone. Der Gehalt an dem männlichen Hormon Testosteron ist im Blut des Mannes fünfmal so hoch wie in dem der Frau.[143] Und dieses Hormon steht in einem direkt proportionalen Verhältnis zum sexuellen Verlangen, zu sexueller Bereitschaft und Reaktionsfähigkeit. Deshalb ist es nicht verwunderlich, dass sich viermal so viele Frauen (33%) wie Männer (8%) ein erfülltes, glückliches Leben auch ohne Sexualität vorstellen können.[144] Man kann wirklich sagen, dass der Mann einen stärkeren Trieb hat, wenn wir unter »Trieb« einen im Organischen wirkenden, nach außen strebenden (also »männlichen«) Willen verstehen.[145] In diesem Sinne sprechen wir auch bei Pflanzen von einem »Trieb«, d.h. von etwas, das von innen heraus wächst und sich nach außen entfaltet. Das ist auch die leibliche Geste der männlichen Samenproduktion, die ganz pflanzlich unbewusst in den Hoden geschieht und dann ihren Überschuss nach außen abgibt, verbunden mit einem Lustgefühl. Etwas Entsprechendes existiert im weiblichen Organismus nicht, denn die Eizelle vervielfältigt sich nicht, sondern bleibt eine einzige, und wenn sie in der Menstruation den Leib verlässt, ist das keineswegs mit Lust verbunden. Wenn die Samenzellen den Körper verlassen, so haben sie ihre Bestimmung vor sich, nämlich Leben zu zeugen. Wenn die Eizelle den Organismus verlässt, so stirbt sie schon ab und kann ihren biologischen Sinn nicht mehr erfüllen.

Die andere Analogie im weiblichen Organismus sind Schwangerschaft und Geburt: Im Inneren wächst etwas heran, das dann ausgestoßen wird. Zwar berichten manche Frauen, die eine leichte Geburt hatten, von einem starken

[142] E. Kloehn, a.a.O., S. 181 [143] Ebd., S. 157. Bei A. Moir / D. Jessel, a.a.O., S. 140 wird sogar angegeben, dass das Verhältnis 20:1 ist. [144] E. Kloehn, a.a.O., S. 82
[145] Siehe dazu R. Steiner, GA 293, S. 63

Lusterleben in der Austreibungsphase, aber deswegen können wir nicht sagen, dass die Erfüllung des weiblichen Geschlechtstriebes in der Geburt eines Kindes liegt.

Ein weiterer Unterschied in der leiblichen Grundlage der Geschlechtlichkeit von Frau und Mann besteht darin, dass der Mann bei fast jedem Geschlechtsverkehr auch ohne weitere Manipulation einen Orgasmus hat, aber nur 30% der Frauen. Weitere 20% der Frauen kommen nur durch zusätzliche Manipulation dazu, und 50% erleben ihn nicht.[146] Im Tierreich gibt es soweit ich weiß bei den weiblichen Tieren keinen Orgasmus,[147] die Erregung ist weitgehend auf die Männchen beschränkt. Bei den Menschen hat die Frau organisch die Möglichkeit zum Orgasmus, er ist aber unter der Bedingung des »normalen« Geschlechtsverkehrs eher die Ausnahme. Dem entspricht, dass 75% aller männlichen Jugendlichen, aber nur 57% aller weiblichen unter 20 Jahren, die zu den 57% ihrer Altersgruppe gehören, die überhaupt schon Geschlechtsverkehr hatten, schon einmal einen Orgasmus gehabt haben.[148] Christa Meves geht in ihrem *Ehe-Alphabet* sogar so weit, dass sie sagt: »Der Orgasmus der Frau ist in seiner nackten Form im Grunde eine höchst künstliche Anpassung an das männliche sexuelle Erleben. Er geht von dem anatomischen ›Rest‹, der Klitoris, aus und ist deswegen eigentlich für die Frau ein Rückschritt in die infantile Sexualität.«[149] Frauen können jedenfalls Geschlechtlichkeit auch ohne Orgasmus als schön und befriedigend erleben, was Männern kaum möglich ist. Das wird durch eine Umfrage unter Jugendlichen deutlich, in der nach dem Spaß am Geschlechtsverkehr und nach der sexuellen Befriedigung gefragt worden war:[150] Bei den Jungen waren die Werte immer annähernd gleich, während sie bei den Mädchen bei dem Kriterium »Spaß« um 10 bis 20% höher lagen als bei dem Kriterium »sexuell befriedigend«.

So sind schon die leiblichen und ätherischen Grundlagen der Geschlechtlichkeit bei Mann und Frau verschieden. Und diese Unterschiedlichkeit findet sich auch auf seelischem Gebiet. Wir finden die einzelnen Elemente der Unterschiedlichkeit wieder, die wir oben in Bezug auf den ganzen Menschen betrachtet haben: Männer sind in ihrer sexuellen Erregbarkeit unabhängiger von der seelischen Beziehung, die kaum oder nur schwach vorhanden sein muss, damit sie sexuell begehren können. Frauen brauchen viel mehr eine menschlich-seelische Beziehung, wenn sie auch geschlechtlich verkehren wollen. Sie betrachten Sexualität nicht als eine Angelegenheit der »Leistung« oder als eine »Sache« wie Männer, sondern als eine persönlich-emotionale,

[146] E. Kloehn, a.a.O., S. 82 [147] Ebd., S. 176 [148] *Der Spiegel*, Nr. 50/1998, S. 110
[149] Freiburg 1973, S. 102 [150] *Stern*, Nr. 35/1992, S. 28

die mit Einfühlung und einer tieferen Beziehung zu tun hat.[151] Das ist auch der Grund, weswegen es Prostitution von Männern für Frauen so gut wie gar nicht gibt. Eine Frau würde kein Geld ausgeben, um sich für eine Viertelstunde einen Mann zu mieten.

Auch an den ungewöhnlichen und gewaltsamen, typisch männlichen sexuellen Praktiken wie Lustmord, Nekrophilie, Sadismus und dem vergleichsweise harmlosen Exhibitionismus und dem Fetischismus sieht man, dass die männliche Sexualität einen distanzierteren Charakter zu ihrem »Objekt« hat als die weibliche. Sie ist unpersönlicher, dinglicher, nicht so sehr an einer inneren Beziehung interessiert.[152] Es gibt eben keine weiblichen Lustmörder.[153] Dazu passt es, dass die sexuelle Erregung beim Mann vor allem auch über optische Reize, durch den »Fernsinn« Auge, und bei der Frau hauptsächlich über taktile Reize, durch den »Nahsinn« des Tastens, ausgelöst wird.[154]

So kann man sagen, dass die männliche Geschlechtlichkeit die Tendenz hat, auch die Frau zum Objekt zu machen und sie nicht als Person zu sehen.[155] Sie ist deswegen von Natur aus nicht partnerschaftlich organisiert, sondern erobernd und besitzergreifend, hat also einen typisch »männlichen« Willenscharakter, der sie leicht mit Aggression und Gewalt verknüpft.[156]

Diesen besitzergreifenden Charakter der männlichen Geschlechtlichkeit erlebt die Frau schon an dem begierdevollen Blick des Mannes, der einen zugreifenden Eindruck macht. Dabei richtet sich dieser Blick hauptsächlich auf die typisch weiblichen runden Körperformen wie Po, Busen und Hüften, eventuell noch auf die Beine. Wenn die Frau mit Begehren einen Mann ansieht, so blickt sie hauptsächlich auf das Gesicht und die Augen, auf die Hände, und sie achtet auf den Klang seiner Stimme. Wenn wir das vergleichen, so fällt auf, dass der Mann vorwiegend auf rein leibliche Gattungsmerkmale blickt, die nicht dem unmittelbaren Ausdruck des Seelischen und der Person dienen können, und dass die Frau mehr die »physiognomischen« Körperteile beachtet, die Ausdruck der Seele und des Wesens sein können. Etwas übertrieben können wir das auch so ausdrücken: Die Frau begehrt die Seele des Mannes und der Mann den Leib der Frau.

Was aber sucht der Mann eigentlich, wenn er die leiblichen Gattungsmerkmale der Frau berühren will? Es geht doch nicht um die Reibung der Hautschüppchen an anderen Hautschüppchen. Auch nicht darum, Fettgewebe oder Muskeln zu spüren. Wieder kann an einem Extrem eine Tendenz der männli-

[151] E. Kloehn, a.a.O., S. 80 f.; siehe auch den *Stern*, Nr. 35/1992, S. 28
[152] Siehe auch A. Moir / D. Jessel, a.a.O., S. 144 [153] E. Kloehn, a.a.O., S. 178 und 182
[154] Ebd., S. 130 f. [155] Siehe auch J. Illies, a.a.O., S. 97 [156] E. Kloehn, a.a.O., S. 179

chen Sexualität deutlich werden: Was kann einen Mann veranlassen, ein Kind, vielleicht sogar einen Säugling, sexuell zu missbrauchen? Gerade das kindliche Leibeswesen, das mit seinen runden Körperformen, dem so genannten »Kindchenschema«, schon im Tierreich Zuwendung und liebevollen Pflegeinstinkt auslöst, wird beim Missbrauch zum Opfer der Begierde. Natürlich haben die Psychologen Recht, die dem Streben nach Macht und deren Auslebung dabei eine wesentliche Rolle beimessen. Aber wenn Missbrauch nur ein Machtphänomen wäre, brauchte er nicht mit Sexualität verbunden zu sein. Vielmehr zeigt sich in dem Begehren der rundlicheren Leibesformen von Kindern und Frauen, dass die männliche Sexualität auch eine Triebfeder in der Sehnsucht nach Ganzheit, nach dem Vollkommenen und Ursprünglichen hat. Man kann sagen, dass der Leib eines Kindes und auch der einer Frau noch etwas Himmlisches, etwas Paradiesisches verkörpert, das noch nicht so irdisch geworden ist wie der männliche Leib, und in seinen mehr runden Formen Einheit und Ganzheit ausdrückt. Warum fasziniert uns der weibliche Leib seit Jahrtausenden so viel mehr als der männliche, so dass er in unzähligen Kunstwerken verherrlicht wurde? Weil der weibliche Leib viel geistiger ist als der männliche.[157] So kann man sagen: In der männlichen Sexualität wirkt auch eine Sehnsucht nach dem Paradies, einem ursprünglich geistigeren Zustand des Menschen, eine ins Leibliche verschobene, rückwärts gewandte Religiosität. Auch bei der Frau liegt der Sexualität ein Wiedervereinigungsstreben zugrunde, wie es zum Beispiel Joachim Illies in Übereinstimmung mit Freud dargestellt hat.[158]

Einen anderen Aspekt des geschlechtlichen Begehrens hat Henning Köhler in seinem Buch *Vom Ursprung der Sehnsucht*[159] dargestellt: In der geschlechtlichen Vereinigung wirkt die regressive Sehnsucht nach leiblicher Einheit und Geborgenheit, wie sie das Kind als Embryo im Mutterleib erfährt. Diese Sehnsucht ist aber nicht nur in leiblicher Hinsicht regressiv (rückwärts gewandt), sondern auch in seelischer, denn sie strebt nach ungeteilter Einheit und damit nach einem vor-individuellen Zustand. Sie will eigentlich das Einzelwesen-Sein rückgängig machen.

Unabhängig von solchen Deutungen der Geschlechtlichkeit kann man sagen: Die Begierde des Mannes hat einen mehr greifenden, die der Frau einen mehr saugenden Charakter. So neigt die am Mann interessierte Frau dazu, »zunächst an ihrer Erscheinung zu arbeiten, um sich der eigenen Wirkung zu vergewissern.«[160] Auf diesem Bedürfnis, sich begehrenswert zu machen, ruht wie auf einem sicheren Fundament von jeher eine heute milliardenschwere

[157] R. Steiner, GA 116, S. 105 ff. [158] A.a.O., S. 59–71 [159] Stuttgart 1998, S. 86 f.
[160] E. Kloehn, a.a.O., S. 132

Industrie. Dabei besteht aber das Problem, dass die Frau genau das Gegenteil von dem erreicht, was sie eigentlich will: Sie möchte eine persönliche, seelische Beziehung und Bindung und erweckt die männliche Begierde durch die Betonung ihrer weiblichen Leibesformen, aber diese Begierde sucht dann gerade nicht ihre Seele, sondern ihren Leib. So gehen männliches und weibliches Begehren von Natur aus grundsätzlich aneinander vorbei.

Das wird besonders deutlich durch das Ergebnis einer Umfrage aus dem Jahr 1974 unter Männern und Frauen nach den Motiven für den ersten Geschlechtsverkehr.[161] Danach gaben an:

	Frauen	Männer
aus Lust	5%	76%
Neugier	16%	–
Angst, als altmodisch zu gelten	6%	–
Angst, den Partner zu verlieren	71%	6%

Daran sieht man nicht nur den Unterschied in der Stärke des sexuellen Triebes bei Mann und Frau, sondern vor allem, dass die Männer von sich auf die Frauen schließen und keine Ahnung von den wirklichen Motiven der Frauen auf diesem Gebiet haben. Warum lassen die Frauen die Männer im Unklaren über ihre eigene Motivation? Eben aus Angst vor dem möglichen Verlust des Partners! Eher verleugnet eine Frau ihre eigenen Empfindungen oder sucht den Fehler bei sich selbst, wenn sie nicht so bald nach dem Kennenlernen oder nicht so häufig ein Bedürfnis nach sexuellem Kontakt hat wie der Mann, als die Beziehung zu ihm aufs Spiel zu setzen. Sie kennt auch ihre eigene Geschlechtlichkeit von Natur her viel weniger als der Mann, der durch seine Natur ganz genau »weiß«, was er will. Die Frauen richten sich deshalb besonders am Anfang einer Beziehung auf diesem Gebiet weitgehend nach ihrem männlichen Partner und nicht so sehr nach ihrem eigenen Gefühl und Trieb.[162]

In eine ähnliche Richtung weist eine Umfrage, die der *Stern*[163] veröffentlicht hat. Danach wurde von 16- und 17-jährigen Jugendlichen als Grund für den ersten Geschlechtsverkehr angegeben: »Ich hatte ein starkes sexuelles Verlangen«; und zwar gaben 1970 80% der Jungen und 40% der Mädchen

[161] *Der Spiegel*, Nr. 41/1974 [162] Siehe auch John Gray, a.a.O., S. 66
[163] Nr. 35/1992 vom 20.8.1992

diesen Grund an, während es 1990 nur noch 59% der Jungen und 31% der Mädchen waren. Wichtig ist daran, dass dieser Grund in beiden Jahren von doppelt so vielen Jungen wie Mädchen genannt worden ist.

Auch wenn die oben zitierte Umfrage nach den Motiven für den ersten Geschlechtsverkehr schon lange zurückliegt, macht sie doch einen Grundzug deutlich. Denn in einer neueren Umfrage[164] gaben immer noch 27% aller Mädchen unter 15 Jahren, aber kein Junge desselben Alters als Grund für den ersten Geschlechtsverkehr an, dass sie dem anderen einen Gefallen tun wollten. Das Motiv »um den Partner nicht zu verlieren« wurde dabei als mögliche Antwort gar nicht angeboten. Und das Motiv »sexuelles Verlangen« wurde in derselben Altersgruppe von 47% der Jungen, aber nur von 27% der Mädchen genannt. Bei aller Vorsicht gegenüber solchen Befragungen und ihrer statistischen Darstellung zeigt sich doch eine deutliche Tendenz in der Unterschiedlichkeit der weiblichen und männlichen Geschlechtlichkeit.

Zärtlichkeit und Geschlechtlichkeit

Auf andere Weise können wir den Unterschied in der Geschlechtlichkeit von Mann und Frau finden, wenn wir auf die Beziehung und den Zusammenhang von Geschlechtlichkeit und Zärtlichkeit blicken. Zärtlichkeit ist dann noch nicht sexuell, wenn weder die Funktionen der Geschlechtsorgane noch der seelische Drang nach sexueller Vereinigung bei einer körperlichen Berührung eine Rolle spielen. In diesem Sinne kann schon ein Blick sexuell oder nur zärtlich sein. Der Unterschied besteht darin, ob in den rein sinnlichen Vorgang Begierde einfließt oder nicht.

Wenn ich einem sprechenden Menschen zuhöre, so dienen die leiblichen Vorgänge von der Bewegung seiner Sprachorgane bis zu dem, was in meinem Ohr abläuft, der Verständigung und Begegnung unserer Seelen. Die Aufmerksamkeit ist ganz auf diese Verständigung und nicht auf die Leibesvorgänge gerichtet, die sie auslösen. Ich erlebe weder mein Ohr noch mein Gehirn in ihrer Tätigkeit. Die leiblichen Vorgänge dienen nur als Medium, als Brücke von Seele zu Seele. Das ist auch bei der liebevollen, zärtlichen Berührung der Fall, die die Möglichkeit hat, die Begegnung der Seelen zu verstärken und zu vertiefen. Und da liegt nun der Übergang: Wenn die leibliche Berührung so auf mich wirkt, dass dabei das Erleben meiner durch die Berührung veränderten Leibesvorgänge in den Vordergrund der Seele tritt, dann ist Begierde in die Zärtlichkeit eingezogen. Ich erlebe dann nicht mehr die Seele des anderen

[164] *Der Spiegel*, Nr. 50/1998, S. 110 ff.

Menschen, sondern meine durch seine Berührung veränderte Leiblichkeit. Und die sexuelle Berührung ist dann, je mehr sie auf den Orgasmus zugeht, weitgehend bis vollständig ein Selbsterleben mit Hilfe des Körpers des anderen. Seelisch verbinde ich mich in der natürlichen Geschlechtlichkeit gerade nicht mit der anderen Seele, sondern ich werde durch die geschlechtlichen Vorgänge seelisch auf mich selbst zurückgeworfen.

Man kann das auch anders ausdrücken: Die Begierde ist eine Seelenkraft, in der die seelischen Grundkräfte Sympathie und Antipathie so gemischt sind, dass die Antipathie die Sympathie überwiegt,[165] denn Sympathie ist die Seelenbewegung der Öffnung und Ausdehnung, der Wärme und Zuneigung, Antipathie die der Zusammenziehung und des Abschließens, der Kühle und Abneigung. Am deutlichsten haben wir das Bild der Begierde vor uns, wenn wir uns einen Säugling vorstellen: Er öffnet zwar den Mund in einer Sympathiegebärde, aber nur um etwas aufzunehmen und in sich einzuschließen. Dieses »Reinziehen«, wie der sachgemäße Ausdruck dafür in der Umgangssprache lautet, ist eine Antipathiegeste, die weit wichtiger ist und intensiver erlebt wird als das notwendige Mundöffnen. Diese Begierdevorgänge sind natürlich nicht auf den Säugling beschränkt, sondern lassen sich bei ihm nur in reiner Form beobachten. In der Begierde ist die Aufmerksamkeit der Seele vollständig von dem leiblichen Vorgang des Aufnehmens in Anspruch genommen. Deshalb verbindet uns die Begierde nicht mit dem Aufgenommenen, sondern trennt uns seelisch von ihm.

Das bedeutet für die Geschlechtlichkeit, dass sie in sich selbst paradox sein muss, so wie sie im heutigen Menschen auftritt: Leiblich ist sie eine Geste der Sympathie, der Öffnung, der Verbindung, der Wärme und Hingabe und dient schon bei manchen Tieren unabhängig von der Fortpflanzung der Paarbindung,[166] aber seelisch ist sie wegen der mit den Leibesvorgängen verbundenen Begierde und deren starkem Antipathieanteil ein Vorgang, der die Seelen trennt. Dieses trennende Element in der Geschlechtlichkeit kommt meistens nicht unmittelbar zum Bewusstsein, ist aber doch wirksam und von tieferen Naturen immer gespürt worden.

Nun ist leicht zu beobachten, dass beim Mann Zärtlichkeit schneller und direkter in Geschlechtlichkeit übergeht. Die Frau erlebt Zärtlichkeit viel mehr als einen eigenständigen Bereich, und es dauert meistens viel länger oder unterbleibt ganz, dass ihr Erleben geschlechtlich wird. Man kann sogar sagen, dass die Frau in der Geschlechtlichkeit viel stärker die persönliche Begegnung von Seele zu Seele sucht, deswegen auch viel weniger zu sexueller

[165] R. Steiner, GA 9, S. 99 ff. [166] Siehe Wolfgang Wickler / Uta Seibt, *Männlich – weiblich*, S. 153

Untreue neigt als der Mann[167] und deshalb oft von der mehr selbstbezogenen männlichen Geschlechtlichkeit abgestoßen und enttäuscht ist. Aber die Seelenbegegnung ist, wie wir gesehen haben, auf die begierdelose gegenseitige Wahrnehmung angewiesen. So ist der Trieb der Frau stärker auf Zärtlichkeit als auf Geschlechtlichkeit gerichtet.

Für Männer ist Zärtlichkeit oft nur der Anfang oder Auftakt zur Geschlechtlichkeit. So sehr das auch für Frauen notwendig ist, denen Geschlechtlichkeit ohne Zärtlichkeit, wie sie Männer praktizieren können, ein Gräuel ist, so muss es doch für Frauen auch Zärtlichkeit geben, die von Sexualität frei ist, sonst halten sie die Geschlechtlichkeit des Mannes auf die Dauer nicht aus. Es ist für Frauen unzumutbar, wenn jede Zärtlichkeit zu Geschlechtlichkeit führt oder auch nur die Erwartung des Mannes in diese Richtung geht.

Die Geschlechtlichkeit des Mannes steht fortwährend in der Gefahr unmenschlich zu werden, weil sie die Tendenz hat, sich auf Sachen statt auf Personen zu richten, Personen zu Sachen, zu Objekten zu machen und von der Person, auf die sie sich richtet, nur einen Teil, den Leib zu meinen. Diesen Gefahren ist die weibliche Geschlechtlichkeit viel weniger ausgesetzt, darum ist sie von Natur aus menschlicher. Denn der Mensch ist keine Sache und auch nicht nur ein Körper.

So können wir sagen: Die Geschlechtlichkeit von Mann und Frau sind ihren leiblichen und seelischen Vorgängen nach so verschieden, dass sie von Natur aus nicht zusammenpassen. Wenn beide nur nach ihrer Natur leben, kann es nicht für beide befriedigend sein. Der Mann wünscht häufiger Verkehr als die Frau;[168] sein geschlechtliches Verlangen nimmt gemäß dem langsam abnehmenden Testosteronspiegel im Alter von 20 bis 60 Jahren ab, während das der Frau im selben Zeitraum mit dem Testosteron zunimmt.[169] Das Verlangen der Frau ist starken Schwankungen unterworfen und kann wegen Regel, Schwangerschaft und Stillzeit vollständig verschwinden, was bei Männern eigentlich nur für kurze Zeit oder bei Krankheit und leiblichen Schwächezuständen geschieht.

Man könnte meinen, dass die Verschiedenheit nicht dazu führen muss, dass Mann und Frau auf diesem Gebiet nicht zusammenpassen. Denn es könnte ja sein, dass diese Verschiedenheiten einander ergänzen. Das ist aber nicht der Fall, denn sonst gäbe es auf diesem Gebiet nicht so viele Probleme und man müsste sehen können, worin diese Ergänzung besteht. Die Verschie-

[167] E. Kloehn, a.a.O., S. 83; siehe auch A. Moir / D. Jessel, a.a.O., S. 134 ff.

[168] E. Kloehn, a.a.O., S. 82 [169] Ebd., S. 158; *Der Spiegel*, Nr. 46/1993

denheiten machen aber zunächst den Eindruck von Polaritäten, die sich gegenseitig ausschließen. So paradox es klingt: Die geschlechtliche Anziehung der Geschlechter bewirkt auf die Dauer eine Entfremdung; sie zerstört die Verbindung. In der griechischen Mythologie gibt es ein Bild dafür: Der Gott Kronos frisst seine Kinder.

Wenn wir nun auf all das zurückblicken, was wir in diesem Kapitel angeschaut haben, so liegt die Schlussfolgerung nahe: Da Mann und Frau so verschieden sind und von Natur nicht zusammenpassen, muss die lebenslange Einehe etwas höchst Unnatürliches sein. Das braucht man nicht negativ zu verstehen, sondern kann es auch in dem Sinne deuten, wie oben von der »Kulturtat Ehe« die Rede war. Jedenfalls liegt die Frage nahe: Warum gibt es den Menschen überhaupt als Mann und Frau? Was hat sich die Natur dabei gedacht? Oder wenn wir dem biblischen Schöpfungsbericht folgen: Was hat Gott damit gewollt? Fortpflanzung des Lebens kann es nicht sein, denn die ist auch ohne geschlechtliche Differenzierung möglich, wie uns viele Pflanzen und Tiere bis heute zeigen. So wollen wir uns im folgenden Kapitel von vorwiegend anthroposophischen Gesichtspunkten aus der Entstehung der Geschlechter und der Geschlechtlichkeit zuwenden.

Die Trennung in die Geschlechter

Einleitung

In den meisten Kulturen der Menschheit gibt es Überlieferungen, nach denen der Mensch der Urzeit nicht nach Mann und Frau getrennt war, sondern als ungetrenntes Wesen, männlich-weiblich gestaltet war.

Als ein Beispiel solcher Überlieferung kann uns die biblische Schöpfungsgeschichte dienen. Sie schildert im ersten Kapitel des ersten Buches des Moses, wie der Mensch von der Gottheit »männlich-weiblich« geschaffen wird (1. Moses 1,27). Luther und viele moderne Übersetzer geben diese Stelle so wieder, als stünden da zwei Substantive: »... und schuf sie als einen Mann und ein Weib.« Im hebräischen Urtext und in der griechischen Übersetzung, der so genannten Septuaginta, stehen da aber eindeutig zwei Adjektive: »männlich-weiblich«. Damit wird die Vorstellung erweckt, dass der Mensch als Ebenbild Gottes nicht weiblichen oder männlichen Geschlechtes war, sondern beide Qualitäten ungetrennt in sich trug.[170] Im zweiten Kapitel wird dann dieses »Bild« von der Gottheit in Erdenstoff verwirklicht (1. Moses 2,7) und heißt nach dieser Tatsache »Adam«, der »Irdene«. Deswegen wird das hebräische Wort »Adam« von Luther richtigerweise nicht als Eigenname benutzt, sondern mit dem Wort »Mensch« wiedergegeben.

In Kapitel 2,21–23 wird dann in bildhaft-mythologischer Form von der Trennung des Menschen in Frau und Mann gesprochen. Das hätte gar keinen Sinn, wenn nicht vorausgesetzt würde, dass der Mensch vorher ein doppelgeschlechtliches Wesen war.

Einen ähnlichen Bericht kennen wir von Plato, der in seinem Dialog *Symposion*, dem *Gastmahl* (189c–191d), den Aristophanes erzählen lässt, wie der Mensch ursprünglich ein kugelförmiges Wesen war, das die Merkmale beider Geschlechter in sich trug und erst später durch Zeus in Mann und Frau geteilt

[170] Siehe auch R. Steiner, GA 122, S. 177 ff.

worden ist. Auch diese Erzählung trägt eindeutig den Charakter eines Mythos an sich, deutet aber im Kern auf den gleichen Tatbestand wie der biblische Bericht.

Einen dritten Hinweis darauf, dass die zwei Geschlechter offensichtlich keine ursprüngliche, sondern eine sekundäre Tatsache sind, gibt uns die Pflanzen- und Tierwelt, in denen die ältesten Arten nicht in männliche und weibliche Exemplare getrennt sind, sondern die Merkmale beider Geschlechter vereinigen.

In der Geisteswissenschaft Rudolf Steiners finden sich nun sehr ausführliche und differenzierte Schilderungen des Evolutionsgeschehens der Erde und der Menschheit, die auch den von Plato und von der Bibel erwähnten Tatbestand der ursprünglichen Einheit der Geschlechter und ihre spätere Trennung betreffen. In den folgenden Kapiteln sollen nun diese Schilderungen aus der Anthroposophie zusammengefasst werden. Dadurch kann deutlich werden, dass es eine Möglichkeit gibt, die Tatsache der zwei Geschlechter des Menschen nicht nur als eine Laune der Natur, sondern als eine sinnvolle, wesentliche und vor allem notwendige zu denken.

Wen diese Frage, warum es den Menschen in zweierlei Gestalt gibt, nicht interessiert oder wem die Schilderungen der Anthroposophie als spekulativ erscheinen, der möge die nächsten Kapitel auslassen und auf Seite 128 weiterlesen. Die folgenden Schilderungen setzen nämlich beim Leser die Kenntnis und ein elementares Verständnis der anthroposophischen Kosmologie voraus, die Rudolf Steiner in seinen Grundschriften *Aus der Akasha-Chronik* (GA 11) und *Die Geheimwissenschaft im Umriss* (GA 13) dargestellt hat. Sie können das in diesen Büchern Entwickelte, besonders die methodischen Voraussetzungen, nicht ersetzen, sondern sollen der Versuch sein, auf dieser Grundlage alle in Vorträgen mündlich gegebenen, sich ergänzenden Schilderungen zu einem Gesamtbild zusammenzufassen. Dabei ist zu bedenken, dass hier durch die verkürzende Zusammenfassung nur ein Gerüst der Tatsachen und Vorgänge gegeben werden kann. Wer von diesen ein vollständigeres Bild gewinnen will, muss die ausführlichen Schilderungen Rudolf Steiners in den angegebenen Quellen selber nachlesen.

Der androgyne Urmensch

Rudolf Steiner schildert viele Stufen des Werdens unserer Welt und gibt diesen Stufen auch ganz bestimmte Namen. Unser heutiger Erdenzustand, dem drei weitere vorangingen, befindet sich nach dieser Schilderung in seiner vierten Phase, der so genannten nachatlantischen Zeit. Ihr ging die atlantische und dieser die lemurische voran. Für unsere Betrachtung ist diese lemurische Zeit zunächst die wichtigste, und deshalb setzen wir da mit einer genaueren Schilderung ein.[171]

Wir müssen uns vorstellen, dass die Stofflichkeit der Erde und aller ihrer Wesen einschließlich des Menschen zu dieser Zeit unter dem Einfluss von Wärme eine viel flüssigere und bildsamere war, als sie es heute ist. Und der Leib des Menschen war sowohl der Stoffe als auch der Gestalt nach von dem heutigen sehr verschieden. Es gab noch keine festen Knochen und die Erde war auch noch weich und wässrig.[172] Die Luft hatte eine andere Zusammensetzung und war dichter als heute, und der Mensch war noch nicht Mann oder Frau, sondern vereinte die Polaritäten des Männlichen und Weiblichen noch leiblich und seelisch in sich.[173] Er hatte auch noch ein ganz anderes, viel dumpferes, traumartiges Bewusstsein, mit dem ihm aber der Zugang zu geistigen Welten möglich war. Sein Seelenleben war erfüllt von Instinkten und Trieben. Sinnliche Wahrnehmung der Welt und deren gedankliche Verarbeitung gab es für ihn nicht.[174] Seine Gestalt war halb tierisch, halb menschlich, ähnlich der eines Kentauren aus der griechischen Mythologie; der untere Teil war molchartig, bewegte sich schwebend-schwimmend im Urmeer und ließ den oberen Teil als eine »eigentümliche Lichtgestalt« aus der Wassererde herausragen.[175] Er sog seine Nahrung wie eine Art Milch aus der ihn umgebenden Luft.[176] Die Menschen waren einander leiblich und seelisch sehr ähnlich, denn sie waren noch nicht mit einem Ich begabt.[177] Es gab aber drei Grundtypen, die sich durch die verschiedenartige äußere Umgebung bildeten.[178] Die feine, mehr geistige Leiblichkeit[179] war ihrer Gestalt nach mehr weiblich als männlich[180] und konnte sich aus sich selber fortpflanzen, seinesgleichen durch einen inneren Vorgang aus sich hervorgehen lassen[181] wie durch eine Art Sprossung, denn auch die Fortpflanzungsorgane waren noch pflanzenhaft nach Substanz und Gestalt,[182] d.h. auch noch nicht von Seelenregungen wie Begierde und Lust durchdrungen. Darauf deutet das mythologische Bild vom Feigenblatt (1. Moses 3,7), das nicht ein Zeichen von Scham, sondern

[171] Das Grundsätzliche zu dieser Zeit findet sich in GA 11, S. 57 ff. und GA 13, S. 243 ff.
[172] R. Steiner, GA 106, S. 91 [173] R. Steiner, GA 11, S. 74 [174] Ebd., S. 79
[175] Siehe R. Steiner, GA 106, S. 91 f. [176] R. Steiner, GA 93a, S. 241 f.
[177] R. Steiner, GA 107, S. 134 f. [178] R. Steiner, GA 106, S. 92 und GA 107, S. 134 ff.
[179] R. Steiner, GA 116, S. 104 f. und GA 122, S. 178 ff. [180] »... das Weib hatte den Mann in sich« und »das weibliche Geschlecht war also das erste, das frühere«, GA 93, S. 217 und 231
[181] R. Steiner, GA 11, S. 76 und GA 99, S. 138 [182] R. Steiner, GA 11, S. 231 f. und GA 100, S. 247

eine Erinnerung an diese frühen Zustände des menschlichen Leibes ist. Krankheit und Tod in unserem heutigen Sinne gab es noch nicht.[183]

Die Fortpflanzung geschah durch eine Befruchtung, die zu bestimmten Zeiten, von der Sonne und letztlich von geistigen Wesen angeregt, erfolgte und in einer der Atmung und Ernährung ähnlichen Aufnahme von Stoffen aus der Umgebung bestand.[184] Es war eine Befruchtung »von oben nach unten«, durch die geistige Wesen ihre Kräfte in den Menschen einfließen ließen.[185] Die Geburt war eine Loslösung von dem Elternwesen und ist vergleichbar »dem Herausarbeiten aus einer Eiform«. Das neugeborene Wesen war noch unvollkommen und musste seinen Organismus erst durch Wärme, die ihm die Vorfahren zukommen ließen, ausreifen lassen.[186] Die Nachkommen waren ihren Vorfahren sehr ähnlich.[187]

Die Ursachen der Geschlechtertrennung

Im Laufe der weiteren Evolution in der lemurischen Zeit nimmt die Wärme des Erdkörpers immer mehr ab, die Stoffe werden immer dichter und damit droht das Leben zu ersterben. Auch der Menschenleib wird fester und die seelisch-geistigen Kräfte können immer weniger an ihm arbeiten.[188] Da geschieht ein kosmischer Vorgang, der alle Verhältnisse auf der Erde radikal verändert: Der Mond, der bis dahin mit der Erde einen Weltenkörper bildete, wird durch das Wirken geistiger Wesen aus der Erde herausgezogen, nimmt alle zu stark verfestigenden Stoffe und Kräfte mit und umkreist die Erde fortan als ein eigener Himmelskörper, dessen Kräfte in abgeschwächter Form von außen auf die Erde und ihre Wesen wirken.[189]

Auf der Erde war die Folge von all dem, dass das Mineralreich sich aus einem gelartigen Zustand zum festen Gestein verdichtete, und der Mensch entwickelte mit knorpelartigen Substanzen die Anlage zur Verdichtung der Knochen.[190] Damit änderte sich auch seine ganze Gestalt: Es bildete sich durch die Aufrichtung des Leibes die Differenzierung der oberen und unteren Gliedmaßen heraus und damit eine deutliche Polarisierung des oberen und unteren Menschen.[191]

[183] R. Steiner, GA 105, S. 40 [184] R. Steiner, GA 107, S. 134 und 140; GA 105, S. 40 f.
[185] R. Steiner, GA 133, S. 32 und GA 107, S. 140 [186] R. Steiner, GA 11, S. 87 f.
[187] R. Steiner, GA 93, S. 34 und GA 107, S. 140 [188] R. Steiner, GA 107, S. 138
[189] R. Steiner, GA 11, S. 123 f. [190] R. Steiner, GA 99, S. 124 und GA 95, S. 92 f.
[191] R. Steiner, GA 11, S. 123 f.

Mit der Abtrennung des Mondes von der Erde und mit der Verfestigung derselben konnten nun auch nicht mehr jene Kräfte auf den Menschen wirken, die es ihm bis dahin ermöglicht hatten, seinesgleichen aus sich selber hervorzubringen; es hörte die Möglichkeit der Selbstbefruchtung auf und es begann die Trennung des Menschen in die beiden verschiedenen Geschlechter, in Mann und Frau.[192]

Im Zusammenhang mit diesen Vorgängen wurde dem Menschen auch der erste Keim des Ich eingepflanzt und damit die Möglichkeit gegeben, eine erste anfängliche Form von Wahrnehmung der äußeren physischen Welt zu haben.[193] Damit zeigt sich zum ersten Mal die entwicklungsgeschichtliche Verbindung von Sexualität und Ich-Entwicklung, die uns später noch beschäftigen wird.[194]

Der Vorgang der Geschlechtertrennung

Die Geschlechtertrennung vollzog sich ganz langsam und allmählich. Schon bevor sie einsetzte, entwickelten sich die zweigeschlechtlichen Menschen so, dass die einen überwiegend mit männlichen, die anderen überwiegend mit weiblichen Eigenschaften geboren wurden; aber die Selbstbefruchtung war immer noch möglich.[195] Dann traten immer mehr Menschen auf, die zu einer solchen Selbstbefruchtung nicht mehr fähig waren, weil die dazu notwendigen Organe verkümmerten und sich abspalteten.[196] Es wurde nun eine Befruchtung durch einen andersgeschlechtlichen Menschen notwendig. Das geistige Wesen, das diese Trennung des Menschen in Frau und Mann bewirkte, wird in der Tradition Jahve genannt.[197]

Mit der Trennung der Geschlechter geht die Verhärtung der Knorpel zur Bildung der Knochen einher, und das führt zur weiteren Aufrichtung der menschlichen Gestalt. Der Mensch lernte das Gehen.[198]

[192] R. Steiner, GA 11, S. 76; GA 94, S. 166; GA 133, S. 32 f.; GA 93a, S. 182 und GA 13, S. 231

[193] R. Steiner, GA 100, S. 142 f. und GA 105, S. 75 f.

[194] Vgl. R. Steiner, GA 99, S. 123 [195] R. Steiner, GA 11, S. 77 und 88; GA 107, S. 133

[196] R. Steiner, GA 93, S. 218 [197] R. Steiner, GA 93a, S. 184

[198] R. Steiner, GA 99, S. 122 f. Eine naturwissenschaftliche Darstellung der Entstehung der geschlechtlichen Fortpflanzung und ihrer Folgen findet sich in W. Wickler / U. Seibt, *Männlich – weiblich*, München 1990.

Die Folgen der Geschlechtertrennung

Die Entwicklung des Denkorgans

Ein Teil der Fortpflanzungskräfte, der vor der Mondabtrennung die Selbstbefruchtung des Menschen ermöglicht hatte, war durch die Verdichtung der Stofflichkeit an der weiteren Wirkung im Leibe gehindert worden.[199] Dieser Teil konnte fortan nicht mehr im Bereich der Fortpflanzung tätig sein. Aber Kräfte, die übersinnlicher Natur sind (Äther- oder Lebenskräfte), gehen nicht einfach verloren, sondern sie bewirkten nun die Ausgestaltung des zentralen Nervensystems, besonders des Gehirns.[200] Wir verdanken also unser Gehirn der Aufteilung der Fortpflanzung und der Entstehung der beiden Geschlechter. Damit bildete sich das Organ des physischen Leibes, durch das der Erdenmensch das Denken entwickeln konnte. Aber wir dürfen uns nicht vorstellen, dass der Mensch der lemurischen Zeit schon in unserem heutigen Sinne gedacht habe. Es musste erst noch eine Anregung zur allerersten Form des Denkens aus dem Wirken geistiger Wesen gegeben werden. Diese Anregung geschah nach dem so genannten Sündenfall, durch den luziferische Wesen auf den Menschen Einfluss gewannen, indem diese sich des entstehenden Gehirnes bedienten und dem Menschen das Verlangen nach Wissen, die Begierde nach Weisheit einpflanzten.[201] Dadurch erweckten sie im Menschen den Keim der Intellektualität und die Fähigkeit, Sinneseindrücke zu Vorstellungen umzubilden.[202] Die Seele des Menschen wurde von diesen Wesen auf die sinnliche Außenwelt gelenkt und konnte sich dadurch ihrer selbst bewusst werden.[203] Mit dieser Hinlenkung der Menschenseele auf die sinnliche Außenwelt gaben die luziferischen Wesen dem Menschen »die erste Anlage zur Freiheit, zur Unterscheidung von ›Gut‹ und ›Böse‹«.[204]

Um uns diesen Vorgang in der Entwicklung des Menschen zu verdeutlichen, können wir uns in der Evolution der Wirbeltiere eine parallele Erscheinung ansehen: Bei den Cordatieren, der Wurzel der Wirbeltierreihe, die noch doppelgeschlechtlich sind, hat das zentrale Nervensystem, das noch ganz ungegliedert ist, eine längliche Form, die sich über die ganze Oberseite des Organismus erstreckt. Das Fortpflanzungsorgan liegt in rundlicher Form zentriert darunter in der Körpermitte. In der weiteren Entwicklung der Wirbeltiere über die Fische, Amphibien, Reptilien, Vögel bis zu den Säugetieren

[199] R. Steiner, GA 11, S. 76 [200] R. Steiner, GA 11, S. 76 f. und GA 93, S. 232 und S. 36 f.
[201] R. Steiner, GA 11, S. 77 ff. und 85; GA 262, S. 84 [202] R. Steiner, GA 93a, S. 184; GA 11, S. 94
[203] R. Steiner, GA 11, S. 94 [204] R. Steiner, GA 11, S. 126; siehe auch GA 13, S. 266

gestaltet sich das zentrale Nervensystem am vorderen Pol des Organismus immer mehr aus und bekommt dort als Gehirn ein deutliches Zentrum. Parallel dazu wandert der Fortpflanzungsorganismus immer mehr an den hinteren Pol des Körpers und wird eingeschlechtlich.[205]

Die primitivste Form der Liebe – die Sexualität

Eine wesentliche Folge der Geschlechtertrennung war, dass übermenschliche Wesen, die den Menschen leiteten und durch ihre eigene frühere Entwicklung schon die Kraft der Liebe in sich errungen hatten, diese Liebeskraft dem Menschen als sinnliche Liebe einpflanzten und dadurch die seelische Voraussetzung für die leibliche Fortpflanzung schufen.[206] Diese Anziehung der Geschlechter geschah unter der Führung der Liebewesen und war noch nicht dem Eigenwillen des Menschen übergeben. Es gab noch keine geschlechtliche Liebe um ihrer selbst willen, sondern sie diente ausschließlich der Fortpflanzung. Sie war ein reiner Opferdienst, der von den Liebewesen, die mit dem Mond verbunden waren, geregelt wurde.[207] Deswegen hat man in späteren Zeiten den Mond immer als ein Symbol für die Fortpflanzung angesehen.

Alle Vorgänge der Geschlechtlichkeit und der Fortpflanzung waren in dieser Anfangszeit nach der Geschlechtertrennung dem Bewusstsein des Menschen noch ganz entzogen, und die Seele erlebte die erste Form der Liebe in der Anziehung der Geschlechter nur als blinden, dunklen Trieb.[208] Diese Liebe war aber deshalb nichts Niederes oder Problematisches, sondern sie war im Gegenteil eine machtvolle Tatsache, ein »gewaltiges Element«, weil sie für das Leben der geistigen Wesen, für die Götter, dasselbe wurde wie die Luft für den Menschen. Die Götter atmeten die sinnliche Liebe der Geschlechter ein und lebten von ihr wie der Mensch von der Luft und von der Nahrung. Das ist die eigentliche Bedeutung dessen, was im Mythos der Griechen Nektar und Ambrosia genannt wird.[209]

Diese noch unbewusste Form der geschlechtlichen Liebe begann, als der Mensch ein Luft atmendes Wesen geworden war und als er durch die Trennung in Mann und Frau eine gewisse Selbständigkeit, die die Voraussetzung jeder Liebe ist, erlangt hatte.[210] Der physische Leib des Menschen war so

[205] Siehe zum Beispiel Andreas Suchantke, *Sexualität – Individualität – Bewusstsein*, in: *Erziehungskunst*, März / April 1981, S. 134 ff. [206] R. Steiner, GA 11, S. 83
[207] Ebd., S. 92 und 124 [208] R. Steiner, GA 13, S. 254 f. und GA 97, S. 151
[209] R. Steiner, GA 94, S. 29 f. und GA 97, S. 151, 156 und 163
[210] R. Steiner, GA 100, S. 148 f. und S. 211

dicht geworden, dass er die in sie eingezogene Seele genügend von anderen Wesen abgetrennt hatte, so dass Mitgefühl und Liebe zu anderen Wesen möglich wurde.[211]

In anderer Form finden wir diesen Gedanken wieder in Platos *Gastmahl*, wo der Eros, die Sehnsucht nach dem anderen Geschlecht, als Folge der Trennung der beiden Geschlechter aus dem ursprünglich einen erklärt wird.[212]

Während die Trennung der Geschlechter von den Geistern der Form bewirkt wurde, die in der christlichen Tradition Exusiai und in der jüdischen Elohim genannt werden und deren Repräsentant Jahve hieß, wurde die Liebe in ihrer niedrigsten[213] und untergeordnetsten Form von Wesen dem Menschen einverleibt, die von der Venus stammten.[214] Diese Form ist der Anfang und Keim der Entwicklung der Liebe zu immer höheren und umfassenderen Formen, bis die Liebe einst zur alles durchdringenden Kraft der Erde werden wird.[215]

Die biologische Individualisierung

Eine weitere Wirkung der Geschlechtertrennung besteht darin, dass durch die geschlechtliche Fortpflanzung die Nachkommen von ihren Vorfahren verschieden sind.[216] Diese Verschiedenheit wird bewirkt durch den männlichen Anteil an der Fortpflanzung, durch den eine Vermischung der Erbanlagen entsteht.[217] Vor der Geschlechtertrennung waren die Nachkommen den Vorfahren sehr ähnlich. Die Verschiedenheit der Nachkommen von den Vorfahren steigerte sich durch die Wirkung der sexuellen Fortpflanzung immer mehr.[218] Hätte die alte ungeschlechtliche Fortpflanzung weitergewirkt, dann hätte es keine Individualisierung des Menschen geben können.[219] Durch die biologische Individualisierung entstand die Möglichkeit, dass »die Individualität Platz greift«, »dass der Mensch ein immer selbständigeres Wesen wird«.[220] »Damit war die Möglichkeit gegeben, das Ich in richtiger Weise auszubilden.«[221] Und mit dieser Möglichkeit begann auch erst, dass der Mensch in einer Folge von Reinkarnationen wiedergeboren werden konnte.[222]

[211] R. Steiner, GA 133, S. 104 ff.
[212] Plato, *Gastmahl*, 191 und 192; siehe auch J. Illies, a.a.O., S. 59 ff. [213] R. Steiner, GA 103, S. 54
[214] R. Steiner, GA 262, S. 83 f. [215] R. Steiner, GA 103, S. 54 [216] R. Steiner, GA 93, S. 37
[217] R. Steiner, GA 99, S. 125; GA 100, S. 146 und GA 107, S. 138 f. [218] R. Steiner, GA 100, S. 146
[219] R. Steiner, GA 107, S. 138 [220] R. Steiner, GA 99, S. 125 und GA 100, S. 146
[221] R. Steiner, GA 99, S. 123 [222] R. Steiner, GA 109, S. 202

Der Gedanke, dass durch die Geschlechtertrennung die biologische Verschiedenheit der Individuen möglich wurde, wird auch durch die biologische Wissenschaft nahe gelegt: Durch ungeschlechtliche Fortpflanzung wie Sprossung oder Teilung entstehen biologisch identische Tochterindividuen, weil die gleichen Gene den Aufbau des Organismus steuern. Erst dadurch, dass bei der geschlechtlichen Fortpflanzung zwei verschiedene Chromosomensätze in der befruchteten Eizelle wirksam werden, entstehen durch Kreuzung neue genetische Kombinationen, die zu neuen, individuellen Merkmalen des Tochterorganismus führen.

Zusammenfassung

In den vorangegangenen Abschnitten ist deutlich geworden, dass die Geschlechtertrennung nicht eine Laune der Natur gewesen ist und der Mensch keineswegs genauso gut ein androgynes Wesen hätte bleiben können, sondern dass sie die fundamentalen Voraussetzungen für unser So-Sein als Menschen geschaffen hat. Sie hat die leiblichen Grundlagen für die Entwicklung des Denkens, der Liebe, der Freiheit und für das Erscheinen eines individuellen Ich geschaffen.

Schon diese Aufzählung zeigt, dass ohne sie das Höchste und Humanste unserer Existenz nicht möglich geworden wäre. Wir wären ganz andere Wesen geworden. Aber die Geschlechtertrennung hat auch Wirkungen gehabt, die den Menschen von seiner ursprünglichen Entwicklungsrichtung abgebracht haben.

Der »Sündenfall«

Wir haben schon gesehen, dass die Menschenseele nach der Geschlechtertrennung von übermenschlichen Wesen, den luziferischen Geistern, auf die sinnliche Außenwelt gelenkt wurde.[223] Dieses Ereignis wird in der Bibel als der Sündenfall beschrieben: »Da wurden ihre Augen aufgetan« (1. Moses 3,7). Damit konnte die Menschenseele nicht mehr unmittelbar auf intuitive Weise mit dem Geist kommunizieren, sondern musste den Umweg über die Sinneswelt machen.[224] Das Bewusstsein des Menschen verfinsterte sich in Bezug auf die geistige Welt, die Götter entzogen sich dem Anblick der Menschen.[225] Diese Tatsache ist im biblischen Bericht vom Sündenfall damit ausgedrückt, dass der Mensch aus dem Paradies vertrieben wurde (1. Moses 3,24).

[223] R. Steiner, GA 11, S. 94 [224] Ebd., S. 80 [225] R. Steiner, GA 99, S. 126 und GA 107, S. 140 f.

Wir können hier nicht alle Aspekte der anthroposophischen Anschauung über den Sündenfall beschreiben, sondern müssen uns auf die für unser Thema unverzichtbaren Gesichtspunkte beschränken. Wer sich mit diesem Thema weiter beschäftigen will, sei auf die grundlegende Darstellung Rudolf Steiners in seiner *Geheimwissenschaft im Umriss* verwiesen.[226]

Irrtum – Egoismus – Krankheit – Tod

Mit der Verfinsterung des menschlichen Bewusstseins und der Anregung des menschlichen Verstandes durch die luziferischen Geister[227] entstand mit der Möglichkeit einer selbständigen, nicht von den Göttern geleiteten Bewusstseinstätigkeit auch die Möglichkeit des Irrtums und des Bösen für den Menschen.[228] Und mit der ersten Fähigkeit zur Liebe bildete sich durch den luziferischen Einfluss auch die Selbstsucht, der Egoismus in seinem Verhältnis zur Außenwelt.[229] Dieser Egoismus ist ambivalent, weil er einerseits »die Grundlage für die menschliche Selbständigkeit und Freiheit, aber in seiner Kehrseite auch der Grund alles Schlechten und Bösen« ist.[230]

Die Hinlenkung des menschlichen Bewusstseins auf die sinnliche Welt und die damit verbundene Verschleierung der geistigen Welt und ihrer Wesen bewirkte, dass das vorausschauende Bewusstsein, das der Mensch bis dahin gehabt hatte, verloren ging. Damit wurden Furcht und Angst erst möglich.[231]

Die tiefgreifendste Folge der Geschlechtertrennung und des Sündenfalls liegt aber darin, dass durch diese Vorgänge Krankheit und Tod für den Menschen möglich geworden sind.[232] Der Mensch lebte nun in seinem Verhältnis zur Außenwelt nicht mehr nur nach den Impulsen der Götter, sondern nach seinen eigenen, dem Irrtum unterworfenen Vorstellungen und nach seinen Begierden und Leidenschaften, und es entstand dadurch die Möglichkeit der Krankheit, denn die Leidenschaft, die in der Seele wirkt, zerstört auf Dauer den Organismus.[233] Die Anschauung der geistigen Wesen hatte vor der Geschlechtertrennung dem Menschen auch deren gesundende Kräfte gegeben. Jetzt aber zogen sich mit diesen Wesen auch deren Gesundheit bewirkende Kräfte vom Menschen immer mehr zurück, so dass die Möglichkeit zur Krankheit eintrat.[234] Die durch Luzifer mit Selbstsucht durchsetzte Liebe wurde zur inneren Ursache von Krankheiten.[235]

[226] GA 13, S. 245 ff. [227] R. Steiner, GA 11, S. 127 [228] R. Steiner, GA 13, S. 249
[229] R. Steiner, GA 11, S. 82 [230] R. Steiner, GA 99, S. 138 [231] R. Steiner, GA 13, S. 256
[232] R. Steiner, GA 105, S. 40 [233] R. Steiner, GA 13, S. 250 und GA 272, S. 248
[234] R. Steiner, GA 107, S. 141 [235] R. Steiner, GA 120, S. 194

Mit der geschlechtlichen Fortpflanzung kam auch die heutige Art des Geborenwerdens und Sterbens des Menschen in die Welt.[236] Das Bewusstsein beschränkte sich immer mehr auf die sinnliche Welt, individualisierte sich und war nicht mehr wie vorher mit den Vorfahren und ihren Erlebnissen verbunden; der Mensch konnte sein Leben nicht mehr als direkte Fortsetzung seines leibfreien Daseins empfinden.[237] Das war die Bewusstseinsseite des auftretenden Sterbens. Andererseits wirkte die von Luzifer mit Leidenschaft und Begierde durchsetzte Seele auf den Leib zerstörend.[238] Mit dem Tod trat dann auch die Notwendigkeit der Reinkarnation ein, die es vorher nicht gegeben hatte.[239]

Auch aus naturwissenschaftlicher Sicht erscheint ein Zusammenhang zwischen geschlechtlicher Fortpflanzung, Individualität und Tod: Ein Tier wie beispielsweise die Koralle, das sich durch Sprossung fortpflanzt, ist im Prinzip unsterblich, denn der Elternorganismus setzt sich identisch im Tochterorganismus fort, lebt in ihm weiter, auch wenn er selber abstirbt. Erst ein Lebewesen, das durch geschlechtliche Fortpflanzung eine unverwechselbare, einmalige biologische Individualität aufweist, kann durch das Absterben vollständig verschwinden.

Zusammenfassung

Wir haben gesehen, dass nach der anthroposophischen Anschauung die Trennung der Geschlechter eine fundamentale Bedeutung für den Menschen hat, insofern sie die Ursache ist für seine höchsten Möglichkeiten wie das Denken, das Selbstbewusstsein, Liebe und Freiheit, aber andererseits auch der Grund für die größten Probleme, mit denen er zu ringen hat, wie Irrtum, Egoismus, Furcht, Krankheit und Tod. Dabei muss man bedenken, dass diese Möglichkeiten und Probleme nicht plötzlich auftraten, sondern sich langsam und allmählich herausbildeten, wie auch die Geschlechtertrennung selbst.

Am Ende der lemurischen Zeit, von der in diesem Kapitel die Rede war, hatte sich ein deutlicher Unterschied in der Leibesbildung und in der Seelenart der Geschlechter entwickelt. Letztere wurde durch die unterschiedliche Erziehung der Knaben und Mädchen noch verstärkt. Bei den Knaben kam es dabei mehr auf die Bildung und Stärkung des Willens, bei den Mädchen mehr auf die Ausbildung der Phantasie an. Für die weitere Entwicklung des Menschen und der Kultur waren die Frauen von besonderer Bedeutung: In ihrem Seelenleben bildeten sich die ersten Keime von Gedächtnis und Moral, von

[236] R. Steiner, GA 13, S. 250; GA 93, S. 233; GA 93a, S. 185 und GA 97, S. 65 [237] R. Steiner, GA 99, S. 125 f.; GA 13, S. 250 [238] R. Steiner, GA 13, S. 250 [239] R. Steiner, GA 133, S. 32 f.

Gewohnheit und Sitte. Sie hatten einen veredelnden und läuternden Einfluss auf die Männer.[240] In der letzten lemurischen Zeit kann man von einer Vorherrschaft der Frau sprechen, die bis weit in die Mitte der nachfolgenden atlantischen Zeit reichte und die Rudolf Steiner mit den Worten zusammenfasst: »Die Kulturnationen haben eine Leibesbildung und einen Leibesausdruck sowie gewisse Grundlagen des leiblich-seelischen Lebens, die ihnen von der Frau aufgeprägt worden sind.«[241] Man kann vermuten, dass die Spuren eines archaischen Matriarchats, die man in der Kulturgeschichte findet, letztlich auf diesen Tatbestand zurückgeführt werden können.

Im folgenden Kapitel soll nun die weitere Entwicklung der Fortpflanzung, der Geschlechtlichkeit und der Liebe aus anthroposophischer Sicht geschildert werden.

[240] R. Steiner, GA 11, S. 59–67 [241] Ebd., S. 72 f.

Die weitere Entwicklung der Fortpflanzung und der Geschlechtlichkeit

Die atlantische Zeit

Auf die lemurische Zeit, deren kultureller Schwerpunkt etwa im Gebiet des heutigen indischen Ozeans lag, folgte die vierte große Epoche der Erdenentwicklung, die atlantische Zeit. Die grundsätzlichen Beschreibungen Rudolf Steiners über diese Zeit finden sich in den Schriften *Aus der Akasha-Chronik*[242] und *Die Geheimwissenschaft im Umriss.*[243] Sie werden im Folgenden vorausgesetzt.

Die am Ende des vorigen Kapitels erwähnte »Vorherrschaft« der Frauen dauerte bis in die Mitte der atlantischen Zeit an.[244] Sie drückte sich auch dadurch aus, dass eine Frau meistens mehrere Männer hatte; es herrschte Polyandrie.[245] Die Hauptfähigkeit des atlantischen Menschen war sein Gedächtnis. Dieses Gedächtnis beruhte darauf, dass der einzelne Mensch durch die Kräfte seines Blutes nicht nur das in der Seele trug, was er selbst erlebt hatte, sondern auch das, was seine Vorfahren erlebt hatten. Durch Nah-Ehen, die Heirat von Blutsverwandten, wurde die Blutmischung in kleinen Familien- und Stammesverbänden von anderen Einflüssen freigehalten. Das war auch die Grundlage für das dumpfe, hellsichtige Bewusstsein des atlantischen Menschen, der mit seiner Wahrnehmung noch viel mehr im Seelisch-Geistigen als im Sinnlich-Physischen lebte. Er hatte noch nicht die Fähigkeit des Verstandesdenkens und die Urteilskraft, sondern er dachte mehr mit dem Sonnengeflecht, und seine Liebesfähigkeit erstreckte sich nur auf diejenigen, mit denen er blutsverwandt war.[246] Anderen Menschen gegenüber, die anderen Stämmen angehörten, empfand er eine tiefe Antipathie.[247] Die Nah-Ehe war auch der Grund für die

[242] GA 11, S. 26 ff. [243] GA 13, S. 260 ff. [244] R. Steiner, GA 11, S. 72
[245] R. Steiner, GA 97, S. 157 [246] R. Steiner, GA 55, S. 61 f.; GA 96, S. 285 f.; GA 97, S. 54, S. 138 f. und S. 157; GA 100, S. 123 f. und S. 147 f.; GA 103, S. 85 und S. 95; GA 117, S. 51
[247] R. Steiner, GA 99, S. 127

magischen Fähigkeiten des Atlantiers, und was alte Weisheit war, das vererbte sich durch die Nah-Ehe über das Blut an die Nachkommen.[248] Der Mensch hatte noch kein persönliches Ich-Bewusstsein, sondern er fühlte und bezeichnete seine Blutsgemeinschaft und seine Ahnen als sein »Ich«.[249]

Der Zeugungsakt ging wie beim Lemurier in völliger Bewusstlosigkeit im Schlaf vor sich und geschah bis in die spätatlantische Zeit ausschließlich im Frühjahr, so dass die Geburten im Winter stattfanden.[250] Seine Geschlechtsorgane hatten noch einen pflanzlichen Charakter,[251] das heißt, dass der Astralleib noch nicht in sie eingezogen war und sie umgestaltet hatte. In seinem Tagesbewusstsein war der Mensch noch nicht so wach wie heute; seine Sinneswahrnehmungen waren noch wie von Nebelgebilden umgeben, und er wusste am Tage nichts vom Geschlechtlichen, ja, er sah nicht einmal die untere Leibeshälfte mit den Fortpflanzungsorganen, obwohl sie durchaus vorhanden waren. Das Einzige, was er von der Zeugung in sein Bewusstsein aufnahm, waren imaginative Traumbilder.[252]

Wir können uns eine anfängliche Vorstellung von dieser Tatsache machen, die sich in der griechischen Sprache noch in der Verwendung desselben Wortes für »zeugen« und »erkennen« widerspiegelt (deshalb heißt es in der Bibel: »Und Adam erkannte sein Weib ...«, 1. Moses 4,1), indem wir unser heutiges Denken betrachten: Wir wissen, dass wir mit dem physischen Gehirn denken, in dem komplizierte physiologische Prozesse unserem Denken parallel verlaufen, von denen wir aber kein Bewusstsein haben. Stattdessen erleben wir ausschließlich den nicht-sinnlichen Gedankeninhalt, während wir von den Gehirnvorgängen nicht einmal ein traumartiges Bewusstsein haben. So ähnlich müssen wir uns den Zeugungsvorgang in der ersten atlantischen Zeit vorstellen: Während der leibliche Akt sich vollzog, waren die Seele und das Bewusstsein der beteiligten Menschen in einem Traumzustand, in dem sie den Vorgang in symbolischen Bildern erlebten.[253]

Diese Verhältnisse änderten sich in der vierten Epoche, der Mitte der atlantischen Zeit: Durch Luzifer wurde dem Menschen »das Auge aufgetan«, der Mensch lernte den Unterschied von Mann und Frau kennen,[254] fand Gefallen an der sinnlichen Gestalt des anderen Geschlechtes; es mischten sich Lust und Begierde in den Fortpflanzungsakt, und der Mensch wusste nun um

[248] R. Steiner, GA 112, S. 165 f., S. 186 und S. 223
[249] R. Steiner, GA 100, S. 124 und GA 103, S. 85
[250] R. Steiner, GA 100, S. 216; GA 343, S. 543 und GA 223 (1966), S. 204
[251] R. Steiner, GA 100, S. 247 [252] R. Steiner, GA 104, S. 210 f. [253] R. Steiner, GA 106, S. 108
[254] R. Steiner, GA 100, S. 253

seine sinnliche Liebe. Das bewirkte eine weitere Individualisierung und Verselbständigung des Menschen, wurde aber erkauft durch eine weitere Loslösung von der geistigen Welt und ihren gesundenden Kräften.[255] Das Prinzip der Nah-Ehe wurde immer mehr durchbrochen, der Stamm erweiterte sich zum Volk, das alte somnambule Hellsehen ging zurück und an seine Stelle trat die Urteilskraft.[256]

Während in der Mitte der lemurischen Zeit der Einfluss Luzifers nach der Geschlechtertrennung über die Frau auch den Mann ergriff – wie es auch in der Bibel beschrieben ist –, konnte nun in der Mitte der atlantischen Zeit eine Verführung des Mannes (und durch ihn auch der Frau) durch Ahriman, den anderen Widersachergeist, stattfinden. Dieses Ereignis ist in der Bibel nicht so deutlich ausgedrückt wie die Versuchung durch die Schlange, sondern nur durch den Satz: »Die Göttersöhne sahen, dass die Töchter der Menschen schön waren, und sie nahmen sich zu Weibern, welche sie nur wollten« (1. Moses 6,2).

Damit ist auf das Ereignis in der Mitte der atlantischen Zeit hingedeutet, das in einem Missbrauch der Fortpflanzungskräfte bestand und schließlich zum Untergang der atlantischen Kultur geführt hat.[257] Der grundlegende Tatbestand war, dass durch den Einfluss Ahrimans der Mensch nicht mehr wie vorher hinter und in allem sinnlich Wahrnehmbaren das Geistige in der Welt erkannte, sondern dass es durch diesen Einfluss dem Bewusstsein des Menschen verhüllt wurde.[258] Dadurch erschien dem Menschen erstmals etwas in der Welt als rein sinnlich. Und an diese sinnliche Erscheinung knüpfte sich die Begierde. Vielleicht hängt mit dieser Verführung des Mannes durch Ahriman zusammen, was Rudolf Steiner nur einmal ausgesprochen hat: »Der Mann wurde sich früher bewusst des Zeugungsaktes als die Frau ...«[259] Das kann einleuchten, wenn wir die noch heute erlebbaren Unterschiede in der Sexualität der Geschlechter bedenken, wie wir sie im Kapitel »Die Geschlechtlichkeit bei Frau und Mann« (Seite 82 ff.) beschrieben haben. Jedenfalls rührt die Begierde, die uns von außen, durch die Sinneswahrnehmung zum Genuss führt, von Ahriman her, während die von innen her kommende Begierde von Luzifer stammt.[260]

Aber nicht nur der Fortpflanzungsakt wurde von Lust und Begierde begleitet, sondern die Fortpflanzungsorgane selbst wurden von Lust und Begierde

[255] R. Steiner, GA 99, S. 127; GA 100, S. 216 und GA 107, S. 141 ff.

[256] R. Steiner, GA 94, S. 20 und GA 97, S. 138 und 157

[257] R. Steiner, GA 13, S. 266 ff.; GA 177, S. 105; GA 272, S. 224 und 299 f.

[258] R. Steiner, GA 13, S. 268 und 289 f. und GA 107, S. 244 f. [259] R. Steiner, GA 343, S. 544

[260] R. Steiner, GA 145, S. 162

durchdrungen, verloren dadurch ihren vorherigen pflanzlichen Charakter und wurden fleischliche Organe.[261] Durch die Begierde hat der Menschenleib im unteren Teil seine heutige Gestalt bekommen.[262]

Was bedeutet nun die Tatsache, dass mit dem Fortpflanzungsakt Bewusstsein, Lust und Begierde verbunden wurden? Was hatte das für Folgen?

Um diese Frage zu beantworten, müssen wir uns an das erinnern, was wir im Kapitel »Zärtlichkeit und Geschlechtlichkeit« über die Begierde gesagt haben: Sie ist eine Seelenkraft, in der Sympathie und Antipathie so gemischt sind, dass die Letztere die Erstere überwiegt.[263] Wenn also seit der Mitte der atlantischen Zeit der sinnlichen, aus dem Blut kommenden Liebe die Begierde beigemischt wurde, so bedeutet dies, dass eine ursprünglich reine Sympathiekraft mit Antipathie verbunden wurde. Antipathie ist aber jene Kraft, durch die eine Seele nicht nur anderes von sich stößt, sondern auch ihre Eigenheit behauptet. Sie wirkt der Sympathie entgegen, die anderes an sich zieht und mit ihm zu verschmelzen trachtet.[264] So kam mit der Begierde die auf Seite 90 ff. beschriebene Paradoxie in die Liebe.

Aber dieser Vorgang war nicht einfach negativ, sondern ist ambivalent, denn die Begierde in der sinnlichen Liebe hat durch ihren starken Antipathieanteil die Eigenheit und Individualisierung der Menschenseele vorangetrieben. Die Menschen wurden dadurch selbständiger.[265] Außerdem gehen die höheren Formen der Liebe aus der niedersten, an die Sinnlichkeit gebundenen hervor. Die auf der Blutsverwandtschaft beruhende, leibgebundene Liebe ist die Vorschule für ihre höheren, geistigen Formen, die sich im Laufe der Menschheitsentwicklung bilden sollen.[266]

Die Individualisierung wurde noch dadurch verstärkt, dass diese zusammenziehende Kraft der Begierde in der fünften Epoche der atlantischen Zeit, also nach deren Mitte, den Ätherleib des Menschen im Bereich des Kopfes so weit zusammenzog, dass er mit dem physischen Kopf in einem bestimmten Punkt zur Deckung kam. Dadurch erst entstand die Fähigkeit zu zählen und zu rechnen, Begriffe zu bilden und zu urteilen. Und damit war auch der Ausgangspunkt für ein Bewusstwerden des Ich gegeben.[267]

Wir sehen, dass die positiven und negativen Folgen der Geschlechtertrennung, wie sie in der Mitte der lemurischen Zeit entstanden – die biologische Veranlagung von Denken, Liebe, Individualität und Freiheit einerseits sowie die Möglichkeit zu Irrtum, Egoismus und Krankheit andererseits –, sich in

[261] R. Steiner, GA 99, S. 159 [262] R. Steiner, GA 137, S. 94 [263] R. Steiner, GA 9, S. 100 f. [264] Ebd. [265] R. Steiner, GA 107, S. 141 ff. und GA 100, S. 216 [266] R. Steiner, GA 103, S. 95; GA 100, S. 215 und GA 104, S. 146 [267] R. Steiner, GA 11, S. 40 und GA 99, S. 128

der Mitte der atlantischen Zeit verändern und steigern: Zur physischen Gehirnbildung tritt die seelische Denktätigkeit hinzu; die leiblich-unbewusste Liebe wird ein bewusster, von Seelenregungen begleiteter Vorgang; die Seele beginnt, sich vom Ahnenbewusstsein zum individuellen Ich-Bewusstsein zu emanzipieren und wird allmählich von den Bindungen an den Stamm freier. Aber auch die negativen, durch Irrtum, Egoismus und Krankheit wirkenden Kräfte werden stärker.

Die nachatlantische Zeit

Nachdem die atlantischen Kulturen mit ihrem Kontinent durch die Ereignisse, die im biblischen Bericht von der Sintflut angedeutet sind, untergegangen waren, setzten sich die Tendenzen, die mit der Mitte der atlantischen Zeit eingesetzt hatten, fort: Die Nah-Ehe, die Heirat von Blutsverwandten und sogar von Geschwistern, wurde immer seltener. An ihre Stelle trat die verlangende Liebe als persönlicher Wunsch. Diese Liebe wurde als Abenteuer empfunden und führte nicht selten zum Frauenraub, was sich in vielen alten Sagen niedergeschlagen hat. Die Heirat wurde zur freien Wahl des Einzelnen.[268] Die Fern-Ehe und die damit verbundene Blutmischung führten zum Verlust der alten dem Atlantier eigenen enormen Gedächtniskraft und der alten somnambulen Hellsichtigkeit; sie beendeten das Ahnenbewusstsein, da sich das Gedächtnis nur noch auf das individuelle Leben beschränkte, und förderten so das aufkommende Individualbewusstsein. Durch alle diese Prozesse wurde der Verstand, der Intellekt immer weiter entwickelt, was die eigentliche Aufgabe der nachatlantischen Zeit war.[269] »Der Verstand ist umgewandelte frühere Verwandtensexualität.«[270] Die Sexualität macht den Menschen immer egoistischer.[271] Das führte schließlich in der dritten nachatlantischen Kultur, der ägyptisch-babylonischen Epoche, dazu, dass der moralische Instinkt für Gut und Böse, der dem Menschen bis dahin im Blut lag, verloren ging und die Notwendigkeit eintrat, das ethisch-moralische und das soziale Leben durch Gesetze zu regeln.[272] Die Liebe musste von außen durch Zwangsgesetze geregelt werden. Das geschah zum Beispiel durch die Gesetzgebung des Moses am Sinai.[273]

[268] R. Steiner, GA 55, S. 61 f. und GA 94, S. 20 [269] R. Steiner, GA 100, S. 145 ff.; GA 55, S. 61 f.; GA 94, S. 20 f.; GA 96, S. 264; GA 97, S. 54, 156 und 161; GA 11, S. 41
[270] R. Steiner, GA 97, S. 158 [271] R. Steiner, GA 96, S. 215 [272] R. Steiner, GA 94, S. 251
[273] R. Steiner, GA 97, S. 153

Damit kommen wir mit unserer Betrachtung bereits in geschichtliche Zeiten, aus denen uns auch äußere Dokumente erhalten sind, und wir können aus der Kulturgeschichte, ja sogar aus der Bewusstseins- und Sozialgeschichte ablesen, dass die Prozesse, die in der Mitte der atlantischen Zeit begonnen haben, bis heute andauern und sich gesteigert haben: das Heiraten über Stammes- und Volksgrenzen hinaus, das Erlöschen eines Bewusstseins von der geistigen Welt, das Persönlicher-Werden der Liebe (siehe das Kapitel über das romantische Ehe-Ideal) und die Individualisierung des Einzelmenschen bis in die Fragen der Moral hinein.

Die vierte nachatlantische Epoche

Die Mitte der nachatlantischen Zeit ist die griechisch-römische Epoche, die für unser Thema von besonderer Wichtigkeit ist. Sie begann im Jahr 747 v.Chr. und endete 1413 n.Chr. Rudolf Steiner nennt sie auch die Kultur der Verstandes- und Gemütsseele, weil dieses Seelenglied in dieser Zeit eine besondere Ausgestaltung erfahren hat. In diese Zeit fällt der Beginn der Philosophie, d.h. die Ablösung der mythologischen Weltdeutung durch die gedanklich-logische. Das Denken, das sich seit der Mitte der Atlantis vorbereitet hatte, wird als Fähigkeit geboren und erfährt seine erste Blüte in der griechischen Philosophie.

Im selben 6. Jahrhundert v.Chr., in dem die Philosophie entstand, ist auch in vielen Kulturen durch große Persönlichkeiten wie Buddha, Lao-tse, Konfuzius und Pythagoras das Ideal von Mitgefühl und Liebe verkündet worden, zu derselben Zeit, als in Griechenland der Begriff des Gewissens entstand.[274]

Es ist aber auch die Zeit, in der die Trennung der Sexualität von der Fortpflanzung, die in der Mitte der atlantischen Zeit begonnen hatte, weit fortgeschritten ist. Die Sexualität war nun längst nicht mehr ein »Opferdienst zur Fortführung des menschlichen Daseins«, sondern es gab inzwischen schon lange die »Befriedigung des Geschlechtstriebes um seiner selbst willen«.[275] Das drückt sich vor allem darin aus, dass die Prostitution aus den Tempelzusammenhängen in das profane Leben überging und auch die Knabenliebe zu einer akzeptierten Erscheinung wurde.[276] Auch in der antiken Literatur finden sich Hinweise, dass die Sexualität einen neuen Grad der Bewusstheit erlangte und der Akt aus reiner Lust vollzogen wurde.[277]

[274] R. Steiner, GA 133, S. 108 f. [275] R. Steiner, GA 11, S. 92 f.

[276] Siehe Carola Reinsberg, *Ehe, Hetärentum und Knabenliebe im antiken Griechenland*

[277] Plato, *Das Gastmahl*, 191c; ausführlich bei Ernest Bornemann, *Das Patriarchat*, S. 224 ff.

Jedenfalls gilt das für die Männer, denn sie wurden sich des Zeugungsaktes früher bewusst als die Frauen.[278] Gleichzeitig aber blieb die unbewusste Zeugung bis ins vierte Jahrhundert nach Christus möglich, worauf das Evangelium hindeutet.[279]

In dieser Zeit kam die Menschheit in eine Krise. Schon durch die Alexanderzüge und noch mehr durch das Römische Reich wurden die Völker immer mehr vermischt; die durch Luzifer bewirkte, notwendige Individualisierung des Menschen nahm immer mehr zu. Dagegen wurden die Kräfte der im Blut wirkenden Verwandtenliebe, die dem Menschen von den Göttern eingeflößt worden war, immer schwächer. »Die Menschen standen vor der Gefahr, entweder ihr Ich zu verlieren durch Verbleiben in den einzelnen Stämmen oder allen Zusammenhang mit der Menschheit zu verlieren und bloß einzelne, selbständige, egoistische Individuen zu werden.«[280] Die Liebe wäre unter den Menschen erstorben und die Menschen würden sich im Streit aller gegen alle gewendet haben, wenn nichts anderes eingetreten wäre.[281]

Indem Christus, der Gottessohn, der schon in aller Blutsverwandtenliebe gewirkt hatte,[282] Mensch wurde, vollbrachte er eine göttliche Liebestat, weil er ohne Notwendigkeit, aus Freiheit einen irdischen Menschenleib annahm. Und dieser göttlichen Liebestat verdanken wir Menschen, dass wir freie Wesen sein können. Allein der Tat von Golgatha verdanken wir die Möglichkeit der Freiheit und damit auch der vollen menschlichen Würde. Christus brachte dem Menschen eine neue Kraft der Liebe, die unabhängig vom Blut wirksam werden konnte. Er brachte dem Ich des Menschen jene Kraft, durch die er aus Freiheit, aus seinem Ich und nicht mehr aus dem Blut seinem Mitmenschen Liebe entgegenbringen konnte. Die Bande des Blutes sollten nicht aufgehoben werden, sondern die geistige Liebe zur Blutsliebe hinzukommen.[283] Als Jesus am Kreuz auf Golgatha starb, wurde die allwaltende göttlich-kosmische Liebe auf der Erde geboren. Indem das Blut Jesu Christi vom Kreuz auf Golgatha floss, entstand für die Menschheit die Möglichkeit zur allgemeinen, vom Blut unabhängigen Menschenliebe. Diese ist im Menschen noch nicht voll entwickelt, soll aber im Laufe der weiteren Entwicklung von ihm errungen werden.[284]

[278] R. Steiner, GA 343, S. 544 [279] Matthäus 1,18 ff., Lukas 1,34 f.; vgl. R. Steiner, GA 343, S. 543
[280] R. Steiner, GA 117, S. 51 ff.; siehe auch GA 100, S. 149 f. und GA 112, S. 204
[281] R. Steiner, GA 112, S. 204 f. [282] R. Steiner, GA 97, S. 128 f.
[283] R. Steiner, GA 131, S. 228; GA 94, S. 21; GA 100, S. 149 f.; GA 103, S. 85 f. und S. 95; GA 112, S. 204; GA 104, S. 148; GA 117, S. 52 f. und S. 196 und GA 143, S. 209
[284] R. Steiner, GA 148, S. 32; GA 97, S. 128 f.; GA 109, S. 255 ff. und GA 100, S. 216 f.

Die fünfte Kulturepoche – die heutige Zeit

So wie in der Mitte der großen Erdepochen Lemuris und Atlantis jeweils ein starker Entwicklungsschub für die Menschheit eingetreten ist, der weit in die nächste große Epoche hereinwirkte, so war nun in der Mitte der nachatlantischen Zeit mit dem Christus-Ereignis der Wendepunkt für die ganze Erdenentwicklung eingetreten. Aber die christlichen Ideale

- Ablösung der Bluts- und Verwandtenliebe durch die allgemeine Menschenliebe,
- Bildung von Gemeinschaft aus freien Entschlüssen Einzelner,
- Ablösung der Gesetzesmoral durch freie Liebestaten aus dem Seeleninneren,
- Gleichheit der Menschen unabhängig von Geschlecht, Stand, Volk und Hautfarbe,
- Freiheit des Individuums vor Gott und in der Gemeinschaft

konnten natürlich nicht sofort in die Tat umgesetzt werden. Eine erste, anfängliche Verwirklichung dieser Ideale erlebten die urchristlichen Gemeinden, aber spätestens als das Christentum im vierten Jahrhundert Staatsreligion wurde, trat das Gesetz, das in der dritten Kulturepoche an die Stelle der moralischen Instinkte getreten war,[285] als Garant für die Moral und das soziale Leben wieder in den Vordergrund. Die Kirche war nicht mehr die aus freiem, persönlichem Entschluss gebildete Gemeinschaft, weil niemand ihr fern bleiben konnte, ohne persönliche Nachteile in Kauf nehmen zu müssen. Die alte Ungleichheit der Menschen nach Geschlecht, Stand, Volk und Hautfarbe wirkte fort, wurde sogar theologisch-religiös gerechtfertigt, und dem Menschen wurde die Fähigkeit zur Souveränität in den Fragen der Erkenntnis und Moral, ja sogar die geistige Natur seines Ich abgesprochen. Es kam zur Bildung von Volkskirchen und Nationalkirchen, was einen Widerspruch in sich darstellt.

So ist es auch nicht verwunderlich, dass die Fragen der Beziehung der Geschlechter zueinander, der Ehe und der Geschlechtlichkeit weiter von der geistlichen und von der rechtlichen Gemeinschaft (Staat und Kirche) für alle verbindlich geregelt wurden. Das war wohl weltgeschichtlich notwendig, denn die durch Christus geschenkte Ich-Kraft war noch schwach. Nicht umsonst sagt Rudolf Steiner immer wieder, dass das Ich noch ein »Baby« ist.[286] Wir können also sagen, dass das Christentum in Bezug auf seine Ideale noch sehr am Anfang stand. Das Ideal der freien Persönlichkeit brach dann mit dem Beginn der fünften Kulturepoche im 15./16. Jahrhundert mit der Re-

[285] R. Steiner, GA 94, S. 251 [286] Beispielsweise in GA 123, S. 154 und GA 175, S. 94

naissance und der Reformation mächtig hervor, zunächst nur in den Kreisen der Fürsten, der Künstler und Humanisten, durch Luthers Schrift *Von der Freiheit eines Christenmenschen* auch für den Bereich der Religion. Auch wenn es vielfach für Machtinteressen und willkürliche Gewalt missbraucht wurde, ist dieses Ideal die treibende Kraft der neuzeitlichen Entwicklung geworden.

In der gleichen Zeit löste sich das Denken aus der Theologie und die Wissenschaft begann sich der Natur zuzuwenden, wobei sie sich nicht mehr auf die antiken Philosophen stützte, sondern durch Sinnesbeobachtungen und Experimente, mit Verstand und Logik zu ihren Ergebnissen kam, die von jedermann eingesehen und nachvollzogen werden konnten.

Die Buchdruckerkunst und mit ihr das Lesenlernen weiter Bevölkerungskreise führte immer mehr dazu, dass der einzelne Mensch sich sein eigenes Urteil über die Welt bilden konnte.

Im 18. Jahrhundert brach dann das Ideal der Gleichheit mächtig hervor, führte zur Französischen Revolution, zur Abschaffung der Sklaverei im 19. Jahrhundert[287] und seitdem immer mehr zur rechtlichen Gleichstellung der Frau. Wir haben bereits im Kapitel »Das romantische Ehe-Ideal« dargestellt, wie sich diese Entwicklung auf das Ideal für das Zusammenleben der Geschlechter ausgewirkt hat.

In unserem Jahrhundert sind zwei Entwicklungstendenzen für unser Thema besonders wichtig: das Streben der Frau nach Gleichberechtigung, Bildung und Selbstbestimmung auch im Berufsleben und die so genannte sexuelle Aufklärung mit der Verfügbarkeit sicherer Verhütungsmittel für die Frau. Damit ist eine neue Stufe der Trennung von Sexualität und Fortpflanzung, die in der Mitte der atlantischen Zeit begonnen hatte, erreicht. Man kann sagen, dass in dieser Beziehung in der Mitte der sechziger Jahre eine neue Zeit begonnen hat, in der nun nichts mehr so ist wie vorher in der Beziehung der Geschlechter zueinander. Es ist ein Zustand der Freiheit und Selbstbestimmung auf diesem Gebiet erreicht, wie es ihn nie zuvor in der Menschheit gegeben hat. Der einzelne Mensch ist selbst allein verantwortlich für die Gestaltung seines Verhältnisses zum Mitmenschen, zur Gemeinschaft und zum anderen Geschlecht.

Wir haben gesehen, dass sich spätestens in der vierten Kulturepoche die Geschlechtlichkeit von der Fortpflanzung getrennt hat. Heute beginnt sich die Fortpflanzung von der Sexualität völlig loszulösen (künstliche Befruchtung, Leihmutter, Klonen usw.). Der alte Zusammenhang beider ist fast nur

[287] Vgl. R. Steiner, GA 133, S. 109

noch in der Notwendigkeit zur Verhütung gegeben und wird durch den unerfüllbaren und paradoxen Wunsch des heutigen Menschen nach absolut sicherer und gleichzeitig absolut natürlicher Verhütung geleugnet. Gleichzeitig ist die Sexualität durch die Tiefenpsychologie und durch ihre immer häufigere bildliche Darstellung fest im Bewusstsein fast aller Menschen verankert, wie sie es nie zuvor gewesen ist. Der letzte Schleier von Geheimnis und träumendem Bewusstsein ist gefallen. Uns sind »die Augen aufgetan« für die »nackten Tatsachen«. Man kann diese Entwicklung bedauern, aber nicht zurückschrauben. Sie ist der Preis für unsere Freiheit und Selbstbestimmung. Und alle Leiden und Schmerzen in den Beziehungen zwischen den Geschlechtern sind nur der Schatten des Lichtes des Bewusstseins und der Freiheit, das die Menschheit in unserem Jahrhundert errungen hat.

Die sexuelle »Freiheit«, die es nun seit gut dreißig Jahren gibt, ist allerdings ambivalent. Einerseits ist klar geworden, dass eine Vermeidung und Verdrängung der Sexualität aufgrund einer negativen Bewertung derselben kein positiver Weg ist. Schon bei Mystikern und Nonnen des Mittelalters kann man erkennen, wie die zurückgestaute Sexualität, die nicht ausgelebte Erotik in Poesie und Vision, im religiösen Erleben erscheint.[288] Und vielfältig sind die Zeugnisse aus der Geschichte, die zeigen, wie oft Heuchelei und Unmenschlichkeit die Folge von verdrängter und verteufelter Sexualität sind.

Andererseits ist durch die »sexuelle Revolution« dieser Bereich so sehr mit Glückserwartungen überfrachtet worden, die früher durch die Religion auf die geistige Welt gelenkt worden waren, dass Sexualität gleichbedeutend mit Glück und vor allem mit Liebe geworden ist. Man sieht in ihr »den Himmel auf Erden«. Das führt aber genauso zu Problemen wie ihre Verteufelung.

Diese Ambivalenz, die im ersten optimistischen Rausch der sexuellen Befreiung übersehen oder aus ideologischen Gründen vielfach geleugnet worden ist, ergibt sich schon aus ihrer Paradoxie, die wir im Kapitel »Zärtlichkeit und Geschlechtlichkeit« beschrieben haben. Jetzt wollen wir dieser Ambivalenz noch aus anthroposophischer Sicht nachgehen:

Die geschlechtliche Liebe ist die erste und niederste Form der Liebe, aus der sich alle höheren Formen der Liebe entwickeln können. Aber das Auftreten der Liebe bringt notwendigerweise zunächst den Kampf mit sich, der sie wie ein Schatten begleitet. Es hat sich das Prinzip des Kampfes und des Egoismus in das Prinzip der Liebe gemischt in der Mitte der atlantischen Zeit, und heute ist der Kampf der Geschlechter offenkundig geworden.[289] In die-

[288] R. Steiner, GA 137, S. 82 ff. und GA 315, S. 93 f.

[289] R. Steiner, GA 55, S. 94 f.; GA 93, S. 38 und 290

sen Zusammenhang gehört eine Äußerung Rudolf Steiners gegenüber der Tante von Jörgen Smit, dem verstorbenen Mitglied des Vorstandes der Allgemeinen Anthroposophischen Gesellschaft, die dieser dem Verfasser einmal mitgeteilt hat. Sie lautet: »In dem Augenblick, wo sich zwei Menschen eng verbinden, auch sexuell verbinden, beginnt ein Kampf um Unterjochung oder Unterjochtwerden. Nur wenn ein physisches oder geistiges Kind kommt, tritt Befreiung ein.«

Wenn wir diese Aussage verstehen wollen, müssen wir uns eine menschenkundliche Tatsache klarmachen: Wir sind als Menschen noch nicht in allen unseren Schichten ganz menschlich, wir sind unvollkommen und tragen Strebungen in uns, die dem wahren Menschentum zuwiderlaufen. Es ist eines der Verdienste der Tiefenpsychologie unseres Jahrhunderts, diese gewöhnlich unbewusst bleibenden Kräfte entdeckt zu haben. C.G. Jung nennt diese Kräfte zusammenfassend den »Schatten«. Rudolf Steiner schildert sie als geistige Gestalt, die dem nach übersinnlicher Erkenntnis Strebenden auf einer bestimmten Stufe seines Weges erscheint, als »Doppelgänger« oder »Hüter der Schwelle«.[290] Sie ist ein geistig reales Wesen, eine astrale und ätherische Gestalt, die dem gewöhnlichen Bewusstsein unzugänglich, aber als unbewusste Wirklichkeit sehr wirksam ist.[291] Wir haben im gewöhnlichen Leben eine Ahnung von diesem Wesen, wenn wir uns über bleibende Angewohnheiten eines Mitmenschen ärgern, die uns unnötig und sinnlos erscheinen. Dieser Ärger spielt in Partnerschaften und Familien eine große Rolle. Wenn sich nun zwei Menschen eng verbinden, auch regelmäßig sexuell verbinden, so entsteht nicht nur im Bewusstsein eine seelische Verbindung, sondern die unbewussten Seelenschichten und die Ätherleiber wachsen allmählich zusammen. Da aber gerade in diesen Schichten der Doppelgänger, das Unmenschliche im Menschen wohnt, Aggression und Destruktion zum Beispiel, ist es nicht verwunderlich, dass es leicht zu dem oben beschriebenen Kampf kommt.[292]

Hinzu kommt, dass es im Unterbewussten des Menschen einen antisozialen Trieb gibt, der für die Entwicklung der Individualität zwar unverzichtbar wichtig, für das soziale Leben, das Miteinander von Menschen aber problematisch ist. Dieser antisoziale Trieb bildet sich gerade in der fünften Kulturepoche heraus als notwendige Begleiterscheinung der Ausbildung der Bewusstseinsseele mit ihrer starken Tendenz zur Individualisierung.[293] Auch in

[290] GA 10, S. 193 ff. und GA 13, S. 376 ff. [291] R. Steiner, GA 10, S. 198 und GA 14, S. 313; siehe auch Bernard Lievegoed, *Der Mensch an der Schwelle*, S. 86 ff.

[292] Siehe auch Peter Schellenbaum, *Das Nein in der Liebe*, S. 85 f.

[293] R. Steiner, GA 186, S. 90 ff., 111 ff. und 160 ff.

dem, was man gewöhnlich Liebe nennt, die meistens nur maskierter Egoismus ist, den wir uns nicht eingestehen, liegen antisoziale Impulse.[294] Und die tierische Natur des Menschen, zu der auch seine Sexualität gehört, ist im eminenten Sinne antisozial.[295] Das ist ein weiterer Grund, der uns verstehen lässt, warum es überhaupt zum Kampf der Geschlechter auch in Partnerschaften und Lebensgemeinschaften kommt.

Auch in dem, was in unserem Jahrhundert als Nationalismus und nationales Pathos zu den großen Katastrophen geführt hat, die vor allem die erste Hälfte des Jahrhunderts kennzeichnen, wirken die Kräfte des Geschlechtlichen. Nationalismus ist eine heute antisoziale Auswirkung nicht bewusst und individuell gewordener Sexualität.[296]

In dieser unterbewussten Natur des Menschen wirken Kräfte, die Rudolf Steiner einmal zusammenfassend den »Herd der Zerstörung« genannt hat. Es sind ätherische Kräfte, die bei der Zerstörung der Materie im Verdauungssystem positiv und notwendig sind und auch das Denken und die Erinnerungsfähigkeit mit ermöglichen. Ja, sie bewirken eine notwendige Erhärtung der menschlichen Egoität, des Ich. Dieser Tatsache, dass er in seinem Inneren notwendigerweise Zerstörungswut trägt, muss sich der heutige Mensch bewusst werden durch Geist-Erkenntnis, sonst dringen diese Kräfte aus ihrem Bereich heraus in die menschlichen Instinkte, die dann im äußeren Dasein das Böse, Chaos und Zerstörung bewirken.[297]

In einem anderen Zusammenhang spricht Rudolf Steiner von den menschlichen Trieben, in denen die Drachennatur von unten her bis zum Herzen geistig wirksam ist.[298] Es besteht die reale Gefahr, dass in unserem Jahrhundert gewisse Instinkte aus dem sexuellen Leben entstehen, die antisoziale Wirkungen entfalten, welche gegen die Brüderlichkeit gerichtet sind.[299] Ob diese Gefahr heute schon anfänglich Wirklichkeit geworden ist, mag jeder selbst beurteilen. Aber man wird kaum zu weit gehen, wenn man sagt: Bei tausend verschiedenen Sexualpartnern im Jahr kann unmöglich eine persönlich-menschliche, eine ganzheitliche, das Ich des anderen und das eigene Ich respektierende Beziehung und damit Brüderlichkeit vorliegen. Diese Möglichkeit, den anderen Menschen nur als Körper zu sehen, hat ihren Ursprung in der Mitte der atlantischen Zeit, als der Mensch durch den ahrimanischen Einfluss begann, die Natur nur noch stofflich-materiell zu sehen und nicht mehr das in der Natur waltende Geistige.[300] Wenn wir bedenken, dass in

[294] Ebd., S. 99 [295] Ebd., S. 106 [296] R. Steiner, GA 180, S. 162 ff.
[297] R. Steiner, GA 207, S. 21 ff. und 31 f. und GA 343, S. 438 f. [298] R. Steiner, GA 223 (1966), S. 97 ff. [299] R. Steiner, GA 182, S. 149 f. [300] R. Steiner, GA 107, S. 244 f.

unserer heutigen Zivilisation diese Anschauung der Natur absolut geworden ist, kann es nicht wundern, wenn diese Art der Anschauung auch auf den Menschen, der ja auch ein Naturwesen ist, angewendet und langsam auch zum Lebensgefühl und zur Lebenspraxis wird.

So wie nach der Geschlechtertrennung in der Mitte der lemurischen Zeit die luziferischen Geister Einfluss auf den Menschen bekamen (Sündenfall) und die ahrimanischen Geister in der Mitte der atlantischen Zeit, so wird von unserer Zeit an eine dritte Art von Widersacherwesen auf den Menschen Einfluss gewinnen, die so genannten Asuras. Sie können auf den Menschen gerade dann wirken, wenn er nicht nur die Welt und die Natur und damit auch den Mitmenschen als bloße materielle Stoffansammlung ansieht, sondern wenn er beginnt, diese materialistische Anschauung zu leben, d.h. wenn er nicht nur denkt vom Tier abzustammen, sondern wenn er sich wie ein Tier nur gemäß seinen Instinkten, Trieben und Begierden verhält. Das stand Rudolf Steiner vor Augen, als er von den »wüsten Orgien zweckloser Sinnlichkeit« an manchen Orten der großen Städte sprach.[301] Wenn das geschieht – und niemand wird leugnen wollen, dass es das gibt –, dann werden Stücke des geistigen Wesens, des Ich, von den Asuras aus dem Menschen herausgeschnitten.[302] Dann tötet die Sexualität den Geist.[303] Da der sexuelle Trieb das am wenigsten Geistige, das subjektivste Element der Seele, das Sexualsystem das Ungeistigste am physischen Leib und die sexuellen Vorgänge die ungeistigsten im Menschen sind,[304] ist die Sexualität auch imstande, den Menschen »als Geist zu verraten, ihn zu töten«.[305] Das geschieht bereits, wenn jemand seinen Partner als Sexualobjekt sieht und behandelt und nicht als geistige Person mit individueller Würde, erst recht bei sexuellem Missbrauch von Minderjährigen und Kindern.

Wir können aus all dem entnehmen, dass das Problematische der Sexualität wesentlich darin liegt, wie wir die Natur und den Menschen ansehen. Und deshalb ist es auch entscheidend, wie wir über Liebe und Sexualität denken. Ein charakteristisches Wort ist das, was in den vergangenen Jahrzehnten oft für den Geschlechtsakt gebraucht worden ist: »Liebe machen«. Damit sind die Begriffe Liebe und Sexualität gleichgesetzt. Und es wird nicht mehr das viel Umfassendere der Liebe gegenüber dem Speziellen der Sexualität empfunden.[306] Diese auch logisch zweifelhafte Identifizierung der beiden Erscheinungen hat Rudolf Steiner drastisch karikiert. Ja, er geht so weit zu sagen, dass Sexualität und Liebe gar nichts miteinander zu schaffen haben.[307]

[301] R. Steiner, GA 107, S. 249 f. [302] Ebd., S. 248 f.; siehe auch GA 13, S. 108 f. [303] R. Steiner, GA 96, S. 294 [304] R. Steiner, GA 253, S. 82 und 117 f. [305] R. Steiner, GA 96, S. 294
[306] R. Steiner, GA 133, S. 107 [307] GA 143, S. 184; siehe auch P. Schellenbaum, a.a.O., S. 97 f.

Wenn man nur von dem körperlichen Aspekt der Sexualität spricht und nicht vom geistigen Aspekt der Liebe, dann sieht man nicht mehr, dass, »was in der Sexualität ursprünglich lebt, durchdrungen ist von der geistigen Liebe«. Die durchgeistigte Liebe, »der Genius der Liebe hat seinen Dämon in dem Interpretieren, nicht in der wirklichen Gestalt, aber in dem Interpretieren der Sexualität durch die heutige Zivilisation«.[308]

Besonders energisch wurde Rudolf Steiner, wenn er Anschauungen charakterisierte, die alle Kultur nur als aus der Sexualität hervorgegangen ansahen,[309] weil es unter dieser Voraussetzung schwierig bis gefährlich wird, über Sexualität, über die gesprochen werden muss, sachgemäß, und das heißt: geistgemäß zu sprechen. Und erst recht wandte er sich gegen die Vermischung von Erotischem und Spirituellem.[310] Auch lehnte er so genannte wissenschaftlich-medizinische Literatur ab, in der den Männern empfohlen wurde, die geschlechtliche Liebe, »gewisse Formen des Liebeslebens« um der Gesundheit willen zu pflegen.[311] In diesen Zusammenhang gehört auch eine Bemerkung aus dem öffentlichen Vortrag vom 11.1.1908 in Leipzig (bisher noch nicht veröffentlicht): »Es ist nicht wahr, dass jeder Geschlechtstrieb befriedigt werden muss, im Gegenteil. Es fördert alles, bis in die Gesundheit hinein, wenn das nicht der Fall ist.« Wenn man das Wort »jeder« in diesen Sätzen betont denkt, kann man sie kaum missverstehen. Denn jede Begierde hat die Tendenz, über das gesundheitlich zuträgliche Maß hinauszuwachsen.

Ein anderer problematischer Aspekt der Sexualität liegt darin, dass der Anteil, der an ihr Begierde und Leidenschaft, also astralischer Natur ist, auf den Ätherleib schwächend wirkt,[312] also gerade auf das Wesensglied, in dem wir uns im Geschlechtsleben mit dem anderen Menschen verbinden.

Bei so vielen problematischen Aspekten der Sexualität kann man leicht meinen, dass die moralischen Konsequenzen dieser anthroposophischen Anschauungen nur in einer strikten Askese auf diesem Gebiet bestehen könnten. Das ist aber nicht der Fall.

Die Kräfte, die in der Fortpflanzung wirken, sind hohe, göttliche Kräfte.[313] Wir haben gesehen, dass wir das Edelste und Höchste, das wir auf Erden entwickeln können, wie Liebe, Freiheit und Individualität der Tatsache der geschlechtlichen Fortpflanzung und ihrer weiteren Entwicklung verdanken. Man kann auch sagen: Der Sexualität verdanken wir nicht nur physisch unser Leben, sondern sie hat auch zu den höchsten Möglichkeiten unseres Menschseins wesentliche Grundlagen geschaffen. Wir haben auch gesehen,

[308] R. Steiner, GA 225, S. 154 ff. [309] GA 169, S. 118 ff. [310] GA 253, 3. bis 7. Vortrag
[311] GA 147, S. 40 f. [312] R. Steiner, GA 169, S. 87 [313] R. Steiner, GA 11, S. 124 f.

dass ihre problematischen Seiten erst durch die egoistischen Begierden und Leidenschaften entstehen. Aber sie kann auch durch die Einsicht geadelt werden, dass göttliche Geisteskraft in ihr liegt. Deshalb kann nur Veredelung und nicht Abtötung dieses Bereiches positiv sein.[314] In alten Zeiten war die Askese als Ablähmung des physischen Leibes und zur Hinwendung des Willens auf die geistige Welt ein berechtigtes Mittel der geistigen Schulung. Aber heute ist der physische Leib des Menschen so geworden, dass er eine solche Askese nicht mehr vertragen könnte: Er würde nicht die Entwicklung eines richtigen Ich-Bewusstseins und Freiheitsbewusstseins ermöglichen können.[315]

Schon in dem grundlegenden menschenkundlichen Werk *Theosophie* findet sich eine ausführliche Beschreibung, wie wir Lust verwandeln können: Es geht nicht darum, Lust einfach zu vermeiden, also Askese zu üben, sondern darum, sich nicht in der Lust zu verlieren, die Lust nicht zur Steigerung des Selbsterlebens zu benutzen, wodurch man sich in Abhängigkeit von dem begibt, was einem Lust bereitet, sondern mit Gelassenheit Lust (und Schmerz) hinzunehmen und mit der Frage zu erleben, was sie uns über das aussagt, was uns mit Lust erfüllt. Das bedeutet, die Aufmerksamkeit im Lusterleben nicht auf sich, sondern auf das zu lenken, was uns Lust bereitet. So können Lust und Schmerz, Sympathie und Antipathie zu feineren Wahrnehmungsorganen werden.[316] Lust und Freude gegenüber verhalten wir uns entwicklungsfördernd, wenn wir uns ihnen nicht wie in einem Lebenstaumel hingeben, der unser Selbst auslöscht, sondern wenn wir sie dankbar nicht als Folge eigenen Verdienstes, sondern als Gnade des Schicksals wie ein Geschenk der weisen Weltenlenkung annehmen, das uns »ein Gefühl des beseligenden Ruhens in den göttlichen Mächten und Kräften der Welt« vermittelt und uns Impulse gibt, Werke der Barmherzigkeit zu tun, weil wir durch die Lust und Befriedigung jedes Genusses zu »Schuldnern des Weltalls« werden.[317] Jeder Genuss sinnlicher Schönheit ist ein notwendiger Umweg zu geistigem Genuss, und so kann auch die sinnliche Liebe zur höchsten, reinsten geistigen Liebe führen.[318]

In der *Geheimwissenschaft im Umriss* finden sich für unser Thema wichtige Ausführungen: Es gibt Wünsche des Ich, die sich auf sinnliche Dinge richten, ohne dass es in ihnen das verborgene Geistige sucht. Da aber in allem Sinnlichen Geistiges verborgen ist, können »die niedrigsten Genüsse [...] Offenbarungen des Geistes sein.« Dieses Wünschen und Begehren um des sinnlichen Gefallens willen, ohne den Blick auf das Geistige im Sinnlichen zu richten, bedeutet Verarmung und Verödung des Ich im Erdenleben und muss

[314] Ebd. [315] R. Steiner, GA 215, S. 179 [316] GA 9, S. 179 ff.
[317] R. Steiner, GA 130, S. 249 f. und 260 f.; GA 153, S. 155 [318] R. Steiner, GA 94, S. 143

im nachtodlichen Leben abgestreift werden.[319] »Diese Sinnenwelt ist eine Offenbarung des hinter ihr verborgenen Geistigen. Das Ich könnte den Geist niemals in der Form genießen, in der er sich nur durch leibliche Sinne offenbaren kann, wenn es diese Sinne nicht benutzen wollte zum Genusse des Geistigen im Sinnlichen. Doch entzieht sich das Ich auch so viel von dem wahren geistigen Wirklichen in der Welt, als es von der Sinnenwelt begehrt, ohne dass der Geist dabei spricht. Wenn der sinnliche Genuss als Ausdruck des Geistes *Erhöhung*, Entwicklung des Ich bedeutet, so derjenige, der ein solcher Ausdruck nicht ist, Verarmung, Verödung desselben.«[320] Die Ich-zerstörenden Wirkungen solcher Begierden, die nicht in der Hüllennatur des Menschen begründet sind und bei denen das Sinnliche nicht als Ausdruck des Geistigen genommen wird, »werden deutlich sichtbar, wenn sich der begründete Genuss zu Unmäßigkeit und Ausschweifung steigert«.[321]

Für unser Thema können wir das auch so formulieren: Solange die körperliche Berührung eine Steigerung und Vertiefung der seelischen Begegnung zweier Menschen bewirkt bei gleichzeitiger Achtung der Würde des anderen, treten die problematischen Seiten der Geschlechtlichkeit nicht hervor. Sie werden von den positiven Seiten überwogen. Wenn aber diese Voraussetzungen nicht gegeben sind wie bei Vergewaltigungen, Missbrauch, sado-masochistischen Praktiken und Ähnlichem, tritt der zerstörerische Charakter der Geschlechtlichkeit deutlich hervor. Die Grenze zwischen den beiden Formen ist fließend und oft schwer zu bemerken. In diesem Zusammenhang kann vielleicht ein kurzer Ausspruch Rudolf Steiners verständlich werden: »Durch die Ehe wird ein Zentrum für die Ich-Kraft begründet.«[322] Weil in der Ehe die Möglichkeit gegeben ist, die Geschlechtlichkeit mit der oben beschriebenen Qualität zu leben, kann in ihr die auf das Ich zerstörend wirkende Kraft der Sexualität »aufgehoben« werden.

Auf dieselbe Weise kann man auch die oben zitierte Äußerung gegenüber der Tante von Jörgen Smit verstehen: »Nur wenn ein physisches oder geistiges Kind kommt, tritt Befreiung ein.« Nur wenn die Geschlechtlichkeit über die eigene und die andere beteiligte Person hinausweist auf ein Drittes, kann der Kampf, den sie in den Untergründen der Seelen bewirkt, zur Ruhe kommen. Ähnlich äußerte sich Rudolf Steiner in dem schon angeführten unveröffentlichten Vortrag vom 11.1.1908: »Es gibt ein Ideal, wo jeder niedere Trieb schweigt, nicht aus Enthaltsamkeit, und trotzdem für Nachkommen sorgt.«

Es geht also nicht um Askese, sondern um Verwandlung. Dem Trieb der Geschlechtlichkeit, dem von Natur aus der Egoismus eigen ist, kann zum

[319] R. Steiner, GA 13, S. 100 ff. [320] Ebd., S. 103 [321] Ebd., S. 108 [322] R. Steiner, GA 107, S. 129

Beispiel etwas von diesem egoistischen Charakter genommen werden, wenn die Seele im Herzen »so warm fühlt gegenüber der geistigen Welt, wie der Mensch mit seinen niederen Trieben in dem erotischen Leben fühlt«.[323] Davon sind wir wohl zumeist noch weit entfernt, aber es kann doch als Ideal in unserer Seele leben und wir können uns in dieser Richtung bemühen.

Den werdenden Priestern der Christengemeinschaft gegenüber hat Rudolf Steiner die geschlechtliche Liebe als etwas bezeichnet, was den Menschen zwar zum wachen Erdenmenschen gemacht hat, ihn aber »tiefer hinunterdrängt, als er eigentlich nach der ursprünglichen göttlichen Absicht in der Welt stehen sollte.« Deshalb entsteht die Notwendigkeit, diese Liebe zu heiligen,[324] beispielsweise durch das Sakrament der Trauung (siehe Seite 189 ff.). Aus diesem Grund hat er auch das Pflichtzölibat für eine moderne Priesterschaft abgelehnt: »In der Zeit, in der wir leben, kann es sich nicht darum handeln, uns der Welt zu entfremden, sondern gerade die Welt zu durchdringen mit dem Religiösen – das ist das Wichtige.«[325]

Daraus entsteht die Frage, wie solche Heiligung und Durchdringung mit dem Religiösen aussehen kann. Das wird uns später noch beschäftigen.

In Bezug auf den sexuellen Trieb ist eine Veredelung denkbar, wie sie sich bereits in der Fähigkeit der Phantasie zeigt, die eine geläuterte Leidenschaft ist.[326] Die Abtötung der Begierden würde die Persönlichkeit nur schwächen und farblos machen, aber sie können in feinere und edlere Begierden umgewandelt werden, indem sie auf höhere, geistigere Interessen gerichtet werden.[327] Es ist ein Wahn zu meinen, man könne durch die Abtötung des irdischen Lebens zum Guten gelangen – obwohl es zur Freiheit des Menschen gehört, diesem Wahn verfallen zu können.[328] Allerdings kann die sexuelle Kraft durch Askese in eine hellseherische verwandelt werden, wie es bei Emanuel Swedenborg der Fall war. Aber dann besteht die Gefahr, dass sich subjektive Emotionen in die hellsichtigen Wahrnehmungen einmischen.[329]

Die Anthroposophie enthält eine spirituelle Weisheit, die im Menschen geistig vorbereitet, dass die Geschlechter einst wieder vereinigt werden können, d.h. sie bereitet die Überwindung der Geschlechtertrennung vor. Ihre Schulung hat nicht sexuelle Enthaltsamkeit zur Voraussetzung, aber sie regt reine, auf das Geistige gerichtete Gedanken an, die zur Verwandlung der Leidenschaften beitragen.[330]

[323] R. Steiner, GA 129, S. 116 [324] GA 343, S. 396
[325] Ebd., S. 588 (in der unveränderten alten Textfassung) [326] R. Steiner, GA 94, S. 170
[327] R. Steiner, GA 96, S. 334 [328] R. Steiner, GA 171, S. 113 [329] R. Steiner, GA 253, S. 90 ff.
[330] R. Steiner, GA 93, S. 239; GA 264, S. 40 f. und GA 130, S. 72 f.

Es geht darum, dass die Begierden und Lüste, die nur durch den physischen Leib befriedigt werden können, in ihrer Befriedigung keinen untermenschlichen Charakter annehmen. Bis solche Begierden aber ganz umgewandelt werden, sind viele Inkarnationen notwendig.[331] Das kann uns vor illusionären kurzfristigen Erwartungen bewahren.

In unserer Kulturepoche kommt das Problematische der Sexualität voll zur Erscheinung, weil dieser Bereich unseres Lebens aus der Führung der geistigen Welt und der Gesellschaft vollständig entlassen wird. Und alle Versuche, diesen Bereich weiterhin einer allgemeinen Moral zu unterstellen, wie sie zum Beispiel von der katholischen Kirche unternommen werden, sind zum Scheitern verurteilt, ja sie beschleunigen nur den Prozess der Individualisierung auf diesem Gebiet aus dem berechtigten Protest der nach Selbstbestimmung strebenden Seele.

Wir können aber auch sehen, wie die nun notwendige Selbstbestimmung heute viele Menschen noch überfordert und in große Schwierigkeiten bringt. Aber offenbar gehören diese Schwierigkeiten zum Schicksal unserer Zeit und sind gerade dazu da, dass wir an ihnen unsere Freiheit üben, human und sozialverträglich anwenden und unsere Souveränität steigern. Es scheint, als sei die Sexualisierung aller Lebensbereiche der notwendige Schatten der Entwicklung eines starken individuellen Bewusstseins und Lebens.

In diesem Zusammenhang kann uns der Blick auf eine bedeutende Persönlichkeit tief berühren, die von Rudolf Steiner immer wieder als Grundbeispiel für die Tatsache der Wiederverkörperung geschildert worden ist und für ihn eine der bedeutendsten Individualitäten der Menschheit darstellt: Novalis. Zwei Inkarnationen in vorchristlicher Zeit waren so geartet, dass sich der Gedanke, diese Individualität habe etwas mit Sexualität zu tun gehabt, ausschließt. Um die Zeitenwende war sie ein geistiger Führer für viele Menschen zu Christus hin und führte ein asketisches Leben. In der Zeit der Renaissance lebte sie unverheiratet in Italien als der Maler Raffael.[332] Da musste diese Individualität auch die sinnliche Liebe kennen lernen, wie es aus seinen Sonetten hervorgeht.[333] Und als Novalis hat diese Individualität mit ihrer ganzheitlichen Liebesfähigkeit auch diesen Bereich erfahren. In einem Brief an Caroline Schlegel vom 17.2.1799 schreibt er mit Bezug auf Friedrich Schlegels Roman *Lucinde*, der damals wegen seines erotischen Charakters großes Aufsehen erregt hat: »Vielleicht gehört der Sinnenrausch zur Liebe, wie der Schlaf zum

[331] R. Steiner, GA 153, S. 155 [332] R. Steiner, zum Beispiel in GA 143, S. 233 ff.
[333] Siehe Wilhelm Kelber, *Raphael*, S. 450

Leben, der edelste Teil ist es nicht – und der rüstige Mensch wird immer lieber wachen als schlafen. Auch ich kann den *Schlaf* nicht vermeiden, aber ich freue mich doch des Wachens und wünschte *heimlich*, immer zu *wachen*.«[334]

Vielleicht liegt die Notwendigkeit, dass selbst diese Individualität die geschlechtliche Liebe kennen lernen musste, darin, dass diese Form der Liebe das Bewusstsein des Menschen hier auf Erden voll erweckt und an die Kräfte der Vererbung bindet[335] und damit ganz in die Gottferne führt.

Die Entwicklung der Fortpflanzung und der Sexualität in der Zukunft

Zu den vielleicht erstaunlichsten Schilderungen der Anthroposophie gehören diejenigen, die sich mit der Entwicklung des Menschen in der Zukunft befassen. Das Grundlegende davon findet sich in der *Geheimwissenschaft im Umriss*.[336] Die methodische Frage, wie solche Schilderungen möglich sind, wenn sie nicht reine Phantasterei sein sollen, kann hier nicht erörtert werden. Das ist in den Grundschriften Rudolf Steiners ausführlich dargestellt. Für unseren Zweck genügt es, nach dem Blick auf die Vergangenheit und die Gegenwart der menschlichen Sexualität und Fortpflanzung eine Perspektive auf deren künftige Entwicklung zu gewinnen.

Nach dem Erscheinen Christi im Menschen Jesus auf Erden, dem Mysterium von Golgatha, hängt alle weitere Entwicklung des Menschen davon ab, ob Einzelne und Gemeinschaften die Kräfte des Christus in sich aufnehmen oder nicht. Dabei ist die Hauptaufgabe der fünften, unserer Kulturepoche, das wache, selbstbewusste Verstandesdenken nicht nur auf die sinnliche Welt zu lenken, sondern mit diesem Denken auch die Tatsachen der übersinnlichen, der geistigen Welt zu verstehen.[337] Dann kann der Mensch in der sechsten Kulturepoche wieder ein imaginatives, hellsichtiges Bewusstsein erlangen, das aber nicht so dumpf sein wird wie das alte atavistische, das der Mensch früher von Natur aus hatte, sondern das die volle Klarheit des Bewusstseins bewahren kann, wie sie die Entwicklung des logischen Denkens dem Menschen gebracht hat. Er wird dann übersinnliche Wahrnehmungen haben bei voller Aufrechterhaltung seines Selbstbewusstseins.[338]

Wir haben gesehen, dass in der Mitte der lemurischen Zeit die geschlechtliche Fortpflanzung als eine erste Stufe der Sexualität die Leiber individualisiert und die Voraussetzung für das Erscheinen des Menschen-Ich im physi-

[334] Novalis, Werke, Briefe und Dokumente, S. 459 [335] R. Steiner, GA 343, S. 394 ff.
[336] GA 13, S. 397 ff. [337] Ebd., S. 408 [338] Ebd.

schen Leib geschaffen hat. Dieser Prozess wirkt bis in die Gegenwart und Zukunft weiter. In der Mitte der atlantischen Zeit hat sich die Sexualität erweitert, indem sich das seelische Erleben als Lust und Begierde dem biologischen Vorgang beimischte. Die dabei als Anteil der Begierde auftretende Antipathie wirkte auf die Seelen abschließend und damit ebenfalls individualisierend. Auch diese Wirkung setzte sich bis in die Gegenwart fort und verstärkte sich noch in unserer Zeit. Man kann also sagen, dass die Mission der Sexualität in der Individualisierung des Leibes und der Seele besteht und dass sie damit einen wesentlichen Beitrag zur Entwicklung des Menschen geleistet hat, durch den auch das Denken, die Freiheit und die höheren Formen der Liebe möglich wurden.

Was aber einmal errungen ist durch bestimmte Voraussetzungen, das kann auch bestehen bleiben, wenn diese Voraussetzungen entfallen: Wenn der Bauer den Acker bestellt hat, dann keimt und sprießt und sprosst das Getreide, es bilden sich Blätter und Knoten, Halm und Ähre, Grannen und Spelz. Und zuletzt reift das Korn, um das es eigentlich geht. Wenn diese Reifung erreicht ist, können Blätter und Stängel vergehen, denn sie haben ihre Schuldigkeit getan, sie sind überflüssig geworden.

So ist auch vieles in der Menschheitsentwicklung aufgetreten und nötig gewesen, was aber in der Zukunft seine Bedeutung verlieren wird, wie zum Beispiel der Krieg oder die Unterschiedlichkeit der Rassen. Zu diesen Tatsachen, den »Hilfsmitteln der Evolution«, gehört auch die Sexualität. So wie sie in verschiedenen Entwicklungsschritten aufgetreten ist, wird sie auch wieder verschwinden. Aber dieses Verschwinden wird nur teilweise von Natur aus geschehen. Schauen wir uns an, was Rudolf Steiner darüber ausgeführt hat.

Die Natur und mit ihr der menschliche Leib sind mit der Erde in einer absteigenden Entwicklung begriffen. Alles Sinnlich-Materielle, das aus dem Geist entstanden ist, wird wieder vergehen. Die Organe des menschlichen Leibes sind in dieser absteigenden Entwicklung unterschiedlich weit fortgeschritten, manche sind sogar noch in einer aufsteigenden begriffen. Die Fortpflanzungsorgane sind diejenigen, die als letzte ihre jetzige fleischliche Gestalt erhalten haben, und sie werden die ersten sein, die verkümmern.[339] Sie befinden sich bereits in einem Zustand der Dekadenz und werden als erste verdorren.[340] Der weibliche Leib ist als ganzer in einer absteigenden Entwicklung, stärker als der männliche, und wird schon im 7. Jahrtausend, in etwa 5000 Jahren unfruchtbar werden.[341] Und die weitere Entwicklung

[339] R. Steiner, GA 11, S. 226 ff. und 231 [340] R. Steiner, GA 100, S. 197 und S. 247

[341] R. Steiner, GA 93, S. 223 f. und S. 226; GA 175, S. 211 f.; GA 177, S. 81 und GA 343, S. 440 f.

geht dann dahin, dass das weibliche Geschlecht, die weiblichen Leiber absterben und nur aus den männlichen Leibern sich ein neues Menschengeschlecht entwickeln kann, das dann allerdings wesentlich geistiger sein muss, aber beide Geschlechter wiederum in sich vereinigt.[342] Dann wird auch die Fortpflanzung auf andere Weise geschehen müssen als heute: Der Kehlkopf, die Sprachorgane und das Herz[343] werden sich bis dahin durch die Verbindung des Menschen zur geistigen Welt so entwickelt haben müssen, dass der Mensch seinesgleichen durch das gesprochene Wort wird hervorbringen können. Der Zusammenhang zwischen Sprache und Zeugungsfähigkeit deutet sich heute schon an in der Tatsache des Stimmbruches bei der Geschlechtsreife der Jungen.[344] Diese künftige geschlechtslose Fortpflanzung durch das Wort wird durch den verwandelten männlichen Kehlkopf erfolgen.[345] Dazu wird der menschliche Leib, der sich von der lemurischen Zeit bis heute immer mehr verfestigt hat, in Zukunft wieder weicher, dünner und feiner werden. Die Umgestaltung des Leibes, die gegenwärtig die denkbar langsamste ist, wird sich wieder beschleunigen und der Mensch wird durch seine geistige Entwicklung wieder einen stärkeren Einfluss auf seinen Körper erlangen.[346]

Diese Verwandlung des Kehlkopfes zum Fortpflanzungsorgan ist aber kein mit Notwendigkeit geschehender Vorgang, sondern er hängt von der bewusst gewollten spirituellen Entwicklung des Menschen ab. Sie wird nur für diejenigen eintreten, die die Kraft der Christus-Liebe aufgenommen haben. Diejenigen, die sich bis dahin dieser Liebe verschlossen haben werden, werden leiblich verhärten und seelisch im »Streit aller gegen alle«, der das Ende der nachatlantischen Zeit bilden wird, gegeneinander wüten. Nur für diejenigen, die »das Christus-Prinzip aufgenommen haben, wird die Geschlechtlichkeit wiederum überwunden sein.«[347] Von der sechsten Kulturepoche an wird die Geschlechtsliebe allmählich aufhören und alle Blutsverwandtenliebe mit ihr, weil dann diejenigen Götter, für die diese Liebe Nahrung ist, sich vom Menschen zurückziehen werden.[348] Das wahre Christentum wird bewirken, dass die Fortpflanzungskraft aus dem unteren Menschen in die Brust, zum Herzen emporgehoben wird.[349] Dann wird die Fortpflanzung wieder selbstlos, wie sie es vor der Mitte der atlantischen Zeit gewesen ist; und die himmlische

[342] R. Steiner, GA 93, S. 222 f.; GA 343, S. 441; GA 116, S. 100 und GA 118, S. 93
[343] R. Steiner, GA 100, S. 247 [344] R. Steiner, GA 11, S. 230; GA 56, S. 284 f. und GA 109, S. 262
[345] R. Steiner, GA 93, S. 223 ff. und 237 f.; GA 94, S. 243 f.; GA 134, S. 38 f. und 102 f.
[346] R. Steiner, GA 99, S. 144 f. [347] R. Steiner, GA 104, S. 212 f. und GA 112, S. 205
[348] R. Steiner, GA 97, S. 164 f. [349] R. Steiner, GA 96, S. 293 f. und GA 97, S. 65 f.

Liebe, die zur irdischen Liebe geworden ist (1. Moses 6,2), wie wir im Kapitel über die atlantische Zeit (Seite 105 ff.) beschrieben haben, wird wieder zur himmlischen Liebe werden.[350]

Die leibliche Möglichkeit zur Sexualität wird in Zukunft von Natur aus langsam aufhören. Aber die seelische Seite der Sexualität, Lust und Begierde, wird nicht von allein verschwinden. Damit sich die negativen Seiten der Geschlechtlichkeit, die wir im vorigen Abschnitt betrachtet haben, nicht als Hemmnisse der Entwicklung erweisen, müssen wir selber etwas durch unser Verhalten dazu beitragen. Auch dazu hat sich Rudolf Steiner auf verschiedene Weise geäußert. Dabei geht es nicht um kurzfristige Vermeidungsstrategien und schnell wirkende Mittel zur Überwindung der Sexualität, sondern um das, was heute schon getan werden kann, damit die Entwicklung des Menschen auch in Zukunft in der richtigen, menschengemäßen Weise weitergehen kann. Im vorigen Abschnitt war davon schon die Rede.

Die weiteren Perspektiven der Verwandlung der Fortpflanzung und der Geschlechtlichkeit finden sich in wenigen, schwer in Übereinstimmung zu bringenden kurzen Bemerkungen Rudolf Steiners:

In der sechsten großen Erdepoche, die nach dem Krieg aller gegen alle auf die nachatlantische Zeit folgen wird, wird der Mensch so vergeistigt sein, dass er die schöpferische Reproduktionskraft wiedererlangen und imstande sein wird, seinesgleichen auf geschlechtslose Weise hervorzubringen.[351]

Es wird der Mensch in der Zukunft, wenn er seinesgleichen bewusst durch das Wort hervorbringen kann, »zu jener Keuschheit zurückgekehrt sein, welche die Pflanze bewahrt hat; aber es wird eine bewusste Keuschheit sein«, weil die Befruchtung nicht mehr aus dem Leib, sondern aus einem geistigen Strahl der Weisheit geschehen wird.[352] Wenn wir auf diese Äußerung die begriffliche Unterscheidung anwenden, die Rudolf Steiner in der *Allgemeinen Menschenkunde* gemacht hat,[353] so können wir sagen: Es wird eine Fortpflanzung sein ohne Begierde (Wille im Astralleib), aber mit Trieb (Wille im Ätherleib). In einer noch ferneren Zukunft werden der Menschenleib und seine Fortpflanzung weder von Begierde noch von Trieb durchdrungen, sondern von der Keuschheit des Minerals, diamantgleich sein.[354]

Wenn wir die weiteren Verkörperungen der Erde nach dem Untergang unseres jetzigen mineralischen Planeten einbeziehen, wie sie in der *Geheimwissenschaft* beschrieben sind,[355] so können wir noch weitere Stufen der Ent-

[350] R. Steiner, GA 272, S. 304 [351] R. Steiner, GA 93a, S. 185
[352] R. Steiner, GA 100, S. 247 und GA 99, S. 159 [353] GA 293, S. 62 ff. und GA 97, S. 282
[354] R. Steiner, GA 97, S. 282 f. [355] R. Steiner, GA 13, S. 412 ff.

wicklung betrachten: Der Menschenleib wird auf dem Jupiter von pflanzlicher Substanz sein.[356] Das können wir in Beziehung setzen zu dem, was im vorigen Absatz beschrieben worden ist: dass es in Zukunft eine Zeugung geben wird mit der Keuschheit der Pflanze. Damit ist aber noch nicht das Begehren als Seelenkraft verwandelt. Dieses wird erst in einem noch späteren Erdzustand, dem Venuszustand, in voll bewusste Inspiration umgewandelt sein können.[357] Dann wird das Sexuelle (in seiner Erscheinung als Begierde) vollkommen zurücktreten.[358]

Etwas anderes ist die Fähigkeit, mit der der Mensch außerhalb seiner selbst in der Natur schöpferisch tätig sein kann. Im gegenwärtigen Erdzustand ist der Mensch im Mineralreich schöpferisch und bringt mineralische Gebilde hervor; im Jupiterzustand wird er im Pflanzenreich, im Venuszustand im Tierreich und in einem noch späteren Zustand im Menschenreich schöpferisch tätig sein. Dann werden diese Reiche aber eine ganz andere Gestalt haben als heute.[359] Dem widerspricht in der Angabe der Erdzustände eine andere Schilderung,[360] aber das braucht uns jetzt nicht zu kümmern, weil die Schöpferfähigkeit des Menschen außerhalb seiner eigenen Fortpflanzung nicht mehr zu unserem Thema gehört.

Es ist wohl deutlich geworden, dass die Verwandlung von Sexualität und Fortpflanzung ein Prozess von kosmischen Dimensionen ist, der lange Zeiträume umfasst und keine Frage kurzfristiger moralischer Forderungen sein kann.

[356] R. Steiner, GA 99, S. 146 f. [357] R. Steiner, GA 196, S. 216 [358] R. Steiner, GA 93a, S. 39
[359] R. Steiner, GA 99, S. 146 f. [360] R. Steiner, GA 100, S. 164

Die Liebe

Einleitung

Es gibt kaum ein Thema, das den Menschen mehr bewegt als das Thema der Liebe. Fast kein Film, Theaterstück oder Roman kommt ohne es aus. In vielen Werken der bildenden Kunst und der Dichtung ist sie das zentrale Motiv. Viele Zeitungen leben von der Berichterstattung über die Liebesbeziehungen von Prominenz und Adel. Und viele persönliche Gespräche drehen sich nur um die Liebe.

So ist es nicht verwunderlich, dass dieses Thema auch Gegenstand wissenschaftlicher und philosophischer Abhandlungen und religiöser Verkündigung ist. Es macht den Eindruck, als ob es nichts Bedeutenderes und Wichtigeres gibt für den Menschen als die Liebe. Und es ist selbstverständlich, dass ein Buch über die Ehe auch von der Liebe handeln muss. Denn spätestens seitdem die Romantik ihr Ehe-Ideal entwickelt hat (siehe Seite 37 f.), das ein ganzheitliches, persönliches Liebesverhältnis zur Voraussetzung und zum Fundament von der Ehe macht, gehört es zu den selbstverständlichen Überzeugungen des modernen Menschen, dass Liebe und Ehe zusammengehören. Es ist nur die Frage, was man jeweils unter Liebe und Ehe versteht. Es gibt auch die Meinung, Liebe und Ehe könnten auf Dauer nicht zwischen zwei Menschen bestehen. Auch dieser Meinung liegt eine bestimmte Auffassung von Liebe zugrunde. Wir sahen schon (Seite 49 ff.), dass es die Ehe als Naturtatsache nicht gibt, dass sie vielmehr vom Menschen als Kulturtat geschaffen werden muss, obwohl noch viele Menschen glauben, sie sei natürlich. So wollen wir uns zunächst dem Thema der Liebe zuwenden und später wieder auf die Ehe zurückkommen.

Die natürliche Liebe

Die Verliebtheit

Noch mehr ist dieser Glaube gegenüber der Liebe vorhanden und sogar mit größerem Recht als gegenüber der Ehe. Denn es gibt tatsächlich eine Naturform der Liebe, die ohne das Zutun des Menschen entsteht. Fast jeder Mensch kennt sie. Wir nennen sie hier die »Verliebtheit«. Schon die Menschen der Antike kannten den Vorgang, dass ein Mensch urplötzlich ohne erkennbare Ursache gegenüber einem anderen seelisch entflammt ist und alles daran setzt, diesem anderen nahe zu kommen. Sie führten dieses Ereignis auf ein geistiges Wesen mit Namen Eros zurück, das den Menschen mit einem Pfeil seines Bogens trifft und in einen neuen seelischen Zustand versetzt. Dieses Bild kann man heute noch als zutreffend empfinden. Denn niemand kann erklären, warum sich dieser Zustand gerade zu diesem Zeitpunkt und angesichts dieser Person einstellt. Er äußert sich in erster Linie in einem Gefühl der Sympathie und des Hingezogenseins zu dem geliebten Menschen. Dieses erhebt und weitet die Seele über den Alltag hinaus und lässt den geliebten Menschen in einem anderen Licht erscheinen.

Diese Liebe kann man mit den Griechen »Eros« nennen, wenn man all das ausklammert, was heute durch den Begriff der »Erotik« und das Wort »Eros-Center« an leiblich-sexueller Komponente damit assoziiert wird. Diese Liebe entsteht beim Kind zwischen dem neunten und dreizehnten Lebensjahr und ist von Henning Köhler wunderbar beschrieben worden.[361]

Diese kindliche Liebe ist eine klarsichtige, die den anderen Menschen durch verstärkte Aufmerksamkeit und durch Beschenken idealisiert und erhöht und eigentlich *den Menschen* überhaupt in der einzelnen Person meint. In der Pubertät zeigt sich dann die Vielschichtigkeit der Liebe. Der Volksmund kennt die Ambivalenz des Zustandes der Verliebtheit und sagt von ihm: »Die Liebe macht blind.« Aber auch: »Die Liebe macht sehend.«[362]

Und wenn man genau beobachtet, kann man feststellen, dass beides stimmt. Auf der einen Seite kann eine ungeheure Ausweitung des Seelenblickes stattfinden. Die ganze Welt kann in einem neuen und anderen, ja sogar höheren Licht erscheinen, wie es oft beschrieben worden ist,[363] und man sieht den geliebten Menschen weit über sein jetziges Sosein hinaus in den Möglichkeiten, die noch in ihm schlummern. Das muss nicht eine Illusion,

[361] A.a.O., S. 104 ff. [362] R. Steiner, GA 4, S. 25 f.
[363] Zum Beispiel in Goethes Jugendwerk *Die Leiden des jungen Werther*

sondern kann die Ahnung des höheren Wesens des Geliebten sein. Dieser »Begriff des Eros meint erstens die geistig-seelische Liebe im Grenzbereich zur sinnlichen Anziehung, zweitens den Drang nach Erkenntnis und schöpferischer Tätigkeit.«[364]

Auf der anderen Seite kann die Verliebtheit auch blind machen, so dass der Verliebte die Wirklichkeit nur noch eingeschränkt wahrnimmt. Der andere Mensch erscheint ohne Fehler und Mängel als vollkommenes Wesen und die Welt schön und herrlich. Eventuell verliert man andere Menschen, mit denen man vorher viel zu tun hatte und vielleicht sogar befreundet ist, vollständig aus dem Blick. Jedenfalls ist es ein Naturzustand, den man nicht herbeiführen, der einen aber überfallen kann. Es kann sein, dass der Verliebte sich in diesem Zustand so wohlfühlt, dass er lange Zeit in ihm verharren kann, ohne dass eine Beziehung zu dem geliebten Menschen eintreten muss. Das beobachtet man oft bei Jugendlichen.

Wenn aber diese Verliebtheit auf Dauer nicht auf Gegenliebe stößt oder eine Annäherung an den Geliebten nicht möglich ist, so verursacht dieser Zustand heftige Schmerzen. Wird sie aber erwidert, so folgen aus dem Gefühl der Verliebtheit besondere Verhaltensweisen, die man vorher an diesem Menschen nicht gekannt hat: Es kommt zu merkwürdigen Worten wie »Schnucki« oder »Spätzchen«, zu seltsamen körperlichen Berührungen wie Händchenhalten, Streicheln, Umarmen und Küssen. Alles das wirkt von außen gesehen manchmal sehr merkwürdig bis komisch und man wird an manche Erscheinungen im Balzverhalten der Tiere erinnert. Und in der Tat hat der Mensch in diesem Bereich der Verliebtheit viel mit den Tieren gemeinsam.

Meistens führt die Verliebtheit auch dazu, dass die Liebenden viel miteinander sprechen. Selbst der mundfaulste Mann trägt plötzlich das Herz auf der Zunge. Es gibt lange nächtliche Gespräche über Gott und die Welt, und durch das Wort begegnen sich die Seelen auf intensive Weise. Wilhelm Busch hat dies in einem Gedicht beschrieben:[365]

Die Liebe war nicht geringe.
Sie wurden ordentlich blass;
sie sagten sich tausend Dinge
und wussten immer noch was.

[364] H. Köhler, a.a.O., S. 39; siehe auch J. Illies, a.a.O., S. 83 f.
[365] In: *Kritik des Herzens*, Gesamtausgabe Band 2, S. 512

Sie mussten sich lange quälen,
doch schließlich kam's dazu,
dass sie sich konnten vermählen.
Jetzt haben die Seelen Ruh'.

Bei eines Strumpfes Bereitung
sitzt sie im Morgenhabit;
er liest in der Kölnischen Zeitung
und teilt ihr das Nötige mit.

Damit schildert Busch, wie die Kommunikation, die in der Verliebtheit wie von selber geht, eines Tages versandet. Und das ist ein sicheres Zeichen für das langsame Aufhören der Verliebtheit. Denn mit der Verliebtheit stellt sich meistens auch das Gefühl und die Gewissheit ein, zumindest aber der Wunsch, dass dieses Gefühl ewig dauern werde oder müsse. Das aber erweist sich im Laufe der Zeit als eine Illusion. Denn genauso natürlich, wie die Verliebtheit gekommen ist, verschwindet sie wieder, nur nicht so plötzlich und auffällig. Sie verliert sich vielmehr meistens unbemerkt nach und nach. Die Verliebtheit ist so etwas wie eine Wettererscheinung in der Seele, genauso unberechenbar wie diese. Man kann nie vorhersagen, wo genau die Sonne scheinen und wo der Regen fallen wird. Und wie wir das Wetter am besten einfach hinnehmen, wie es kommt, und es unsinnig ist, über das jeweilige Wetter zu lamentieren oder es gar zur Grundlage des eigenen Lebensgefühls zu machen, so sollte man auch die Verliebtheit wie einen Sonnenschein dankbar hinnehmen, aber sich nicht wundern oder gar hadern, wenn diese Sonne wieder untergeht oder sich hinter Wolken versteckt. Es wäre gar nicht gut, wenn die Sonne immer schiene und nie Regen fiele. So wäre eine dauernde Verliebtheit mit ihren Begleiterscheinungen auch nicht wünschenswert. Ja, manche Verliebtheitszustände gleichen eher einer Krankheit, und man ist froh, wenn sie wieder vorübergehen. So wurde Eros, das natürliche Begehren, von den Griechen als ein Leiden, als ein pathologischer Zustand erlebt und beschrieben.[366]

Plato hat die Liebe, die sich an der sinnlichen Schönheit entzündet, einen Wahnsinn genannt, den die Götter verleihen, und den Zustand des Verliebtseins eindrucksvoll beschrieben.[367]

Dieser Wahnsinn geht irgendwann, wenn nichts anderes geschieht, meistens nach zwei bis vier Jahren vorüber. Und dann sagt der ehemals Verliebte zum Beispiel: »Ich liebe meinen Partner einfach nicht mehr.« Er müsste ei-

[366] Siehe John Winkler, *Der gefesselte Eros*, S. 125 ff. [367] *Phaidros*, 245a und 250d–252c

gentlich ehrlicherweise sagen: »Ich bin nicht mehr verliebt.« Denn das würde seinen Zustand besser beschreiben. Denn »lieben« ist ein Tätigkeitswort und keine Eigenschaft.

Die meisten Menschen versuchen, sich durch allerlei Bemühungen liebens- und begehrenswert zu machen, wenn sie bemerken, dass der Zustand der Verliebtheit nachlässt. Eine milliardenschwere Industrie vor allem der Textil- und Kosmetikbranche profitiert von dieser Tatsache. Aber diese Bemühungen sind auf die Dauer vergeblich. Genauso gut könnte man eine Wetterbeschwörung, beispielsweise einen Regenzauber veranstalten.

Man kann sagen, dass die Verliebtheit beim Menschen in erster Linie eine seelische Tatsache ist. Aber dieser Seelenzustand drängt durch sich selbst zum Leibe hin, zu körperlicher Nähe und Zärtlichkeit, denn in dieser wird eine Intensivierung der Begegnung mit der anderen Seele erlebt. Und aus der Zärtlichkeit kann sich dann das Verlangen nach geschlechtlicher Begegnung entwickeln.

Die geschlechtliche Liebe

Auch die geschlechtliche Liebe ist eine Naturtatsache, die wir als etwas Gegebenes vorfinden. Wir brauchen sie nicht zu erfinden oder zu erarbeiten, denn sie beruht auf einem Trieb, den wir mit den Tieren gemeinsam haben. Wir haben in den vorigen Kapiteln gesehen, wie sie sich entwickelt hat. Das Problem für uns Menschen liegt darin, dass die Natur uns für die geschlechtliche Liebe nicht mit einem Instinkt ausgestattet hat wie die Tiere, bei denen diese Liebe eine je nach Tierart ganz bestimmte Form hat mit verschiedenen Brunft- und Paarungszeiten, mit bestimmten Formen des Zusammenlebens usw. Einiges davon haben wir im Kapitel »Ist die Einehe naturgegeben?« betrachtet. Der Mensch muss den fehlenden Instinkt durch etwas anderes ersetzen. Das geschah – wie wir gesehen haben – seit der dritten Kulturepoche durch Gesetz und Recht, vorher durch eine Art von moralischem Instinkt, den die Menschheitsführer den Seelen eingaben. Heute ist diese Aufgabe dem einzelnen Menschen anheim gegeben, der damit oft überfordert ist.

Die Liebe als Kunstwerk

Die Freundesliebe

Über die beiden geschilderten natürlichen Formen der Liebe hinaus, die sich von alleine einstellen, gibt es noch andere Formen der Liebe, die nicht in gleicher Weise von Natur aus gegeben sind. Kann man die geschlechtliche Liebe »Sexus« und die Verliebtheit »Eros« nennen, so ist diese dritte Form der Liebe am besten mit »Philia« benannt. Das ist im Griechischen das Wort für Bruderliebe, stammt also ursprünglich aus dem Bereich der Blutsliebe. Schon bei Pythagoras und Heraklit wird dieses Wort aber auf den »Liebhaber der Weisheit«, den Philo-sophen, angewendet. Damit ist angedeutet, dass der Mensch die Kraft der Liebe nicht einfach nur so hinnehmen muss, wie sie von Natur in ihm auftritt, sondern dass er sie auf anderes und andere hinlenken kann. Damit erreicht die Liebe eine neue Stufe. Sie wird über die Natur hinausgehoben durch die Tat des Menschen. Jetzt muss der Mensch nicht mehr auf das Wetterereignis des Verliebens warten und dessen Eintreten oder Ausbleiben passiv hinnehmen, sondern er kann etwas tun, damit sich die Liebe einstellt.

Das klingt vielleicht zunächst merkwürdig, aber wir kennen alle diesen Vorgang. Er kann zum Beispiel so ablaufen: In der Schule, in der Ausbildung oder im Beruf werden wir veranlasst, uns mit einem Gegenstand zu beschäftigen, für den wir bis dahin keine besonderen Gefühle und Empfindungen gehabt haben. Wir beschäftigen uns ausführlich und intensiv zum Beispiel mit einem bestimmten Tier (gemeint ist eine Tierart, nicht ein einzelnes Tier), das zunächst gar nicht besonders auffällig erscheint. Je mehr wir aber von ihm erfahren, von seinem Körperbau, seinem Verhalten, seiner Lebensweise, desto mehr werden wir staunen und es entwickeln sich Gefühle diesem Tier gegenüber, die wir vorher nicht hatten. Es kann sogar zu so etwas wie einer persönlichen Beziehung zu diesem Tierwesen kommen – wir lernen es lieben. Und diese Erfahrung können wir sogar gegenüber leblosen Dingen wie Mineralien oder Kunstwerken machen: Je mehr wir uns mit ihnen beschäftigen, desto reicher werden unsere Gefühle ihnen gegenüber – wir lieben sie. Ja, wir können diese Erfahrung auch gegenüber Menschen machen, die uns von Natur aus nicht gerade sympathisch sind. Wenn wir als Pädagogen, als Therapeuten, als Nachbarn oder in einem Betrieb für andere tätig sind und diese Tätigkeit nicht nur als Erwerbsgelegenheit betrachten, sondern wirklich etwas für andere tun wollen, was ihnen in irgendeiner Weise förderlich und nützlich ist, so werden wir bemerken, dass unser Gefühlsverhältnis zu diesen

Menschen nach unserer Tätigkeit ein anderes ist als vor derselben. Wir haben etwas Freundesliebe zu ihm entwickelt.

Damit ist eine Liebe gekennzeichnet, die erst durch unsere Tätigkeit entsteht. Bei der Verliebtheit folgen auf natürlich auftretende Gefühle allerlei Handlungen. Bei dieser Liebe, die wir Philia nennen wollen, entstehen aufgrund von einer Tätigkeit für eine Sache oder ein Wesen positive, warme Gefühle für dieselben. Die Liebe ist also in beiden Fällen Gefühl und Tat, aber der Vorgang ist polar entgegengesetzt. Es ist wie in der Festkörperphysik: Ein Stoff, der vom Menschen hergestellt wird, kann bei identischer chemischer Zusammensetzung ganz verschiedene physikalische Eigenschaften haben, wenn der Prozess der Herstellung des Stoffes unterschiedlich ist.

Wer sich genauer damit beschäftigen will, wie man die Liebe als Kunst erlernen kann, der findet die Wege dazu klassisch beschrieben in dem Buch von Erich Fromm *Die Kunst des Liebens*. Dieses Buch ist so etwas wie das Alphabet. So wie man dieses lernen muss, um lesen zu können, so kann man dieses Buch als Fibel des Liebenlernens verwenden. Vielleicht gibt es auch andere Wege zum Lesenlernen – in anderen Sprachen und Schriften –, aber Fromms Buch ist für viele sicher der beste Weg, um diese große Kunst zu lernen.[368]

Die göttliche Liebe

Mit der Bruderliebe, der Philia, haben wir eine Form der Liebe charakterisiert, die nicht »aus dem Bauch« kommt, die auch nicht einfach durch einen Sinneseindruck, zum Beispiel einen schönen Körper, ausgelöst werden kann. Vielmehr muss das Denken diese Liebe vorbereiten. Wenn wir beispielsweise als Pädagogen einen schwierigen und vielleicht auch äußerlich hässlichen Schüler zu unterrichten haben, so stellen sich positive, liebevolle Empfindungen für ihn zumeist nicht von alleine ein. Wenn wir uns aber mit dem Schicksal dieses Kindes genauer beschäftigen, vielleicht erfahren, dass seine Hässlichkeit auf einem Geburtsschaden beruht und sein schwieriges Verhalten darauf zurückzuführen ist, dass er als Kind von seinen Eltern vernachlässigt und schwer misshandelt worden ist, so kann aus Mitgefühl und Einfühlungsvermögen und dann aus den positiven Taten, die wir für ihn zu vollbringen versuchen, allmählich ein Vertrauensverhältnis und eventuell eine Liebe werden, besonders, wenn der Schüler selber die

[368] Siehe auch P. Schellenbaum, a.a.O., und Mario Betti in: ders. u.a.: *Es ist nicht gut, dass der Mensch allein sei …*, S. 177 ff.

Bemühungen des Lehrers mit positiven Gefühlen beantwortet, weil er spürt, wie der Lehrer ihn annimmt, versteht und zu fördern sucht.

Wenn man sich solche Liebe gesteigert vorstellt, eine Liebe, die nichts für sich begehrt, sondern für das andere Wesen da sein und tätig sein und damit dieses andere Wesen in seinem Dasein bereichern und steigern will, so kommt man zuletzt, wenn man umfassend genug denkt, zu einer Vorstellung der göttlichen Liebe, die im Griechischen »Agape« genannt wird. Eine solche selbstlose und schöpferische Liebe kann für uns Menschen ein hohes Ziel sein. Damit ist nicht eine Selbstaufgabe gemeint, das Verleugnen der eigenen Individualität und Freiheit, denn eine solche kann gerade ein raffinierter Egoismus, eine masochistische Selbstquälerei oder eine symbiotische Liebe aus Schwäche sein. Diese Liebe kann nur die freie Tat eines souveränen Ich sein. Alles Zwanghafte und Künstliche, alles Belehrende und den anderen unfrei Machende fehlt ihr. Sie ist ein freilassendes Geschenk wie der Schein der Sonne, das wie dieser Leben weckend und fördernd wirkt.

Eine solche Liebe kann man auch eine göttliche oder Gottesliebe nennen, weil sie zunächst nicht uns Menschen eigen ist, sondern eine Eigenschaft und Tätigkeit Gottes darstellt. Denn »ER lässt seine Sonne aufgehen über die Bösen und über die Guten und lässt regnen über Gerechte und Ungerechte« (Matthäus 5,45). Diese Liebe ist auch dem Menschen als eine Möglichkeit zugedacht, als ein Ziel, auf das hin er sich entwickeln kann. Das besagt schon der Vers der Bergpredigt, der dem obigen Zitat vorangeht: »Liebet eure Feinde; segnet, die euch fluchen; tut wohl denen, die euch hassen; bittet für die, so euch beleidigen und verfolgen, auf dass ihr Söhne seid eures Vaters in den Himmeln« (Matthäus 5,44 f.). Hier wird für »lieben« im Griechischen das Wort »agapein« verwendet. Und es ist jedem deutlich, dass eine solche Liebe nicht von Natur aus vorhanden sein, sondern nur durch bewusste Bemühung errungen werden kann. Und es wird deutlich gesagt, dass der Mensch durch eine solche Liebe gottähnlich wird. Man braucht aber nicht an ein fernes, irreales Menschheitsziel zu denken, um sich eine solche Liebe vorzustellen, sondern man muss sich nur bewusst machen, wie manche Menschen in den Konzentrationslagern und im Gulag unter der extremsten Bedrohung ihrer Existenz die Erfahrung gemacht haben, dass sie fähig wurden, nicht nur Mitleid für ihre Peiniger zu empfinden, sondern sie sogar zu lieben.[369]

[369] Siehe zum Beispiel Viktor Frankl, … *trotzdem Ja zum Leben sagen*, München 1982, S. 65 und 138; Jacques Lusseyran, *Das wiedergefundene Licht*, S. 270 ff.; Laurens van der Post, *Die Nacht des neuen Mondes*, Berlin 1970, S. 107 ff.

Im Johannes-Evangelium ist am meisten von der Agape die Rede.[370] Als eine Art Zusammenfassung kann man empfinden, dass Jesus Christus diese Liebe als das neue Gebot, besser: das neue Ziel für den Menschen vorgibt (Johannes 15,12). »Wer meine Weltenziele kennt und in seinen Willen aufnimmt, der ist es, der mich wahrhaft liebt« (Johannes 14,21).

In den folgenden Abschnitten wollen wir diese vier Stufen der Liebe aus der Sicht der Anthroposophie beleuchten. Wem das überflüssig erscheint oder wer zu dieser Sichtweise keinen Zugang hat, der möge die folgenden Abschnitte überspringen und auf Seite 149 weiterlesen.

Die Liebe aus anthroposophischer Sicht

Wenn man die Liebe in ihren vielfältigen Erscheinungsformen betrachten will, kann man von der Erfahrung ausgehen und bei den natürlichen Formen beginnen, wie wir es in den vorangegangenen Abschnitten getan haben. Man kann aber auch einen anderen Weg gehen und nach dem Ursprung der Liebe fragen. Dann ergibt sich ein anderer Ausgangspunkt.

»Gott ist Liebe« heißt es im Neuen Testament (1. Johannes 4,8 und 4,16) in monumentaler Schlichtheit. Damit sind andere Attribute Gottes wie Allmacht und Weisheit (Allwissen) von vornherein als sekundär zu betrachten. Denn die Liebe ist etwas Größeres und Wirksameres als die Weisheit und die Macht, so notwendig diese auch für die Welt sind.[371] Und auch für den Menschen ist die Liebe der Möglichkeit nach das Höchste, was er entwickeln kann, weil sie allein ganz göttlich werden kann.[372] So ist auch die Liebe »der einzige wirkliche Weg zu Gott« für den Menschen.[373]

Diese göttliche Liebe ist der unerschöpfliche Quell alles Lebens in den geistigen Welten und erscheint in unserer Welt als das Licht.[374] »In diesem [dem göttlichen Logos] war das Leben und das Leben war das Licht der Menschen« (Johannes-Evangelium, Kap. 1,4). Im Sonnenlicht strömt ein Geistiges auf die Erde, und das ist die Liebe Gottes.[375] So sind Leben und Licht die beiden natürlichen Erscheinungsweisen Gottes in der Welt. Und im Menschen sind diese Grundkräfte zu Gliedern seines Wesens geworden. Die Liebe ist einerseits der Ursprung alles Lebens, die Grundkraft des

[370] Siehe Rudolf Frieling, *Agape – die göttliche Liebe im Johannes-Evangelium*
[371] R. Steiner, GA 143, S. 209, S. 216 und S. 224 ff. [372] Ebd., S. 225
[373] R. Steiner, GA 343, S. 400 [374] R. Steiner, GA 100, S. 51 und GA 127, S. 188
[375] R. Steiner, GA 103, S. 58

Ätherleibes als des Trägers des Lebens im Menschen,[376] und andererseits ist sie als Licht des Bewusstseins und als Sympathie die Grundkraft des Astralleibes, der Seele.[377] Letztlich umfasst die Liebe alle Wesensglieder, denn »der letzte Grund der Liebe liegt in dem geistdurchwebten Ich, das untertaucht in den menschlichen physischen und ätherischen Organismus. Und die Geistigkeit der Liebe erkennen heißt in einem gewissen Falle überhaupt den Geist erkennen. Wer die Liebe erkennt, erkennt auch den Geist. Aber er muss in der Erkenntnis der Liebe bis zu dem inneren Geisterlebnis der Liebe vordringen.«[378]

Die Liebe als Grundkraft des Ätherleibes

Schon in einem vergangenen Zustand der Erde haben im Licht der Sonne wirkende, erhabene »Geister der Liebe«, christlich: die Seraphim, in den damaligen Keim unseres heutigen Ätherleibes ihre Kraft strömen lassen und dadurch »die ersten Andeutungen einer Fortpflanzung« in den Menschenwesen bewirkt.[379] Das setzte sich fort, als nach der Geschlechtertrennung in der lemurischen Zeit die geistigen Wesen, die den Menschen führten und die Liebewesen waren, dem Menschen ihren eigenen Liebe-Charakter aufprägten und so die sinnliche Liebe – noch als unbewusster ätherischer Vorgang – entstand.[380] Sie war ein der Sympathie auf seelischer Ebene vergleichbarer Strom, ein Ausströmen von Lebenskraft zum anderen Wesen hin, aber noch kein bewusstes Erleben der Seele.

Man kann sagen: Die Substanz des Ätherleibes ist Liebe. Und wenn der Mensch aufhören könnte zu lieben, so würde er verdorren, schrumpfen und schließlich sterben.[381]

Vollständige Lieblosigkeit ist dem Menschen aber zum Glück unmöglich. Denn noch der schlimmste Geizhals, der sich in Misstrauen von allen Menschen abwendet und in seiner Selbstsucht isoliert, hat noch einen Rest von Liebe, mit dem er seine Seele nach außen wendet: Er liebt das Geld![382]

Eine Ahnung von dem Zusammenhang zwischen Liebe und Leben kann uns auch die Tatsache vermitteln, dass Kinder, die nicht individuell-persönlich geliebt werden, zum Beispiel weil sie keine konstante Bezugsperson haben, oft eine geringere Lebenserwartung haben als andere. In dieselbe Richtung weist die andere Tatsache, dass Menschen, die in einer stabilen Partner-

[376] R. Steiner, GA 97, S. 150 und GA 130, S. 174 f. [377] R. Steiner, GA 127, S. 188
[378] R. Steiner, GA 225, S. 154 [379] R. Steiner, GA 13, S. 179 [380] R. Steiner, GA 11, S. 83
[381] R. Steiner, GA 127, S. 188 und GA 130, S. 174 f. [382] R. Steiner, GA 130, S. 175

schaft sich geliebt fühlen, eine höhere Lebenserwartung haben als andere und Verheiratete gesünder sind als Alleinlebende.[383] Man kann also sagen: Liebe wirkt gesundend im Sinne einer Verstärkung der Lebenskraft.[384]

Die Liebe als Grundkraft der Seele

Die Grundsubstanz und das Urelement alles Seelischen ist Liebe.[385] Alle Seelenregungen sind modifizierte Liebe.[386] Aber nicht nur als Licht ist die Liebe die Grundkraft der Seele, sondern auch als Sympathie, als die Kraft des Ausströmens und der Verbindung mit dem anderen. Sympathie und Antipathie sind die beiden polaren Grundkräfte der Seele. Man kann sie auch die Liebe und den Egoismus nennen oder Liebe und Hass.[387] In der Liebe, der Sympathie, verströmt sich die Seele hinaus zu einem anderen Ding oder Wesen und verbindet sich mit ihm, und im Egoismus, in der Antipathie, der Selbstsucht sondert sich die Seele von anderem ab und verschließt sich in sich selbst. Das geschah, als sich nach der Geschlechtertrennung das Begehren oder Verlangen dem beginnenden Denken und Lieben beimischte.[388]

Die geschlechtliche Liebe

So begann die Liebe im Menschen nach der Geschlechtertrennung als ein dumpfer, in der Fortpflanzung wirkender Trieb,[389] der an das Blut gebunden war. Es liebte sich nur, was blutsverwand war.[390] Aus dieser niedrigsten, sinnlichen Form, die aus dem Begehren stammt, sollen und können alle anderen höheren Formen der Liebe sich entwickeln.[391] Die sinnliche Liebe ist – wie jeder sinnliche Genuss – der notwendige Umweg zum geistigen Genuss und zur geistigen Liebe.[392] Sie ist, als von der Sinnlichkeit durchtränkter Triebzustand, die in unserer Welt vorherrschende Form der Liebe.[393] Deshalb ist das, was wir Liebe zu einem anderen Menschen nennen, zumeist doch nur Eigenliebe. Denn wir lieben in dem Aufgehen im anderen eigentlich uns selbst.[394]

[383] Siehe A. Moir / D. Jessel, a.a.O., S. 151 und den Bericht in der *Welt* vom 30.4.1996 über die Dissertation von Inez Joung, Rotterdam [384] Siehe M.L. Moeller, a.a.O., S. 184 und H. Köhler, *Eros als Qualität des Verstehens*, S. 10 f. [385] R. Steiner, GA 65, S. 176
[386] R. Steiner, GA 120, S. 192 f.
[387] R. Steiner, GA 9, S. 100; GA 127, S. 188 und GA 115, S. 114 ff. [388] R. Steiner, GA 11, S. 82
[389] R. Steiner, GA 97, S. 151 [390] R. Steiner, GA 100, S. 148 f. [391] R. Steiner, GA 102, S. 102 ff.; GA 103, S. 94 ff.; GA 115, S. 114 ff.; GA 121, S. 94 ff. und GA 343, S. 396 f.
[392] R. Steiner, GA 94, S. 143 [393] R. Steiner, GA 227, S. 76
[394] R. Steiner, GA 96, S. 335; GA 145, S. 123; GA 186, S. 98 f. und GA 239, S. 212

Und dies bedeutet eine Erhöhung unserer Egoität, die uns wohltut.[395] Das gilt nicht nur für die geschlechtliche Liebe, sondern auch für jede natürliche Form der seelischen Liebe wie zum Beispiel die Verliebtheit.

Die blutsgebundene Liebe

Eine erste Umwandlung der geschlechtlichen Liebe ist die Mutterliebe.[396] Sie entspringt aus der physisch-ätherischen Verbindung von Mutter und Kind, ist eine Art von animalischem Instinkt, kann sich aber als seelische Kraft immer mehr von diesem Ursprung loslösen und vergeistigen.[397] Sie ist zugleich ein gutes Beispiel, wie die egoistische Liebe geläutert werden kann: durch die Ausweitung des Egoismus.[398] Wenn sich der Egoismus über die eigene Person hinaus erweitert, so ist das ein Weg zu seiner Überwindung.

Eine weitere Umwandlung der sinnlichen Liebe liegt in der Liebe vor, die sich auf der Grundlage der Blutsverwandtschaft schon in sehr alten Zeiten als seelische Liebe zu den Vorfahren, den Eltern und Verwandten gebildet hat.[399]

Verwandlungen der natürlichen Liebe durch die Kraft Christi

Die natürliche Liebe ist eine Leidenschaft, die wie die anderen Leidenschaften in der Seele, im Astralleib, ihren Ursprung hat. Sie ist, wie alle Leidenschaften, von Selbstsucht, von Egoismus durchsetzt. Aber sie ist die einzige Leidenschaft, die durch Veredelung frei von Egoismus werden kann.[400] Von solcher Veredelung soll im Folgenden die Rede sein.

Es gibt eine Kraft in der Menschenseele, die aus der Empfindungsseele als dumpfes, aber kraftvolles Urteil aufsteigen kann, bevor ein besonnenes Verstandesurteil möglich ist, und das ist der Zorn. Aus gerechtem Zorn kann durch Verwandlung Milde und wahre Liebe werden.[401] Eine andere Seelenkraft, die sich besonders in der vierten Kulturepoche gebildet hat, kann ebenfalls in Liebe verwandelt werden, wenn sie von wirklichem Interesse und von Verständnis geleitet wird, und das ist die Tapferkeit, der Starkmut.[402]

[395] R. Steiner, GA 343, S. 445 [396] R. Steiner, GA 119, S. 26 [397] R. Steiner, GA 99, S. 50
[398] R. Steiner, GA 145, S. 122 f. [399] R. Steiner, GA 103, S. 85 und GA 113, S. 178
[400] R. Steiner, GA 169, S. 87 [401] R. Steiner, GA 59, S. 30 ff.
[402] R. Steiner, GA 155, S. 104 ff. und 119 ff.

Ja, alles Wollen und Begehren kann sich allmählich heraufheben zum reinen Denken und sich als Liebestat individuell ausleben. Diesen Vorgang hat Rudolf Steiner in seiner *Philosophie der Freiheit* beschrieben. Die nicht zur Liebe gewandelten Begierden werden jedoch zur Beute ahrimanischer Wesen.[403]

Eine höhere Form der Liebe können wir erreichen, indem wir zusätzlich zu dem Verständnis eines anderen Wesens Mitgefühl mit ihm entwickeln und aus Wohlwollen und Verständnis für dieses Wesen handeln.[404]

Buddha war der Erste, der das Mitleid, das Mitgefühl und die Liebe zu allen Wesen unabhängig von der Blutsverwandtschaft lehrte und als Ideal der Menschenseele eingab, aber die Kraft zu solcher Liebe kam erst durch Christus in die Welt.[405] Die Lehre des Buddha von Mitleid und Liebe kann die Seele des Menschen erfüllen als Weisheit. Die Fähigkeit und die Kraft zur Liebe, die Christus den Menschen schenkt, ist eine Fähigkeit des Ich, aus Verständnis, Mitgefühl, Interesse und Wohlwollen für einen anderen Menschen tätig zu sein, auch wenn man weiß, dass man nichts dafür zurückerhält.[406] Christus brachte durch das Ich-Bewusstsein und mit dem Ich-Bewusstsein den Impuls der Liebe auf die Erde.[407] In dem Blut Christi, das auf Golgatha in die Erde floss, strömte auch die Kraft der allgemeinen Menschenliebe in die Erdenwelt, die den Egoismus, der der natürlichen Liebe immer beigemischt ist, überwinden kann.[408] Durch diese Kraft kann die Blutsliebe zur Bruderliebe werden.[409] Das ist im Evangelium angedeutet in den Worten Jesu vom Verlassen der Blutsverwandten (Matthäus 10,37;19,29; Markus 10,28; Lukas 14,26). Diese Kraft der geistigen Liebe, die der Christus gibt, ist das Zentrum, der Nerv des Christus-Impulses, der die Seelen und Ichs der Menschen, die um der Individualisierung willen getrennt worden sind, wieder zusammenführen kann.[410] Denn ohne diese neue Kraft geistiger Liebe verschwindet die an das Blut gebundene, natürliche Liebe allmählich aus der Menschheit und die Folge sind Hass und Streit, was schließlich für diejenigen, die die Kraft der Liebe Christi nicht in sich aufnehmen, in den Streit aller gegen alle mündet.[411] Diese Art von überströmender Liebe macht den Menschen nicht ärmer, sondern innerlich reicher,[412] deshalb ist ein Symbol für die wahre Liebe ein Wasserglas, das

[403] R. Steiner, GA 203, S. 315 [404] R. Steiner, GA 155, S. 121; GA 17, S. 58 ff. und GA 180, S. 26
[405] R. Steiner, GA 97, S. 54; GA 114, S. 191; GA 117, S. 21 und 108
[406] R. Steiner, GA 114, S. 192 ff. [407] R. Steiner, GA 116, S. 136 und GA 143, S. 209
[408] R. Steiner, GA 114, S. 220 [409] R. Steiner, GA 100, S. 153; GA 113, S. 178 und GA 117, S. 30 f.
[410] R. Steiner, GA 112, S. 99 und 117 [411] R. Steiner, GA 112, S. 204 ff.
[412] R. Steiner, GA 136, S. 55

man ausgießt und das trotzdem voller wird. Diese Vorstellung ist in der physischen Welt eine Unmöglichkeit, aber in Bezug auf wahre Liebe ist sie eine geistige Tatsache.[413]

Voraussetzungen und Wirkungen der Liebe

Wir haben schon bei der Betrachtung über die Geschlechtertrennung und ihre Folgen gesehen, dass die Entwicklung der Liebe nur dadurch möglich geworden ist, dass der Mensch vom Menschen getrennt wurde (Seite 98 ff.). Nur dadurch, dass wir uns von den Dingen der Welt unterscheiden, dass wir ein Eigenwesen sind, können wir lieben. Wenn wir in allen Dingen und Wesen um uns das Geistig-Wesenhafte zugleich wahrnehmen würden, dann würden wir von alleine seelisch zu diesem Wesenhaften hinüberfließen und keine Individualität sein können. Wir wären ungetrennt von der geistigen Welt, von Gott. Wir wären »im Paradies«, könnten aber nicht lieben.[414] Nur ein selbständiges Wesen, das ein wirkliches Selbstbewusstsein hat, kann lieben. Die Hand kann den Organismus, mit dem sie verbunden ist, nicht lieben. Deshalb musste der Mensch von geistigen Wesen und von seinesgleichen abgetrennt und selbständig werden, damit er liebefähig würde.[415] Diese Abtrennung geschah in einer ersten Stufe in der lemurischen Zeit, in welcher der Mensch geistig von der göttlichen Welt und leiblich in Mann und Frau getrennt wurde. Die seelische Individualisierung begann in der Mitte der atlantischen Zeit und reicht bis in die Gegenwart. In dieser Zeit konnte die Liebe noch nicht eine freie Tat, sondern musste noch als Blutsverwandtenliebe an die Naturgegebenheit des Blutes gebunden sein.[416]

Die luziferischen Geister haben den Menschen durch die Auflösung der Gruppenseelen zu einer gewissen Freiheit und damit auch zur Liebesfähigkeit verholfen, aber erst durch Christus kann der Mensch die Kraft der Liebe als freie Gabe von Ich zu Ich erlangen.[417] In der Gegenwart und Zukunft kann es keinen Zwang zur Liebe geben wie zur Zeit der Blutsliebe, sondern die wahre Liebe kann nur aus der Freiheit des Ich geschenkt werden. Ohne die Kraft der wahren Liebe wird sich das Ich allerdings so in Egoismus verhärten, dass der Krieg des Einzelnen gegen den Einzelnen die Folge sein muss.[418] Liebe und Freiheit gehö-

[413] R. Steiner, GA 150, S. 61 [414] R. Steiner, GA 205, S. 119
[415] R. Steiner, GA 100, S. 211; GA 103, S. 55 und GA 105, S. 133
[416] R. Steiner, GA 103, S. 85 [417] Ebd.; GA 105, S. 133 ff. und GA 112, S. 99
[418] R. Steiner, GA 104, S. 157 f.

ren zusammen wie zwei Pole, denn ohne Freiheit ist die Liebe in Zukunft gar nicht möglich, wenn die Kräfte der Blutsliebe nicht mehr wirken; und ohne Liebe führt die Freiheit zum Streit.[419] Und beiden, Liebe und Freiheit, verdanken wir die Möglichkeit, zwischen Gut und Böse wählen zu können.[420]

Eine unfreie Form der Liebe entsteht, wenn wir einen anderen Menschen deswegen lieben, weil wir ihn brauchen. Am deutlichsten und problematischsten erscheint diese Form der Liebe in dem Satz: »Ich kann ohne dich nicht leben« oder sogar in der erpresserischen Form: »Wenn du mich nicht liebst, bringe ich mich um.« In einer milderen Form lebt diese Liebe in uns allen, weil wir von anderen Menschen abhängig sind und sie zu unserem Dasein brauchen. Aber diese Liebe ist durchsetzt von Egoismus; sie entspringt seelischer Armut und Schwäche und führt auch immer dazu, dass man leidet.[421] Die Ursache der Liebe liegt dabei nicht in dem geliebten Wesen, sondern in einem selbst, und solche Liebe ist dem Einfluss Luzifers ausgesetzt.[422]

Eine freie, selbstlose Art der Liebe entsteht nur, wenn wir den anderen Menschen nicht »brauchen«, wenn wir ihn auch entbehren können. Dann lieben wir ihn um seiner selbst willen und nicht um unseretwillen. Eine solche Liebe erfordert eine starke Persönlichkeit und ist nur möglich aus einem wahren Verständnis des anderen Menschen heraus. Der Mensch, der so liebt, verliert nichts, wenn er von dem anderen verlassen wird.[423] Diese Liebe hat ihre Ursache nicht in dem Liebenden, sondern nur in dem geliebten Wesen und ist frei von Egoismus und dem Einfluss Luzifers.[424]

Wir kennen den Unterschied zwischen diesen beiden Formen der Liebe sehr gut. Denn jeder, der einmal in der Art geliebt worden ist, dass der andere sagte: »Ich kann ohne dich nicht leben«, weiß, dass man solche Liebe auf die Dauer nicht ertragen kann. Sie ruft das Gegenteil von Liebe hervor, sie provoziert Angst, Aggression und Fluchtgedanken. Man kann dies auch an Jugendlichen beobachten, die von ihren Eltern, häufig von der Mutter, mit einer seelischen »Klammergeste« geliebt und nicht wirklich freigelassen werden. Auch die so genannte symbiotische Liebe gehört zu dieser Art.[425]

Die Liebe kann nur dann positiv sein und wirken, wenn sie mit weiser Lebensführung und weisheitsvoller Einsicht in die Verhältnisse des Lebens verbunden ist.[426] Liebe ohne Weisheit kann schädlich wirken, zum Beispiel in der Erziehung, wenn ein Lehrer oder eine Mutter dem Kind alles durchgehen

[419] R. Steiner, GA 110, S. 173 [420] R. Steiner, GA 104, S. 235 [421] R. Steiner, GA 96, S. 335 f.
[422] R. Steiner, GA 147, S. 39 [423] R. Steiner, GA 96, S. 336 [424] R. Steiner, GA 147, S. 39
[425] Siehe Erich Fromm, *Die Kunst des Liebens*, S. 37 ff.
[426] R. Steiner, GA 135, S. 76 f.

und auf eine Untat keine Strafe folgen lässt.[427] So gehören Liebe und Weisheit genauso zusammen wie Liebe und Freiheit. Und nur die von Weisheit erleuchtete Liebe kann auch die sozialen Probleme lösen.[428] In diesen Bereich gehört auch die Einsicht, dass Liebe nicht heißt, zu allem, was von dem anderen kommt, Ja zu sagen.[429]

So ist die Liebe das freiwillige Hinüberleben der Seele in die Seele eines anderen Wesens durch Mitgefühl, durch Verständnis und Interesse.[430] Damit umfasst die Liebe alle drei Seelenkräfte: Aus der freien, willentlichen Zuwendung (Wollen) – und nur das ist Interesse – entwickelt sich das Verständnis für das andere Wesen (Denken), und aus dem Verständnis erwächst das Mit-»Gefühl«. Wieder sehen wir, dass die Liebe als Kulturtat, als Kunst, nicht mit dem Gefühl beginnt wie die natürliche Verliebtheit, bei der auf den Gefühlszustand Verständnis und ein bestimmtes Verhalten folgen, sondern dass sie mit einem bewussten Willensakt (Interesse) beginnt, auf den Verständnis und Mitgefühl folgen. Man sollte nicht meinen, die Liebe werde stärker, wenn man seinen Mitmenschen gut »kennt«. In dem Satz: »Ich kenne dich!« liegt etwas, das die Liebe tötet. Aber wenn der Mensch den anderen Menschen als ein heiliges Rätsel empfindet, das er auch dann nicht ergründen kann, wenn er ihn schon lange »kennt«, dann wird die Liebe erhöht.[431]

Die Liebe umfasst also alle drei Seelenkräfte, Denken, Fühlen und Wollen. Aber diese drei Seelenkräfte müssen wir in ihrem Zusammenwirken in ein Gleichgewicht bringen, damit etwas produktiv Neues, die Liebe, erzeugt werden kann, die der Sinn der ganzen Erdenentwicklung ist.[432]

Eine solche allgemeine Menschenliebe, die auf einem wirklichen Verständnis des anderen beruht, kann der Mensch nur entwickeln, wenn er im Schlaf mit seinem Ich in die geistigen Dinge und Vorgänge des Kosmos untertaucht und im vorgeburtlichen Leben in der rechten Weise mit den Wesen der höheren Hierarchien zusammengelebt hat, weil ihm nur aus diesem Zusammenleben die Kraft zu solcher Liebe erwächst.[433] Indem wir im Leben zwischen Tod und neuer Geburt in der geistigen Welt mit den Wesen der höheren Hierarchien eins werden, erlangen wir die Fähigkeit, auf der Erde lieben zu können, und damit die Möglichkeit zur Moralität.[434] Denn die Liebe ist die Grundlage des sittlich-moralischen Lebens der Menschen.[435]

[427] R. Steiner, GA 117, S. 28 f. [428] R. Steiner, GA 127, S. 189 [429] Siehe P. Schellenbaum, *Das Nein in der Liebe* [430] R. Steiner, GA 136, S. 65 f. und GA 155, S. 120 f. [431] R. Steiner, GA 140, S. 81 [432] R. Steiner, GA 121, S. 94 ff. Siehe auch das Kapitel »Die Erde soll ein Kosmos der Liebe werden«, Seite 147 f. in diesem Buch [433] R. Steiner, GA 225, S. 151; GA 227, S. 75 f. und GA 219, S. 61 ff. [434] R. Steiner, GA 218, S. 269 f. und 318 [435] R. Steiner, GA 147, S. 39

Die Wirkung einer selbstlosen, aus der Stärke des Ich frei geschenkten Liebe ist für den so Liebenden ein Quell der Freude und Befriedigung.[436] Aber diese Liebe stärkt nicht nur seine Seele, sondern auch seine Lebenskräfte, seinen Ätherleib, und sie wird in ferner Zukunft dahin führen, dass der Mensch nicht nur im Anorganischen schöpferisch tätig sein, sondern auch die Kräfte des Lebendigen bemeistern kann.[437] Die Liebe, die ihren Quell in dem Geliebten hat, die um seiner Eigenschaften und Merkmale willen da ist, ist vor dem Zugriff der Widersacher geschützt und stellt gleichzeitig eine gute Vorbereitung auf dem Weg zu höherer, geistiger Erkenntnis dar.[438]

In alten Zeiten hatte die an das Blut gebundene Liebe auch die Kraft, auf einen anderen Menschen heilend zu wirken. Psychische Heilungen, die damals leichter möglich waren als heute, beruhen auf dieser Kraft. In Zukunft kann die Liebe dadurch, dass der Mensch den Christus-Impuls aufnimmt, die Kraft zu solchen Heilungen wiedergewinnen.[439] Ja, in einer fernen Zukunft wird die Kraft der selbstlosen Liebe sogar Einfluss auf Maschinen haben, die nicht funktionieren, wenn egoistische Menschen sie zu bedienen versuchen.[440]

Im nachtodlichen Dasein hat die auf Erden gelebte Liebe die Folge, dass die Seele in der fünften Region der Seelenwelt, der so genannten Merkursphäre, nicht einsam zu sein braucht, sondern ein geselliges Wesen sein kann, das mit anderen Seelen- und Geistwesen Gemeinschaft pflegen kann.[441] Auch die Mutterliebe, die zunächst einen durchaus animalischen Charakter hat, sich aber zur seelischen und geistigen Liebe weiterentwickeln kann, bewirkt im nachtodlichen Dasein seelische Verbundenheit.[442] Und die Liebe, die wir als Lebende den Verstorbenen entgegenbringen, indem wir uns ihrer erinnernd beispielsweise für sie beten oder ihnen geistige Inhalte »vorlesen«, die bedeutet für den Verstorbenen eine Erleichterung in seinem Dasein.[443] Und für den Liebenden selbst hat solche selbstlose Liebe in einem nächsten Leben die Folge, dass er einen physischen Leib bekommt, der sich lange jugendlich erhalten wird.[444]

Wirkliche Taten selbstloser Liebe suchen aber zunächst nicht ihren Ausgleich im nächsten Leben. »Die einzigen Handlungen, von denen wir in der Zukunft nichts haben, sind diejenigen, die wir aus echter, wahrer Liebe tun.« Sie dienen nicht unserer persönlichen Vervollkommnung, sondern tragen Schulden aus der Vergangenheit ab.[445] Wenn wir Taten der Liebe tun, so pro-

[436] R. Steiner, GA 96, S. 336 [437] R. Steiner, GA 127, S. 241 und GA 93, S. 277 f.
[438] R. Steiner, GA 147, S. 143 f. [439] R. Steiner, GA 112, S. 159 f. und GA 120, S. 195
[440] R. Steiner, GA 93, S. 286 [441] R. Steiner, GA 9, S. 103 f. und GA 140, S. 68 f.
[442] R. Steiner, GA 119, S. 26 [443] R. Steiner, GA 140, S. 329 [444] R. Steiner, GA 99, S. 64
[445] R. Steiner, GA 143, S. 206 ff.

fitiert nicht unser Egoismus, aber die Welt hat umso mehr davon. »Die Liebe ist für die Welt dasjenige, was die Sonne für das äußere Leben ist. Es würden keine Seelen mehr gedeihen können, wenn die Liebe weg wäre von der Welt. Die Liebe ist die moralische Sonne der Welt.«[446] Denn die Liebe ist nicht nur im Sinnlichen, sondern auch im Geistigen das schöpferische Prinzip.[447]

Die wichtigsten Aspekte der Wirkungen einer selbstlosen Liebe liegen in deren Bedeutung für die Wesen der geistigen Welt. Wir haben auf Seite 99 f. bereits gesehen, dass schon die primitivste Form der sinnlichen Liebe in ihrer ersten Gestalt seit der lemurischen Zeit eine Nahrung der Götter gewesen ist. So ist auch die natürliche, an das Blut gebundene seelische Liebe eine Nahrung der Götter.[448] Und erst recht bedeutet die geistige, vom Blut unabhängige Liebe nicht nur etwas für uns und unsere Mitmenschen, sondern auch für den Christus selbst. Das Wort Christi: »Was ihr getan habt einem meiner geringsten Brüder, das habt ihr mir getan« (Matthäus 25,40) ist ganz wörtlich zu verstehen: Wir tun durch Taten der Liebe etwas für Christus, wir bereiten seinem Wesen eine Hülle vergleichbar unserem Lebensleib, wir fügen seiner Lebensmöglichkeit etwas ein.[449] Alles, was wir aus wahrer Liebe an Kulturtaten vollbringen, wird für die Wesen der geistigen Welt ein Opfer sein, durch das auch die Widersachermächte, die sich um der Entwicklung des Menschen willen geopfert haben, wieder erlöst werden können.[450]

Liebe und Erkenntnis

Die eine Quelle der selbstlosen, geistigen Liebe ist das Christus-Wesen. Die andere ist eine Weisheit, die aus Geist-Erkenntnis erwächst. Eine rein intellektuelle Erkenntnis, die nur sinnlich-materielle Tatsachen gelten lässt, ist keine Weisheit, und aus ihr kann keine Liebe erwachsen, denn sie kann weder Seelisches noch Geistiges, also keine Wesen verstehen. Verständnis des Wesens ist aber die Voraussetzung von Liebe, wie wir gesehen haben. Weil nun Geist-Erkenntnis bestrebt ist, in aller Wirklichkeit den Geist und damit Wesenhaftes zu erkennen, bewirkt sie in umfassender Weise Verständnis für alle Bereiche des Daseins und für alle Wesen. Und wenn wir solche Weisheit verinnerlichen, d.h. mit unserem Ich verbinden, wird sie zum Keim der Liebe. »Weisheit ist die Vorbedingung der Liebe; Liebe ist das Ergebnis der im ›Ich‹ wiedergeborenen Weisheit.«[451]

[446] Ebd., S. 206 [447] Ebd., S. 207 und 209 [448] R. Steiner, GA 105, S. 146 f.
[449] R. Steiner, GA 133, S. 112 ff. [450] R. Steiner, GA 120, S. 221 ff. [451] R. Steiner, GA 13, S. 416

Rudolf Steiner war davon überzeugt, dass alle Erkenntnis, auch Geist-Erkenntnis, so klar und einleuchtend werden kann wie die mathematische Wahrheit, dass zwei mal zwei vier ist. Und wie es über solche mathematischen Wahrheiten keinen Streit geben kann, so wird alle Erkenntnis, die diesen Grad der Klarheit erreicht, den Streit zwischen Menschen überwinden und Liebe und Frieden bewirken.[452] Und die Frage, ob eine Erkenntnis die Liebesfähigkeit erhöht oder nicht, ist geradezu ein Prüfstein dafür, ob wahre Geist-Erkenntnis vorliegt und ob sie in rechter Weise aufgenommen wird. Wenn die Geist-Erkenntnis also nicht nur mit dem Denken, sondern auch mit dem Herzen erfasst wird, so erwächst aus der spirituellen Wahrheit eine Liebe, die das Beste ist, was die Anthroposophie dem Menschen geben kann.[453]

Indem wir geistige Inhalte in unser Denken aufnehmen, erweitern wir unser Ich. In der Bewusstseinsseele keimt dadurch das Geistselbst.[454] Die große Zeit, in der sich in der Menschheit das Geistselbst entwickeln soll, ist die sechste nachatlantische Kulturepoche, die auf unsere fünfte Epoche folgen wird. Es ist die Zeit, in der die Saat des Christus aufgehen soll, in der die allgemeine Menschenliebe aus der Kraft Christi sich so entwickelt haben soll, dass sie kulturbildend geworden ist.[455] Deshalb trägt diese Kulturepoche auch den Namen »Philadelphia«, Bruderliebe, weil in ihr die Frucht der Geist-Erkenntnis als allgemeine Menschenliebe aus der Kraft Christi zur Erscheinung kommen soll.[456] Diese Kulturepoche soll durch die Geist-Erkenntnis, wie sie in der Anthroposophie gegeben ist, vorbereitet werden.[457]

So kann Erkenntnis zum Keim der Liebe werden. Aber es gilt auch die Umkehrung: Liebe führt zu wahrer Erkenntnis. Die egoistische Liebe, die ihren Grund nicht im geliebten Wesen, sondern in uns selber hat, auf die Luzifer Einfluss nimmt und die deshalb zu Problemen und Leid führt, solange sie auf Sinnliches gerichtet ist, sie hat ihre volle Berechtigung und ist sogar notwendig, wenn sie als Sehnsucht, als Drang nach Erkenntnis auf die geistige Welt gerichtet wird.[458] Denn in jeder Menschenseele lebt dieser Drang nach der geistigen Welt, wenn auch nicht immer bewusst. Wenn dieser Drang aber betäubt und unterdrückt wird, so führt er in der anderen Richtung zur Perversion der sinnlichen Liebe in abscheulichen Abnormitäten.[459]

[452] R. Steiner, GA 99, S. 140; GA 114, S. 224; GA 119, S. 273 f. und GA 134, S. 119
[453] R. Steiner, GA 138, S. 132; GA 141, S. 169 und GA 181, S. 27 [454] R. Steiner, GA 9, S. 51 ff.
[455] R. Steiner, GA 103, S. 185 f. und 190 f. [456] R. Steiner, GA 104, S. 28, S. 85 und S. 158 ff.
[457] R. Steiner, GA 130, S. 196 [458] R. Steiner, GA 17, S. 69 f. und GA 147, S. 39 f.
[459] R. Steiner, GA 147, S. 42 f.

Das Geistige ist uns aber zunächst unbekannt. Bevor wir es erkennen können, müssen wir Liebe zu dem uns unbekannten Übersinnlichen entwickeln und dazu Ergebenheit in das Unbekannte. Beides zusammen ist Andacht. Und diese ist die Voraussetzung für das Erkennen des Übersinnlichen.[460]

Aber nicht nur am Anfang der Erkenntnis ist Liebe notwendig, sondern auch auf einer höheren Stufe der Geist-Erkenntnis, wenn der Geistesschüler von der inspirierten Erkenntnis zur intuitiven aufsteigen will. Dann muss er die Liebe zu einer Erkenntniskraft machen.[461] Dazu muss die Liebe zu einem Menschen sich ausweiten auf alle Menschen, dann auf alle Wesen und Vorgänge der Natur durch das Verständnis dieser Wesen, durch das Mitfühlen und Mitwollen mit diesen Wesen. Auf diesem Weg wird die höchste Stufe geistiger Erkenntnis, die Intuition erlangt.[462] Eine solche aus selbstloser Liebe gebildete Erkenntniskraft ist notwendig, um in vergangene Erdenleben schauen zu können.[463] Und für das Verständnis des Mysteriums von Golgatha, der Tat Christi, ist eine von Liebe durchströmte Weisheit notwendig. Denn diese Tat hat selbst Weisheit und Liebe miteinander verbunden und damit dem Menschen die Kraft gebracht, die Selbstsucht und das Böse zu überwinden.[464]

Die Erde soll ein Kosmos der Liebe werden

In den vorigen Abschnitten haben wir schon gesehen, dass die Liebe aus anthroposophischer Sicht nicht bloß ein schönes subjektives Gefühl ist, sondern eine Bedeutung hat, die weit über den Menschen hinausgeht. In seiner *Geheimwissenschaft* hat Rudolf Steiner die Entwicklung der Erde und des Menschen so geschildert, dass die Entwicklung der Liebe den eigentlichen Sinn der Erde darstellt. So wie durch das Walten der geistigen Wesen unsere Welt von Weisheit durchdrungen ist, die in allen Naturwesen und -prozessen wirkt, so soll dadurch, dass der Mensch die Liebe im umfassenden Sinn entwickelt, die Erde durchdrungen werden mit Liebe, die zu einer in allen Naturerscheinungen wirkenden Kraft werden soll. Auf diese Weise wird die Erde ein »Kosmos der Liebe« werden und ihre Bestimmung erreichen.[465] Alle sinnliche und seelische Liebe ist nur eine Vorstufe jener geistigen Liebe, die einst in dem künftigen Erdenzustand des Jupiter aus allen Wesen »herausduf-

[460] R. Steiner, GA 59, S. 88 f. [461] R. Steiner, GA 234, S. 99 f. und GA 227, S. 76
[462] R. Steiner, GA 227, S. 50 ff. [463] R. Steiner, GA 239, S. 212 und GA 319, S. 152 ff.
[464] R. Steiner, GA 143, S. 212 f.
[465] R. Steiner, GA 13, S. 415 f.; GA 100, S. 211; GA 103, S. 53 und GA 120, S. 193

ten« wird.[466] Ja, es ist die Kraft der geistigen Liebe selbst, durch die die Materie unserer Welt wieder aufgelöst werden wird, um einen neuen Erdenzustand zu ermöglichen. Wie das Wasser das Salz auflöst, so wird die Liebe die Materie auflösen.[467]

Aus allem Vorhergehenden ist wohl deutlich geworden, dass die Liebe zwischen Mann und Frau nur eine Spezialisierung der allgemeinen Liebe ist,[468] die aber für unsere weitere Betrachtung eine wesentliche Rolle spielt. Bevor wir im übernächsten Kapitel sehen werden, wie das in den vorangegangenen drei Kapiteln Dargestellte in eine zukünftige Ehe-Idee eingebracht werden kann, wollen wir im nächsten Kapitel betrachten, wie sowohl alte Leitbilder und Vorstellungen wie auch paradoxe Strebungen in der Seele des modernen Menschen problematisch für die Ehe sind und welche Alternativen zur lebenslangen Einehe in den letzten Jahrzehnten teilweise gewählt wurden.

[466] R. Steiner, GA 102, S. 102 ff. und GA 104, S. 144 ff.
[467] R. Steiner, GA 104, S. 166 f. und GA 130, S. 73 [468] R. Steiner, GA 303, S. 243

Alte Leitbilder – moderne Strebungen – bisher versuchte Auswege

Alte Leitbilder

Die »bessere« Hälfte

Es ist vielleicht deutlich geworden, dass die natürliche Liebe, die Verliebtheit, kein ausreichendes Fundament für eine dauernde Lebensgemeinschaft sein kann. Dazu ist diese Form der Liebe zu unbeständig, wie wir gesehen haben. Deshalb hat es zu allen Zeiten Leitbilder für das Zusammenleben von Mann und Frau gegeben, die in Gesetzen, Sitten und Gebräuchen Ausdruck gefunden haben.

Eines dieser Leitbilder stammt aus dem Dialog *Das Gastmahl* von Plato, von dem schon auf Seite 93 die Rede war. Plato schildert in diesem Dialog, wie der ursprünglich zweigeschlechtliche Mensch von Zeus in Mann und Frau geteilt wurde und wie deshalb seither die beiden Hälften, die Geschlechter, aus Sehnsucht nach der verlorenen Einheit ihre verlorene Hälfte suchen, um sich mit ihr zu vereinigen. Dieses Streben ist der Eros, die natürliche Liebe.

Dieser Mythos sitzt auch dem modernen Menschen tief in der Seele. Denn fast jeder Mensch ist davon überzeugt, dass es für ihn einen »passenden« Partner gibt, den es nur zu finden gilt. Das drückt sich in volkstümlichen Redewendungen (»Auf jedes Töpfchen passt ein Deckelchen«) oder in galanten Redeweisen über den Partner (»Meine zweifellos bessere Hälfte«) aus. Was aber heißt »passend«?

Wenn man mehrere Tassen zu Boden wirft, so zerspringen sie in viele Einzelteile. Mit etwas Geduld lassen sich alle Teile wie ein Puzzle wieder zusammenfügen und eventuell auch wieder zusammenkleben. Jedenfalls kann man genau sagen, welche Teile zusammengehören, weil sie exakt zusammenpassen. Der Grund dafür liegt darin, dass die Teile tatsächlich ursprünglich genau so in der Tasse angeordnet waren, und darin, dass keine Tasse genau so in Stücke zerfällt wie die andere, wenn sie zerschellt.

In dieser Weise darf man sich die Teilung des Menschen in die Geschlechter nicht vorstellen, denn der Mensch ist nicht einfach ein materieller Gegenstand, der in eindeutige Teile zerfallen kann. Der Mythos, den Plato erzählt, ist auch nicht in Bezug auf den einzelnen Menschen zu deuten, sondern auf die menschliche Natur, wie wir im Kapitel »Die Trennung in die Geschlechter« (Seite 93 ff.) gesehen haben. Deshalb gibt es keinen von Natur aus »passenden« Partner, auch wenn wir uns nach einem solchen sehnen. Diese Sehnsucht beruht auf einer Illusion, die zusätzlich noch dadurch gefördert wird, dass in vielen Begegnungen von Menschen das Gefühl der tiefen Vertrautheit und Verbundenheit auftritt. Das aber ist anders zu deuten, wie wir im Kapitel »Der ›karmische Inzest‹« (Seite 213 ff.) sehen werden.

Es liegt auf der Hand, dass ein solches Leitbild, das dazu noch die Kraft des bildhaften Mythos besitzt, zu großen Schwierigkeiten führt. Denn es täuscht die Seele über die Notwendigkeit hinweg, die Ehe als Kulturtat anzusehen und zu gestalten. Und es überfordert die Partner mit der Erwartung des anderen, »passend« zu sein, die niemand erfüllen kann. Deshalb führt dieses illusionäre Leitbild notwendigerweise zu schweren Enttäuschungen.

Der »Hafen« der Ehe

Zu den verheerenden Leitbildern aus der Vergangenheit gehört das Wort vom »Hafen der Ehe«, in den man mit der Eheschließung einlaufe. Auch dieses Wort wirkt tief in die Seele, weil es bildhaft ist und mächtige Assoziationen und Gefühle anregt. Es geht davon aus, dass der bisher Unverheiratete – natürlich nur der Mann – auf den Wogen des Lebens und der Liebe schon einiges an Stürmen und Abenteuern hinter sich hat, und es bringt in bildhafter Form zum Ausdruck, dass es mit diesen Abenteuern und mit der damit verbundenen Bewegung nun Schluss sein muss: Das Schiff liegt nun wohlvertäut am Kai, von Molen vor der Brandung des Meeres geschützt, bei guter Versorgung und Entsorgung im ruhigen Hafen, und schaukelt nur noch sachte hin und her. Es gibt für dieses Schiff keine Gefahren, aber auch keine Aufgabe mehr. Denn ein Schiff, das auf Dauer im Hafen liegt, verfehlt seine eigentliche Bestimmung. Es kann höchstens noch ein Museum werden.

Man kann dieses Bildwort für die Ehe eine Anti-Imagination nennen. Denn das Gegenteil von dem, was es aussagt, ist die Wirklichkeit: Wer heute eine Ehe eingeht – auch ohne Standesamt und Kirche –, der gleicht jemandem, der sich ein Schiff nimmt, ohne dessen Seetüchtigkeit beurteilen und prüfen zu können, das aber einen Ruderschaden hat, dessen Takelage mangelhaft und dessen Bootsplanken morsch sind. Derjenige, der mit dem Schiff fahren will, hat keine Ahnung von Wetter- und Sternkunde, keinen Kompass und keine Seekarte, kaum Proviant. Denjenigen, den er mitnimmt, hat er nur nach Sympathie und gutem Aussehen ausgesucht – einschlägige Kenntnisse und Fähigkeiten hat auch der Partner nicht, und beide wissen nicht einmal, wohin die Reise gehen soll! Dass eine solche »Expedition« schiefgehen wird, leuchtet jedem ein. Es ist nur die Frage, wann und wie die Reise abgebrochen werden muss.

Auch das Bildwort »unter die Haube kommen«, das besonders für die Verehelichung einer Frau benutzt wurde, ist eine solche Anti-Imagination. Denn es suggeriert Schutz und Geborgenheit, während die Ehe heute eine mächtige Herausforderung, ein Abenteuer darstellt. Nena und George O'Neill haben diese Erwartungen an die Institution Ehe in ihrem Buch *Die offene Ehe*[469] als Illusion gekennzeichnet.

In den Bildworten von Hafen und Haube wird auch deutlich, dass die Ehe häufig nur als Versorgungsstation angesehen wird, als ein Ort der gegenseitigen Befriedigung leiblicher Bedürfnisse und seelischer Wünsche. Davon wird im nächsten Kapitel (Seite 162 ff.) noch die Rede sein.

Ehe als Flucht

Man kann oft den Eindruck haben, dass besonders junge Frauen in eine Ehe fliehen. Möglicherweise sehen sie keinen anderen Weg, dem Elternhaus zu entkommen. Manche haben auch keine wirkliche Nestwärme in der Kindheit erlebt und erhoffen sie sich nun in der Ehe. Sie fliehen vor der Kälte, die sie in ihrer Familie erlebt haben, und suchen die vermisste Wärme bei einem Lebenspartner. Oder sie haben in der Kindheit ihren Vater nicht stark genug als solchen erlebt und suchen in dem Partner eigentlich einen Ersatzvater. Das liegt häufig zugrunde, wenn der Partner wesentlich, d.h. mehr als sieben Jahre älter ist.

Dabei kann man häufig beobachten, dass dem starken Wunsch nach der bisher vermissten Wärme und Geborgenheit ein ebenso starker Wunsch nach Freiheit und Eigenständigkeit entgegensteht. Wenn dieser nicht sofort in Erscheinung tritt, so ist er nur überdeckt und wird sich nach einigen Jahren umso deutlicher geltend machen. Es ist leicht einzusehen, dass eine Ehe mit solchen Voraussetzungen nicht gelingen kann. Denn auf Dauer kann kein Mann Vater und Partner zugleich sein. Dasselbe gilt natürlich auch, wenn ein Mann in der Ehe in erster Linie eine Mutter sucht. Dann kann er seiner Frau

[469] Reinbek 1975, S. 47

kein Partner sein. Solche Konstellationen führen in eine symbiotische Beziehung, die entweder zerbricht oder in eine dauernde Quälerei führt. Partnerschaftliche und damit moderne Lebensgemeinschaften können solche Ehen nur selten werden, und dann auch nur mit Hilfe Dritter und nur durch Krisen, Umbrüche und mit großen Anstrengungen.

Es gibt auch Ehen, die geschlossen werden, weil die junge Frau Angst hat vor einer Berufsausbildung, einer Prüfung oder der Ausübung eines Berufes. Auch dann wird die Ehe als Fluchtmöglichkeit benutzt. In solchen Fällen bleibt meistens eine tiefe Unzufriedenheit zurück, das Gefühl, etwas verpasst zu haben, was das eheliche Seelenklima vergiften kann. Jedenfalls kann man sagen, dass es eine schlechte Grundlage für eine partnerschaftliche Lebensgemeinschaft ist, wenn diese zu einer Flucht vor anderen biographischen Notwendigkeiten instrumentalisiert worden ist.

Die Ehe als vorherbestimmtes Schicksal

Manche Menschen leben in der Überzeugung oder aber in dem Gefühl, dass die Ehe mit einem bestimmten Partner ein vorherbestimmtes Schicksal oder die Folge eines vorgeburtlichen Entschlusses sei. Wenn diese Meinung vorhanden ist, so sitzt sie meistens sehr tief und fest in der Seele. Das ist auch verständlich, weil die Begegnung zweier Menschen oft den Charakter des Wiedersehens in sich trägt und weil – wie Rudolf Steiner oft erwähnt hat – die Kinderseelen die Seelen ihrer Eltern zusammenführen.[470]

Oft wird diese Anschauung von manchen Menschen sogar angeführt, wenn ohne ihren bewussten Willen ein Kind gezeugt worden ist. Dann sagen sie: Das Kind wollte eben geboren werden. Damit wird die Verantwortung für das Dasein des Kindes auf dieses abgewälzt. Auf diese Weise tut man aber heute einem Kind Unrecht. Denn wir leben nicht mehr in der Zeit, wo die Zeugung in völliger Unbewusstheit vor sich ging und ein Kind allein von geistigen Wesen geleitet geboren wurde. Ein Kind kann nur geboren werden, wenn sich zwei Menschen entsprechend verhalten. Und in den Zeiten allgemeiner sexueller Aufklärung und der Verfügbarkeit von wirksamen Verhütungsmitteln kann niemandem die Verantwortung für sein Tun abgenommen und auf einen anderen übertragen werden, auch nicht auf das Kind. Außerdem ist es heute kein hinreichender Grund mehr für eine Eheschließung, wenn ein Kind unterwegs ist.

Die alten Gruppen- und Familiengeister, die früher die Menschen auch zur Ehe zusammengeführt haben, konnten nur so lange wirken, wie die Ehe-

[470] Zum Beispiel in GA 56, S. 160 f. und in GA 109, S. 201

schließung nicht aus dem bewussten Willen und der Willkür der einzelnen Menschen geschah. Denn diese alten Gruppengeister wirkten durch die unbewussten Kräfte des Blutes, sie können nicht mehr wirken, wenn der Mensch zum individuellen Ich erwacht. Wir können es noch sachgemäßer andersherum ausdrücken: Weil diese Geister sich vom Menschen zurückziehen, kann und muss er auch auf diesem Gebiet bewusste, individuelle Entschlüsse fassen. Deshalb kann man sagen, dass heute die geistigen Wesen, die den Menschen leiten, nur noch dafür sorgen, *dass* ich einem anderen Menschen begegne. *Was* ich aber aus dieser Begegnung mache, das bestimmen sie nicht mehr, sondern das steht in meiner Freiheit.

So können wir also nicht davon ausgehen, dass wir wie in früheren Zeiten von den Schicksalsmächten einen Lebenspartner »zugewiesen« bekommen, sondern wir sind auf uns selbst verwiesen und müssen lernen, auch auf diesem Gebiet bewusste und freie Entschlüsse zu fassen. Wie das möglich werden kann, davon soll im nächsten Kapitel die Rede sein (siehe zu diesem Abschnitt auch Seite 193 ff. und 213 ff.).

Strebungen des modernen Menschen

Wir sind schon in den Kapiteln »Die Ursachen des heutigen Eheproblems« und »Anthroposophische Aspekte des Eheproblems« auf die Ursachen eingegangen, die eine Ehe heute so schwierig machen. Das soll nun noch vertieft werden. Denn nur wenn wir bei einer Kunst, die erlernt werden soll, auch die mit ihr verbundenen Schwierigkeiten kennen, haben wir die Möglichkeit, diese auch zu überwinden. Zu diesen Schwierigkeiten gehören auch Strebungen in der Seele des modernen Menschen, die sich zunächst gegenseitig widersprechen und die uns deshalb in einer Lebensgemeinschaft Schwierigkeiten bereiten.

Geborgenheit und Freiheit

Zu den alten Strebungen der Menschenseele gehört das Bedürfnis nach Geborgenheit. Damit ist nicht in erster Linie die äußere Geborgenheit gemeint, die ein Haus, eine Wohnung, eine sinnvolle Arbeit, ein Dorf oder auch ein Staat bieten können, sondern die Geborgenheit, die wir in menschlichen Beziehungen und nur dort finden können.

Die erste Geborgenheit, die der Mensch normalerweise findet, ist die bei der Mutter und in der Familie. Wie wichtig das Erlebnis dieser Geborgenheit für die gesunde Entwicklung des Kindes ist, wird immer deutlicher, je weniger dieses Erlebnis selbstverständlich eintritt. Wir wissen auch, dass diese Geborgenheit im Laufe der Jugendentwicklung verlassen werden muss, damit der junge Mensch erwachsen werden kann. Und wenn auch die Geborgenheit der Kindheit so nicht wiederkehrt, bleibt dem Menschen doch die Sehnsucht nach Geborgenheit, die er dann in Freundschaften und Lebensgemeinschaften sucht. Und in den allermeisten Fällen sucht er sie in einer Beziehung zum anderen Geschlecht.

Dieser uralten Sehnsucht nach Geborgenheit steht in der Seele des modernen Menschen aber eine andere Sehnsucht entgegen, und zwar die nach Freiheit, Ungebundenheit und Selbstbestimmung. Diese Sehnsucht ist noch nicht so alt. Sie tritt im Wesentlichen erst in der Neuzeit auf und hat erst in unserem Jahrhundert weite Menschenkreise der westlichen Welt erfasst. Sie hat sich immer mehr auch in den Seelen der Frauen entwickelt und erfüllt jetzt auch immer mehr die Menschen anderer Kulturkreise, in denen sie bisher nicht so heimisch war, beispielsweise in Japan.

Es kann leicht verstanden und nachgefühlt werden, dass diese beiden Strebungen polar zueinander stehen. In früheren und auch in heute noch bestehenden älteren Gemeinschaftsformen gab und gibt es Geborgenheit, aber keine Freiheit des Individuums. Wer sich Freiheiten nahm, verlor die Geborgenheit. Er suchte die Freiheit außerhalb der Gemeinschaft oder wurde aus der Gemeinschaft ausgestoßen. Wer Geborgenheit suchte oder behalten wollte, musste auf individuelle Freiheiten verzichten. Das galt in besonderem Maße für die Frauen.

Heute wollen wir Freiheit *und* Geborgenheit. Wir wollen diese nicht mehr verlieren, wenn wir jene gewinnen. Und wir wollen jene nicht aufgeben, wenn wir diese erstreben. Das aber ist die sprichwörtliche Quadratur des Kreises und wie diese nur näherungsweise zu erreichen.

In einer Ehe ist die größte und tiefste Geborgenheit für einen erwachsenen Menschen möglich. Aber wo bleibt die Freiheit? Muss sie nicht notwendigerweise geringer sein als bei dem Menschen, der nicht in einer solchen Bindung lebt? Wie lassen sich Freiheit und Bindung, ja Verbindlichkeit vereinen?

Das Streben nach Vorteil und Partnerschaftlichkeit

Eine andere Paradoxie, die einer dauernden partnerschaftlichen Lebensgemeinschaft entgegensteht, liegt darin, dass wir in unserer so genannten Leistungsgesellschaft immer dazu angehalten sind, danach zu streben, besser und schneller zu sein als andere. Der Wettbewerb ist die Triebfeder des modernen

Lebens, nicht nur in der Wirtschaft, sondern auch im sozialen Leben. Das Streben nach Schönheit, Gesundheit, sozialem Status, Reichtum, Ansehen und Macht beherrscht fast alle Bereiche des Lebens. Wer sich aus diesem Wettbewerb ausklinkt, ist ein Aussteiger oder ein »loser« und hat in unserer Gesellschaft nicht viel zu melden.

Aber gerade dieses Streben nach dem eigenen Vorteil ist einer Lebensgemeinschaft nicht förderlich, sondern erweist sich in ihr als kontraproduktiv. Denn wir empfinden in einer Lebensgemeinschaft das Streben des anderen nach seinem Vorteil als gegen uns gerichtet. Es entspricht nämlich nicht der anderen modernen Strebung, dass eine menschliche Beziehung und besonders eine Lebensgemeinschaft partnerschaftlich sein soll, d.h. dass in ihr Gleichberechtigung herrschen soll. Wir haben damit für das private soziale Leben ein Ideal, das dem für das öffentliche soziale Leben widerspricht.

So ist der moderne Mensch genötigt, seine Haltung, sein Lebensgefühl und seine Gesinnung beim Übergang vom Privaten zum Öffentlichen und vom Öffentlichen zum Privaten ständig in das Gegenteil umzukehren. Dass dies nicht so leicht gelingt, dass diese Schwierigkeit sogar vielen Menschen nicht einmal bewusst, aber dennoch wirksam ist, liegt auf der Hand.

Konsumverhalten und soziales Engagement

Eine weitere Schwierigkeit, die mit der vorigen eng verbunden ist, besteht darin, dass unsere Gesellschaft in einem nie gekannten Maße vom Konsum geprägt ist, was in der Charakterisierung der modernen Gesellschaft mit dem Begriff »Konsumgesellschaft« seinen Ausdruck findet. Die Konsumhaltung ist dem modernen Menschen tief eingeprägt. Er ist es gewohnt, sich alles kaufen oder mieten zu können. Wir haben aber gesehen, dass die Ehe die einzige Kulturtat ist, die wir nicht als Leistung von anderen durch eine Geldzahlung in Anspruch nehmen können, sondern die wir vollständig selber schaffen müssen, wenn sie überhaupt bestehen soll (siehe Seite 49 ff.). Das bedeutet, dass der moderne Mensch in der Ehe eine Grundhaltung des normalen Lebens aufgeben muss, wenn er eine Ehe schaffen und erhalten will.

Entgegen dem Konsumverhalten ist es für den modernen Menschen aber auch kennzeichnend, dass er sich ohne Rücksicht auf den eigenen Vor- oder Nachteil für andere engagiert. Das trat erstmals in großem Stil auf dem Gebiet der Politik in Erscheinung, als in den sechziger Jahren Studenten gegen den Vietnamkrieg protestierten. Das Mitgefühl mit einem kleinen, weit entfernt lebenden, den meisten Protestierenden unbekannten Volk war etwas Neues und erst recht die Bereitschaft, sich für dieses Mitgefühl prügeln zu lassen. Es ist eine Art von Menschheitsgefühl und -bewusstsein entstanden, das es vorher so nicht gab. Man ergötzte sich in der gemütlichen Wohnstube oder beim Sonntagsspaziergang, »wenn hinten, weit in der Türkei, die Völker aufeinanderschlagen«.[471]

In die gleiche Richtung weist das Engagement gegen Kinderarbeit in der Dritten Welt und für einen fairen Preis für Waren und Rohstoffe aus der Dritten Welt. Letztlich beruhen auch alle Bestrebungen für einen Schutz der Natur auf diesem Engagement für andere Wesen. Und es zeigt den Gegensatz dieser Bestrebungen zum Konsumverhalten an, dass sie allesamt konsumkritisch sind.

Leider richtet sich dieses soziale Engagement zunächst in die Ferne und *gegen* etwas oder jemand. Das zeigte sich zu Beginn der Studentenbewegung darin, dass die privaten Lebens- und vor allem Beziehungsverhältnisse nach wie vor in massiver Weise vom Konsumverhalten bestimmt waren. Es ginge nun also darum, dieses neue soziale Bewusstsein auf den allernächsten Umkreis, auf die persönlichen Beziehungen nicht »auszuweiten«, sondern im guten Sinne »einzuengen«.

Die Ablehnung von Sinngebung durch Institutionen – Pluralismus der Werte und Normen

Es gehört zur Entwicklung des modernen Bewusstseins, dass der einzelne Mensch moralische Vorgaben und Wertsetzungen durch Institutionen wie die Kirche und den Staat weitgehend ablehnt. Bis auf einen moralischen Grundkonsens, dass die Freiheit des einen nicht zum Schaden des anderen sein darf, ist so gut wie alles möglich. Man meint, mit einem Minimum an Moral und Ethik auskommen zu können, das sich in die Worte fassen lässt: »Was du nicht willst, dass man dir tu, das füg auch keinem andern zu.« Positiv gewendet ist dasselbe in der Bergpredigt formuliert: »Alles, was ihr also von anderen erwartet, das tut auch ihnen!« (Matthäus 7,12).

So allgemein klingt das ganz gut. Aber es wird schwierig, wenn man sich mit einem solchen allgemeinen Grundsatz die Frage beantworten will: Welchen Sinn kann die lebenslange Einehe haben und will ich nach diesem Sinn leben?

Die gesellschaftlichen Institutionen hatten und haben immer eine konkrete Sinngebung mit der Ehe verbunden. Aber die wollen und können wir nicht mehr anerkennen. Deshalb muss heute letztlich jeder Einzelne für sich selbst bestimmen, nach welchen Werten und Normen er eine Lebensgemeinschaft

[471] Goethe, *Faust*, Vers 862 f.

verwirklichen will. Die Ablehnung vorgegebener Werte und Normen führt aber meistens dazu, dass der Einzelne die bewusste Erarbeitung von für ihn gültigen Werten, Zielen und Sinngebungen unterlässt. Und wenn das Problem erkannt wird, so entsteht sehr leicht eine Ratlosigkeit und Unsicherheit, die mit der individuellen Freiheit auf diesem Gebiet einhergeht: Welches Ziel soll ich mir setzen? Ist es überhaupt notwendig, einen Sinn für die Ehe zu suchen? Welches Angebot an Sinnstiftung soll ich mir aus dem Pluralismus des weltanschaulichen Angebotes zu Eigen machen?

So ist der moderne Mensch in einem Dilemma. Einerseits muss er die von den alten gesellschaftlichen Institutionen vertretenen Sinngebungen ablehnen, andererseits hat er es schwer, zu individuellen Werten und Normen zu kommen. Die Ehe ist aber im eminenten Sinne eine Angelegenheit der Werte und Normen, denn sie ist nicht etwas von Natur aus Vorhandenes, wie wir gesehen haben, sondern etwas zu Schaffendes, für das ich den Sinn und das Ziel, was in und mit ihr geschehen soll, selber festlegen muss. Ich muss ihr selber das Gesetz geben, nach dem sie dann entwickelt werden kann.

Rudolf Steiner hat in seinem philosophischen Grundwerk *Die Philosophie der Freiheit* eine Methode entwickelt, wie der auf sich gestellte moderne Mensch zu »moralischen Intuitionen« kommen kann, die er sich selbst zu Maximen seines Handelns machen kann. Im folgenden Kapitel soll versucht werden, eine solche Zielvorstellung für die Lebensgemeinschaft von Mann und Frau zu entwickeln.

Zuvor wollen wir aber noch die Auswege betrachten, die sich dem modernen Menschen aus den besprochenen Paradoxien und Dilemmata bei dem Problem der Ehe anbieten.

Bisher versuchte Auswege

Die Kommune – eine moderne Gruppenehe

Mit der Studentenrevolution der sechziger Jahre wurde neben anderen gesellschaftlichen Institutionen auch die Ehe in Form der lebenslänglichen Einehe radikal in Frage gestellt. Dies fand seinen stärksten Ausdruck in der Entstehung von damals so genannten Kommunen. Das waren nicht nur Wohngemeinschaften von jungen Leuten mit dem Ziel billig wohnen zu können, sondern sie wurden als Gegenmodell gegen die bürgerliche Ehe verstanden und gelebt. Es war die Zeit, in der durch die »Pille« auf sexuellem Gebiet eine vorher nicht gekannte Freizügigkeit begann, die man auch als »sexuelle

Revolution« bezeichnet hat. Charakteristisch für die Atmosphäre der bekanntesten Kommunen war der Slogan: »Wer zweimal mit derselben pennt, gehört schon zum Establishment.«

Manche dieser Kommunen, wie die so genannte »Kommune 0« in Kopenhagen, hatten es sich auf die Fahnen geschrieben, die »bürgerliche Vorstellung« von der Einehe zu überwinden. Die jungen Leute wollten nicht nur im Haushalt und bei den Finanzen alles miteinander teilen, sondern sie wollten eine Lebensgemeinschaft der Geschlechter in der Gruppe führen, ohne dass feste Zweierbeziehungen entstehen sollten. Es war eine Form der Gruppenehe, die da versucht wurde. Man wollte sich lösen von Besitzdenken und Eifersucht in der Beziehung der Geschlechter und wollte keine dauernde und verbindliche Beziehung. Darin erlebte man seine Freiheit.

Es zeigte sich, dass trotz aller aufrichtigen Bemühung die Sehnsucht nach dem »einen« Partner nicht auszurotten war. Und so zerbrachen diese Lebensformen interessanterweise nicht an wirtschaftlichen oder finanziellen Problemen, sondern daran, dass ein Paar nach dem anderen als feste Zweierbeziehung die Gruppe verließ.

Offensichtlich ist im Zeitalter der Individualisierung, in dem jeder Mensch als Einzelner anerkannt und geliebt werden möchte, die Gruppenehe, die es in der Menschheit zu den Zeiten des Gruppenbewusstseins in vielen Kulturen gegeben hat, keine Lebensform mehr, die dem Bedürfnis nach individueller Ich-Du-Beziehung gerecht werden kann.

Die Gruppenehe kann nicht die Lösung des Paradoxes von Freiheit und Bindung sein, weil sie einseitig auf die Freiheit setzt und das Bedürfnis nach Geborgenheit zu kurz kommt.

Die so genannte »freie Ehe« auf Zeit

Viel weiter verbreitet als die Kommune ist bis heute die so genannte »freie Ehe«. Man nennt sie heute auch »Lebensgemeinschaft« und versteht darunter, dass ein Paar zusammenlebt, aber nicht standesamtlich oder kirchlich verheiratet ist. Diese Lebensform, die noch bis vor dreißig Jahren »wilde Ehe« genannt wurde, entspricht dem modernen Menschen auf vielfältige Weise. Sie trägt der Erfahrung Rechnung, dass die lebenslange Einehe für die meisten Menschen nicht lebbar ist oder zu einer Quälerei werden kann. Sie eröffnet die Möglichkeit, sich zu erproben, bevor man sich tiefer und mit rechtlichen Konsequenzen bindet. Und sie erleichtert das Auseinandergehen, wenn sie auf Dauer nicht gelingt. Dabei bietet sie mehr Geborgenheit als die Gruppenehe und hat einen höheren Grad an Verbindlichkeit. Sie verführt andererseits auch nicht so leicht dazu, den anderen als Besitz zu empfinden, weil die vermeintliche Sicherheit eines rechtlichen Vertrages nicht gegeben ist. Die Partner wissen, dass ihre Gemeinschaft nur eine Chance hat, wenn beide sich um ihr Gelingen bemühen.

Diese Qualitäten der freien Lebensgemeinschaft machen sie zur beliebtesten Lebensform der Geschlechter neben der »gesetzlichen« Ehe. Mehrere Millionen Paare leben in der Bundesrepublik in dieser Lebensform. Und da entsteht die Frage: Warum nicht alle? Hat diese Lebensform auch problematische Seiten? Man könnte doch meinen, es sei geradezu ideal, mit einem anderen Menschen so lange zusammenzuleben, wie die Gemeinsamkeit trägt, und in dem Fall, dass man sich nicht mehr so gut versteht, ohne viel Aufhebens auseinanderzugehen.

Das Problematische dieser Lebensform liegt auf verschiedenen Ebenen. Einerseits baut sie auf die natürliche Sympathie und Verliebtheit, die, wie wir gesehen haben, genauso natürlich verschwindet, wie sie gekommen ist. Und sie baut andererseits auf die gegenseitige Befriedigung leiblicher und seelischer Bedürfnisse. Das aber berücksichtigt nicht die Würde des Menschen, der mehr ist als ein Bedürfniswesen. Außerdem bietet sie dem schwachen und kranken, dem älterwerdenden und fehlerhaften Menschen keine Geborgenheit, wenn die gegenseitige Bedürfnisbefriedigung nicht mehr zufriedenstellend möglich ist.

Ein weiteres Problem ist, dass diese Lebensform gar nicht so frei ist, wie sie auf den ersten Blick erscheint. Schon rechtlich ist sie eigentlich genauso verbindlich wie eine vor dem Standesamt geschlossene Ehe. Denn sie ist ebenfalls ein Vertrag, auch wenn er nicht schriftlich geschlossen wurde. Und für einen Vertrag kommt es nicht darauf an, was die Betroffenen über ihn meinen, sondern was für Tatbestände sie geschaffen haben. So wird eine solche Lebensgemeinschaft von staatlichen Stellen in vielen Fällen, in denen es für die öffentlichen Kassen vorteilhafter ist, so behandelt, als wäre sie eine Ehe. Nur weil die konservativen Parteien eine Aushöhlung des grundgesetzlichen Schutzes von Ehe und Familie befürchten, sind die Lebensgemeinschaften der Ehe noch nicht rechtlich gleichgestellt. Viele Gerichtsurteile weisen aber schon in diese Richtung. In der Schweiz werden solche Lebensgemeinschaften inzwischen rechtlich als vollgültige Ehen angesehen, wenn sie länger als fünf Jahre bestehen.

Schwerwiegender ist aber, dass die Lebensgemeinschaften auch innerlich nicht so frei sind, wie sie zu sein scheinen. Denn die Grundtatsache der Ehe, das Zusammenwachsen der Partner in der Schicht der Lebenskräfte, geschieht auch ohne standesamtliche und kirchliche Trauung. Und damit entstehen auch alle die Schwierigkeiten, die in einer Ehe auftreten. So ist ein wesentliches

Problem der dauernden Lebensgemeinschaften die Illusion der Partner, nicht verheiratet zu sein. Aber im Falle der Trennung gibt es genauso viele Probleme und Schmerzen wie bei einer Scheidung. Denn auch die Vorstellung, man könne ja genauso gut ohne Aufhebens auseinandergehen, wie man zusammengezogen ist, erweist sich als eine Illusion, denn das Ende einer solchen Lebensgemeinschaft kommt nicht wie ihr Anfang durch einen Konsens, sondern nahezu immer durch einen Dissens zustande. Fast immer will einer der Partner die Beziehung fortsetzen, während der andere sie beenden will.

Es gibt noch ein weiteres, subtiles Problem dieser Lebensform, das fast nie bedacht wird. Es besteht darin, dass in einer solchen Lebensgemeinschaft durch die gelebte Geschlechtlichkeit auf leiblicher Ebene ein Höchstmaß an Verbindung, sozusagen hundertprozentig, geschaffen wird. Denn eine tiefere oder engere Verbindung ist leiblich nicht möglich. Sonst müsste man sich auffressen, wie die Spinnen nach der Begattung. Seelisch hingegen bleibt die Verbindung unter dem Höchstmaß von hundert Prozent. Denn was wäre das Letztmögliche und Weitestgehende einer Verbindung auf seelischer Ebene? Es ist der Willensentschluss: Ich will mit dir ein Leben lang zusammenleben. Zu mehr kann ich mich nicht entschließen. Wo dieses Höchstmaß an Verbindlichkeit auf seelischem Gebiet nicht erreicht, aber die sexuelle Gemeinschaft gelebt wird, da besteht eine subtile, aber wirksame Asymmetrie in der Beziehung, die sich auf die Dauer bemerkbar macht.

Obwohl diese Schwierigkeiten mit der »freien Ehe« verbunden sind und sie auch nur in Ausnahmefällen die Sehnsucht nach gemeinsamem Altwerden befriedigen kann, wird sie immer mehr zur Normalität gehören. Da sie nicht auf Lebenslänglichkeit angelegt ist, führt sie zu dem, was die Soziologen »serielle Monogamie« nennen, d.h. zu mehreren »Ehen« nacheinander im Laufe des Lebens.

Alleine leben – das Leben als Single

Ein weiterer Ausweg aus dem Ehedilemma ist für manche Menschen dadurch möglich, dass sie allein leben und doch auf Beziehungen zum anderen Geschlecht nicht verzichten. Sie bewahren sich ein hohes Maß an Freiheit und vermeiden Verbindlichkeit. Es kann aber auch sein, dass sie mit ihrem Partner verheiratet sind, auch sexuell miteinander umgehen, aber es nicht ertragen können, im Alltag in einer Wohnung zusammenzuleben. In den meisten Fällen sind die Alleinlebenden aber unverheiratet oder geschieden.

Besonders der männlichen Natur kommt es entgegen, die Annehmlichkeiten einer Beziehung zu genießen, aber die mit ihr verbundenen Mühen zu vermeiden. Solche Beziehungen ähneln dem alten Konkubinat. Meistens wird ein Partner zum Objekt der Bedürfnisse des anderen gemacht. Wenn es sich aber um Erwachsene handelt, so gilt der alte Spruch: »Ihm kann es ja egal sein, und sie muss es ja wissen.« Wer so leben will, der soll es tun.

Meistens ist das Single-Dasein aber nicht eine frei gewählte Lebensform, sondern erlittenes und erduldetes Schicksal. Sei es, dass jemand nach einer gescheiterten Beziehung weder Lust noch Kraft oder Mut hat, einen neuen Versuch zu wagen, oder sei es, dass jemand trotz intensiver Suche keinen Partner findet, der mit ihm leben will – in beiden Fällen ist das Alleinleben nur eine Notlösung und nicht das Ergebnis eines frei gewählten Ideals.

Das aber kann das Alleinleben auch sein. Die katholische Kirche hat nicht nur die Ehe, sondern auch die »Jungfräulichkeit« als eine sinnvolle Lebensform zum Ideal erhoben, wobei mit Jungfräulichkeit der freiwillige Verzicht auf die Lebensgemeinschaft mit dem anderen Geschlecht gemeint ist. Auch heute kann sich ein Mensch in diesem positiven Sinne zum Alleinleben entschließen, beispielsweise um sich seiner Berufsaufgabe vollständig widmen zu können. Darüber aber sollte sich jemand äußern, der diese Lebensform selbst verwirklicht.

Wir wollen nun versuchen, Elemente einer Ehe-Idee zu entwickeln, die dem modernen Menschen unter Berücksichtigung des bisher Dargestellten eine Grundlage für eine selbst bestimmte, partnerschaftliche Lebensgemeinschaft bilden kann.

Elemente einer neuen Ehe-Idee

Einleitung

Wir haben im Kapitel »Die Ursachen des heutigen Eheproblems« die alten Zielvorstellungen und Sinngebungen der Ehe betrachtet und dabei festgestellt, dass diese für den heutigen Menschen nicht mehr so gelten und keine tragfähige Basis mehr für die Kulturtat Ehe sein können. Wir haben weiter gesehen (Seite 49 ff.), dass für eine Kulturtat eine Zielvorstellung notwendig ist, also auch für die Ehe. Neu ist in unserem Jahrhundert, dass wir als moderne Menschen eine solche sinnstiftende Idee nicht mehr von einer außer uns liegenden moralischen Autorität, vom Staat oder von der Kirche, übernehmen wollen. Das führt zunächst oft dazu, dass wir meinen, ohne eine solche Idee auskommen zu können. Dass diese Meinung aber mit zu den Ursachen der Ehe- und Partnerschaftsprobleme gehört, haben wir in den genannten Kapiteln ebenfalls gesehen. Es muss also eine neue Idee, eine neue Sinngebung für die Ehe gefunden werden, wenn diese in Zukunft mit Aussicht auf Gelingen begründet und geführt werden soll. Eine solche Idee dessen, was nicht schon von Natur aus vorhanden ist, sondern erst durch den Menschen hervorgebracht wird, nennt Rudolf Steiner eine »moralische Intuition«.[472]

In der Vergangenheit war eine solche Idee nicht nötig, denn in der unbestimmten, unbewussten Art, in der Frauen und Männer in der natürlichen Liebe zusammengeführt wurden, wirkte als geistige Ursache der Wille von Menschenseelen, die zur Inkarnation gerade bei diesen Eltern und Voreltern drängten.[473] Selbst wenn nicht die Eltern oder Verwandten den künftigen Ehepartner aussuchten, sondern die Beteiligten »frei« wählen konnten, so konnte von wachem Bewusstsein und völliger Freiheit nicht die Rede sein, weil in der natürlichen Liebe zwischen Mann und Frau bis heute immer die dem Bewusstsein verborgenen Inkarnationsimpulse von Menschenseelen zu-

[472] R. Steiner, GA 4, S. 158 [473] R. Steiner, GA 109, S. 201 und 204; GA 214, S. 146 f.

grunde liegen.[474] Da aber die Menschheit immer freier und freier werden muss, auch auf diesem Gebiet, kann eine Ehe nur gelingen, wenn in die Partnerwahl immer mehr Bewusstsein und in den Willen zur Lebensgemeinschaft immer mehr Ideenklarheit investiert wird. Eine Lebensgemeinschaft kann in Zukunft immer weniger gut gehen, wenn nicht die bisherige kausale Begründung der Ehe (»Ich habe das Bedürfnis nach Ehe« oder »Wir lieben uns«) durch eine finale Begründung, eine sinnstiftende Zielidee ersetzt wird.

Um einer solchen Idee näher zu kommen, kann man die Frage stellen: Was kann der Mensch entwickeln oder leisten, wenn er lebenslang mit einem Menschen anderen Geschlechtes zusammenlebt? Was ist das Besondere der lebenslangen Einehe, das sie als ein erstrebenswertes Lebensziel erscheinen lässt? Warum will ich mich selbst verpflichten, bis zu meinem Tod in einer Lebensgemeinschaft mit einem Menschen anderen Geschlechts zusammenzuleben? Was könnte der Sinn eines solchen Entschlusses sein?

Wem diese Fragen abstrakt vorkommen und eine Antwort auf sie unmöglich erscheint, der wird vielleicht sagen: Wir Menschen haben einfach von Natur aus das Bedürfnis, mit einem Menschen anderen Geschlechts zusammen zu sein, und wir müssen uns damit abfinden, dass dieses Bedürfnis sich bei den meisten Menschen nicht lebenslang auf den gleichen Partner richtet, sondern nur unzureichend von einem Menschen befriedigt werden kann. Das Zusammenleben beruht eben letztlich nur darauf, dass zwei Menschen sich gegenseitig ihre leiblichen und seelischen Bedürfnisse befriedigen. Und solange sie das können und tun, wird eben ihre Lebensgemeinschaft währen. Eine solche Meinung ist nicht weit entfernt von Kants Definition der Ehe in seiner Rechtslehre: »Die Letztere ist die Ehe, d.i. die Verbindung zweier Personen verschiedenen Geschlechts zum lebenswierigen [lebenslänglichen] wechselseitigen Besitz ihrer Geschlechtseigenschaften.«[475]

Wem diese Definition und die angedeutete Meinung genügen, der mag auf dieser Grundlage versuchen, menschenwürdige und umfassend befriedigende Beziehungen aufzubauen und braucht nicht weiterzulesen.[476] Wer aber das Gefühl hat, eine solche Meinung könne doch nicht das letzte Wort in Bezug auf eine ideelle Begründung der Lebensgemeinschaft von Frau und Mann sein, der wird noch mehr wissen wollen im Sinne der oben gestellten Fragen.

Es stellt sich nämlich heraus, dass eine Beziehung zwischen Lebenspartnern den Keim des Scheiterns bereits damit in sich trägt, wenn ausschließlich die gegenseitige Befriedigung der Bedürfnisse und Wünsche das ausgespro-

[474] R. Steiner, GA 214, S. 146 f. [475] *Die drei Kritiken in ihrem Zusammenhang mit dem Gesamtwerk,* Stuttgart 1975, S. 398 [476] Siehe auch H. Köhler, a.a.O., S. 68 und S. 141 f.

chene oder unausgesprochene Ziel der Beziehung ist, wenn nichts über diese Befriedigung Hinausweisendes ihr Grund und Zweck ist. Wenn beide Partner nur ihr persönliches Glück in der Beziehung erstreben, so ist dies der sicherste Weg, eben dieses zu verfehlen. Denn es gibt Dinge im Menschenleben, die verfehlt man umso sicherer, je mehr man sie um ihrer selbst willen anstrebt. Dazu gehört zum Beispiel das hohe Gut der Gesundheit. Wer ständig damit beschäftigt ist, auf seine Gesundheit zu achten, macht sich gerade dadurch kränker. Wer aber Gesundheit nicht als Selbstzweck, sondern als notwendiges Mittel ansieht, seine Aufgaben in der Welt richtig erfüllen zu können, der wird auf lange Sicht gesünder sein als derjenige, der immerzu fragt: Darf ich das essen? Bekommt mir dies? Oder sollte ich das lieber lassen? Wer jedes Blättchen Salat auspendelt, bevor er es isst, tut sich nichts Gutes.

Wer im Leben den Sinn und das Ziel sieht, reich zu werden, wird letztlich ein armseliges Leben haben. Und so ist es auch mit dem Ziel, im Leben glücklich zu werden. Wer dies unmittelbar und ausschließlich anstrebt, wird am sichersten unglücklich. Denn das wahre Glück kann der Mensch doch nur in einer vollbrachten schöpferischen Tat erleben. Wer also den Sinn und den Wert einer dauernden Lebensbeziehung zu einem Partner anderen Geschlechts nicht nur in der Befriedigung von Bedürfnissen und Wünschen sehen kann oder will, wird nach einem Sinn suchen müssen, der über die Befriedigung hinausweist.

Man kann auch sagen: Wer nur fragt: Was bedeutet mir die Ehe? Was habe ich davon?, der bleibt auf der Ebene des Seelischen stehen. Wer aber fragt: Was bedeutet die Ehe an und für sich? Was bedeutet sie für die Welt?, der erhebt sich mit dieser Frage in das Gebiet des Geistes.[477] Das empfindet fast jeder Mensch, wenn er sich klarmacht, dass die gegenseitige Bedürfnisbefriedigung eben nur einen Teil seines Wesens betrifft. Eine Beziehung wäre dann ein Tauschgeschäft, ein Wirtschaftsvorgang. Die Partner fühlen sich dann zu Recht instrumentalisiert und nicht in ihrer vollen Würde geachtet. Denn wir Menschen sind nicht nur Bedürfniswesen. Und gerade unser Ich, das Geistige in uns, das über alles Gattungsmäßige hinausreicht, kann sich mit der Befriedigung der Bedürfnisse, die ja fast alle aus dem Gattungsmäßigen stammen, nicht zufrieden geben.

Dem gegenüber steht in unserer Seele die Angst, die sich in der Frage äußert: Was wird aus der Befriedigung meiner Bedürfnisse, wenn ich sie nicht an die erste Stelle setze? Muss nicht erst das »Fressen« kommen und dann die Moral, wie Bert Brecht gesagt hat? Müssen nicht erst die elementaren Be-

[477] Siehe R. Steiner, *Theosophie*, GA 9, S. 25 ff.

dürfnisse befriedigt werden, bevor ich mich Höherem zuwenden kann? Das Problem liegt eben darin, dass ich die Befriedigung der Bedürfnisse auf Dauer verhindere, wenn ich sie an die erste Stelle meiner Handlungsmaximen setze.

Es gibt in der Bibel eine schöne Geschichte, die dieses Problem beleuchtet: Nach dem Tod seines Vaters David ist Salomo König geworden. Er opfert seinem Gott auf dem Bergheiligtum Gibeon, und des Nachts erscheint ihm Gott im Traum und gibt ihm eine Bitte frei. Salomo wünscht sich »ein hörendes Herz«, damit er das Volk richtig regieren »und verstehen könne, was gut und böse ist«. Und weil er darum gebeten hat und nicht um Reichtum, Ehre und ein langes Leben, so verspricht Gott, ihm dies alles obendrein zu geben (1. Könige 3,4–14).

Salomo wendet sich im Opfer der geistigen Welt zu und erfährt eine Wesensbegegnung mit dem geistigen Führerwesen, dem Gott seines Volkes, in dessen Auftrag er dieses Volk regieren soll. Er hat im erleuchteten Traum die Geistesgegenwart, nichts für sich selbst zu erbitten (Reichtum, langes Leben), sondern sich Fähigkeiten zu wünschen, die er für seine Aufgabe, das Volk zu regieren, braucht (ein auf das Geistige hörendes Herz und den Gut und Böse unterscheidenden Verstand). Er bittet also nicht seelisch-egoistisch, sondern geistig-aufgabenbezogen. Die Folge ist, dass ihm der Gott auch seine nicht ausgesprochenen persönlichen Wünsche erfüllt. Weil es Salomo gelungen ist, von sich selbst abzusehen in diesem Augenblick, gehen seine persönlichen Wünsche auf Dauer in Erfüllung: Ihm wird in Reichtum und Ehre ein langes Leben beschieden sein.

Was in dieser Geschichte des Alten Testaments mehr wie ein Mythos erscheint, wird im Evangelium in beinahe nüchternen Worten von Jesus ausgesprochen: »Trachtet zuerst nach dem Reiche Gottes und seiner Gerechtigkeit, so wird euch alles Übrige [Essen, Trinken, Kleidung] hinzugegeben werden« (Matthäus 6,33). Man könnte es etwas freier auch so übersetzen: »Bemüht euch zuerst um den Bereich des Geistes und wie ihr ihm gerecht werdet, so werden eure irdischen Lebensbedürfnisse (von denen vorher die Rede war) befriedigt werden.« Das ist kein Aufruf zu Askese oder Verzicht, sondern eine Frage der Prioritätensetzung aus geistigem Realismus.

Und genau diese Haltung kann man auf die Ehe anwenden, indem man die Befriedigung der Bedürfnisse nicht als Sinn und Ziel der Ehe betrachtet, sondern ein geistiges, über das Seelische hinausweisendes Ziel für die Ehe sucht.

Man könnte nun einwenden: Einen solchen Sinn kann jedes Paar nur für sich selber suchen und finden, es kann kein für alle geltendes Ziel der Ehe geben, dieses muss ganz individuell gefunden werden. Dieser Einwand ist richtig und falsch zugleich. Er ist richtig, weil nur ein individuell erarbeitetes

Eheziel für eine moderne Ehe fruchtbar und tragfähig ist. Das schließt aber nicht aus, dass es allgemein gültige Eheziele und Sinngebungen für die Ehe geben kann. Auch bei einer »moralischen Intuition« im Sinne der *Philosophie der Freiheit* von Rudolf Steiner kommt es nicht darauf an, dass der ideelle Gehalt ausschließlich und völlig neu von dem Individuum »erfunden« wird, sondern darauf, dass er von dem individuellen Geist des Menschen erfasst, erarbeitet und in Freiheit zum geistigen Eigentum gemacht wird.[478]

Denken wir uns einen Menschen, der sich nach seinen individuellen Wünschen und Vorstellungen ein Haus bauen will. Er hat dazu unendlich viele Möglichkeiten in der Wahl der Baumaterialien, der Bauformen, der Gestaltung der Umgebung und der Inneneinrichtung. Und doch wird er sich an einige Grundelemente halten, die ein Haus zum Haus machen. Das sind diejenigen Elemente, die immer in Erscheinung treten, wenn Kinder ein Haus malen: ein Fundament (Boden), Wände und Dach (Decke), die den Innenraum von der natürlichen Umwelt abschließen und vor ihren Einflüssen (Wind, Temperatur und Wasser) schützen, sowie Fenster und Tür, die die Verbindung zwischen außen und innen für die menschlichen Bewohner, für Licht und Luft ermöglichen. Fehlt eines dieser fünf Grundelemente, so ist es kein Haus, sondern vielleicht eine Garage, ein Carport oder eine Hundehütte. Es kann aber an und in dem Haus noch vieles mehr erscheinen, was diese Grundelemente ergänzt und individuell variiert. Trotzdem bleibt es ein Haus, das zur Wohnung von Menschen bestimmt ist.

Bei einem Haus leuchtet es wohl jedem Menschen ein, dass er gut daran tut, nicht eines dieser Grundelemente zu vergessen oder aus Willkür wegzulassen, denn sonst wird das entstehende Gebäude seinen Zweck nur unzureichend oder gar nicht erfüllen. Und niemand wird sich in seiner Freiheit durch die Beachtung dieser Grundelemente beeinträchtigt fühlen. Dasselbe kann auch für die Grundelemente einer modernen Ehe-Idee gelten, von denen im Folgenden die Rede sein soll.

Die Kunst des Liebens lernen wollen

Auch wenn das natürliche Gefühl der Sympathie und die Verliebtheit als Grund und Fundament der Ehe nicht ausreichen, weil sie ebenso vergehen, wie sie gekommen sind, so empfindet doch wohl jeder Mensch, dass eine Ehe ohne Liebe menschenunwürdig ist. Liebe und Ehe haben also einen Zusammenhang.

[478] R. Steiner, GA 4, S. 242

Nur ist für die Ehe eine Liebe notwendig, die wir von Natur aus noch nicht haben, sondern erst entwickeln müssen, wenn wir es wollen. Die natürlich auftretende Liebe in Form der Verliebtheit kann also nicht der Grund zur Ehe, sondern der Anlass sein, sich zu fragen, ob man gemeinsam aneinander und miteinander eine Kulturform, die eheliche Liebe, lernen will. Was mit ehelicher Liebe gemeint sein kann, soll im Folgenden entwickelt werden.

Wir haben im Kapitel »Die Liebe« betrachtet, wie sich aus der natürlichen, an das Blut gebundenen Liebe höhere Formen der Liebe entwickeln können. So ist zum Beispiel die Liebe einer Mutter Teresa zu den Kindern, für die sie tätig war, nicht aus ihren natürlichen Voraussetzungen erklärbar. Ohne ihre aus christlicher Religiosität stammende allgemeine Menschenliebe hätte sie die Liebe zu »ihren« Kindern nicht leben können. So gibt es viele Beispiele von gelebter Menschenliebe, die zwar »allgemein« genannt wird, sich aber doch immer an konkreten einzelnen Menschen zeigt und in konkreten Situationen einzelnen Menschen zugute kommt. Man kann also sagen, dass ein Mensch auch dann höhere Formen der Liebe entwickeln und betätigen kann, wenn er nicht verheiratet ist. Damit ist das Ziel, die Kunst des Liebens im Sinne von Erich Fromm lernen zu wollen, kein solches, das die lebenslange Einehe zu seiner Verfolgung notwendig macht. Aber es ist ein notwendiges Ziel, wenn man auf Dauer mit einem Menschen anderen Geschlechts zusammenleben will.

Wir können dieses Ziel aber noch größer denken: Wenn wir von einem anderen Menschen wegen bestimmter körperlicher Merkmale oder seelischer Eigenschaften geliebt werden, dann werden wir geliebt wegen etwas, das wir haben. Und der uns Liebende liebt uns deswegen, weil er durch diese Art von Liebe an unseren Merkmalen und Eigenschaften Anteil haben will. Wir fühlen uns dabei zunächst vielleicht geschmeichelt, aber auf die Dauer fühlen wir uns nicht wirklich geliebt, weil nur ein Teil von uns gewollt wird. Wir fühlen uns nur partiell geliebt. Wirklich geliebt fühlen wir uns nur, wenn wir als ganzer Mensch geliebt werden.

So können wir sagen: Wirkliche Liebe strebt zum Ganzheitlichen, schließt nichts von dem Geliebten aus. Und wenn wir uns fragen: Was ist die denkbar umfassendste Art der Liebe, so können wir sagen: die eheliche Liebe. Denn sie bezieht sich auf den ganzen Menschen, auf Leib, Seele und Geist. Freundschaftliche Liebe (Philia) schließt beispielsweise die Geschlechtlichkeit nicht ein, sondern meint den anderen Menschen als Seele und Geist. Sie kann natürlich auch leiblich-sinnliche Hilfe und Fürsorge einschließen, aber sie meint den Mitmenschen nicht als Geschlechtswesen. Selbst wenn sie sich auf einen Menschen anderen Geschlechts bezieht, so kann sie gerade deshalb als so beglückend und erfüllt erlebt werden, weil man beiderseits sicher ist, dass geschlechtliche Antriebe keine Rolle spielen. Das allgemein Menschliche der Freundschaft wird umso stärker erlebt.

Auch ist eine Freundschaft nicht eine Lebensgemeinschaft, weil es nicht nötig ist und manchmal sogar schwierig wäre, wenn die Freunde zusammenleben würden. In der Freundschaft steht die Beziehung der Seelen und Geister im Vordergrund. Bei einer Ehe liegt der Schwerpunkt der Beziehung in der Lebenssphäre. Man kann das durch folgendes Schema verdeutlichen:

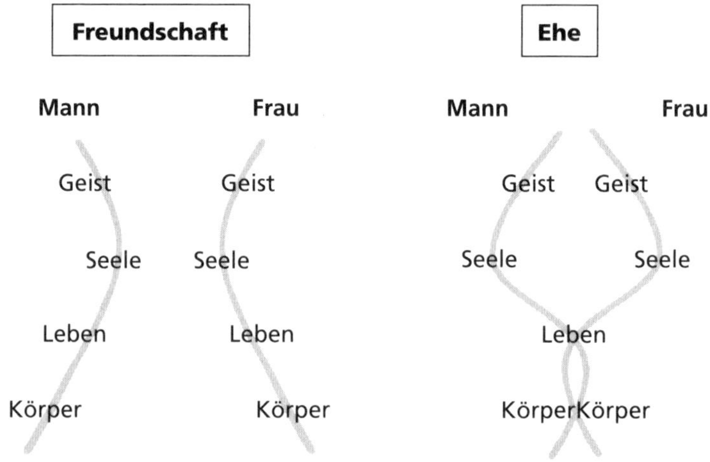

Die eheliche Liebe ist aber nicht nur deswegen die umfassendste denkbare Art der Liebe, weil sie alle Wesensglieder umfasst und keinen Bereich des Menschen ausschließt, sondern weil sie sich auf die Ganzheit des Menschen als Zeitgestalt bezieht. Schon eine Pflanze können wir nie als Ganzheit sinnlich vor uns sehen. Weder der Same noch der Keim noch die sprießende und blühende, weder die fruchtende noch die welkende Pflanze sind die ganze Pflanze, sondern diese besteht aus allen diesen Erscheinungen zusammen in ihrer Zeitgestalt. So ist auch der Mensch in einem Augenblick nie der ganze Mensch als Jugendlicher, Erwachsener, reifer oder alternder Mensch, sondern erst die ganze Biographie, die Zeitgestalt, zeigt den ganzen Menschen. Und wenn ich einen Menschen nur liebe, solange und weil er jung, schön, gesund, stark und klug ist und nicht auch wenn er alt, runzelig, kränklich, schwach und vergesslich ist, dann liebe ich ihn eben nur partiell und nicht umfassend. Ich schließe bestimmte Seiten seines Menschseins von meiner Liebe aus.

Wenn ich also sage: Ich will die eheliche Liebe zu einem Menschen anderen Geschlechts mit ihm lernen in allen Stadien des Lebens bis zum Tode, dann erstrebe ich die umfassendste Form der Liebe, die denkbar ist. Denn über den Tod hinaus kann ich zunächst keine Entschlüsse fassen.

Damit haben wir ein erstes Ziel für die lebenslange Ehe gefunden, das da lautet: Ich will die Kunst des Liebens in ihrer umfassendsten denkbaren Art lernen.

Damit ist allerdings noch nicht gesagt, ob damit auch die Einehe gemeint ist. Wenn ich aber die Größe und Tragweite dieser Idee bedenke, so wird mir auffallen, dass eine partnerschaftliche Lebens- und das heißt Ätherleibsgemeinschaft nur mit einem Menschen gleichzeitig möglich ist. Denn jede Mehrehe ist nur unter Verzicht auf partnerschaftliche Gleichberechtigung auf Dauer möglich. Das wird zwar von vielen Menschen nicht so gesehen, aber die Erfahrung zeigt deutlich, dass alle Versuche von Dreierbeziehungen entweder nur begrenzte Zeit oder nur durch den Verzicht auf umfassende Liebe möglich sind. Und eine Gruppenehe mit mehr als drei Personen ist in diesem Sinne noch weniger möglich, weil das einzelne Individuum sich immer weniger um seiner selbst willen geliebt fühlen kann. Mehr- und Gruppenehen waren nur möglich, solange der einzelne Mensch sich nicht als ein Ich, sondern als der Angehörige einer Gruppe empfand.

Die Mehr- oder Gruppenehe ist auch deswegen nicht möglich, weil schon eine einzige alle Wesensglieder umfassende Lebensgemeinschaft alle Kraft und Aufmerksamkeit der Beteiligten erfordert. Ein Schüler der zwölften Klasse hat einmal auf die Frage, warum der Mann nur eine Frau haben sollte, in breitem Schwäbisch geantwortet: »Ha, Herr X, i han seit a paar Wocha a Freindin – un i muss saga: I be voll ausg'laschtet!«

Man kann das Problem auch rein mathematisch betrachten: Wenn zwei Menschen in einer Lebensgemeinschaft leben, so gibt es zwei Personen und eine Beziehung, also doppelt so viele Personen wie Beziehungen. In einer Dreierbeziehung gibt es genauso viele Personen wie Beziehungen. Bei vier Beteiligten gibt es schon sechs Beziehungen, fünfzig Prozent mehr als Personen da sind. Und bei fünf Mitgliedern einer Gruppe gibt es schon zehn, also doppelt so viele Beziehungen wie beteiligte Personen. Mit jeder weiteren Person kommen so viele Beziehungen hinzu, wie vorher Personen da waren. Man kann unmöglich mit so vielen Personen eine gleichberechtigte, umfassende Lebensbeziehung, die alle Wesensglieder umfasst, gestalten. Das geht nur in Gruppen von Personen mit ungleichem Status, zum Beispiel in einer Familie oder in einer Schulklasse. Aber in solchen Fällen herrscht nicht nur keine Gleichberechtigung, sondern die Beziehungen sind nach der Aufgabe und zeitlich beschränkt, umfassen beispielsweise nicht das Gebiet des Geschlechtlichen.

Auch ein anderer rein mathematischer Gesichtspunkt kann eine Rolle spielen: Wenn jemand mehrere Partner des anderen Geschlechts in einer Lebensgemeinschaft an sich bindet, zum Beispiel in einem Harem, so verurteilt er andere dazu, auf eine solche Beziehung zum anderen Geschlecht überhaupt zu verzichten, weil es ja in jeder Bevölkerung annähernd gleich viele Frauen und Männer gibt (Sexualproportion). Das hat Herrschende zu allen Zeiten wenig gestört, zeigt aber, dass die Mehrehe nur unter Verzicht auf Gleichberechtigung möglich ist.

Einer trage des anderen Last

Wenn ich die Idee aufgreife, einen anderen Menschen in der umfassendsten möglichen Art lieben lernen zu wollen, so schließt das die Erkenntnis ein, dass ich *so* eben noch nicht lieben kann. Notwendig ist also die Bereitschaft, sich als Mensch weiterentwickeln zu wollen. Wer meint, sagt und auch so lebt, dass er sich nicht ändern, nicht über seinen Schatten springen oder nicht aus seiner Haut heraus könne, benutzt diese Aussagen nur aus Bequemlichkeit, um sich nicht ändern zu müssen. Ja, er verleugnet für sich das Menschsein überhaupt, das gerade darin besteht, dass wir neue Kenntnisse und Fähigkeiten erwerben können. Gerade weil wir als Frau und Mann von Natur aus nicht zusammenpassen, wie wir im Kapitel »Die Ur-Gegebenheit: Mann und Frau« gesehen haben, kann eine Lebensgemeinschaft nur gelingen, wenn beide Partner etwas an ihrer Natur ändern, wenn sie nicht nur ihre Natur unverändert ausleben wollen, sondern bereit sind, ihre natürlichen Bedürfnisse und Wünsche, ihre Erlebnisweisen und Denkgewohnheiten, ihre Vorstellungen und Verhaltensweisen in Frage zu stellen und gegebenenfalls aus Einsicht zu ändern. Das ergibt sich schon daraus, dass die Ehe, wenn sie auf Dauer bestehen soll, nur eine Kulturtat sein kann.

Bei jeder Kulturtat wird nämlich die Natur teilweise zurückgedrängt oder sogar zerstört: Beim Garten werden ganz bestimmte Pflanzen für unerwünscht erklärt und ausgejätet, andere werden eingepflanzt. Die Gewinnung von Bodenschätzen verändert diese und die Natur selbst. Damit ich ein Möbelstück bauen kann, muss ein Baum gefällt werden usw. Und wenn ich einen Edelstein schleife, damit er das Licht optimal reflektiert, müssen ungefähr zwei Drittel der ursprünglichen Substanz vernichtet werden. So kann der Mensch nicht bleiben, wie er ist, wenn er mit einem so ganz anderen Menschen auf Dauer zusammenleben will.

Nun hat aber die Möglichkeit, sich zu verändern, tatsächlich objektive

Grenzen, die allerdings weiter sind, als wir in unserer Bequemlichkeit wahrhaben wollen. Wir können tatsächlich nicht aus unserer Haut heraus. Wir werden beispielsweise als Mann niemals in diesem Leben eine Frau werden und können deswegen nie nachfühlen, sondern bestenfalls nur verstehen, wie es sich anfühlt, in einem weiblichen Körper zu leben – und umgekehrt: Auch eine Frau kann nicht nachfühlen, was es bedeutet, in einem männlichen Körper zu stecken. Wir werden, selbst wenn wir musikalisch sind und ein absolutes Gehör haben, doch nicht mit sechzig Jahren anfangen Klavier zu spielen und noch ein großer Pianist werden können. So gibt es auch für unsere charakterlichen Merkmale oder für unser Temperament Grenzen der Veränderbarkeit. Ein schwerer Hypochonder wird kaum ein ausgesprochener Sanguiniker werden, selbst wenn er es für wünschenswert halten könnte. Und sicher wird auch meine moralische Entwicklung bis zum Tode noch nicht so weit sein, dass ich ein vollkommener Mensch sein werde und es wie Buddha nicht mehr nötig habe, in eine irdische Verkörperung einzutreten. Mein Schatten wird auch dann wohl noch nicht ganz aufgelichtet sein, trotz aller Bemühungen um Selbsterziehung und Entwicklung neuer Fähigkeiten.

Je mehr ich in der Selbsterkenntnis meine Unvollkommenheit bemerke, desto mehr kann ich fühlen, dass ich für meine Mitmenschen, und besonders für denjenigen, mit dem ich am engsten zusammenlebe, im Grunde eine Zumutung bin. Ich kann mich ja oft selber nicht ertragen und muss das bei zunehmender Selbsterkenntnis immer mehr erst lernen.[479] Nur der naive Mensch hält sich für andere für erträglich. Wer seine eigene Unzumutbarkeit noch nicht bemerkt hat und fühlen kann, der ist nicht partnerfähig.

Aus dieser Erkenntnis, dass ich für meinen Mitmenschen auf jeden Fall mit meinen Unzulänglichkeiten eine Belastung bin und – mit hoffentlich abnehmender Tendenz – auch bleiben werde, kann statt Resignation und Erlahmen in der Bemühung um Selbstentwicklung die Idee entstehen: Ich will die Unveränderlichkeit des anderen nicht nur in Kauf nehmen und zähneknirschend ertragen, sondern seine Unvollkommenheiten mittragen wollen. »Einer trage des anderen Last« (Paulus an die Galater 6,2). Dies aber nicht, weil ich einer Autorität gehorchen will, sondern weil ich einsehe, dass dies ein positiver Weg zum Frieden unter den Menschen ist.

Es gibt da eine schöne Geschichte: Ein Mensch darf nach dem Tode Himmel und Hölle besichtigen, bevor er sich entscheiden soll, wo er hin will. Er kommt zunächst zur Hölle. Es duftet schon von ferne nach einem wunderbaren Essen. Aber es dringt auch ein entsetzliches Geschrei aus der Hölle. Als

[479] R. Steiner, GA 119, S. 171

der Mensch näher herantritt, sieht er viele Menschen um einen riesigen Kessel sitzen, in dem sich die köstlich duftende Speise befindet. Jeder von diesen Menschen hat einen Löffel in der Hand, der länger ist als sein Arm und den er nur am hinteren Ende anfassen darf. Vergeblich versuchen alle Menschen um den Kessel, etwas von der köstlichen Speise mit diesen Löffeln in ihren Mund zu befördern. Deshalb das enttäuschte Geschrei, weil es ihnen nie gelingt. – Der Mensch kommt anschließend in den Himmel. Dort ist alles genauso wie in der Hölle, aber es herrscht Ruhe und Zufriedenheit unter den Menschen um den Kessel, denn dort füttert einer den anderen mit dem langen Löffel, und alle werden satt!

In dieser Geschichte kommt zum Ausdruck, dass es eben nicht dasselbe ist, ob ich etwas für mich selbst tue oder für einen anderen – auch wenn es die gleiche Tat ist. So ist es etwas anderes, ob ich meine eigene Unzulänglichkeit oder die eines anderen Menschen tragen will. Letztlich ist nämlich die Last des anderen leichter zu tragen als meine eigene!

Ohne dieses bewusst gesetzte Ziel, die Unvollkommenheit und Unverwandelbarkeit des anderen mittragen zu wollen, kann eine dauernde Lebensgemeinschaft nicht gelingen, weil das zähneknirschende bloße Ertragen die Beziehung nur vergiften kann.

An diesem Element einer Ehe-Idee wird besonders deutlich, was der Unterschied zwischen einem Wunsch oder Bedürfnis und einem Ziel ist. Es kann nicht von Natur aus das Bedürfnis sein, die Unzulänglichkeit eines anderen Menschen ertragen zu wollen, denn dann wäre uns dies viel leichter möglich, und dieses Bedürfnis würde reichlich befriedigt werden im Umgang mit unseren Mitmenschen! Es fällt uns eben schwer, uns mit unseren ach so unvollkommenen Mitmenschen zu vertragen.[480] Und wir müssen uns das Ziel, diese Unvollkommenheit tragen zu wollen, erst gedanklich erarbeiten als ein menschenwürdiges und notwendiges Ziel, ohne das menschliche Gemeinschaft überhaupt unmöglich würde.

Das Gattungsschicksal des anderen

Ein weiteres unverzichtbar notwendiges Ziel für die Ehe muss sein, das Gattungsschicksal des anderen wie sein eigenes annehmen und mittragen zu wollen. Man kann sich vielleicht am ehesten eine Vorstellung davon machen, was das bedeutet, wenn man sich das Gegenteil vorstellt: Wenn ein Mann sich

[480] R. Steiner, GA 39, S. 452

von den wechselnden Befindlichkeiten und Seelenstimmungen seiner Frau während des monatlichen Zyklus distanziert und sagt: Das ist dein Problem! Du musst in allen Belangen genauso funktionieren wie sonst; oder wenn er sich gerade dann mit einer anderen Frau einlässt, wenn die seine im Wochenbett liegt; oder wenn sie mit Wechseljahresbeschwerden zu tun hat und er darauf keine Rücksicht nimmt und sie in diesen Situationen des weiblichen Gattungsschicksals nicht unterstützt, so handelt er diesem notwendigen Eheziel zuwider. Er nimmt sie nicht als Gesamtwesen an. Man kann auch sagen: Er liebt sie nicht, weil er es an Respekt und Fürsorge fehlen lässt.[481]

Wir können nicht wirklich nachfühlen, was der andersgeschlechtliche Mensch in seinem Leib und seinen Zuständen erlebt. Und gerade deshalb ist es in einer umfassenden Beziehung wie einer Ehe notwendig, das Gattungsschicksal des anderen mit seinen Begleiterscheinungen wie sein eigenes tragen und behandeln zu wollen.

Das gilt natürlich auch für die Frau: Wenn eine Frau in der Schwangerschaft oder nachdem sie mehrere Kinder geboren hat von sich aus kein Bedürfnis nach Geschlechtlichkeit mehr verspürt – was relativ häufig vorkommt – und dann ihren Mann vor die Tür setzt, der »immer noch ein sexuelles Verlangen hat, obwohl er doch schon zwanzig Jahre meditiert«, dann lässt sie ihn mit seinem Gattungsschicksal allein. Denn der einzelne Mann kann nichts dafür, dass seine Geschlechtsdrüsen länger aktiv sind als die der Frau. Wir kommen damit schon zu einem weiteren notwendigen Element der Ehe-Idee, die im folgenden Abschnitt entwickelt werden soll.

Aber das Tragen des Gattungsschicksals des anderen bezieht sich auch auf viel subtilere Dinge, die mit dem Unterschied von Frau und Mann bis hinauf in die Verstandes- und Gemütsseele zu tun haben, die wir im Kapitel »Die Ur-Gegebenheit: Mann und Frau« besprochen haben.

Die Sexualität vermenschlichen wollen

Wir haben im Kapitel »Die Geschlechtlichkeit bei Frau und Mann« gesehen, dass die Geschlechtlichkeit des Mannes von Natur aus nicht sehr menschlich, sondern fortwährend in der Gefahr ist, zu einer Sache zu werden und das Gegenüber zu einer Sache zu machen. Darin äußert sich unter anderem, dass der Mann stärker als die Frau mit seiner Leiblichkeit in die Materie, in die Welt der Dinge und Gegenstände hinabgestiegen ist. Wir haben weiter gese-

[481] Siehe Erich Fromm, *Die Kunst des Liebens*, S. 46 ff.

hen (im Kapitel »Zärtlichkeit und Geschlechtlichkeit«), dass die Geschlechtlichkeit in sich selbst paradox ist, weil sie wegen des Antipathie-Anteils in der mit ihr verbundenen Begierde die Sympathie zwischen den Geschlechtspartnern allmählich zerstört. Und wir haben festgestellt, dass die männliche und die weibliche Geschlechtlichkeit von Natur aus nicht zusammenpassen.

Wenn nun die eheliche Liebe diejenige sein soll, die geschlechtliche Liebe einschließt, so kann diese auch nicht so bleiben, wie sie von Natur aus ist, vielmehr muss die Geschlechtlichkeit, und besonders die des Mannes, in der Kulturtat Ehe selbst eine bewusste Umgestaltung erfahren.

Die radikalste Umgestaltung, die denkbar ist, ist die stete und vollständige geschlechtliche Enthaltsamkeit in der so genannten Josephs-Ehe. Diese heißt so, weil nach katholischer Auffassung Maria und Joseph von Anfang an in dauernder Enthaltsamkeit zusammengelebt haben. Sie ist nur möglich unter der Voraussetzung, dass beide Eheleute dauernd »freiwillig aus übernatürlichen Motiven«[482] auf Geschlechtlichkeit verzichten. Das Leben ohne ausgeübte Geschlechtlichkeit nennt man Jungfräulichkeit, und die ist nach der kirchlichen Lehre eine Gnadengabe Gottes. Die Reformatoren haben immer betont, dass niemand – auch die Kirche nicht – sie von irgendjemandem verlangen darf, sondern dass sie als Geschenk Gottes anzusehen sei, das nicht jedem gegeben ist. Und nach katholischer Lehre ist im Falle einer Josephs-Ehe der Bruch des Enthaltsamkeitsversprechens keine Sünde, vielmehr sind beide Partner zur Hingabe verpflichtet, wenn der andere dies verlangt.

Dies alles erwähne ich nur, um zu zeigen, wie man früher mit diesen Dingen umgegangen ist. Heute spielt das in dieser Form wohl kaum noch eine Rolle. Denn wer in einer Beziehung Geschlechtlichkeit ausschließen will, hat heute andere Möglichkeiten, zum Beispiel in einer Wohngemeinschaft oder in einer Freundschaft.

Für wen Geschlechtlichkeit keine Rolle spielt, der hat natürlich auch keine Notwendigkeit mehr, sie zu vermenschlichen. Wer aber ohne Geschlechtlichkeit in irgendeiner Form nicht leben kann oder will, für den stellt sich die Frage, wie er sie am humansten leben kann. Paulus hielt die Enthaltsamkeit für das Beste und wünschte, es könnten alle leben so wie er (1. Korinther 7,7 und 7,36 ff.). Aber er war realistisch genug zu sehen, dass die meisten Menschen dies nicht können. Und so gebot er, »es soll jeder seine Frau haben, und jede soll ihren Mann haben« (1. Korinther 7,2). Er sagte auch: »Es ist besser zu heiraten, als sich in Begierde zu verzehren« oder sich ohne verheiratet zu sein mit einem anderen Menschen geschlechtlich zu verbinden (1. Korinther 7,9

[482] *Lexikon für Theologie und Kirche,* Bd. 5, Spalte 1140 f.

u. 7,2). Und in der Ehe sah er die Partner sogar verpflichtet, sich dem anderen nicht zu entziehen (1. Korinther 7,3–5), es sei denn für kurze Zeit, um für geistige Bemühungen freier zu sein. Bemerkenswert und für die damalige Zeit sogar revolutionär ist dabei, dass er Mann und Frau in dieser Hinsicht absolut gleich behandelt und keinen Unterschied in der gegenseitigen Verpflichtung macht. Aber er sagt uns nichts darüber, wie die Geschlechtlichkeit in der Ehe vermenschlicht werden kann.

Bloße Vermeidung ist noch keine Vermenschlichung, obwohl eine Beziehung, in der Geschlechtlichkeit keine Rolle spielt, sehr menschlich sein kann. Rudolf Steiner meinte, dass es zur Pflicht eines Menschen gehöre, für den Fortbestand und damit für die weitere Entwicklungsmöglichkeit der Menschheit auf Erden durch Fortpflanzung zu sorgen.[483] Und er sah es als eine ahrimanische Bestrebung an, »ja nicht die Liebe der Geschlechter aufkommen zu lassen«.[484] Deswegen hat er auch das Pflichtzölibat für Priester abgelehnt: »In der Zeit, in der wir leben, kann es sich nicht darum handeln, uns der Welt zu entfremden, sondern gerade die Welt zu durchdringen mit dem Religiösen.«[485]

Das Wesentliche zur Vermenschlichung der Geschlechtlichkeit geschieht dadurch, dass sie in eine ganzheitliche, umfassende und dauernde Beziehung eingebettet wird, weil dort ihre das Menschlich-Soziale sprengende Potenz »aufgehoben« werden kann. Dies kann man schon in der Tatsache vorgebildet finden, dass der Mensch im Gegensatz zu den Tieren anatomisch so gestaltet ist, dass die geschlechtliche Begegnung in frontaler Zugewandtheit geschieht.[486] Dadurch kommt leiblich zum Ausdruck, dass die Geschlechtlichkeit des Menschen mit der nur im Antlitz und nicht durch den Rücken erscheinenden Person zu tun hat. In diesem Zusammenhang kann vielleicht auch die Äußerung Rudolf Steiners gesehen werden, dass durch die Ehe »ein Zentrum für die Ich-Kraft« begründet würde.[487] Denn ohne eine solche Einbettung der Geschlechtlichkeit in eine ganzheitliche personale Beziehung wird sie den anderen Menschen immer zum Objekt und damit zu einer Sache machen, was sowohl das Ich des anderen missachtet als auch das eigene schwächt.

Und wenn die Geschlechtlichkeit ohne einen anderen Menschen gelebt wird, so wird ihre Tendenz zur Selbstbezogenheit und die Diskrepanz gegenüber ihrer menschenverbindenden Grundgeste nur verstärkt. Welcher unbefangen fühlende Mensch kann dies nicht empfinden! Sie bekommt einen autistischen Zug, wenn sie nicht auf ein Du gerichtet ist, und kein Mensch wird

[483] GA 264, S. 40 [484] GA 272, S. 289 f. [485] GA 343, S. 588 (ursprüngliche Textversion)
[486] Siehe J. Illies, a.a.O., S. 85 [487] GA 107, S. 129

eine so gelebte Geschlechtlichkeit anders als einen Notbehelf und niemals als ein anzustrebendes Ideal empfinden. Man kann auch sagen: Ein Mensch, der auf Dauer nicht ohne Probleme auf Geschlechtlichkeit verzichten kann, ist für ihre Vermenschlichung auf einen Mitmenschen angewiesen.

Aber auch in einer ganzheitlichen, umfassenden und dauernden Beziehung kann die Geschlechtlichkeit noch unmenschlichen Charakter haben. Im Kapitel »Zärtlichkeit und Geschlechtlichkeit« haben wir schon gesehen, dass besonders der Mann lernen muss, der Frau in der Qualität der Geschlechtlichkeit entgegenzukommen. Das heißt, dass es nur zum Verkehr kommen sollte, wenn die seelische Beziehung harmonisch ist. Geschlechtlichkeit ist kein Mittel zur Versöhnung, sondern eventuell deren Folge. Das Seelische sollte immer Priorität haben, sonst nimmt die Frau und damit auch die Beziehung Schaden.

Die Geschlechtlichkeit kann auch dadurch vermenschlicht werden, dass beide Partner sich bemühen, den im Kapitel »Zärtlichkeit und Geschlechtlichkeit« geschilderten Charakter der Zärtlichkeit so weit und so lange wie möglich aufrechtzuerhalten. Wie Zärtlichkeit die Gestaltung der Geschlechtlichkeit verwandeln kann, hat Henning Köhler meisterhaft in seinem Buch *Ursprung der Sehnsucht* beschrieben.[488] Diese Bemühungen betreffen besonders den Mann. Er muss seine Natur verändern, wenn er sich in diesem Sinne bemühen will.

Auf etwas andere Weise hat Mathias Wais diesen Vorgang in dem Kapitel »Sexueller Missbrauch – Biographie an der Schwelle« des Sammelbandes *Schwellenerlebnisse – Grenzerfahrungen*[489] beschrieben, in dem er ausführt, wie die Geschlechtlichkeit individualisiert werden muss, wenn sie ihre Tendenz zur Unmenschlichkeit verlieren soll.

Und die Frau wird in den meisten Ehen dem Mann in der Quantität entgegenkommen müssen, damit Harmonie erreicht werden kann. Weiteres zu diesem Thema haben wir schon im Kapitel »Die fünfte Kulturepoche – die heutige Zeit« besprochen, und in dem Kapitel über die Ehepflege (Seite 220 ff.) werden wir noch weiter darauf eingehen.

Wir haben nun vier Elemente der Ehe-Idee entwickelt:

1. Die Kunst des Liebens in ihrer umfassendsten denkbaren Form lernen wollen,
2. die Unveränderlichkeit und Unvollkommenheit des anderen tragen wollen,

[488] *Ursprung der Sehnsucht*, S. 92 ff. und in der Zeitschrift *Erziehungskunst*, 6/98, S. 651 ff.

[489] Hrsg. von Martin Straube und Renate Hasselberg, Stuttgart 1994, S. 95 ff.

3. das Gattungsschicksal des anderen wie sein eigenes ansehen und tragen wollen und
4. die Geschlechtlichkeit vermenschlichen wollen.

Alle diese Grundelemente sind unverzichtbar, wenn man auf Dauer mit einem Menschen anderen Geschlechts zusammenleben will. Sie sind gewissermaßen Fundament, Wand, Decke, Fenster und Tür des Hauses. In der Konkretisierung lassen sie dem einzelnen Paar unendlich verschiedene Gestaltungsmöglichkeiten. Sie sind auch nicht als neue Gesetze einer moralischen Autorität zu verstehen, sondern sollen lediglich in der logischen Form von »wenn – dann« die Voraussetzungen einer lebenslanger Einehe beschreiben.

Die Freiheit des Einzelnen wird durch die beschriebenen Elemente nicht beeinträchtigt. Denn jeder, der dies liest, kann sich sagen: Das sind ja vielleicht ganz schöne Ideen – aber nicht für mich! Niemand muss eine Idee zur Maxime seines Handelns machen, d.h. zu seinem Ideal, zur Richtschnur seiner konkreten einzelnen Handlung. Eine Idee in Gedankenform zwingt uns nicht, sondern sie ermöglicht erst unser Freiheitsempfinden. Die im Vorangegangenen entwickelte Ehe-Idee darf auf keinen Fall so aufgefasst werden, als solle hier ein Gesetz aufgerichtet werden, das alle Menschen zu befolgen hätten. Es soll nur die Möglichkeit aufgezeigt werden, die lebenslange Einehe als eine mögliche und menschenwürdige Idee zu denken. Inwieweit der Einzelne diese Ideen zu seinem Ideal machen will, muss ihm allein überlassen bleiben. Nur sollte man sich nicht wundern, dass eine dauernde Lebensgemeinschaft mit einem Menschen anderen Geschlechts nicht gelingt, wenn man diese Ideen nicht zu seinen Idealen macht.

Im Folgenden soll noch von weiteren möglichen Elementen einer Ehe-Idee gesprochen werden.

Gegenseitige »Entwicklungshilfe«

Jede Beziehung zwischen Menschen kann der Einzelne unter dem Gesichtspunkt gestalten und pflegen, sich dadurch als Mensch weiterentwickeln zu wollen. Viele Beziehungen zwischen Menschen stehen von vornherein unter dem Vorzeichen der Hilfe für den anderen, beispielsweise die Beziehung des Arztes oder Therapeuten zu seinen Patienten, des Lehrers zu seinen Schülern oder der Eltern zu ihren Kindern. Aber selbst in diesen Beziehungen, die zunächst nach einer einseitigen Richtung der »Entwicklungshilfe« aussehen, ist der vordergründig gebende Teil gut beraten, wenn er die Gesinnung pflegt, dass er bei der Hilfe, die er leisten darf, selbst am meisten lernen kann, d.h. für seine eigene Entwicklung profitieren wird. Wenn diese Gesinnung nicht herrscht, kann die Wirkung solcher Hilfe auf Dauer nicht positiv sein.

In einer Lebensgemeinschaft, in welcher der Mensch sich in seinen alltäglichsten Verrichtungen in unmittelbarer Gemeinschaft mit einem Mitmenschen befindet, entstehen durch die Reibungspunkte unserer verschiedenen Empfindungen und Gewohnheiten Anstöße des Bewusstseins, die auf andere Weise kaum zustande kommen. Gerade weil wir uns gegenseitig durch die ständige Nähe auf die Nerven gehen, bemerken wir unsere eigenen Begrenztheiten stärker, als wenn wir alleine leben würden.

Aber auch im positiven Sinne haben wir im alltäglichen Miteinanderleben die Chance, an der Andersartigkeit des anderen Menschen, besonders eines Menschen vom anderen Geschlecht, ganz neue Möglichkeiten des Wahrnehmens, des Erlebens, Denkens und Handelns zu entdecken und damit unser Bewusstsein von den Möglichkeiten des Menschseins überhaupt zu erweitern. Und wir können uns durch die Andersartigkeit des anderen Menschen anregen lassen, neue und bisher unentwickelte Möglichkeiten des Menschseins in uns zu entfalten.[490] Schon die Entdeckung, wie anders ein anderer Mensch denkt, und die Bemühung, diese andere Art des Denkens nachzuvollziehen, eröffnet ganz neue Möglichkeiten der Gemeinschaftsbildung. Rudolf Steiner nannte diese Bemühung »das Erwachen an Seele und Geist des anderen Menschen«.[491]

In einer Ehe kann man wegen der intensiven Begegnung auf allen Ebenen in besonderer Weise zur Selbsterkenntnis und zum Entwickeln vorher ungeahnter Fähigkeiten angeregt werden, die vielleicht in keiner anderen Art von Beziehung herausgefordert würden. Und man kann dem anderen bei seinem Bemühen um Fortschritte auf dem Weg zum Menschwerden beistehen und helfen. Das tut man allein schon dadurch, dass man ihn liebt in dem Sinne, wie es Erich Fromm beschrieben hat. Damit ist aber nicht eine gegenseitige Erziehung der Partner gemeint. Denn Erziehungsversuche am Lebenspartner führen nur zur Schwächung der Beziehung. Nur die erbetene Anregung zur Selbsterziehung und die Unterstützung bei der Bemühung um diese können in einer Ehe förderlich sein.

Man kann also sagen: Ein mögliches weiteres Ziel für die Ehe kann sein, sich gegenseitig Anreger und Helfer bei den Bemühungen um die Entwicklung der eigenen Menschwerdung sein zu wollen.[492] Denn »nur durch eine vollständige Verständigung durch das soziale Leben selber, durch die Realität des

[490] Das hat Peter Schellenbaum, a.a.O., S. 140 ff., als »Leitbildspiegelung« genauer beschrieben.
[491] GA 257, S. 176 ff. [492] Siehe auch H. Köhler, a.a.O., S. 93

Austausches, auch im Seelisch-Geistigen zwischen Mann und Frau, [kann sich] die volle Menschheit auf Erden [...] verwirklichen.«[493] Dieses Ideal kann für jedes Zusammenleben der Menschen gelten, aber eben auch für die Ehe.

Die Überwindung der Geschlechtertrennung

Im Kapitel »Die Entwicklung der Fortpflanzung und der Sexualität in der Zukunft« haben wir auf die Menschheitszukunft bezüglich der Entwicklung der Geschlechtlichkeit geschaut, wie sie sich aus der Anthroposophie ergibt. Daraus folgt die Perspektive, dass die Entwicklung der Menschheit darauf zielt, die Geschlechtertrennung, die aus ganz bestimmten Gründen notwendig war (siehe Seite 98 ff.), wieder zu überwinden. Es soll zukünftig durch eine Rückentwicklung des Männlichen und Weiblichen zu einer Vereinigung der Geschlechter kommen.[494] Wir haben schon gesehen, dass diese Überwindung der Geschlechtertrennung nicht wie die Geschlechtertrennung selbst eine Tat der göttlichen Schöpferwesen sein wird, bei der der Mensch nur Objekt war, sondern er wird als tätiges Subjekt mitwirken müssen, damit einmal das ganze Menschentum auch leiblich in Erscheinung treten kann.

Auch in den Evangelien findet sich ein Hinweis darauf, dass die zukünftige Leiblichkeit des Menschen nach dem Vergehen der jetzigen nicht mehr männlich oder weiblich sein wird (Markus 12,24 f. und Parallelstellen).

Es ist nicht einfach, sich vorzustellen, wie das geschehen kann. Leichter können wir uns denken, wie wir die Unterschiede im Seelenleben von Mann und Frau, wie wir sie im Kapitel »Die Ur-Gegebenheit: Mann und Frau« beschrieben haben, ausgleichen können, indem wir uns diejenigen Fähigkeiten, die ein Mensch des anderen Geschlechts von Natur aus zumeist schon hat, durch bewusste Bemühung aneignen. So kann ein Mann sein Interesse an Personen und sozialen Beziehungen bewusst steigern oder eine Frau ihr räumliches Orientierungsvermögen trainieren usw. Ein solches Bemühen um Überwindung der eigenen weiblichen oder männlichen Einseitigkeit kann jeder Mensch in jeder Lebenslage verwirklichen. Dazu braucht man nicht verheiratet zu sein. Aber in einer Ehe ist es unbedingt notwendig, sich um eine Harmonisierung des Weiblichen und Männlichen in uns zu bemühen.[495]

Diese Bemühungen können sich zunächst auf die Seele beziehen.[496] Aber

[493] R. Steiner, GA 303, S. 243 f.

[494] R. Steiner, GA 116, S. 100; GA 118, S. 93 und GA 273, S. 182 f.

[495] R. Steiner, GA 112, S. 209 [496] Siehe auch P. Schellenbaum, a.a.O., S. 106 ff.

sie können auch noch tiefer dringen. Wir haben im Kapitel über den Ätherleib (Seite 69 ff.) gesehen, dass der Bildekräfteleib, der Ätherleib der Frau männlich und der des Mannes weiblich ist. Wenn zwei Menschen in einer Lebensgemeinschaft einschließlich Geschlechtlichkeit dauernd zusammenleben, so wachsen sie in den Lebenskräften, im Ätherleib zusammen. Das kann man schon anfänglich daran erleben, dass Atem und Puls eines Paares sich auf einen gemeinsamen Rhythmus einpendeln, wenn es in Ruhe nahe beieinander liegt. Auch bilden sich durch das dauernde Zusammenleben gemeinsame Gewohnheiten, gemeinsame Erinnerungen und sogar eine eigene »familieninterne« Sprache. All das sind Dinge, die mit dem Ätherleib zusammenhängen. Dieses Zusammenwachsen der Ätherleiber wirkt sich auf Dauer auch leiblich aus. Jeder kann bei alten Ehepaaren beobachten, wie sich oftmals die Gesichter ähnlich geworden sind oder die Stimme oder die Schrift.[497] Auch die natürliche Konvergenz der Hormonverhältnisse bei Frau und Mann im Alter wirkt in dieselbe Richtung.

Aber mit den Ätherleibern wachsen in einer dauernden Lebensgemeinschaft auch diejenigen Kräfte zusammen, die im Unterbewussten dieses Wesensgliedes walten, das, was wir auf Seite 115 f. den Doppelgänger, den Herd der Zerstörung, die antisozialen Triebe und die Drachennatur genannt haben. Und das ist die reale Grundlage dessen, was wir als den Kampf der Geschlechter bezeichnet haben. Man kann etwas pointiert sagen: Wenn wir uns mit einem Menschen anderen Geschlechts in einer Lebensgemeinschaft verbinden, so verbinden wir das Unbewussteste und noch am wenigsten Menschliche miteinander. Und wir können uns nicht wundern, dass das zu schweren Problemen führt. Manchmal erinnert das an Giftgas: Die einzelnen Komponenten sind für sich genommen harmlos, aber zusammengeführt ergeben sie ein tödliches Gift.

Angesichts dieser Tatsache erhebt sich in doppeltem Sinne die Frage: Was hat es für einen Wert, wenn sich zwei Menschen verschiedenen Geschlechts gerade mit diesen gefährlichen Bereichen ihres Wesens verbinden? Nun kann man sagen, dass in einer Ehe die Verschiedenheit der Ätherleiber von Frau und Mann dadurch vermindert wird, dass die Kräfte dieses Wesensgliedes sich im günstigen Falle angleichen. Das heißt, dass in einer guten Ehe die Überwindung der Geschlechtertrennung nicht nur im Seelischen angestrebt, sondern bis in den Ätherleib hinein veranlagt werden kann. Eine solche Verwandlung des männlichen und weiblichen Ätherleibes zum Ganzmenschlichen ist aber notwendig, wenn einmal in Zukunft ein physischer Menschenleib entstehen soll, der nicht mehr nur weiblich oder männlich ist.

[497] R. Steiner, GA 58, S. 265; siehe auch M.L. Moeller, a.a.O., S. 166 f.

So können wir als ein weiteres Element einer Ehe-Idee formulieren: Ich will durch meine Ehe die Überwindung der Geschlechtertrennung bis in den Ätherleib anstreben und damit dazu beitragen, dass es in Zukunft wieder ungeschlechtliche Menschenleiber geben kann. Ein solches Ziel kann natürlich nur derjenige ins Auge fassen, dessen Welt- und Menschenbild geistige Wirklichkeiten und weite Bereiche der Vergangenheit und der Zukunft umfasst.

Die Ehe als »Keimzelle des Staates«?

Früher sagte man, die Ehe sei die Keimzelle des Staates. Es ist nicht zu leugnen, dass der Mensch seine erste Sozialisation in der Familie erfährt und dort entscheidend für sein Sozialverhalten auch in anderen und größeren Gruppen geprägt wird. Aber es wird wohl kaum einen modernen Menschen geben, für den die Ehe und eine Familie deswegen ein erstrebenswertes Ziel ist, damit das Staatswesen bestehen kann. Und doch kann die Ehe für größere Menschengemeinschaften etwas bedeuten.

In früheren Gemeinschaften wirkten durch das Blut so genannte Gruppenseelen, die eine Familie, einen Stamm oder ein Volk zu einer Gemeinschaft mit gemeinsamen Empfindungen, Überzeugungen und Willensregungen machten. Diese geistigen Wesen hatten einen ausschließenden, partikularistischen Charakter. Sie konnten den von ihnen beseelten Menschen zwar das Gefühl der Zusammengehörigkeit vermitteln, aber nur um den Preis, alle anderen Menschen, die nicht zu der jeweiligen Gruppe gehörten, als die »anderen«, die Fremden, ja sogar als Feinde zu empfinden. Wer ein Israelit oder Jude war, empfand die Angehörigen anderer Völker als »Heiden«, ein Grieche alle anderen als »Barbaren«. Noch heute empfinden wir den abwertenden Klang dieser Bezeichnungen. Und Menschen anderer Hautfarbe empfand man oftmals nicht einmal als Menschen.

Heute haben wir die Nachwirkungen dieses Empfindens in allem Nationalismus und Rassismus und erkennen in ihm ein Grundübel unserer Zeit. Trotzdem fällt es uns oftmals noch schwer, in einem fremdartigen Menschen wirklich in erster Linie den Menschen und nicht den Angehörigen eines anderen Volkes zu erleben. Bei Kindern kann man in einem bestimmten Alter gut beobachten, wie sich Gruppen und Cliquen besonders durch die Ablehnung »der anderen« bilden. Jungs reden in einem gewissen Alter von »den Weibern«, mit der deutlichen Tendenz der Abwertung und Abgrenzung. Und auch das Problem der multikulturellen Gesellschaft ist ein Zeichen dafür, dass es uns schwer fällt, mit dem ganz andersartigen Menschen zusammenzuleben.

Diese alte Art der Gemeinschaftsbildung durch Ab- und Ausgrenzung von Rassen, Völkern, Sippen, Kasten und Ständen führte dazu, dass es zwischen den verschiedenen Gruppierungen immer wieder zu Kriegen und Unterdrückung des Schwächeren durch den Stärkeren kam. Oder der Schwächere wurde vertrieben oder flüchtete vor dem Unterdrücker. Auch innerhalb von Gemeinschaften war zu beobachten, dass diese nur dadurch zusammengehalten werden konnten, dass Abweichler ausgegrenzt, vertrieben oder getötet wurden, und niemand empfand das als Unrecht. Die Israeliter vertrieben die Kanaaniter aus dem Gelobten Land. Die Römer unterdrückten – wenn auch sehr geschickt – viele Völker. Die Hunnen trieben ganze Völker vor sich her durch Europa. Christen schlachteten auf den Kreuzzügen die »Ungläubigen« ab. Andersgläubige wurden als Ketzer und Hexen verbrannt. Vor zweihundert Jahren schiffte England seine Kriminellen nach Australien und setzte sie dort aus. Im vorigen Jahrhundert verschwanden missratene Bürgersöhne nach Amerika usw. Man könnte eine unendliche Geschichte dieser Vorgänge schreiben. Und in diesem Jahrhundert fand diese Entwicklung ihren grausamen Höhepunkt in den beiden Weltkriegen und in dem, was man den Holocaust nennt: der systematischen Vernichtung von Millionen Menschen aus keinem anderen Grund, als dass sie anderer Herkunft waren.

Gleichzeitig mit diesem schrecklichen Höhepunkt einer jahrtausendelangen Entwicklung erwachte in der Menschheit erstmals das Unrechtsbewusstsein für diese Tatsachen. Früher wurden Krieg, Vertreibung und Unterdrückung, Völkermord und Flüchtlingsströme wie Naturkatastrophen als unvermeidbar hingenommen. Krieg war ein »edles Handwerk« und Soldat ein ehrenwerter Beruf. Nun traten »Pazifisten« auf den Plan. Und ihr Name war zunächst noch ein Schimpfwort. Aber der Krieg führte sich selbst ad absurdum. Spätestens mit der Atomwaffentechnik wurde er als »Fortsetzung der Politik mit anderen Mitteln« unbrauchbar, weil sein tatsächlicher Einsatz bis zum letzten Mittel den Untergang der ganzen Menschheit bedeuten würde, so dass es letztlich keinen Sieger mehr geben würde.

Und auch das andere Mittel, das die alten Gemeinschaften immer wieder stabilisiert hatte, ist an ein Ende gekommen: Man kann nicht mehr auf der Suche nach neuem Land immer weiter nach Westen oder Süden wandern. Die Grenzen der Erde sind erreicht. Unerforschtes Land gibt es nicht mehr. Und der Satz: »Gebt dem Volk ohne Land ein Land ohne Volk« erweist sich bis heute als unwahr und illusionär. Alle Probleme der Menschen in allen Teilen der Welt sind zu Problemen der ganzen Menschheit geworden. Durch die eng verflochtene Weltwirtschaft und durch die weltweite Kommunikation sind wir mit allen anderen Menschen auf der Welt verbunden, ob wir es merken und wissen oder nicht. Auch ein Ausweichen auf den Mond oder andere Himmelskörper, wie man es sich noch in den sechziger Jahren erträumen konnte, ist unmöglich, weil viel zu teuer, auch wenn es technisch machbar wäre. Zum ersten Mal in der Geschichte der Menschheit müssen wir mit den ganz anders gearteten Menschen zusammenleben lernen, ohne die früheren Mittel von Krieg und Flucht oder Vertreibung als letzte Möglichkeit gebrauchen zu können. Insofern gibt es zur multikulturellen Gesellschaft über den ganzen Erdball hinweg keine realistische Alternative.

Aber wie soll das gehen? Seit Beginn der Menschheit hat es immer Krieg, Unterdrückung und Flucht gegeben. Diese Möglichkeiten sitzen tief im Lebensgefühl des Menschen. Es bedarf einer innerlichen Revolution, um dieses Lebensgefühl zu verwandeln. Woher sollen die Kräfte zu einer so tiefgreifenden Wandlung kommen? Weder eine Staatsregierung noch die europäischen Institutionen in Brüssel noch die UNO können diese Wandlung per Gesetz bewirken. Letztlich kann nur der einzelne Mensch zum Beispiel aus dem Erschrecken über die erwähnten Ereignisse unseres Jahrhunderts und aus der daraus hervorgehenden Erkenntnis, dass in Zukunft Krieg, Unterdrückung und Flucht nicht mehr sein dürfen, die Fähigkeit in sich erüben, mit dem ganz anders gearteten Menschen zusammenzuleben, bis in das praktische alltägliche Leben hinein. Eine ganz neue Fähigkeit der Verträglichkeit und der positiven Toleranz ist notwendig geworden.

Nun kann sich der einzelne Mensch sagen: Ich will lernen, mit einem Menschen, der ganz anders ist als ich, zusammenzuleben, und dabei die Möglichkeit von Krieg und Unterdrückung einerseits und von Flucht andererseits bewusst ausschließen, weil die Menschheit diese Fähigkeit für ihr Überleben braucht. Woher soll sonst diese Fähigkeit kommen, wenn nicht Einzelne wie ich sie entwickeln? Denn »wir müssen lernen, [...] den Kampf, den Krieg zu ersetzen durch das Ideal.«[498]

Die tiefste Andersartigkeit besteht nun nicht zwischen Deutschen und Russen, zwischen Eskimos und Bantus oder zwischen Indios und Japanern. Sondern die tiefste Andersartigkeit besteht zwischen Frau und Mann. Die Trennung des Menschen in die Geschlechter ist die älteste und tiefste (1. Moses 2,21; anthroposophisch gesehen: lemurische Zeit). Die Trennung in die Rassen geschah nach traditioneller Auffassung nach der Sintflut (1. Moses 9,18 und 10; anthroposophisch gesehen nach der atlantischen Zeit), die in die Völker und Sprachen anschließend beim »Turmbau zu Babel« (1. Moses 11).

[498] R. Steiner, GA 54, S. 194

Es kann nun derjenige, der eine Ehe eingeht, damit den Sinn verbinden: Ich will lernen, mit einem anderen Menschen, der sich von mir am extremsten unterscheidet, mit einem Menschen des anderen Geschlechts, auf Dauer zusammenzuleben, und dabei von vornherein die Möglichkeit der Flucht (Trennung, Scheidung) und der Unterdrückung oder gar Vernichtung bewusst ausschließen, weil die Menschheit als ganze diese Fähigkeit braucht und nur erwerben kann, wenn Einzelne sie entwickeln.

Damit soll nicht gesagt sein, dass diese Fähigkeit nur in der Ehe erworben werden kann. Aber wegen der Unmittelbarkeit und Nähe der Partner in der Ehe kann und muss sie dort besonders erübt werden, wenn eine partnerschaftliche Lebensgemeinschaft gelingen soll.

So kann die Ehe zwar nicht als Keimzelle des Staates, aber als ein Übungsfeld gedacht werden, auf dem etwas entwickelt wird, das für die Menschheit notwendig ist.

Neue, freilassende Gruppenseelen

In allen Menschengemeinschaften wirken außer den einzelnen beteiligten Menschen geistige Wesen, so genannte Gruppenseelen, die zum Beispiel als Volks- oder Familienseelen durch die einzelnen Menschen Einfluss nehmen.[499] Es gibt aber nicht nur solche Gruppengeister, die durch die Natur, durch das Blut Menschen zu einer Gemeinschaft zusammenführen, sondern auch solche, die einen freiwilligen, brüderlichen Bund von Menschen, die nicht durch Blutsbande, durch leibliche Gegebenheiten miteinander verbunden sind, schließen.[500] Wir können davon ausgehen, dass die Familiengeister, die bis in die Gegenwart hinein Ehen und Familien beseelt haben, ohne das bewusste und freiwillige Zutun der Beteiligten wirken konnten. Aber der moderne Mensch wächst aus dem Gruppenseelentum von Volk, Stamm und Familie heraus. So emanzipiert er sich immer mehr von den Familiengeistern. Und das ist auch notwendig, denn diese alten Gruppenseelen sind nicht mit der Freiheit des Einzelmenschen vereinbar. Sie machten den Menschen unfrei.[501] Indem der Mensch sich von ihnen emanzipiert, müssen sie ihn in die Freiheit entlassen. Das ist einer der tieferen Gründe für das Misslingen so vieler Lebensgemeinschaften: Ihnen mangelt es an dem geistigen Gruppenwesen, das die einzelnen Menschen zusammenbindet.

[499] R. Steiner, GA 10, S. 200 [500] R. Steiner, GA 54, S. 191 ff.
[501] R. Steiner, GA 102, S. 194 f.

Aber die Emanzipation von Gruppengeistern kann nur ein Übergangsstadium für den einzelnen Menschen sein, um seine Freiheit zu erringen. Wenn er auf Dauer nicht sein Menschentum verlieren will,[502] muss er aus Freiheit Gemeinschaften bilden, die mit der Freiheit und Individualität des Einzelnen vereinbar sind. Solche Gemeinschaften entstehen dadurch, dass Menschen freiwillig ihre Gedanken, Gefühle und Willensimpulse zusammenströmen lassen, unabhängig von ihrer natürlichen Herkunft. Wenn dies geschieht, so gibt das anderen geistigen Wesen die Möglichkeit, in dieser Gemeinschaft wie eine Art von Gruppenseele zu wirken. Dies erfolgt dann aber unter Wahrung der freien Individualität des Einzelnen.[503] War der Mensch früher vom Wirken der Gruppenseelen abhängig, so sind die neuen, freilassenden Gruppenseelen vom Menschen abhängig, denn »sie fristen in einer gewissen Beziehung ihr Dasein von der menschlichen Einigkeit.«[504]

Solche von einer freilassenden Gruppenseele erfüllten Gemeinschaften haben eine Bedeutung nicht nur für die beteiligten Menschen und für diese geistigen Wesen, sondern für die ganze Welt. Denn je mehr solcher freilassenden Gruppenseelen sich mit den freiwillig gebildeten Gemeinschaftsgefühlen von Menschengruppen verbinden können, »desto schneller wird der Erdenplanet vergeistigt werden.«[505]

Nun kann als ein weiteres Ziel, das Menschen ihrer Ehe setzen können, gesagt werden: Wir wollen in unserer Ehe unsere Gedanken, Gefühle und Willensimpulse so zusammenströmen lassen, dass eine neue, freilassende Gruppenseele als unser Ehe- und vielleicht auch Familiengeist unsere Gemeinschaft erfüllen kann, und wir wollen so zur Vergeistigung der Erdenwelt beitragen.

Kinder als Sinn der Ehe?

Wir haben im Kapitel »Die Ehe als Fortpflanzungsgemeinschaft« gesehen, dass in früheren Zeiten die Nachkommenschaft der wesentliche Sinn für die Ehe war. Auch heute noch sind für viele Ehepaare die Kinder der Grund, ihre Lebensgemeinschaft aufrechtzuerhalten, wenn sie in einem solchen Zustand ist, dass sie ohne Kinder ganz sicher auseinandergehen würden. Ja, viele Menschen wandeln ihre »freie« Lebensgemeinschaft in eine rechtlich geschlossene Ehe um, weil sich ein Kind angekündigt hat, obwohl dazu rechtlich im Gegensatz zu

[502] Ebd., S. 196 [503] Ebd., S. 195 und GA 257, S. 169 f.
[504] R. Steiner, GA 102, S. 196 [505] Ebd.

früher kaum noch eine Veranlassung besteht, weil die rechtliche Gleichstellung so genannter unehelicher Kinder weit fortgeschritten ist.

Solche Haltungen sind gewiss ehrenwert, weil unbestreitbar ist, dass Kinder in einer Ehe bessere Voraussetzungen für ihr Gedeihen haben, als wenn sie nur bei einem Elternteil aufwachsen. Und dennoch können Kinder nicht der Sinn einer lebenslangen Ehe sein. Denn erstens hätte dann eine Ehe von Kinderlosen keinen Sinn. (So wurde ja früher eine kinderlose Ehe auch als sinnlos angesehen, und in vielen Gesellschaften war Kinderlosigkeit ein Scheidungsgrund.) Und zweitens verlöre eine Ehe ihren Sinn, wenn die Kinder erwachsen geworden sind und das Elternhaus verlassen haben.

Viel wichtiger aber ist, dass man die Kinder belasten würde, wenn sie der alleinige Grund für eine Ehe wären. Man darf sie nicht zum Fundament des »Ehehauses« machen, sondern das Ehehaus muss seinen Bestand in sich haben, dann können Kinder »Bewohner« dieses Hauses sein. Die Soziologen drücken das so aus: Die Partnerehe ist die Voraussetzung der Familienehe, und diese darf nicht der Grund jener sein.

Trotzdem kann ein Ehepaar nicht nur den Wunsch oder sogar Trieb nach einem Kind oder nach mehreren Kindern haben, sondern es kann sich sagen: Wir wollen Menschenseelen die Möglichkeit zur Inkarnation und zum gedeihlichen Aufwachsen auf der Erde in unserer Ehe geben. Wir nehmen Kinder als eine zusätzliche Aufgabe in unsere Eheziele auf. Aber wenn keine Kinder kommen, dann hat unsere Ehe auch ohne sie ihren Sinn.

Von der Idee zum Ideal und zu seiner Verwirklichung

Wenn man all diese Elemente einer Ehe-Idee vor sich hat, so kann man sie leicht als illusorisch empfinden und sie als »spinnerte Ideen« abtun wollen. Durch diese Ideen braucht sich niemand in seiner Freiheit beeinträchtigt zu fühlen, denn niemand muss sie sich zu Eigen machen. Wer sie nicht als menschenwürdige Ziel-Ideen denken und empfinden kann, der sollte sie tatsächlich auf sich beruhen lassen. Wer sie aber seinen eigenen Lebenszielen verwandt empfindet, für den tritt die Frage auf: Wie kann ich diese Ideen in meinem Leben umsetzen?

Dazu ist zunächst notwendig, dass diese Ideen meine Ideen werden, d.h. dass ich sie mir durch eigene Gedankenarbeit so zu Eigen mache, dass die Tatsache, dass ich sie in einem Buch gelesen habe, keine Bedeutung mehr hat.

Wenn ich diese Ideen ganz frei in mir selber hervorbringen und aussprechen kann, dann habe ich sie zu meinem inneren Eigentum gemacht.

Dann kann ich mir die Frage stellen: Will ich diese Ideen zur Richtschnur meines Handelns, also zu meinem Ideal machen? Das kann geschehen, wenn ich den ideellen Gehalt solcher Gedanken lieben lerne und ihn so in mein Ich aufnehme, dass er Teil meines innersten Wesens wird, so dass ich das Gefühl habe: Wenn ich dieses Ideal aufgebe, so gebe ich ein Stück meiner Identität, meines Ich auf. »Denn das Ich erhält Wesen und Bedeutung von dem, womit es verbunden ist.«[506]

Wenn ich so die Ideen zu meinem Ideal gemacht habe, kann die Frage auftreten: Wie soll das menschenmöglich sein, solche Ideale in einer Ehe zu verwirklichen? Überfordert sich der Mensch nicht hoffnungslos selbst, wenn er sich solche Ziele setzt? Muss er nicht notwendigerweise scheitern?

So kann man nur denken, wenn man meint, Ideale seien dazu da, erreicht zu werden. Das ist aber ein Missverständnis. Die höchsten Ideale, die man sich denken kann, zum Beispiel nach Erkenntnis der Wahrheit zu streben oder ein wahrer Mensch oder ein wirklicher Christ werden zu wollen, sind Strebensziele, bei denen es nicht auf eine vollständige Verwirklichung des Ideals ankommt, sondern darauf, dass das Ideal als Fernziel die Richtung meiner Bemühung bestimmt. Wie die Seeleute früher *nach* den Sternen gefahren sind, aber nicht *zu* den Sternen, so sind Ideale dazu da, dass ich meine einzelnen Schritte auf der Erde auf ein übergeordnetes Ziel ausrichten kann. Zum Fernziel des Ideals gehören dann auch Nahziele, die in Richtung auf das Fernziel liegen und die man durch konkrete Bemühungen auch erreichen kann.

Ein Beispiel soll das verdeutlichen: Das Ideal, die Kunst des Liebens im Sinne von Erich Fromm lernen zu wollen, gliedert er selber in vier »Nahziele«: Wissen, Respekt, Fürsorge und Verantwortlichkeit.[507] Nehmen wir das »Wissen« der Partner voneinander: Das ist kein Wissen von dem anderen, das in einem fertig abgeschlossenen Kennen besteht, sondern ein fortwährendes Bemühen, die Seele, das Wesen des Partners in seiner momentanen Befindlichkeit und in seinem tieferen Kern zu ergründen. Und obwohl diese Bemühung nie vollständig an ein Ziel kommen kann, ist sie für die Entwicklung der Liebesfähigkeit unerlässlich. Ein Mittel, diese Bemühung zu realisieren, besteht darin, dass die Partner sich täglich durch das Seelengespräch gegenseitig ins Herz schauen und schauen lassen (Näheres dazu im Kapitel »Eheführung und Ehepflege«, Seite 220 ff.).[508]

[506] R. Steiner, GA 9, S. 50 [507] A.a.O., S. 46 ff.
[508] Siehe auch M.L. Moeller, *Die Wahrheit beginnt zu zweit*

Man kann mit der *Philosophie der Freiheit* die Idee, die Kunst des Liebens lernen zu wollen, eine »moralische Intuition«, das Nahziel des Wissens »moralische Phantasie« und das täglich praktizierte Seelengespräch »moralische Technik« nennen. Jedenfalls zeigt dieses Beispiel, wie eine alltäglich mögliche Tätigkeit auf ein hohes Ideal ausgerichtet und damit dieses Ideal seiner Verwirklichung näher gebracht werden kann.

Das Sakrament der Trauung in der Christengemeinschaft

Die Trauung als Sakrament

Wenn wir heute in der Christengemeinschaft die Trauung wieder als Sakrament feiern, so geschieht dies nicht mit einer neutestamentlichen Begründung. Mit Luther und den Ur-Christen sehen wir in der Ehe ein »weltlich Ding«. Deshalb muss einer Trauung in der Christengemeinschaft die rechtliche, vor dem Standesamt geschlossene Trauung vorangehen. Wer nicht gewillt ist, die irdische Rechtssphäre als auch für sich verbindlich anzuerkennen, dem kann auch eine sakramentale Selbstbindung in der geistigen Welt nicht zugemutet werden.

Wenn nun aber die Ehe ein »weltlich Ding« ist und ihr sakramentaler Charakter nicht aus dem Neuen Testament abgeleitet wird, warum ist dann die Trauung in der Christengemeinschaft dennoch ein Sakrament?

Auch im religiösen Bereich sollte die Ehe nicht mehr aus der Vergangenheit, beispielsweise als göttliches Gebot quasi »kausal« aus dem Evangelium begründet werden. Eine finale Betrachtungsweise ist dem Vorgang viel angemessener. Ein Ausgangspunkt kann dabei die bereits erwähnte Begründung sein, mit der Rudolf Steiner das Pflichtzölibat für Priester abgelehnt hat: »In der Zeit, in der wir leben, kann es sich nicht darum handeln, uns der Welt zu entfremden, sondern gerade die Welt zu durchdringen mit dem Religiösen.«[509]

In eine ähnliche Richtung weist das, was er im zweiten Theologenkurs über die geschlechtliche Liebe ausgeführt hat, die den Menschen als Seele tiefer in die irdischen Verhältnisse hinunterdrängt, als es nach der »ursprünglichen göttlichen Absicht« geschehen sollte. »Und so macht sich die Notwendigkeit geltend, gerade von der Liebe ausgehend diese Liebe zu heiligen«.[510] Und das kann dadurch geschehen, dass der Mensch sich aus freiem Entschluss Christus als Wahlverwandten erwählt.

[509] GA 343, S. 588 (alte, unveränderte Textfassung) [510] Ebd., S. 396

Wir können diese beiden Äußerungen Rudolf Steiners in Bezug auf die Ehe gut verstehen, wenn wir uns an das erinnern, was wir uns über die Gefahren des Zusammenwachsens der Ätherleiber von Eheleuten in den Kapiteln »Die fünfte Kulturepoche – die heutige Zeit« und »Die Überwindung der Geschlechtertrennung« klargemacht haben. Es entsteht nämlich aus den dargestellten Tatsachen die Frage, ob und wie wir den Schwierigkeiten, die da entstehen, etwas entgegensetzen können. Das ist deshalb so schwierig, weil der Ätherleib unserem Bewusstsein zunächst ganz unzugänglich ist und weil eine Verwandlung seiner Gegebenheiten, die sich zum Beispiel im Charakter und Temperament äußern, viel schwieriger und langwieriger ist als eine Veränderung auf seelischem Gebiet.[511] Die stärksten Kräfte nun, die eine Verwandlung, Vermenschlichung und Vergeistigung des Ätherleibes und damit auch der angeführten problematischen Kräfte bewirken, gehen von einem religiösen Leben aus, das kontinuierlich gepflegt wird.[512] So können wir verstehen, dass Rudolf Steiner es für notwendig hielt, die Lebensgemeinschaft von Mann und Frau, die Ehe »mit dem Religiösen zu durchdringen« und die geschlechtliche Liebe »zu heiligen«. Das beginnt mit dem Sakrament der Trauung und wird weiter fortgesetzt durch das gemeinsame religiöse Leben der Eheleute.

Am ausführlichsten geht Rudolf Steiner im 13. Vortrag des zweiten Theologenkurses auf das Ehesakrament ein. Er begründet da alle Sakramente aus der Notwendigkeit, den in vielerlei Hinsicht unvollkommenen Menschen durch die Sakramente zu »ergänzen«, d.h. zur Ganzheit, zur Heilheit zu führen. Das nannte man früher mit Recht »heiligen«. Er schildert den natürlichen Spannungszustand zwischen Mann und Frau, der darin besteht, dass der Mann mehr zum Physisch-Leiblichen und die Frau mehr zum Geistig-Seelischen hinneigt. Darin sind beide einseitig und unvollkommen. Das Sakrament der Ehe besteht nun darin, die Kraft Christi in das Verhältnis von Frau und Mann durch einen Entschluss bewusst aufzunehmen und dadurch die genannte Einseitigkeit zu ergänzen.[513]

Noch einen weiteren Gesichtspunkt hat Rudolf Steiner für die Sakramente angeführt, schon im ersten Theologenkurs, nämlich die Beziehung der sieben Sakramente zu den sieben Wesensgliedern des Menschen.[514] Daraus ergibt sich eine Zuordnung der Letzten Ölung, der Priesterweihe und der Trauung zu den zukünftig zu entwickelnden geistigen Wesensgliedern Geistselbst, Lebensgeist und Geistesmensch.[515] Auch wenn er im ersten Theologenkurs zu-

[511] R. Steiner, GA 13, S. 72 f. [512] R. Steiner, GA 34, S. 318 und GA 13, S. 73 f.
[513] R. Steiner, GA 343, S. 264 f. [514] GA 342, S. 138 [515] Siehe R. Steiner, GA 9, S. 50 ff.

erst eine andere Reihenfolge der Sakramente nennt,[516] so ergibt sich doch aus seinen Notizbuchaufzeichnungen,[517] dass er die Trauung als dasjenige Sakrament ansah, das eine besondere Beziehung zum höchsten Wesensglied hat, das der Mensch entwickeln kann, zum Geistesmenschen, dem durch individuelle geistige Arbeit umgewandelten physischen Leib.[518]

Wenn wir versuchen, uns klarzumachen, was dieser Zusammenhang bedeuten könnte, müssen wir uns an das erinnern, was wir im Kapitel über die Überwindung der Geschlechtertrennung (Seite 179 ff.) dargestellt haben. Da wurde ja eine Sinnperspektive für die Ehe deutlich, die weit über ein menschliches Erdenleben hinausweist, nämlich die Bemühung um eine Angleichung der Lebensleiber von Mann und Frau, damit in Zukunft ein physischer Menschenleib entstehen kann, der nicht mehr einseitig nur männlich oder weiblich ist, sondern einfach menschlich. Der Geistesmensch ist eine solche vom Geschlecht nicht berührte Gestalt.

Wir dürfen uns also vorstellen, dass die sakramental geschlossene und geführte Ehe einen wesentlichen Beitrag für die Menschheitszukunft leisten kann, der weit über das persönliche Leben der Beteiligten hinausweist. Von daher wird der letzte segnende Satz des Traurituals sehr konkret: »Zu der ganzen Menschheit Heil und Glück.«

Das Sakrament der Trauung ist aber nicht die Eheschließung, genauso wenig »wie zum Beispiel das Segnen des Reifens der Früchte im Jahreslaufe der Realität des Früchtereifens entspricht«.[519] Sondern der Sinn des Trausakramentes ist der, dass das, was mit der »weltlichen Eheschließung« im bürgerlich-rechtlichen Sinne geschehen ist, heraufgehoben wird in das Religiöse und Kirchliche. Deshalb sagt das Trauritual auch nichts über die Auflösbarkeit oder Unauflösbarkeit der Ehe aus, sondern das Sakrament segnet das, »was jeweils als das gilt, was die Ehe umschließt«.[520] »Segnen« und »heraufheben« sind die entscheidenden Charakterisierungen für das, was durch das Trausakrament geschehen soll. Das werden wir bei den Ausführungen über das Ritual noch genauer betrachten.

[516] R. Steiner, GA 342, S. 138 [517] GA 343, Dokumentarische Ergänzungen, S. 15, 45 und 49
[518] R. Steiner, GA 13, S. 76 [519] R. Steiner, GA 344, S. 228 [520] Ebd.

Das Trauritual

Die Situation

Die Trauung wird nach entsprechender Vorbereitung durch den Priester und die beteiligten Brautleute und Trauzeugen in der Kirche vollzogen. Sie steht ganz im Zeichen der Auferstehung Christi, was schon dadurch zum Ausdruck kommt, dass die Gewänder von Priester und Ministrant die Osterfarbe, ein leuchtendes Rot, haben. Außerdem befindet sich auf dem Tischchen, vor dem die Brautleute und die Trauzeugen stehen und das mit einem ebenfalls osterroten Tuch bedeckt ist, ein Bild des auferstandenen Christus. Damit ist das Bild des Auferstandenen denen, die ein Sakrament empfangen, so nahe gerückt wie bei keiner anderen sakramentalen Handlung. Und mit den ersten Worten, die der Priester spricht, wird ebenfalls auf die Tatsache der Auferstehung Christi hingewiesen, in der durch Seine Opfertat irdische Prozesse in geistige Prozesse verwandelt wurden. Mit den Worten »Opfer« und »Wandlung« wird nicht nur auf das Zentrum des Altarsakramentes von Brot und Wein hingewiesen, das die Quelle aller anderen Sakramente ist, sondern auch auf die Verwandlung irdischer Leiblichkeit in geistige Leiblichkeit, die Christus in der Auferstehung errungen hat und die auch ein höchstes Ziel für die Ehe sein kann, wie wir gesehen haben (Seite 147 f. und 179 ff.). Aus all dem geht hervor, dass für den Vollzug der Trauung der Sonntag, der erste Tag der Woche und die Oktave des Ostersonntages und damit des Auferstehungstages, der angemessene Wochentag ist.

Die Gliederung des Traurituals

Das Trauritual ist deutlich in dreimal drei Abschnitte gegliedert, die bis in die Sprache hinein einen unterschiedlichen Charakter haben. Im ersten Teil erfolgt die Einleitung, in der auch die Situation bewusst gemacht wird, die Frage an die Brautleute mit deren Ja-Wort und die Verpflichtung der Trauzeugen. Die Sprache dieses Teils kann man als streng und beinahe philosophisch bezeichnen. Der zweite Teil umfasst eine Dreiheit von Bildern: Zunächst werden die Ringe gewechselt, dann zwei Stäbchen aus Holz zusammengebunden und in Form eines Andreaskreuzes in die Höhe gehoben. Und zuletzt wird mit der Hand auf das Bild des Auferstandenen gewiesen. Die Worte, die dabei gesprochen werden, sind sehr bildhaft; man könnte sie beinahe mythologisch nennen. Dann kann eine Ansprache gehalten werden, die den Gang der Handlung unterbricht, und schließlich folgt der dritte Teil, der in einem dreifachen Segen besteht. Die Sprache dieses Teiles ist stark mantrisch-gebetsartig.

Die Einleitung

Der Priester macht zunächst die Situation bewusst, dass er im Namen Christi vor den Brautleuten, den Trauzeugen und vor der Gemeinde steht, die auch als Zeugen angesprochen werden dafür, dass die Brautleute sich »zum heiligen Ehebund« verbinden wollen. Das geschieht kurz und knapp unter Nennung der Namen der Beteiligten.

Die Frage und das Ja-Wort

Die Frage, die nun der Priester im Namen Christi an die Brautleute richtet, ist etwas völlig Neues in der Geschichte des Christentums. Es wird nicht wie früher gefragt, ob die Brautleute miteinander die Ehe eingehen wollen. Denn der Ehe-Entschluss im irdisch-bürgerlichen Sinne wird ja vorausgesetzt. Gefragt werden vielmehr mit genau denselben Worten zuerst der Mann und dann die Frau unter Nennung ihrer Namen, ob sie »gedenken«, die Lebensgemeinschaft mit dem anderen unter diejenigen Entschlüsse »aufzunehmen«, von denen man sagen kann, dass sie mit ihnen in der geistigen Welt wandeln.

Da entsteht als Erstes die Frage: Wie muss ein Entschluss beschaffen sein, dass wir von ihm sagen können: Damit wandle ich in der geistigen Welt? Wenn wir nachts schlafen, wandeln wir in der geistigen Welt. Aber da sind wir nicht in der Lage, Entschlüsse zu fassen, weil wir uns dabei unseres Ichs nicht bewusst sind. Und die Frage wird den Brautleuten ja auch nicht im Schlaf, sondern am hellen Tage gestellt, also im irdischen Wachbewusstsein. Auf das nächtliche Wandeln in der geistigen Welt kann sich die Frage also nicht beziehen.

Wir wandeln auch vor unserer Geburt in der geistigen Welt. Manche Menschen glauben daher, diese Frage bezöge sich auf vorgeburtliche Entschlüsse, die der Mensch mit seinem Engel fasst. Wenn das gemeint wäre, würde es sich nur um die Erinnerung an einen schon vor der Geburt gefassten Entschluss handeln. So ist die Frage aber nicht gemeint. Sie müsste sonst lauten: Erinnerst du dich an den vorgeburtlichen Entschluss zur Lebensgemeinschaft? Außerdem ist auch vor der Geburt der Mensch nicht Herr seiner Entschlüsse, er ist nicht frei, sondern muss die Entschlüsse seines Engels, die aus einer höheren Schicksalsweisheit stammen, mitvollziehen. Die Engel beschließen aber nicht für uns, wen wir heiraten sollen, sondern sie führen nur die Begegnung mit anderen Menschen auf Erden herbei. Was wir aus solchen Begegnungen machen, liegt in unserer Freiheit.

Von einem Eingeweihten kann man sagen, dass er mit vollem Bewusstsein in der geistigen Welt wandelt und auch freie Entschlüsse in diesem Sinne fassen kann. Wenn das gemeint wäre, könnten nur Eingeweihte mit diesem Ritual getraut werden. Es muss sich also noch um etwas anderes handeln.

Es gibt einen Bereich, durch den heute jeder gesunde Mensch in der geistigen Welt wandeln kann, und das ist der Bereich des Denkens. Die Gedanken sind der unterste Saum der geistigen Welt, an der wir durch unser Ideenvermögen schon im normalen Bewusstsein Anteil haben. Entschlüsse, mit denen wir in der geistigen Welt wandeln, müssen also solche sein, die nicht bloß aus unseren natürlichen Emotionen, Gefühlen oder Bedürfnissen kommen, sondern in denen unser Wille sich mit einer in Gedanken erfassten Idee verbindet. In Bezug auf die Trauung bedeutet dies, dass ein Entschluss aus Verliebtheit, aus dem Begehren oder aus dem Wunsch und Bedürfnis nach Nähe und Geliebtwerden nicht ausreichend ist. Für das bloße Zusammenleben zweier Menschen mag das reichen. Für eine rechtliche Eheschließung ist schon ein Bewusstsein von der Tragweite eines Ehevertrages notwendig. Für die sakramentale Trauung ist erst ein in der Idee geistig erfasster Sinn für die Ehe angemessen, damit der Eheentschluss wirklich in eine andere Sphäre, in das Geistige »erhoben« werden kann.

Damit ergibt sich die Aufgabe, welche die vorbereitenden Traugespräche erfüllen sollen, dass die Brautleute ihren Ehewillen in der Sphäre der Ideen verankern lernen. (Wie das geschehen kann, haben wir im Kapitel »Elemente einer neuen Ehe-Idee« ausführlich gezeigt.) Denn nur dadurch erhält ihr Ja-Wort in der Trauung die geistige Qualität, die gemeint ist. Dieses Ja-Wort ist aber das Zentrum, der Kern des Sakramentes, das auch nach katholischer Auffassung nicht der Priester spendet, sondern die Brautleute sich gegenseitig.

Man kann auch fragen, was denn sonst Entschlüsse dieser Qualität im Leben sein können, weil in der Frage an die Brautleute vorausgesetzt wird, dass sie solche Entschlüsse kennen und auch schon gefasst haben. Im Allgemeinen wird ein solcher Entschluss bei den Brautleuten, die eine sakramentale Trauung erbitten, insofern vorliegen, als sie sich entschlossen haben, überhaupt ein religiöses Leben zu führen. Ohne einen solchen Entschluss hätte die Trauung als einmaliges religiöses Ereignis keinen rechten Boden. Denn ein Sakrament ist kein magisches Ereignis, das auf jeden Fall positiv wirkt, sondern es ist Glied einer Kette, ein Knotenpunkt im Gewebe des kontinuierlichen religiösen Lebens. Als Einzelereignis kann es nicht Leben sein. Es wäre »ein Knie – sonst nichts«. Dieses skurrile Bild aus Christian Morgensterns Galgenliedern veranschaulicht, was ein Sakrament ohne vorbereitendes und nachfolgendes religiöses Leben bedeuten würde: ein Gelenk ohne mit ihm verbundene Glieder, für die es eigentlich bestimmt ist.

Ein religiöses Leben führen zu wollen ist deshalb ein Entschluss, mit dem man in der geistigen Welt wandelt, weil das religiöse Bedürfnis als natürliche Regung der Seele dafür nicht ausreicht. Dieses Bedürfnis führt allenfalls zu einem gelegentlichen Beten beispielsweise in Notsituationen. Ein regelmäßiges religiöses Leben in Gebet und Gottesdienst folgt nicht aus dem natürlichen Bedürfnis, sondern kann für einen modernen Menschen nur die Folge einer Einsicht sein, dass religiöses Leben für den Menschen und die Welt überhaupt etwas Wichtiges ist. Wer sich dann aus einer solchen Einsicht zum Mitglied einer Religionsgemeinschaft gemacht hat, hat damit erst recht einen Entschluss gefasst, der die genannte Qualität hat. Denn dazu wird heute zum Glück niemand gezwungen, sondern ein solcher Entschluss muss aus freier Einsicht geschehen. In der Regel werden deshalb Brautleute, die sich in der Christengemeinschaft trauen lassen wollen, in dieser Mitglied geworden sein und nicht in einer anderen Kirche.

Der Entschluss zur Trauung soll also nur einer unter anderen sein, welche die genannte Qualität haben, und unter diese anderen Entschlüsse »aufgenommen« werden. Diese sind solche Entschlüsse, die der Mensch so mit seinem Ich verbunden hat, dass er sich selbst teilweise aufgeben würde, wenn er sie wieder fallen lassen würde; sie sind ein Bestandteil seines Ich geworden, und das ist möglich geworden, weil sie selbst als in der Idee gefasste Ideale geistiger Natur sind.

Mit dem Wort »Entschluss« wird bereits in eine Sphäre gedeutet, wo der Wille unbewusst schon im Geiste tätig ist. Rudolf Steiner hat einmal dargestellt, wie sich der Wille in allen Wesensgliedern des Menschen auf andere Weise zeigt. Und da hat er den Willen, der sich in dem erst keimhaft im Menschen veranlagten »Geistesmenschen« regt, »Entschluss« genannt.[521] Damit ist ein weiterer Hinweis darauf gegeben, dass die Trauung, deren Zentrum ein Entschluss ist, zum Geistesmenschen eine Beziehung hat.

[521] GA 293, S. 68

Die Trauzeugen

Wenn die Brautleute ihr Ja-Wort gesprochen haben, wendet sich der Priester den Trauzeugen zu mit einem Rückblick auf dieses Wort, mit dem die Eheleute ihre Lebensgemeinschaft »besiegelt« haben. Dieses Bildwort taucht hier zum ersten Mal zur Charakterisierung der Qualität des Ja-Wortes auf und wird später noch einmal aufgegriffen. Es weist auf einen Vorgang, den heute kaum noch jemand aus eigener Tätigkeit oder auch nur aus eigener Anschauung kennt: das Versiegeln. Früher war es üblich, zum Beispiel wichtige Briefe zu versiegeln, damit kein Unbefugter sie unbemerkt öffnen konnte. Dazu erhitzte man Siegellack über einer Kerze, so dass er flüssig wurde. Und man ließ den Lack auf die Stellen des verschlossenen Briefes tropfen, wo dieser zu öffnen war, wenn man das Papier nicht beschädigen wollte. Dann drückte man in den noch weichen Lack das Siegel, das meistens aus einem gravierten Ringstein bestand, in den das Wappen des Siegelbesitzers eingeschnitten war. Das Urbildliche dieses Vorganges liegt darin, dass in eine unförmige Masse, in eine ungestaltete Materie eine Gestalt eingeprägt wird, die nicht aus der Natur stammt. Jede Form und Gestalt ist immateriell, sie erscheint als ein Geistiges im Sinnlichen an den Grenzen zwischen verschiedenen Stoffen. Sie hat keine Chemie und ist doch sichtbar. So können wir verstehen, dass für Aristoteles die sinnlich wahrnehmbaren Formen »Ideen« hießen. Man kann auch sagen: Wenn Geistiges im Sinnlichen erscheint, werden Formen sichtbar.

Wenn wir das auf die Trauung anwenden, können wir sagen: Wenn zwei Menschen ihre aus dem natürlichen Bedürfnis stammende Lebensgemeinschaft in das Geistige erheben, indem sie einen aus der Idee stammenden Entschluss fassen, prägen sie dem »natürlichen Material« ihrer Gemeinsamkeit eine neue, andere, nicht aus der Natur abzuleitende Form ein. Sie gestalten ihre Lebensgemeinschaft nach übernatürlichen Zielen um. Nur ist das kein einmaliger Vorgang wie beim Prägen des Siegellackes mit dem Siegel, das ihm eine bleibende Gestalt gibt, sondern weil die Ehe ein Lebensvorgang ist, muss diese sakramentale Prägung immer weitergehen durch bewusste Pflege. Der Augenblick der Trauung ist nur der Anfang eines fortwährenden Prozesses, denn die Ehe hat von Natur aus die Tendenz, anders als der Siegellack, ihre kulturelle Prägung zu verlieren, immer wieder ein »formloser Materiebrei« zu werden, ähnlich wie ein Garten, der nicht gepflegt wird, verwildert.

Noch mit anderen Worten wird zu den Trauzeugen über das Ja-Wort der Eheleute rückblickend gesprochen. Es wird ihnen bewusst gemacht, dass sie mit Augen und Ohren im Sinnlichen ein Geistiges wahrgenommen haben,

Zeugen davon waren, dass sich der Geist der Frau und der Geist des Mannes zur Lebensgemeinsamkeit verbunden haben.

Nun ist das für einen sakramentalen Vorgang nichts Ungewöhnliches. Denn in allen kultisch-sakramentalen Handlungen schauen wir im Sinnlichen zugleich Geistiges an, weil ein wahrer religiöser Kultus in seinem Vollzug immer Versinnlichung geistiger Tatsachen und Vorgänge ist. Der Geist ist in sinnlicher Gestalt anwesend. Ob wir das aber bemerken, das hängt von unserer Seele, von unseren Gedanken und Empfindungen ab. So werden die Trauzeugen angeregt, sich der Tatsache bewusst zu sein, dass das Ja der Eheleute einen sakramentalen Charakter hat, weil sie ihm diesen durch den ideengetragenen Entschluss eingeprägt haben. Damit dies für die Trauzeugen nicht nur eine Behauptung ist, sollten sie bei der Vorbereitung der Trauung in die Ideenbildung der Brautleute einbezogen werden.

In diesem Abschnitt tritt eine erste leise Differenzierung zwischen Mann und Frau in Erscheinung, indem der Geist von Mann und Frau etwas unterschiedlich charakterisiert wird. Es wird vom »Geisteswillen« des Mannes und vom »Seelengeist« der Frau gesprochen. Das können wir verstehen, wenn wir uns all das vergegenwärtigen, was in den Kapiteln »Der Astralleib (Seele)« und »Der Geist – das Ich« über Geist und Seele bei Mann und Frau dargestellt wurde.

Nun folgt eine dreifache Mahnung an die Trauzeugen, die zugleich ihre Aufgaben bezeichnet. Diese Mahnung geschieht mit einem dreifachen »Nie darf …« und charakterisiert mit den Verben »schwinden« – »sich verlieren« – »sich hinwegstehlen«, was jeder kennt, der einmal versucht hat, regelmäßig Übungen der Selbsterziehung, der Meditation oder des Gebetes zu machen. Diese Tätigkeiten haben in sich die Tendenz zu »schwinden«, sich zu »verlieren«, sich »hinwegzustehlen«. Das ist aber an sich nichts Negatives, denn das weist sie als positive geistige Tatsachen aus. Nur negatives Geistiges setzt sich in uns fest, bleibt unverändert in uns. Positives Geistiges zieht sich um unserer Freiheit willen immer wieder aus unserem Bewusstsein zurück und wir müssen es immer wieder von neuem ergreifen und in uns beleben, wenn wir es zu unserem Eigentum machen wollen.

Positiv ausgedrückt bedeuten die Mahnungen an die Trauzeugen, dass sie auf der einen Seite das Bewusstsein von der Tatsache des Ja-Wortes der Eheleute das ganze weitere Leben lang in ihrem Herzen, in ihrer Seele bewahren und bewegen sollen und dass sie auf der anderen Seite aus ihrem helfenden Willen heraus dem Leben der Eheleute einen »lebendigen Beistand« geloben.

Was bedeutet »ein lebendiger Beistand«? Beistehen kann man jemandem bei einer schweren Arbeit, zum Beispiel bei einem Umzug oder wenn mehrere

Kinder in der Familie krank sind. Das kann ein Trauzeuge natürlich auch tun. Aber das könnte auch ein anderer Freund, ein Umzugsunternehmen oder eine Krankenpflegerin tun. Ein sakramentales Gelöbnis ist zu solchem Beistand nicht notwendig. Außerdem wäre er nicht »lebendig« in dem Sinne, dass alles Lebendige sich in fortdauernder Wiederholung äußert, sondern einmalig oder temporär. – Eheleute können sicher auch mal seelischen Beistand gebrauchen in Kummer und Nöten oder bei weit reichenden oder schweren Entscheidungen. Bei diesen Gelegenheiten wird ein Trauzeuge, der seine Eheleute treulich durch das Leben begleitet, sicher als Berater und Helfer willkommen sein. Aber auch diese Situationen sind vorübergehend und erfordern vielleicht sogar einen professionellen Erziehungsberater, Familientherapeuten, Seelsorger, Biographie- oder Eheberater. All das kann ein Trauzeuge nicht sein. Worin kann dann sein spezifischer »lebendiger Beistand« bestehen, der ein Leben lang in jeder Situation fortwährend sinnvoll ist und geleistet werden kann? Jeder Trauzeuge kann als Christ, der ein Sakrament mitvollbringt, alltäglich für die ihm anvertrauten Eheleute und ihre Lebensgemeinschaft beten und damit dem Ehe-Engel Kräfte der Liebe zur Verfügung stellen, die dieser in schicksalsgerechter Art dem Leben der Eheleute als Keime neuer Entwicklungsmöglichkeiten einfügen kann. Ein solcher Beistand kann wirklich lebendig sein, weil er in fortwährender Wiederholung wirksam ist und weil er Leben schaffend ist. Damit sind die Trau-»Zeugen« nicht nur solche, die die Tatsache des Ehe-Entschlusses so im Bewusstsein bewahren, dass sie diese »bezeugen« können, sondern sie »erzeugen« die geistige Wirklichkeit der Ehe mit den Brautleuten zusammen. So verstanden gewinnt die Trauzeugenschaft etwas vom Charakter des Heiligen Geistes, der ja im Christentum immer als der göttliche »Beistand«, der Paraklet, bezeichnet worden ist.

Der Abschnitt klingt aus mit einer besonderen Charakterisierung der Eheleute als Suchende: Sie suchen in diesem Augenblick »das Tor der Lebensgemeinsamkeit«. Damit wird darauf hingedeutet, dass das Ja-Wort nicht ein Ende und Abschluss, sondern ein Anfang ist, dass mit dem Entschluss noch nicht die Wirklichkeit einer im Sinne des Sakramentes geführten Lebensgemeinschaft geschaffen ist. Es heißt aber auch nicht »das Tor *zur* Lebensgemeinsamkeit«, und so kann leise auch die Bedeutung mitschwingen, dass die Lebensgemeinschaft nicht Selbstzweck, sondern Tor, Zugang zu ganz neuen, anderen Wirklichkeiten werden kann.

Damit ist der erste und längste Teil des Trauritals zu Ende.

Die Ringe

Jetzt folgt der zweite große Teil der Trauung, der »Bildteil«. Zunächst nimmt der Priester dem Mann den Ring mit seinem eingravierten Namen ab, den dieser bisher getragen hat, und legt ihn vor der Frau auf das Tischchen, vor das Christusbild. Dasselbe geschieht mit dem Ring der Frau, der ihren Namen trägt und vor den Mann gelegt wird. Damit entsteht zum ersten Mal durch die Wege, die die Ringe nehmen, ein liegendes Andreaskreuz. Anschließend werden drei Sätze über das Wesen des Ringes gesprochen. Der erste handelt von den »Ecken des Lebens«, die durch den Ring gerundet werden können. Das kann man als einen fast humorvollen Hinweis darauf verstehen, dass das persönliche Leben des Einzelnen und auch das eheliche Leben seine »Ecken und Kanten« hat, an die man schmerzlich anstoßen kann, die aber durch die Kräfte, die der Ring darstellt, »abgerundet« werden können.

Der Ring als Kreisform ist immer als ein Zeichen der Einheit, des Einen und der Harmonie angesehen worden. Deshalb ist er das Wahrbild, das Symbol für das Ich,[522] das den Menschen, der aus vielen Kräften und Gliedern besteht, zu einer Einheit, einer Individualität zusammenschließt. Das wird im zweiten und dritten Satz über den Ring zum Ausdruck gebracht. Mit den Worten »fassen« und »schließen« wird bezeichnet, wie der Kreis des Ringes das ganz Verschiedene des Menschenseins, seine einzelnen Elemente zu einer Ganzheit zusammenfasst. Die Tatsache, dass der Ring auch noch den Namen dessen eingeschrieben hat, der ihn trägt, macht vollends deutlich, dass er ein Wahrzeichen für das Ich ist, das im Wesensgliedergefüge des Menschen die einheitliche Prägung bewirken kann und soll.

Dann wird der Ring mit dem Namen des Mannes der Frau angesteckt, begleitet von Worten, die auf die »Kräfte schließende« und »Herzen bindende« Kraft deuten, die im Ring zum Ausdruck kommt. Jetzt kann man in diesen Worten nicht nur das empfinden, was im einzelnen Menschen als Ich-Kraft wirksam ist, sondern auch dieselbe rundende, schließende, zusammenfassende Kraft, die für die Lebensgemeinschaft von Mann und Frau notwendig ist, weil da noch stärker divergierende Kräfte wirksam sind als im Einzelmenschen.

Mit dem Hinweis auf die Herzen und die Kräfte kann man auch die Tatsache verbinden, die in dem Zusammenwachsen der Lebensleiber der Eheleute in der Ehe und den damit verbundenen Schwierigkeiten liegt, von denen wir schon öfter gesprochen haben. Diese zentrifugalen, trennenden Kräfte der

[522] R. Steiner, GA 265, S. 367

antisozialen Triebe, des Drachen und des Doppelgängers bedürfen der zusammenschließenden, einigenden Kraft, die der Ring symbolisiert.

Es ist selbstverständlich, dass die Worte beim Anstecken der Ringe für Frau und Mann genau gleich lauten. Denn sie beziehen sich auf das Ich, das Wesensglied, in dem wir nur Mensch und nicht weiblich oder männlich sind.

Die Ringe sollten aus Gold sein, weil Gold als Licht- und Sonnenmetall die geistige Zentralkraft des Ich am besten zum Ausdruck bringt. Und es wird damit auch gezeigt, dass es sich nicht um das kleine, egoistische, niedere Ich handelt, sondern um das höhere Ich, das sein Wesen und seine Kraft von Christus erhält. Darauf deutet auch der Vorgang hin, dass die Ringe vor dem Anstecken vor das Christusbild gelegt werden, solange die Worte über sie gesprochen werden.

Wenn nun beide Eheleute den goldenen Ring mit dem Namen des Ehepartners an den Ringfinger der rechten Hand gesteckt bekommen, so bedeutet dies eigentlich: Ich will für das höhere Wesen des anderen tätig sein, ihn in seinem Streben nach dem höheren Ich tätig unterstützen, damit er zu einer Einigkeit und Einheit in sich selbst finden kann.

Die gekreuzten Stäbe

Nun bindet der Priester zwei Holzstäbe, die von Anfang an auf dem Tischchen gelegen haben, vor den Augen der Eheleute und Trauzeugen mit einem roten Band zusammen und hält sie in Form eines Andreaskreuzes hoch emporgehoben. Zum zweiten Mal erscheint dieses Symbol, das man wie ein Gegenstück zum Ring empfinden kann. Nicht die Kurve, sondern die Gerade, nicht die Einheit, sondern die Zweiheit bestimmt seine Gestalt, die man auch als den Kreuzungspunkt der Achsen einer Ellipse oder die Asymptoten zwischen zwei Hyperbelästen ansehen kann. Immer kommt zum Ausdruck, dass völlig Getrenntes doch miteinander verbunden ist. Und das sprechen auch die begleitenden Worte aus.

Man kann auch die Biographien der Eheleute in den Stäben repräsentiert sehen, die nun zu einer Biographie zusammengebunden worden sind und doch zwei Biographien bleiben. Auch die Verbindung der getrennten Geschlechter durch die Ehe wird in diesem Bild versinnlicht. Und es wird durch die Worte bewusst gemacht, dass eine solche aus einem geistigen Entschluss stammende Verbindung, die die Gemeinsamkeit des Lebens zum Ziel hat, in der übersinnlichen Welt »leuchtet«. Auf dieses Leuchten schaut ein göttliches Wesen. Sein Name wird nicht genannt. Aber wir dürfen uns vorstellen, dass dasselbe Wesen, das einst den Menschen in Mann und Frau getrennt hat, um ihm die Entwicklung zu einem freien Wesen zu ermöglichen, nun voll liebevollen Interesses auf diejenigen schaut, die sich anschicken, das Getrennte durch eine freiwillige Bindung wieder zu vereinen. Hier erscheint im Wortlaut des Rituals eine sprachliche Besonderheit, denn es heißt nicht, dass die Bindung zum Einen oder zur Einheit führt, sondern »zum Einenden«. Mit dieser substantivierten Verbform im finalen Dativ wird zum Ausdruck gebracht, dass mit der im Sakrament vollzogenen Bindung nicht das Ergebnis der Tätigkeit des Einens erreicht, sondern der Ausgangspunkt für fortwährende Bemühungen um Vereinigung geschaffen ist.

Der Auftrag an die Eheleute

Nun folgt der Teil, der am häufigsten befragt wird, weil durch die unterschiedliche Ansprache an Frau und Mann Missverständnisse möglich sind.

Bis hierher sind alle Sätze des Rituals im Indikativ, in der Aussageform gehalten. Jetzt wird den Eheleuten einzeln nacheinander in einem auffordernden Imperativ ein Auftrag erteilt. Erst im zweiten und dritten Segen kommt dann auch eine Art Optativ als Wunsch- oder Möglichkeitsform der Verben vor, der in anderen Ritualen als Gebetsform sehr häufig ist.

Der Inhalt dieses Auftrages liegt darin, dass erst der Mann und dann die Frau aufgefordert wird, das Licht des auferstandenen Christus, das ihnen leuchtet, in ihre Lebensgemeinschaft einzubringen. Dabei wird auf das Bild von Christus gewiesen. Es wird vorausgesetzt, dass das Licht Christi im Geiste des Mannes und in der Seele der Frau leuchtet. Das kann geschehen, weil beide als ein Sakrament vollbringende Christen darin geübt sind, sich dem Christuslicht zu öffnen in Gebet und Gottesdienst. Dabei wird der natürliche Unterschied in der Religiosität von Frau und Mann berücksichtigt: Der Mann wird heute nur dann wirklich fromm und religiös fühlen und handeln können, wenn er die Tatsachen des Christentums, das Wesen Christi und der Religion überhaupt wenigstens anfänglich auch denken kann, während die Frau von Natur aus meistens einen viel direkteren, unmittelbaren Zugang zu religiösen Empfindungen und Handlungen hat. Ihre Seele ist von Natur aus religiös, die des Mannes muss es erst auf dem Umweg über das Denken, den Geist wieder werden. Deswegen wird davon gesprochen, dass das Licht Christi im Geiste des Mannes und in der Seele der Frau leuchtet. Damit ist keine Wertung gemeint, denn der Geist ist zwar in gewisser Beziehung etwas Höheres, aber nicht etwas Besseres als die Seele. Bei uns Menschen ist er sogar schwächer als diese.

Nun heißt es, dass der Mann der Frau mit diesem Christuslicht voranleuchten und die Frau dem Mann in diesem Lichte folgen soll. Dieses

»Folgen« erweckt bei manchen Menschen die Empfindung von »gehorchen« und wird zugleich auf das ganze Leben bezogen, als hätte der Mann in allen Belangen der Lebensgemeinschaft zu bestimmen und die Frau lediglich gehorsam zu sein. Das ist nicht gemeint. Es wird hier auf eine religiöse Tätigkeit gedeutet, die beiden wegen ihrer natürlichen und im religiösen Leben geübten Frömmigkeit zugemutet werden kann, nämlich das Licht des Christus in ihr gemeinsames Leben hineinstrahlen zu lassen. Dabei hat dieses Licht durch die jeweils andere Art der Aufnahme im Geist des Mannes und in der Seele der Frau einen unterschiedlichen Charakter angenommen. Beim Mann hat es mehr einen konzentrierten, gebündelten Charakter, durch den manches punktuell sehr hell beleuchtet werden kann, anderes aber gerade deshalb im Dunkel bleibt. Aus diesem Grund soll der Mann *mit* diesem Licht der Frau voranleuchten, wie mit einer Lampe, die nicht ihn, sondern die Welt erhellt. Bei der Frau hat dieses Licht aus der Seele mehr einen umfassenderen, den Umkreis einbeziehenden Charakter, ist existentieller als beim Mann, dafür aber diffuser und weniger hell an einem bestimmten Punkt, hat also nicht den Charakter einer Lampe, sondern einer Aura. Deshalb soll sie dem Mann *in* diesem Lichte folgen, das nicht so sehr die Welt, sondern sie selber erhellt.

Wir können uns als Vergleich vorstellen: Ein Mann und eine Frau gehen durch einen finsteren Wald, in dem sie nichts sehen können ohne das Licht, das sie mitbringen. Der Mann hat eine Taschenlampe, aber die Frau leuchtet als ganze Gestalt in einem milden Licht. Die »Lichtmenge« beider ist gleich groß. Um den Weg sicher zu finden, ist es günstig, den gebündelten Lichtstrahl der Lampe schweifen zu lassen, dieses Instrument handhaben zu können. Der Nachteil ist, dass das allermeiste der umgebenden Wirklichkeit im wahrsten Sinne »ausgeblendet« bleibt, ganz zu schweigen davon, dass der die Lampe Handhabende selbst ganz im Finsteren bleibt. Das Licht, das von der Gestalt der Frau ausgeht, ist zwar schwächer als das der Lampe, reicht nicht so weit wie dieses, erfüllt aber den ganzen Umkreis mit einem milden Licht und ist ganz mit ihr verbunden. Man kann sagen: Beide Arten von Licht haben eine eigene, durch die andere nicht zu ersetzende Möglichkeit, die beiden auf ihrem gemeinsamen Weg zu geleiten.

Auf die religiöse Eheführung bezogen, kann das bedeuten: Der Mann sollte sich aktiv geistig-religiös betätigen und bewusst die Wege für eine solche Eheführung suchen und ebnen. Und die Frau sollte sich dieser klareren, mit Erkenntnis verbundenen Religiosität nicht verschließen, sondern sie mit ihrer tieferen und existentielleren Frömmigkeit für das gemeinsame Leben ergänzen. Wenn man es so auffasst, begründet der Satz an den Mann keineswegs ein Privileg, sondern stellt eine Aufgabe dar, deren Erfüllung sich Frauen, die überhaupt ein religiöses Leben führen wollen, oft sehnlichst wünschen. Denn die meisten dieser Frauen leiden gerade an der religiösen Passivität ihrer Männer.

Man kann oft den Einwand hören: Aber auch die Frau will und kann ihr Leben zielstrebig aus dem Licht des Geistes führen; sie braucht dann niemanden, der ihr voranleuchtet. Es ist doch für Mann und Frau gleichermaßen eine Aufgabe, das Göttliche nicht nur in der Seele, sondern auch im Geist zu erfahren. – Das ist sicher richtig und gilt für jeden Menschen, der überhaupt eine Beziehung zur geistigen Welt sucht. Und jeder kann auf diese Weise nach dem Geist streben, auch wenn er für sich allein lebt. In der Trauung geht dieser Aufforderung an Mann und Frau aber etwas voran: Es ist von der Lebens-Gemeinsamkeit die Rede, die sich aus dem geistigen Entschluss zur Bindung ergeben soll, von dem »Einenden«, das die Eheleute auf ihrem Lebensweg zu verwirklichen trachten. Und für diese sich entwickelnde Lebenskräfte-Gemeinschaft, die die Voraussetzung für die Entwicklung des androgynen Menschen der Zukunft ist, sollen sie ihre spezifischen religiösen Möglichkeiten einsetzen.

Die Ansprache

Jetzt kann eine Ansprache folgen, die von den persönlichen Verhältnissen der Beteiligten ausgeht, ihre spezifischen Wege und Voraussetzungen zu dem Sakrament berücksichtigt und die Bedeutung dieses wichtigen Augenblickes für ihre zukünftigen Lebensschicksale bewusst macht. An dieser Stelle kann die Trauung auch durch Musik gestaltet werden, wie auch am Anfang und am Schluss der Handlung. Damit ist der zweite große Teil des Traurituals zu Ende.

Der dreifache Segen

Nun folgt im Fortgang des Rituals der erste Segen. Erstaunlicherweise wird er aber den Eheleuten nicht gespendet, sondern es wird in einem erneuten Rückblick bewusst gemacht, dass ihr Ja-Wort, das sie gesprochen haben, in der geistigen Qualität, die sie ihm gegeben haben, selbst schon ein Segen für ihre Lebensgemeinschaft darstellt und dass dieses Wort in der geistigen Welt unter den Augen Christi gesprochen worden ist. Wir können also sagen, dass die Eheleute sich den ersten Segen selbst spenden. – Dann wird die ganze anwesende Gemeinde aufgefordert, die Kraft in die Zukunft hinein zu bewahren, die in dem Ja-Wort der Eheleute deren Willen zur Lebensgemeinschaft wie ein Siegel geprägt hat. Dieser Willensentschluss wird in besonderer Weise charakterisiert, indem gesagt wird, dass er »in Wesenseinigkeit« gefasst ist. Dieses Wort steht an der Stelle des Wortes »Liebe«, das in der Trauung erstaunlicherweise nicht vorkommt.[523]

Nun folgt der zweite Segen in der sprachlichen Gebetsform des Optativ. Die Macht und die Kraft und das Licht des dreieinigen Gottes wird über das Schicksal der Eheleute erbeten.

Und dann wird nach einem kurzen Rückblick auf die Tatsache, dass die Seelen der Eheleute aus der göttlichen Welt gekommen sind und sich in der Erdenwelt gefunden haben, der dritte Segen gesprochen, der den zweiten Segen konkretisiert für das irdische Denken, Fühlen und Wollen der Eheleute: Er bittet darum, dass Licht, Wärme und Herzensinnigkeit diese Seelenkräfte durchdringen mögen, zum Heil und Glück ihres Lebens und dem der ganzen Menschheit.[524]

Zum Schluss folgt eine dreistufige Segensgebärde und ein bekräftigendes »So sei es. Amen«.

Besonders bemerkenswert ist auch, was in diesem Ritual fehlt, was man aber aus traditionellen Trauzeremonien kennt und erwartet. Es wurde schon darauf hingewiesen, dass das Wort »Liebe« nicht vorkommt. Das schafft einen Freiraum, die eigentliche Tatsache neu zu erfassen. Auch das Wort »Treue« kommt nicht vor. Sie kann aber erwachsen aus der Selbstbindung des Einzelnen an seinen im Geist gefassten Entschluss. Und von Kindern ist auch nicht die Rede. Aus dem, was im Kapitel »Kinder als Sinn der Ehe?« gesagt wurde, können wir das gut verstehen. Denn eine Ehe muss ihren Sinn auch ohne Kinder in sich selber tragen. Und die alte Formel: »... bis dass der Tod euch scheidet« sucht man auch vergeblich. Damit ist nicht gesagt, dass Scheidung kein Problem ist, sondern dass es auf die Eheleute selber ankommt, ob sie ihren Entschluss zur Lebensgemeinschaft auch im Sinne einer »Biographiegemeinschaft« und damit lebenslänglich meinen.

[523] Siehe den Aufsatz von Wilhelm Gädeke in: *Die Christengemeinschaft*, 70. Jahrgang, Heft 9, September 1998, S. 440 ff. [524] Siehe dazu J. Illies, a.a.O., S. 119 ff.

Partnerwahl und Ehevorbereitung

Ehe-Ausbildung

Mancher, der die beiden letzten Kapitel gelesen hat, wird sich fragen: Welcher junge Mensch, der heiraten will, wird sich solche Gedanken machen? Wer wird in dem Alter, in dem heute normalerweise junge Paare zusammenziehen und damit faktisch eine Lebensgemeinschaft begründen, auch wenn sie nicht zum Standesamt gehen, für solche Ideen überhaupt zugänglich sein? Genauso normal, wie junge Leute eine Lebensgemeinschaft anfangen, ohne sich solche Gedanken zu machen, genauso normal gehen sie eben auch wieder auseinander. Und solange keine Kinder da sind, ist das eine Angelegenheit, die fast nur sie selbst etwas angeht. Es wächst aber eine Generation von jungen Leuten heran, die das Scheitern der Ehe ihrer Eltern, naher Verwandter oder Freunde hautnah miterlebt und oftmals schwerstens durchlitten hat und dadurch in verhältnismäßig jungem Alter zwangsläufig ein starkes Problembewusstsein in Bezug auf die Ehe entwickelt hat. Solche Menschen sind sehr wohl dazu zu gewinnen, eine Ehevorbereitung für sinnvoll zu halten.

Im Sommer 1997 hat die Regierung von Tony Blair in Großbritannien die Notwendigkeit ehevorbereitender Maßnahmen verkündet, weil die volkswirtschaftlichen Kosten der Folgen der hohen Scheidungsraten, besonders für die Versorgung der Kinder, nicht mehr vertretbar seien.[525] Solche Einsichten werden früher oder später dazu führen, dass »Eheschulen« eingerichtet werden, an denen junge Leute mehr als eine biologische Aufklärung zur Vorbereitung für eine Lebensgemeinschaft bekommen können. In einer solchen »Ehe-Ausbildung« wird eine gründliche Kenntnis der Menschenkunde von Frau und Mann und vieles von dem, was in den vorangegangenen Kapiteln besprochen worden ist, vermittelt werden. Es wird einmal eine Eheschule als genauso normal angesehen werden wie heute eine Fahrschule. Und vielleicht

[525] *Der Tagesspiegel*, 23.7.1997, S. 24

wird es auch einmal einen »Ehe-Führerschein« geben, den sich junge Leute gegenseitig zeigen, wie heute einen negativ ausgefallenen Aidstest.

Es gehört zu den notwendigen Konsequenzen der Tatsache, dass wir eine gesellschaftliche Festlegung von Ehenormen heute mit Recht ablehnen, dass dann für das Zusammenleben von Mann und Frau eine Ausbildung erfolgen muss, weil dieses Zusammenleben, wie wir gesehen haben, keine natürlich wirkende Angelegenheit ist, sondern bewusst gestaltet sein will. Und eines Tages wird eben der Leidensdruck so stark werden, dass auch ein Bedürfnis nach einer solchen Ausbildung entstehen wird.

Jedenfalls waren schon vor mehr als zwanzig Jahren junge Leute freudig bereit, Anfänge einer solchen Ausbildung anzunehmen. Man darf sich natürlich nicht vorstellen, dass eine solche Ausbildung in jedem Fall das Scheitern einer Ehe verhindern wird. Aber schon die wenigen Erfahrungen, die vorliegen, zeigen, dass ein wesentlich bewussterer Umgang mit der Lebensgemeinschaft und ihren Problemen möglich wird. Auch wächst die Bereitschaft, sich frühzeitig helfen zu lassen, die Verantwortung für den Verlauf der Beziehung zu übernehmen und nicht den anderen, die Eltern oder gar die Gesellschaft für die Ursache der Probleme zu halten.

Aber nicht erst in einer Eheschule für junge Erwachsene kann etwas für die spätere Ehefähigkeit getan werden, sondern schon viel früher. Es ist bekannt, dass Kinder aus geschiedenen Ehen viel häufiger selbst als Erwachsene eine Scheidung ihrer Ehe erleben müssen. Daraus ergibt sich schon, wie wichtig das Vorbild ist, das Eltern durch ihre Art der Eheführung den Kindern geben. Dazu gehören vor allem die Art der verbalen Kommunikation, der Austragung von Meinungsverschiedenheiten und der Konfliktlösung. Eine Erziehung zur Verträglichkeit und zur Sozialfähigkeit ist auch eine zur Ehefähigkeit.[526]

Auch im Zusammenhang mit der sexuellen Aufklärung, sei es im Elternhaus oder in der Schule, kann manches über die Vermittlung von bloßen biologischen Tatsachen hinaus getan werden in Bezug auf die Menschenkunde der Geschlechter. Spätestens in den letzten Klassen der Oberstufe sollte eine solche Menschenkunde angeboten werden. Ganz wichtig ist dabei die Grundhaltung in der Frage des Menschseins, weil diese gesinnungsbildend wirkt. Wenn der Mensch nur als ein höheres, triebgebundenes, von Genen, Hormonen und Umweltreizen gesteuertes Tier angesehen wird, wird sich im jungen Menschen keine gute Grundlage für die Ehefähigkeit bilden. Auch sollte bei der Aufklärung über die Geschlechtlichkeit nicht nur deren beglü-

[526] R. Steiner, GA 39, S. 452

ckende, sondern auch ihre problematische Seite bewusst gemacht werden. Sehr viel geschieht schon dadurch, dass den Kindern und Jugendlichen die Gesinnung vermittelt wird, dass es auf diesem Gebiet viel zu lernen gibt.

Partner- und Ehefähigkeit

Früher verstand man unter Ehefähigkeit fast nur die Fragen, ob jemand im rechtlichen Sinne mündig und geschäftsfähig oder im biologischen Sinne zum Vollzug des Geschlechtsverkehrs in der Lage ist. Heute muss man abgesehen von religiösen oder rechtlichen Normen ganz andere Kriterien finden. Denn wir haben ja gesehen, dass eine Ehe heute nur als bewusste Kulturtat zweier Menschen gelingen kann. Und da ist es selbstverständlich, dass es, wie bei anderen Kulturtechniken auch, in diesem Bereich Menschen gibt, welche die Fähigkeiten, die für diese Kunst der Eheführung notwendig sind, nicht erwerben können. Trotz allgemeiner Schulpflicht haben wir auch in unserem Land Analphabeten, die nicht oder nur mangelhaft lesen und schreiben können. Es gibt Menschen, die können nicht singen, auch wenn sie sich sehr darum bemühen. Und es gibt selbstverständlich in jedem Ausbildungsgang und bei jedem Studium einen unterschiedlich hohen Anteil von solchen, die den Anforderungen nicht gewachsen sind, Prüfungen nicht bestehen, das Berufsziel nicht erreichen und den angestrebten Beruf nicht ausüben können.

Auch wenn der Gedanke heute noch ungewohnt ist, so muss man doch auch in demselben Sinne von Ehefähigkeit oder -unfähigkeit sprechen. Bei manchen Formen körperlicher oder geistiger Behinderung ist das ganz offensichtlich. In den meisten Fällen ist es aber nicht so offensichtlich. In gewissem Sinne sind wir alle nicht ehefähig, weil wir es von Natur aus nicht sein können und weil wir fast alle keine Ehe-Ausbildung genossen haben. Wir sind alle mehr oder weniger Autodidakten auf diesem Gebiet. Man kann aber aus den Erfahrungen der Eheberatung sagen, dass es einige Faktoren gibt, welche die Ehefähigkeit, abgesehen von mangelnder Ausbildung, massiv beeinträchtigen können oder sogar aufheben. Dazu gehören über längere Zeit der Kindheit und Jugend erlittener sexueller Missbrauch, schwere und dauernde psychische Krankheiten, Alkohol- und Drogenabhängigkeit und manche anderen Krankheiten. All diese Krankheiten müssen erst geheilt sein, bevor die Ehefähigkeit erlangt werden kann.

In allen diesen Fällen ist eine gewisse Stufe der Individuation, eine innere Mündigkeit und Selbständigkeit nicht erreicht oder vielleicht sogar auf Dauer nicht erreichbar. Auch ein Hang zu Krankheitsformen der Liebe wie der symbiotischen, sadistischen oder masochistischen Liebe[527] kann die Ehefähigkeit in Frage stellen. Zwar gibt es heute keine Instanz, welche die Ehefähigkeit attestiert oder abspricht, aber diese erweist sich in der Praxis – oder eben nicht. In der Eheberatung kann eine Beurteilung der Eheunfähigkeit des einen Partners durch den Eheberater für den anderen Partner eine wesentliche Hilfe und Erleichterung sein, den notwendigen Schritt einer Trennung auch leisten zu können.

Was kann man aber positiv zur Erlangung von Ehefähigkeit tun, außer einer Art von Ehe-Ausbildung, wie sie im vorigen Abschnitt angesprochen worden ist?

Das Wichtigste ist, so paradox es auch klingen mag: Wer nicht allein leben kann, ist auch nicht ehefähig. Wer heiratet, weil er sonst nicht leben kann, dessen Ehe wird ganz sicher zu einer symbiotischen Beziehung werden mit allen ihren Folgen. Eine innere Mündigkeit und Freiheit dagegen, die sich auf die Erfahrung stützen kann, durchaus auch alleine im Leben zurechtkommen zu können, ist für eine souveräne Eheführung absolut notwendig.[528] Wie ist dies zu erlangen?

In früheren Zeiten war es selbstverständlich, dass ein Handwerksbursche nach der Lehre als Geselle seine Wanderjahre durchmachen musste. Und das bedeutete die Trennung von der Familie, der Heimat und der Freunde, von allem, was einen in der Vergangenheit seelisch getragen hatte. Und es bedeutete, Einsamkeit ertragen zu lernen, und die Notwendigkeit, in der Fremde, im »Elend« (Ausland) bestehen zu können, allein gestützt auf die erworbenen Fähigkeiten und die dadurch mögliche Arbeit für andere Menschen und auf die Anerkennung, die man durch diese Arbeit durch andere Menschen erfahren durfte. Eine solche Erfahrung gibt die für eine Ehe notwendige Mündigkeit und Souveränität, abgesehen davon, dass sie für das eigene Leben auch sonst sehr sinnvoll ist. Wer so seine Wanderjahre durchlebt hatte, durfte heimkehren, Meister werden (andere ausbilden und selbst Verantwortung übernehmen) und heiraten.

Nun kann nicht jeder heute als Handwerksbursche Wanderjahre durchmachen, aber jeder kann eine Berufsausbildung absolvieren, das Elternhaus und die Heimat verlassen und eine Weile in seinem Beruf arbeiten und seinen Lebensunterhalt selbst verdienen. Ja es kann auch jeder freiwillig eine längere Zeit der Einsamkeit aufsuchen, um sich wirklich mit sich selbst zu konfrontieren und seine eigene Unausstehlichkeit zu erfahren. Wer sich nämlich

[527] Siehe Erich Fromm, *Die Kunst des Liebens*, S. 37 ff.

[528] Siehe P. Schellenbaum, a.a.O., S. 81 f.; und Nena u. George O'Neill, *Die offene Ehe*, S. 256

selbst nicht aushalten kann, wird auch einen anderen Menschen auf Dauer nicht aushalten können.

Diese Erfahrungen waren früher den jungen Männern vorbehalten. Heute aber müssen auch die jungen Mädchen und Frauen diese Erfahrungen durchmachen, wenn sie zu einer gleichberechtigten partnerschaftlichen Lebensgemeinschaft fähig werden wollen. Birgit Kersten hat diese Entwicklungsstufe des weiblichen Menschen das »Jungfrau-Werden« genannt.[529] Es fällt aber dem weiblichen Menschen wegen seines stärkeren Bedürfnisses nach menschlicher Beziehung schwerer als dem männlichen, diese Erfahrungen zu machen. Aber diese Erfahrungen gehören nun einmal biographisch in den Lebensabschnitt zwischen 18 und 25 Jahren. Wenn ein Mädchen ohne diese Erfahrungen direkt aus dem Elternhaus eine dauernde auch sexuelle Bindung mit einem Mann eingeht, so kann sie die notwendigen Erfahrungen von Freiheit, Selbständigkeit und Unabhängigkeit wegen dieser Bindung nicht in dem notwendigen Maße sammeln, auch wenn sie in dieser Zeit eine Berufsausbildung absolviert. Und wenn dann diese Bindung fortbesteht, eventuell auch Kinder geboren werden, dann wird diese Frau mit ziemlicher Sicherheit im Alter zwischen 28 und 33 Jahren einen »Freiheitsrappel« bekommen und die eingegangenen Bindungen auflösen wollen aus dem Gefühl heraus, etwas nachholen zu müssen. Renate Hasselberg hat in ihrem Beitrag *Zur Problematik von Ehe und Partnerschaft heute* den typischen Verlauf einer Ehe dargestellt, der sich ergibt, wenn vor der Ehe Freiheit nicht wirklich errungen, Einsamkeit durchlebt und die Individuation einigermaßen erlangt wurde.[530] Dann ist ein Freiheitsrappel nicht vermeidbar. Und wenn es sich um eine Frau handelt, hat die »Freiheit«, die sie dann für sich einklagt, meistens einen männlichen Vornamen, d.h., dass paradoxerweise nur eine andere Bindung die erste aufheben kann. Was das dann für soziale Folgen hat, insbesondere wenn Kinder da sind, kann man sich leicht ausmalen. Viele problematische Ehesituationen haben diese Ursache und diesen Verlauf.

Aus der Einsicht in diese Notwendigkeit, dass junge Mädchen eine wirkliche Freiheit und Ungebundenheit brauchen, um ihre Selbständigkeit und damit auch Partnerfähigkeit zu entwickeln, kann sich für junge Männer ein Ideal ergeben, das man eine »neue Ritterlichkeit« nennen kann: Ich will möglichst nichts tun, was die Entwicklung zur Selbständigkeit des anderen Menschen behindert oder unmöglich macht, und vor allem das Mädchen nicht so

[529] In: U. u. M. Betti / B. u. W. Kersten, *Es ist nicht gut, dass der Mensch allein sei …*, S. 170

[530] Siehe Martin Straube, Renate Hasselberg (Hrsg.), *Schwellenerlebnisse – Grenzerfahrungen*, S. 137 ff.

an mich binden, dass es seinen Weg zur Freiheit und Selbständigkeit nicht recht gehen kann, sondern ich will alle Bestrebungen der weiblichen Seele in diese Richtung unterstützen, auch wenn dadurch eine zeitweilige oder sogar eine endgültige Trennung notwendig wird. Dieses Freilassen liegt sogar im wohlverstandenen Eigeninteresse des Mannes, wenn er sich eine auf Dauer angelegte oder gar eine lebenslange Lebensgemeinschaft wünscht. Denn dazu braucht er eine Partnerin, die durch Einsamkeit und Selbständigkeit ihre eigene Identität und dadurch Beziehungsfähigkeit gefunden hat. Achtet er aber diese Entwicklungsnotwendigkeit der modernen jungen Frau nicht und bindet sie wie eine Ehefrau an sich, so wird er zum unbewussten oder sogar bewussten Verhinderer ihrer Entwicklung, indem er ihre natürliche Beziehungssehnsucht ausnützt. Dies gilt auch, wenn er sie liebt und nicht nur ein kurzes Vergnügen sucht. Wahre Liebe um des anderen willen wäre es aber, ihr die Entwicklung zur Selbständigkeit zu ermöglichen.

Es gibt heute zum Glück zunehmend junge Mädchen, die aus einem gesunden Freiheitsinstinkt heraus tiefere und längere Bindungen an einen Mann zunächst meiden und erst einmal ihren eigenen Weg finden wollen. Das zeigt sich unter anderem an dem in den letzten Jahrzehnten kräftig gestiegenen Heiratsalter. Aber häufig muss erst der Umweg über eine gescheiterte Lebensbeziehung mit allen ihren Bewusstsein weckenden Schmerzen genommen werden.

Es muss ja nicht jeder Jugendliche für ein halbes Jahr nach Alaska gehen und dort auf sich allein gestellt von Fischfang und Jagd leben. Aber eine gewisse Ungebundenheit und Willkürlichkeit der Lebensführung ist für diesen Prozess nützlich. Der Handwerksgeselle durfte auch jederzeit weiterziehen, ohne darüber jemandem Rechenschaft schuldig zu sein. Nur wer die Ungebundenheit und die Qual der Wahl, wer die schwere Seite der Freiheit erlebt hat, wird eine freiwillige Bindung und Verpflichtung eingehen und halten können. Etwas überspitzt kann man auch sagen: Heiraten kann der, der es auch lassen kann.

Dies ist nicht absolut gemeint, sondern als eine Richtung, in die die Bemühung um Ehefähigkeit gehen kann. Wenn zum Beispiel eine tiefe und schöne Jugendfreundschaft besteht, so muss man diese nicht um der besprochenen Erfahrungen willen beenden. Die Freunde können beispielsweise durch einen Auslandsaufenthalt des einen oder beider prüfen, wie ihre Beziehung bei räumlicher Trennung auf Zeit gepflegt und gestaltet werden kann. So unmodern es klingt: Die Pflege eines Briefwechsels (nicht per Fax oder e-mail) mit der damit verbundenen zeitlichen Verzögerung in der Kommunikation lässt diese sorgfältiger und wichtiger werden, als sie unter normalen Verhältnissen wird, und die Beziehung gewinnt eine Dimension, die schwer auf einem anderen Wege zu erlangen ist.

Alte und moderne Partnerwahl

In alten Zeiten war es selbstverständlich, dass sich junge Leute nicht selbst einen Ehepartner aussuchten, sondern die Wahl, die die Eltern oder das Familienoberhaupt getroffen hatten, annahmen. Eine Partnerwahl allein aufgrund persönlicher Sympathie kam gar nicht in Frage. Die Kriterien für die Auswahl eines Ehepartners durch die Eltern waren zumeist wirtschaftlicher, sozialer und religiöser Natur.

Die wirtschaftlichen Gründe für eine Heirat lagen im bäuerlichen Stand meistens in der Absicht, Bodenflächen zusammenzulegen, Viehherden zu vergrößern usw.; im Bereich des Handwerks in der Möglichkeit der Einheirat in eine Zunftwerkstatt oder der Vergrößerung der Betriebskapazität; und im Adelsstand ging es um die Ausdehnung des Machtbereiches einer Dynastie oder um politische Bündnisse, die durch eine Heirat begünstigt oder gefestigt werden sollten.

Die sozialen Gesichtspunkte lagen meistens darin, Standesunterschiede der Brautleute zu vermeiden oder eine Steigerung des sozialen Ansehens durch die Heirat zu erlangen. Wenn die persönlichen Sympathien der jungen Leute einem Partner eines niedrigeren Standes galten, wurde die Beziehung notfalls mit Gewalt beendet, damit es nicht zu einer »Mesalliance« kam.[531]

Die religiösen Gesichtspunkte lagen vor allem darin, bis heute so genannte Mischehen beispielsweise zwischen Protestanten und Katholiken oder zwischen Juden und Christen zu verhindern. Alle diese Gesichtspunkte wirkten in unserem Zivilisationskreis bis in unser Jahrhundert hinein bestimmend auf die Partnerwahl und tun es zuweilen noch heute.

Ein ganz anderes Modell der Partnerwahl, das der persönlichen Sympathie und Liebe, spielte in der Vergangenheit eine sehr geringe Rolle und ist erst seit der Zeit der deutschen Romantik immer stärker zur Geltung gekommen. Die neuzeitliche Grundtendenz zur Individualisierung und damit auch Pluralisierung aller Lebensverhältnisse hat seit dem Anfang des 19. Jahrhunderts auch diesen Lebensbereich erfasst. Heute erscheint es dem modernen Menschen undenkbar, andere Kriterien als die der persönlichen Sympathie, der emotionalen Beziehung und des subjektiven Gefühls der Verliebtheit gelten zu lassen. Je stärker, großartiger und überwältigender der emotionale Charakter der Begegnung zweier Partner ist, desto sicherer fühlen sie sich in dem Urteil, füreinander bestimmt zu sein, desto fester glauben sie, den »richtigen« Partner für eine Lebensgemeinschaft gefunden zu haben.

[531] Siehe zum Beispiel die Tragödie *Agnes Bernauer* von Friedrich Hebbel

Da eine Ehe aber heute eine bewusste Kulturtat zweier Menschen sein muss, wenn sie längeren Bestand haben soll, und da das natürliche Gefühl der Sympathie genauso natürlich wieder verschwindet, wie es gekommen ist (durchschnittlich nach zwei Jahren), wenn nicht Bemühung und Arbeit hinzutreten, so kann das natürlich oder schicksalsmäßig auftretende Gefühl der Sympathie und Verliebtheit nicht die Grundlage für eine dauernde Lebensgemeinschaft sein, sondern nur der Anlass, sich die Frage zu stellen: Wollen wir beide auf Dauer zusammenleben?

Aber dann müssen weitere Fragen gestellt werden: Wollen wir wirklich dasselbe? Was verstehen wir unter einer dauernden Lebensgemeinschaft? Erschöpft sie sich in der Hoffnung dauernder wechselseitiger Befriedigung leiblicher Bedürfnisse und seelischer Wünsche? Sind diese vorher bewusst gemacht und gegenseitig anerkannt? Gibt es darüber hinaus gemeinsame Lebensziele, die nur in einer und durch eine dauernde Lebensgemeinschaft angestrebt werden können? Was ist die »Philosophie« unseres Ehe-Unternehmens? Blicken wir wirklich geistig in eine Richtung, wenn wir »Ehe« sagen? Meinen wir wirklich dasselbe mit diesem Wort?

Wir haben auf Seite 49 ff. gesehen, dass die Ehe nur als bewusste Kulturtat bestehen kann. Bei jeder Kulturtat, die man zu zweit oder mit mehreren Menschen leisten will, wird sich jeder vernünftige Mensch fragen: Was will ich selbst erreichen? Habe ich dazu genügend Kenntnisse und Fähigkeiten? Brauche ich einen Partner dazu? Hat dieser die nötigen Kenntnisse und Fähigkeiten? Und vor allen Dingen: Will er genau dasselbe wie ich? Erst wenn es mehrere Partner gibt, mit denen in den Sachfragen Übereinstimmung erzielt werden kann, wird man sich erlauben, auch persönliche Gefühle, Sympathie oder emotionale Impulse mitentscheiden zu lassen.

In der modernen Partnerwahl für eine Lebensgemeinschaft ist es meist genau umgekehrt: Man entscheidet fast ausschließlich nach der Sympathie, und die Sachfragen – besonders die Frage: Was wollen wir mit der Ehe? – werden gar nicht oder nur mangelhaft gestellt und beantwortet. Das katastrophale Ergebnis mit allen seinen Verletzungen, Enttäuschungen, mit allem Ärger, vergeblichen gut gemeinten Bemühungen, verzehrtem Vertrauens- und Sympathiekapital und mit allem daraus hervorgehenden Leid ist allseits bekannt.

Aus all dem wird vielleicht deutlich, dass eine zukünftige Partnerwahl eine Umkehrung der Kriterien notwendig macht: Erste Priorität sollten die Sachfragen haben und persönliche Gefühle nur der Anlass sein, sie zu stellen, nicht aber der Grund für eine Entscheidung.

Der »karmische Inzest«

Es gibt noch einen anderen Gesichtspunkt, weshalb persönliche Sympathie und emotionale Verbundenheit als Kriterien der Partnerwahl nicht nur ungenügend sind, sondern sogar irreführend sein können. Dieser Gesichtspunkt ergibt sich aus der Geisteswissenschaft Rudolf Steiners.

In alten Zeiten lebte der Mensch nicht in einem individuellen Ich-Bewusstsein, sondern in einem Gruppenbewusstsein, in das er durch Volk, Sippe und Familie hineingestellt war. Durch den Zusammenhang der Blutsverwandtschaft wirkten in diesen Menschengruppen geistige Wesen (Gruppenseelen), die die zu ihnen gehörigen Menschen zu einer einigen Gemeinschaft mit gleichen Überzeugungen, Sympathien und Antipathien machten und zu gemeinsamen Taten inspirierten. Die Gemeinschaft der Menschen, die durch Blutsverwandtschaft zu einer Gruppenseele gehörten, war nicht die Leistung dieser Menschen, sondern eine Art Naturereignis, nicht das Ergebnis freier Taten einzelner Individualitäten, sondern das des notwendigen, zwingenden Wirkens geistiger Wesen.

Zu den Mitteln, diese Art von Gemeinschaften zu erhalten, gehörte die so genannte Nahehe, d.h. die Heirat von Geschwistern oder sonstigen nahen Blutsverwandten, wie sie zum Beispiel bei den Pharaonen in Ägypten bis in historische Zeiten üblich war. Auch die Vorschrift, nur in der eigenen Sippe oder im eigenen Volk zu heiraten, gehört dazu.

Nun ist das Verbot der Heirat von nahen Blutsverwandten, das die Soziologen das Inzest-Verbot nennen, nicht nur zur Vermeidung von Erbkrankheiten erlassen worden. Es hatte auch den Sinn, durch Vermischung von Erbanlagen aus verschiedenen Sippen und Völkern, durch die so genannte Fernehe die menschlichen Leiber biologisch zu individualisieren und damit die Individualisierung des Menschen insgesamt zu fördern. Auf diese Weise wurde der Weg für eine seelisch-geistige Individualisierung bereitet, wie sie seit Beginn der Neuzeit stattgefunden hat (siehe auch Seite 100 f. und 109 ff.).

Die Gruppenseelen aber, die in den natürlichen Gemeinschaften lebten und deren Zusammenhalt gewährleisteten, wirkten weiter bis in unser Jahrhundert hinein auch als »Familien-« und »Ehegeister«. Sie führten die Menschen gemeinsam mit deren persönlichen Engeln durch Sympathien und Gefühle der Verliebtheit zu Eheleuten zusammen.

Aber dieses natürliche Gemeinschaft bildende Wirken der Gruppenseelen hört in unserem Jahrhundert allmählich auf. Die geistigen Wesen entlassen uns Menschen auf diesem Gebiet immer mehr in die Freiheit, so dass wir unsere Gemeinschaften in zunehmendem Maße selbst begründen und gestalten müssen. Dem entspricht das Bedürfnis des modernen Menschen, »Wahlverwandtschaft« über »Blutsverwandtschaft« zu stellen. Deshalb auch gehen immer mehr Ehen und Familien auseinander, weil die Kräfte in den unbewussten Seelenregionen, die sie in früheren Zeiten noch getragen und erhalten haben, aufhören zu wirken.

Wenn wir in Zukunft Gemeinschaft wollen, so müssen wir sie selbst schaffen. Das Mittel dazu ist, dass Menschen freiwillig ihre Gedanken und Gefühle zusammenströmen und zusammenklingen lassen. Das geschieht nicht mehr von allein. Gemeinsame Gedankenarbeit und sich daran anschließende, sich daraus ergebende neue gemeinsame Gefühle sind die Grundlage moderner Gemeinschaften und ihrer Taten. Wenn das geschieht, kann eine neue »freilassende« Gruppenseele, ein geistiges Wesen neuer Art, das die Freiheit des einzelnen Menschen achtet, diese Gemeinschaft beseelen.[532]

Dieser Vorgang gilt auch für die Lebensgemeinschaft »Ehe«. Bis in unsere Zeit hinein gibt es Paare, die erkennbar durch das Walten geistiger Wesen zusammengeführt worden sind. Es hat zum Beispiel ein Student geträumt, er begegne am nächsten Abend dem Mädchen, das seine Frau werden wird. Er geht aufgeregt, wie sich nachfühlen lässt, mit seinem Freund wie geplant zum Studentenball der Uni, sieht sich im Saal um – und nichts geschieht. Zwanzig Minuten nach Beginn des Balls betreten zwei Schwestern, die er nie zuvor gesehen hat, den Saal. Beim Anblick der einen durchzuckt es ihn: Das ist sie! Und sie ist bis heute, vierzig Jahre später, seine Ehefrau.[533]

Das ist wie im Märchen. Und viele Menschen wünschen sich insgeheim, dass es bei ihnen auch so sein möge. Ich will nicht behaupten, dass im angeführten Fall nicht auch eine starke innere Bemühung um die Lebensgemeinschaft stattgefunden hat. Im Gegenteil. Ohne solche Bemühungen sind auch bei einer derartigen Schicksalsbegegnung vierzig Jahre Lebensgemeinschaft nicht zu meistern. Aber Schicksalsfügungen von solcher Eindringlichkeit und Eindeutigkeit werden immer seltener. Man kann in ihnen das Walten alter Gruppenseelen empfinden, die mit einer gewissen Notwendigkeit verwandte Seelen zur Lebensgemeinschaft zusammenführen.

Dagegen wächst die Anzahl der Menschen, die bei der Begegnung mit einem anderen Menschen zwar starke positive Gefühle erleben, aber doch von Zweifeln und Bedenken hin und her gerissen werden, ob sie sich auf Dauer mit diesem Menschen verbinden sollen. Das sind nicht nur Zweifel am Sinn

[532] R. Steiner, GA 102, S. 194 ff.

[533] Siehe auch das Beispiel von Mathilde Beckmann, der Frau des Malers Max Beckmann, in: Johannes Lenz, *Lebensgemeinschaft und Trauung*, S. 40 ff.

oder die Angst vor einer dauernden Bindung, sondern auch die Unsicherheit, ob es der »richtige« Partner ist.[534] Das liegt daran, dass es den »von Natur aus richtigen« Partner im Sinne einer Vorherbestimmung beispielsweise durch geistige Wesen nicht (mehr) gibt. Insofern ist das Gefühl der Unsicherheit auf diesem Gebiet tief berechtigt. Denn wir sind auf diesem Feld wirklich »von allen guten Geistern verlassen«. Sie beeinflussen nur noch, *wem* wir *überhaupt* begegnen, aber nicht, *was* wir aus dieser Begegnung machen.[535] Zum »richtigen« Partner können wir uns im Laufe der Zeit nur selbst machen oder uns als solcher erweisen. Wir sind es nie von selbst und von vornherein.

Der Preis der Freiheit auf dem Gebiet der Partnerwahl ist die Unsicherheit. Um diese zu überwinden, suchen die meisten Menschen anstelle der Beantwortung der oben dargestellten Sachfragen ein Kriterium in der Qualität der Begegnung, in der Tiefe und Stärke des Gefühls für den anderen und in der vorhandenen Übereinstimmung der Interessen, der Gedanken und Vorlieben. Alle diese Dinge haben aber ihre Ursachen in der Vergangenheit, in unserer Gewordenheit, letztlich in vergangenen Erdenleben. So fasste zum Beispiel Goethe seine Gefühle für Frau von Stein in die Zeilen zusammen: »… ach, du warst in abgelebten Zeiten meine Schwester oder meine Frau.«

Es gibt nun eine Bemerkung Rudolf Steiners, die er anlässlich der Proben zu den Aufführungen seiner Mysteriendramen in München vor dem Ersten Weltkrieg den Schauspielern gegenüber geäußert hat. In der Szene, zu der diese Bemerkung fiel, geht es um einen Mann (Johannes Thomasius), der sich »in Sinnesliebe« in eine Frau (Theodora) verliebt und dadurch auf seinem Schicksalsweg in Schwierigkeiten gerät, die auch die anderen mit ihm verbundenen Menschen betreffen. In einem Bild des Dramas, das einen Rückblick in eine mittelalterliche Verkörperung der handelnden Personen schildert, wird deutlich, dass diese beiden Menschen in der vergangenen Inkarnation Geschwister waren. Der Schauspieler Max Gümbel-Seiling, der damals zugegen war, hat die Bemerkung Steiners zu diesem Teil des Dramas überliefert. Demnach sei heute nicht nur die Heirat von Blutsverwandten für die Nachkommen gefährlich, sondern »es sei in unserer Zeit sogar bedenklich, wenn Menschen sich heiraten, welche in der vergangenen Inkarnation Geschwister waren«. (Es wird da auch von einem Ehepaar berichtet, das sich auffallend ähnlich sah, wie Geschwister, das sich scheiden ließ und deren Kinder gravierende Probleme hatten.)[536]

[534] R. Steiner, GA 168, S. 97 [535] R. Steiner, GA 240, S. 206; siehe auch U. u. M. Betti / B u. W. Kersten: *Es ist nicht gut, dass der Mensch allein sei …*, S. 208

[536] Siehe *Erinnerungen an Rudolf Steiner*, hrsg. von E. Beltle und K. Vierl

Man kann also sagen: Rudolf Steiner war offensichtlich der Meinung, dass ebenso notwendig, wie in der Vergangenheit ein »Inzest-Tabu« um des gesunden Nachwuchses willen die Heirat von Blutsverwandten verhindern musste, in Zukunft die Vermeidung »karmischer Geschwister-Ehen« durch ein »karmisches Inzest-Tabu« aus freier Einsicht wünschenswert oder notwendig wäre. Das ist in mehrfacher Hinsicht ein anregender Gedanke, der sogleich Fragen aufwirft: Warum soll es »bedenklich« sein, seinen Bruder oder seine Schwester aus dem vorigen Leben zu heiraten? Was geschieht, wenn ich es doch tue? Woran erkenne ich, ob ein Mensch, ein möglicher Ehepartner, karmisch auf diese Weise mit mir verbunden ist?

Rudolf Steiner wollte ja nie, dass man seinen Aussagen einfach glaubt, sondern forderte immer dazu auf, sie am Leben zu prüfen. Das soll mit dieser erstaunlichen Aussage im Folgenden geschehen.

Man kann davon ausgehen, dass Menschen, die in einem Leben Geschwister waren, in einem folgenden Leben diese karmische Nähe zwar nicht bewusst kennen, dass sie sich aber in ihren Gefühlen füreinander auswirkt, wenn sie sich wieder begegnen. Je intensiver die geschwisterliche Beziehung war – auch im problematischen Sinne –, desto stärker wird auch die emotionale Beziehung in diesem Leben sein. Wenn Menschen sich im dritten und vierten Jahrsiebt begegnen und dabei das starke Erlebnis persönlicher Zusammengehörigkeit haben, indem sie sich zum Beispiel intuitiv verstehen, starke Träume voneinander haben,[537] das Gefühl haben, sich bereits lange zu kennen, sehr häufig im gleichen Augenblick dasselbe denken[538] und aussprechen oder gar von ihrer Umwelt für Geschwister gehalten werden, so kann man annehmen, dass sie sich nicht zum ersten Mal begegnen, sondern ein gemeinsames Schicksal in einem früheren Leben hatten.

Wenn dann sogar Anzeichen einer paradoxen Beziehung erkennbar werden, die beiden Partner beispielsweise auf längere Zeit die Nähe des anderen nicht ertragen können, aber dann das Getrenntsein auch nicht lange aushalten und wieder zusammenkommen, dann ist es sehr wahrscheinlich, dass die Beziehung aus einem früheren Leben sehr belastet ist.[539] Eine solche belastete Schicksalsbeziehung erfordert natürlich eine Klärung, einen Ausgleich, eine Fortsetzung. Aber dies muss nicht in einer Ehe geschehen. Eheliche Lebensgemeinschaft ist heute gegenüber früher eine so schwierige Aufgabe, dass sie nicht zugleich mit karmischer Aufarbeitung geleistet werden kann. Das könnte eine Erklärung dafür sein, dass Rudolf Steiner die Heirat von Geschwistern eines vorigen Lebens für schädlich hielt.

[537] R. Steiner, GA 240, S. 206 f. und 212 f. [538] Ebd., S. 222 f. [539] R. Steiner, GA 168, S. 96 f.

Es wird auch berichtet, dass Rudolf Steiner einem Ehepaar, das ihn wegen Eheproblemen um Rat gefragt hatte, gesagt habe, es sei eigentlich ein Irrtum, dass sie verheiratet seien, weil sie schon im vorigen Leben verheiratet gewesen seien. Man mag solche mündlichen Überlieferungen bezweifeln, man kann sie auch mit aller Vorsicht für echt halten. Jedenfalls sind sie äußerst anregend für die Frage nach den Kriterien für eine Partnerwahl der Zukunft.

Aus der Eheberatung gibt es genug Erfahrungen, dass es Paare mit der Eheführung schwerer haben, bei denen sich Anzeichen einer starken schicksalsmäßigen Verbundenheit finden, zum Beispiel starke Ähnlichkeit schon in jüngeren Jahren, Hassliebe, starkes wiederholtes Träumen voneinander, starke emotionale Bewegung beim Kennenlernen oder das Gefühl, sich schon lange zu kennen. Die durch solche Schicksalsnähe entstehenden Schwierigkeiten sind deutlich zu unterscheiden von solchen, die allgemeine Eheprobleme unserer Zeit sind.

Wenn man nun annimmt, dass dieser durch die überlieferte Bemerkung Rudolf Steiners angeregte Gedankengang berechtigt sein könnte, dann bedeutet dies: Eine starke emotionale Begegnung, das überwältigende Gefühl der Zusammengehörigkeit und das Gefühl, sich schon lange zu kennen – all das, was heute meistens als positives Kriterium einer Partnerwahl angesehen wird, ist eigentlich eine Kontra-Indikation gegen die Ehe. Diese Erscheinungen sollten die Beteiligten warnen oder zumindest anregen, eine Partnerberatung aufzusuchen.

Nimmt man dies ernst, so entsteht die Frage: Was sind dann positive Kriterien einer modernen Partnerwahl?

Da ist zunächst an den vorigen Abschnitt dieses Kapitels zu erinnern: Wenn man sich durch intensive Gespräche sicher ist, mit »Ehe« dasselbe zu meinen und zu wollen, genauso konkret, wie wenn man zusammen eine Firma plant oder einen Garten anlegen will, dann ist eine erste wesentliche Voraussetzung gegeben. Wenn man dann auf der emotionalen Ebene nicht so sehr das Gefühl hat, überwältigt zu sein, sondern sich trotz Sympathie für den anderen frei fühlt, wenn man nicht meint, den anderen schon lange zu kennen, sondern ihn als Wesen vielmehr als ein noch zu ergründendes Rätsel empfindet, dann ist eine zweite gute Grundlage für die Partnerwahl gegeben.

Nun gibt es noch eine Äußerung Rudolf Steiners bezüglich der Entscheidung zur Ehe, die dem Empfinden des modernen Menschen total zuwiderläuft: Bei dem ersten Theologenkurs, der im weiteren zur Begründung der Christengemeinschaft geführt hat, hat er Ziele und Ideale für das religiöse Wirken der Pfarrer geschildert und dabei auch davon gesprochen, welchen Anteil der Pfarrer an dem Zustandekommen einer Ehe haben sollte. Nachdem er von dem wirtschaftlichen und dem rechtlichen Aspekt der Ehe – bei dem allein der Staat mitreden darf – gesprochen hat, fährt er fort: »Dagegen werden Sie [die künftigen Pfarrer] als Ihre ureigene Angelegenheit innerhalb der religiösen Gemeinschaft den geistigen Segen der Ehe beanspruchen müssen in einer völlig freien Weise aus Ihrer Entscheidung heraus. Sie werden also anstreben müssen als ein Ideal, dass in die Freiheit der religiösen Entscheidung hineingestellt wird der religiöse Segen der Ehe und dass diese Entscheidung durchaus respektiert wird, so dass sie als Grundlage angeschaut wird für das andere, dass also tatsächlich durch das Vertrauen, das in der Gemeinschaft existiert, gesucht wird zunächst für die Ehe die Entscheidung des Pfarrers oder des Predigers. Ich weiß natürlich, dass eine solche Sache heute [...] als etwas ganz Unzeitgemäßes angesehen wird [...].«[540]

Der erste zitierte Satz klingt noch so, dass man meinen kann, die Entscheidung des Pfarrers beziehe sich ausschließlich auf die Frage, ob eine sakramentale Trauung vollzogen wird oder nicht. Schon das ist heute für viele Menschen eine Ungeheuerlichkeit, dass nicht sie allein entscheiden sollen, ob eine Trauung stattfindet oder nicht, sondern ein anderer. Aber der Anfang des zweiten Satzes bekräftigt diesen Gedanken noch einmal. Dann wird die Entscheidung für den religiösen Segen der Ehe, d.h. für die Trauung, als Grundlage für das andere, also für die vorher erwähnte rechtliche und wirtschaftliche Seite der Ehe, bezeichnet. Und dann soll sich der Pfarrer ein solches Vertrauen in der Gemeinde erwerben, dass »... gesucht wird zunächst für die Ehe die Entscheidung des Pfarrers ...«

Man kann sich ja zunächst wie in das Mittelalter versetzt fühlen. Jetzt soll doch tatsächlich wieder ein anderer über meine Eheschließung entscheiden! Wo bleibt da die Freiheit des mündigen Menschen? Wenn man aber bedenkt, dass der Kontext von den Idealen des Pfarrerberufes handelt, so liegt das Schwergewicht der Aussage darauf, dass der Pfarrer sich in der religiösen Gemeinschaft ein solches Vertrauen erwerben sollte, dass die Menschen von sich aus seine Entscheidung suchen. Das heißt ja gerade nicht, dass der Pfarrer auch auf dem rechtlichen und wirtschaftlichen Gebiet bestimmt, ob die beiden heiraten »dürfen«, aber er sollte die Gesinnung erzeugen, dass der religiöse Segen der Ehe die Grundlage für die anderen Aspekte der Ehe werden sollte.

Und wenn er sich wirklich Vertrauen erworben hat, so werden immer mehr Menschen freiwillig seinen Rat und auch seine Entscheidung in Bezug auf die Trauung annehmen. Denn auch für diejenigen Menschen, die sich

[540] R. Steiner, GA 342, S. 54 f.

zunächst – durch ihr Schicksal zusammengeführt – lieben, wird es in unserer Zeit, welche die Bewusstseinsseele entwickeln muss, immer schwieriger, sich wirklich zu verstehen. Und auch solche sich liebende Menschen »müssen probieren, ob das, was in ihnen aufsteigt, wirklich ausreicht, um ein dauerndes Verhältnis zu begründen«.[541] So wird in Zukunft der Bedarf an geistig fundiertem Rat für Ehewillige und die Bereitschaft, einen solchen auch anzunehmen, wachsen, wenn gleichzeitig auch die Kompetenz der Pfarrer auf diesem Gebiet wächst.

[541] R. Steiner, GA 168, S. 97

Eheführung und Ehepflege

Einleitung

Wenn eine Ehe aus freiem Entschluss und im Bewusstsein von konkreten geistigen Zielen eingegangen wurde, wenn beide Partner sich vorbereitet und ehefähig gemacht haben, dann fängt die Aufgabe der Eheführung an. Denn die Ehe ist ja kein Kulturgut wie eine Plastik, die – einmal geschaffen – durch Jahrhunderte unverändert bestehen kann, sondern sie ist etwas Lebendiges, das sich fortwährend ändert, weil die beteiligten Menschen sich verändern. Sie ist auch keine Maschine, die, wenn sie gebaut ist, nur noch gewartet werden muss. Sondern die Ehe ist wie ein Garten, den man fortwährend pflegen muss, damit er nicht verwildert und dadurch sein Wesen verliert. Beim Garten muss der Mensch immer wieder darüber bestimmen, was in ihm wachsen soll und was nicht. Und er muss durch das Einpflanzen, Säen und Jäten etwas dafür tun, dass diese Bestimmung Wirklichkeit wird und bleibt. So ist es auch mit der Ehe. Sie bedarf der immer neuen Bestimmung durch die Eheleute, was in ihr geschehen soll und was nicht. Und dies dann in die Wirklichkeit umzusetzen kann niemand den Eheleuten abnehmen. Dafür kann man keinen Gärtner anstellen, sondern das müssen die Ehepartner selber tun.

Im Folgenden soll nun einiges von dem beschrieben werden, was als »Gartenarbeit« sinnvoll und notwendig ist und was sich bewährt hat. Damit ist nicht gemeint, man könne eine Ehe »nach Rezept« führen. Aber wie bei der Gartenarbeit manche Arbeiten unverzichtbar und andere wünschenswert sind, wenn man schöne Blumen und gute Früchte haben will, so gibt es auch in der Ehe bestimmte Tätigkeiten, die für ihr Gelingen notwendig oder wünschenswert sind. Für die eigene Phantasie bleibt genug Gestaltungsfreiheit.

Man kann auch fragen: Wie kann die moralische Intuition Ehe, deren Elemente wir auf Seite 162 ff. entwickelt haben, durch moralische Phantasie und Technik im Leben umgesetzt werden? Wie können die einzelnen Schritte im Alltag aussehen, die uns den dargestellten Idealen näher bringen?

Um die einzelnen Bereiche der Ehepflege sinnvoll zu gliedern, können wir auf das Schema auf Seite 168 zurückgreifen, mit dem wir versucht haben, den Unterschied von Ehe und Freundschaft zu verdeutlichen. Da die Ehe eine Gemeinschaft auf der Ebene aller vier Wesensglieder ist, muss sie auch auf allen diesen Ebenen gepflegt werden.

Die Geistgemeinschaft

Das Wichtigste für eine dauerhafte Lebensgemeinschaft auf geistigem Gebiet besteht in einer Gemeinsamkeit von Werten, Normen und Zielen. Da diese heute nicht mehr allgemein verbindlich durch die Gesellschaft oder die Kirche vorgegeben sind bzw. nicht mehr anerkannt werden, wenn sie von einer Institution gefordert werden, muss jeder Mensch selbst die für ihn und seine Lebensführung maßgeblichen Werte finden und bestimmen. Wenn dies geschehen ist, gehören sie zur Identität und Würde der Person und niemand hat das Recht, von außen in diesen Bereich der Person einzugreifen und sie ändern zu wollen. Aus diesen Werten und Normen aber ergibt sich das konkrete Verhalten im Alltag. Wer zum Beispiel geschlechtliche Treue in der Ehe nicht als Wert empfindet, wird über einen Seitensprung oder ein längeres »Verhältnis« anders denken als jemand, dem diese Treue ein hohes Ideal ist.

So gibt es viele Bereiche in der Ehe, in denen bewusste oder unbewusste Werte und Normen eine große Rolle spielen. Es kann beispielsweise sein, dass ein Mann, für den sexuelle Treue keinen Wert darstellt, sehr wütend und verletzt reagiert, wenn seine Frau einen Seitensprung macht. Warum eigentlich? Er reagiert anders als seine bewusst formulierten Werte es nahe legen. Seine Reaktion steht im Widerspruch zu dem, was er sagt und selber tut. Wenn er kein ewig-gestriger Chauvinist ist, der seiner Frau nicht zugesteht, was er selbst für sich in Anspruch nimmt, müsste er eigentlich seine Wertvorstellungen hinterfragen: Sollte sexuelle Treue für mich doch ein Wert sein? Warum eigentlich? Kann ich das klar formulieren oder ist es nur ein Gefühl, weil ich mich durch die Untreue verletzt fühle?

Je mehr die Ehepartner ihre beiderseitigen Werte und Normen klären, desto harmonischer wird ihre Gemeinsamkeit sein. An oberster Stelle steht dabei die Frage nach dem Sinn dauernder Lebensgemeinschaft, über den wir ausführlich im Kapitel »Elemente einer neuen Ehe-Idee« gesprochen haben.

Aber es gibt noch viele andere Sinn- und Wertfragen, die man klären sollte, wenn man eine Ehe führen will: Wie wollen wir mit Geld umgehen? Was bedeuten uns Wohlstand und Reichtum? Was halten wir vom Sparen? Wollen wir gemeinsam Kinder haben? Welchen Wert messen wir dem Familienleben bei? Was bedeuten uns Verwandte? Welchen Wert haben für uns Freundschaften zu Dritten? Welchen Wert haben Wissenschaft und Kunst für uns? Wollen wir unsere Religion pflegen? Wie denken wir über den Sinn des Menschseins, über Krankheit, Schicksal und Tod? Und noch konkreter: Wie wollen wir uns ernähren? Welche medizinische Richtung bevorzugen wir? Wie wollen wir unsere Kinder erziehen? Wie gehen wir mit den Medien um? Mehr als man zunächst meinen könnte führen diese Fragen, wenn sie nicht geklärt werden, zu unauflöslichen Konflikten. Dabei müssen nicht alle Werte der Partner absolut übereinstimmen, es kann auch da sinnvolle Kompromisse geben, aber eine gemeinsame innere Haltung und Richtung ist schon sehr hilfreich in der Ehe. Es ist zum Beispiel für die Ehe und die Familie viel einfacher, wenn beide Partner ein religiöses Leben führen, der eine in der evangelischen, der andere in der katholischen Kirche, als wenn ein Partner gar keine Religion pflegt. – Ein Zyniker und Nihilist aus Überzeugung wird für einen idealistisch Gesonnenen kaum ein erträglicher Lebenspartner sein können. Und für manchen Vegetarier ist eine Tischgemeinschaft mit einem Fleisch essenden Partner undenkbar.

Am stärksten ehebelastend wirken sich unterschiedliche Werte und Normen in der Erziehung von Kindern aus. Wenn der Vater schmatzt und während der Mahlzeit Zeitung liest, kann die Mutter die Kinder kaum erfolgreich zu guten Tischmanieren bewegen. Erziehung zum Umweltbewusstsein und Wegwerfverhalten vertragen sich nicht. Der eine meint, Kinder müssten vom dritten Lebensjahr an den selbständigen Umgang mit dem Fernseher lernen. Der andere will die Kinder so lange wie möglich von diesem Medium fern halten. Das kann nur zu großen Spannungen und Konflikten führen. So müssen in der Erziehung wenigstens gemeinsame Ziele und Richtungen erarbeitet werden, damit der Alltag gemeistert werden kann.

Wer also nicht darauf angewiesen sein will, zufällige Übereinstimmungen mit dem Partner im Bereich der Wertvorstellungen zu konstatieren – oder eventuell auch das Gegenteil –, der wird versuchen, sich über seine Werte und Normen klar zu werden, unbewusste bewusst machen, bewusste hinterfragen und gegebenenfalls ändern wollen, um sie mit dem Partner abstimmen zu können. Für die Gemeinsamkeit der Partner hat es einen hohen Wert, wenn dieser Prozess gemeinsam durchgemacht werden kann durch die gemeinsame Beschäftigung mit den Fragen der Religion, der Weltanschauung und Lebensführung.

Dieser Prozess ist vor der Ehe besonders förderlich, weil die Ehe selbst eine Frage der Werte, Normen und Ziele ist und weil man sich auf diese Weise vergewissern kann, ob man wirklich dasselbe will. Aber er hat auch in der

Ehe einen Sinn, weil man mit den Sinnfragen im Leben nie ganz fertig ist und weil das Leben selber immer neue Fragen hervorruft. Das gilt nicht nur für die Fragen des Umgangs mit Kindern in deren verschiedenen Lebensaltern, sondern auch für den Verlauf der eigenen Biographie, in der sich durch Schicksale, Krankheiten oder Begegnungen ganz neue Fragen auftun können.

Und da heute diese Fragen, besonders in Bezug auf die Ehe, meist viel zu wenig gestellt und bearbeitet werden, haben die meisten Ehepaare auf diesem Gebiet einen großen Nachholbedarf, besonders wenn ihre Gemeinschaft in eine Krise geraten ist.

Im Bereich der geistigen Gemeinsamkeit ist das Gespräch der Partner das Wichtigste. Es kann zum Beispiel darin bestehen, sich ein Buch gemeinsam zu erarbeiten. Zu den grundlegenden Büchern über die Ehe gehört für mich *Die Kunst des Liebens* von Erich Fromm. Es sollte eine Fibel für alle Ehewilligen werden. Ohne solche gemeinsame Lektüre wird das »Geistgespräch« der Partner sehr leicht subjektiv und konfliktträchtig oder unfruchtbar. Man muss ja nicht das Rad erfinden wollen, sondern kann sich für Wert- und Sinnfragen reiche Anregung aus dem pluralistischen Angebot unserer Tage holen. Wesentlich wird solche Lektüre allerdings erst, wenn ich mich wirklich mit ihr auseinandersetze und gewillt bin, mir etwas zum geistigen Eigentum zu erwerben. Denn nur das bereichert mein Leben nachhaltig über ein momentanes Interesse hinaus und ist geeignet, die Gemeinsamkeit zu stärken.

Solche gemeinsame geistige Arbeit kann ich auch mit einem Freund oder mehreren anderen Menschen machen. Dazu muss man nicht verheiratet sein. Aber wenn man verheiratet sein will, sollte man diese Gemeinsamkeit auch pflegen, denn die Ehe muss Freundschaft einschließen und das heißt eben auch geistige Gemeinschaft.

Am förderlichsten ist ein gemeinsamer Leseabend, bei dem man sich gegenseitig vorliest und über das Gelesene miteinander spricht. Je schwieriger die Beziehung wird, desto wichtiger ist ein solches Geistgespräch. In Krisenzeiten sollte es auf jeden Fall wöchentlich stattfinden. Und wenn man dazu nicht in der Lage ist, ist das ein Zeichen dafür, dass man gut daran täte, eine Eheberatung aufzusuchen.

Solche Gespräche sollten nicht weniger als eine halbe und nicht länger als eineinhalb Stunden dauern und nicht nach 22 Uhr stattfinden. Nächtliche Gespräche können zwar sehr romantisch sein, aber man sollte für Geistgespräche wach genug sein. Für »Seelengespräche« (siehe den folgenden Abschnitt) können auch Nachtstunden positiv sein.

Man sollte ein Geistgespräch zeitlich begrenzen und auf eine Fortsetzung anlegen, weil man mit geistigen Fragen sowieso nie »fertig« wird.

Die Seelengemeinschaft

Mit einer natürlichen Verliebtheit stellt sich eine seelische Gemeinsamkeit von alleine ein. Da die Verliebtheit aber genauso von alleine verschwindet, wie sie gekommen ist, muss in der Ehe die Seelengemeinschaft bewusst gepflegt und erhalten werden. Das geschieht hauptsächlich durch gemeinsame Erlebnisse und durch das Gespräch.[542]

Schon das im vorigen Abschnitt geschilderte »Geistgespräch« bewirkt auch seelische Gemeinschaft. Aber auch gemeinsame Erlebnisse in anderen Bereichen fördern sie. Gemeinsame Erlebnisse in der Natur bei Spaziergängen oder Wanderungen, Beobachtungen von Pflanzen, Tieren, Wettererscheinungen und Sternen können die seelische Gemeinsamkeit stärken. Dasselbe gilt für gemeinsame Reisen mit dem Erleben von anderen Ländern, Landschaften und Menschen. Besonders verbindend sind gemeinsame Kunsterlebnisse: Musik und Schauspiel, Bauwerke, Plastiken und Malerei. Dabei kann es sich sowohl um das genießende Miterleben als auch um eigene schöpferische Tätigkeit handeln, zum Beispiel gemeinsames Musizieren oder Singen. Auch gemeinsamer Tanz oder Sport und gemeinsame Hobbys verbinden die Seelen. Auf diesem Feld gibt es so viele Möglichkeiten, dass jedes Paar etwas finden kann, was es gerne gemeinsam tut.

Das heißt nicht, dass man auf diesen Erlebnisfeldern absolut gemeinsame Interessen haben muss. Es ist im Gegenteil sehr günstig, wenn jeder Partner auch noch Bereiche hat, in denen er ganz für sich lebt und erlebt. Aber ein gewisses Maß an gemeinsamen Erlebnissen solcher Art ist notwendig, wenn die seelische Gemeinschaft nicht verkümmern soll.

Wenn Kinder die Partnerschaft zur Familie erweitern, muss man darauf achten, dass sie nicht der einzige gemeinsame Erlebnisinhalt werden, d.h. man sollte neben gemeinsamen Erlebnissen in der Familie bewusst die Seelengemeinschaft der Eheleute durch gemeinsame Erlebnisse ohne Kinder pflegen. Das ist manchmal aus äußeren Gründen schwierig, aber letztlich nur ein organisatorisches Problem.

Das wichtigste Mittel zur Pflege der Seelengemeinschaft ist das »Seelengespräch«. Darunter verstehe ich etwas Ähnliches wie das, was Michael Lukas Moeller in seinem Buch *Die Wahrheit beginnt zu zweit*[543] beschrieben hat.

Zur Verdeutlichung kann man sich klarmachen, dass das Gespräch zwischen zwei Menschen ganz verschiedene Funktionen haben kann. Will man sich einen objektiven Inhalt im Gespräch erarbeiten, wie wir es im vorigen

[542] Siehe auch N. u. G. O'Neill, a.a.O., S. 58–73 [543] Hamburg 1988

Abschnitt beschrieben haben, so kann man das ein »Geistgespräch« nennen. Will man mit seinem Partner etwas verabreden, einen Termin, eine gemeinsame Unternehmung oder eine Arbeitsteilung, so kann das meistens ziemlich rasch, eventuell sogar »zwischen Tür und Angel« geschehen, wenn man sich grundsätzlich einig ist. Das ist das »Verabredungsgespräch«. – Hat man gemeinsame Probleme zu besprechen und zu lösen, braucht man Ruhe und Zeit wie beim »Geistgespräch«. Kurz und knapp dagegen kann eine Information über irgendein Ereignis oder eine Tatsache sein, die den anderen interessieren kann oder muss. Das »Informationsgespräch« hat somit Ähnlichkeit mit dem »Verabredungsgespräch«.

Von allen diesen Gesprächsarten ist das »Seelengespräch« zu unterscheiden, weil es einen ganz anderen Sinn und Zweck hat. Deborah Tannen hat in ihrem Buch *Du kannst mich einfach nicht verstehen*[544] die Art beschrieben, wie und wozu Frauen das Gespräch von Natur aus vorwiegend benutzen. Es geht ihnen in erster Linie um die Herstellung von seelischer Nähe durch das Gespräch.

Diese Art der verbalen Kommunikation liegt den meisten Männern von Natur aus nicht so sehr. Das haben wir schon im Kapitel »Der Astralleib (Seele)« erwähnt. Aber für eine Ehe ist die Pflege der seelischen Beziehung durch das Wort unverzichtbar. Ja, man kann sagen, dass unter allen Ursachen von Eheproblemen die Verkümmerung der verbalen Kommunikation und damit der gegenseitigen seelischen Wahrnehmung die häufigste ist. Deshalb ist das »Seelengespräch« die wichtigste Gesprächsart in der Ehe.[545]

Man kann das auch als eine Konkretisierung des Ehe-Ideals, die Kunst des Liebens in ihrer umfassendsten denkbaren Art lernen zu wollen, ansehen. Erich Fromm beschreibt, dass das »Wissen« voneinander ein Grundelement jeglicher Liebe sein muss.[546] Aber dieses Wissen ist nicht ein für alle Mal gegeben, wenn ich einen Menschen »kenne«, sondern ergibt sich nur, wenn ich ihn in seinem Befinden, seinen Wünschen und Hoffnungen, seinen Gedanken und Schmerzen immer neu wahrnehme. Und dieses Wahrnehmen kann nicht nur durch Auge und Ohr in der Aufmerksamkeit auf die Körpersprache des anderen geleistet werden, sondern erfordert die bewusste und klare Kommunikation durch das Wort. Sich gegenseitig im Wort sein Herz offenbaren, im Zuhören ganz auf die Seele des anderen lauschen und nichts nebenbei tun und denken führt zu dem von Erich Fromm gemeinten »Wissen«.

Man kann diese Art des Gespräches gesondert üben, was besonders in Krisensituationen oder bei Kommunikationsschwierigkeiten unerlässlich ist. Dazu nimmt man sich täglich fünfzehn bis zwanzig Minuten Zeit, in denen

[544] Hamburg 1991 [545] Siehe auch J. Gray, a.a.O., S. 101 ff. [546] A.a.O., S. 49 f.

man ungestört sein kann, und erzählt sich das, was einen bewegt. Zunächst sollte man dabei alles Problematische der Beziehung oder Ehe ausklammern. Man erzählt einfach, was einen im Laufe des Tages beeindruckt hat. Dabei kommt es überhaupt nicht darauf an, ob es etwas »Wichtiges« ist, sondern nur darauf, dass es *mein* Erlebnis ist. Es kann ein Erlebnis mit den Kindern, mit anderen Menschen oder an der Natur sein, aus dem Bereich des Berufes oder der Kunst. Es kann auch eine Information oder ein Gedanke sein, der einem zugekommen ist. Und wenn man vom heutigen Tag gar nichts zu finden weiß, erzählt man sich etwas aus der Kindheit, ein Erlebnis oder einen Traum. Wichtig ist dabei, dass mich das Geschilderte seelisch berührt hat und deshalb zu mir gehört, »als wär's ein Stück von mir«.[547] Der Zuhörende verzichtet auf jede Art von Kommentar oder Antwort und vergewissert sich höchstens durch Nachfrage (»Habe ich dich richtig verstanden: Meinst du damit ...«), ob er den Sprechenden richtig verstanden und sich keine falsche Vorstellung gemacht hat. Wenn der Erste fünf bis höchstens zehn Minuten gesprochen hat, ist der Zweite an der Reihe mit Erzählen und der Erste hört zu.

Entdeckt man beim Zuhören ein Problem, so spricht man es bei dieser Gelegenheit nicht aus, sondern verabredet mit seinem Partner oder notfalls zu dritt mit einem Berater ein Problemgespräch darüber.

Diese Form des »Seelengespräches« wirkt zunächst etwas künstlich. Das ist es auch. Aber jede Kunst bedarf des Übens, und das wirkt immer etwas künstlich. Man schaue nur in einen Raum, wo Athleten ihre Muskeln trainieren. Da sieht man Bewegungen, die für sich genommen sinnlos und sogar komisch wirken. Sie dienen aber nur dazu, bestimmte Muskeln oder Muskelgruppen, die der Athlet später für seine sportliche Bewegung braucht, gesondert zu stärken. Sie sind nicht das Eigentliche, sondern Vorbereitung. Das Gleiche gilt für den Musiker, beispielsweise einen Pianisten. Wenn er seine Fingerübungen macht, Läufe, Triller und Fingersätze übt, so ist das noch nicht Musik, noch nicht Kunst, sondern notwendige Technik. Und die ist nie Selbstzweck, sondern nur Vorbereitung.

Dieses Prinzip gilt auch für soziale Übungen und Übungen der Selbsterziehung. Wenn man betrachtet, was Rudolf Steiner an Übungen zur Stärkung des Gedächtnisses, der Denkfähigkeit oder für die Willensschulung empfohlen hat,[548] so sieht man in der einzelnen Übung oftmals keinen Sinn. Sie ist reines »Seelentraining«. Häufig, beispielsweise in der Sprachgestaltung, sind die Übungen zunächst wirklich komisch.

[547] Das ist auch der Titel der Autobiographie von Carl Zuckmayer. [548] Eine gute Übersicht findet sich im *Flensburger Heft* Nr. 47, *Übungen zur Selbsterziehung*, Flensburg 1994

Und so braucht man sich nicht zu wundern, dass auch die angegebene Übung der seelischen Kommunikation durch das Wort zunächst etwas merkwürdig und künstlich, vielleicht sogar linkisch wirkt. Bei jemandem, der Auto fahren lernt, ist es auch oft so, dass das Lenken, Schalten, Gasgeben und Bremsen noch sehr unharmonisch und linkisch ist, weil das Bewusstsein noch jeden einzelnen Griff steuern muss. Die einzelnen Bewegungen sind noch nicht Gewohnheit geworden, noch nicht zu einer Art von Instinkt »eingeschliffen«. Erst wenn das geschehen ist, »kann« man Auto fahren. Manche Menschen können aber auf Anhieb Auto fahren, als hätten sie nie etwas anderes gemacht. Das sind dann »Naturtalente«.

So gibt es natürlich auch im sozialen Leben Naturtalente. Und wenn ein Mensch verliebt ist, so ist er meistens auch auf dem Feld der verbalen Kommunikation ein solches Naturtalent. Das Sprichwort sagt: »Wes das Herz voll ist, des geht der Mund über.« Aber niemand sollte sich wundern, besonders ein Mann nicht, wenn die seelische Kommunikation durch das Wort nicht von selber »klappt«. Und erst recht, wenn die Probleme in der Ehe deutlicher werden, muss das Seelengespräch geübt werden, wenn man die Lebensgemeinschaft zu beider Zufriedenheit fortführen will.

Wenn ein Paar das Seelengespräch wirklich beherrscht, dann wird es ihm so selbstverständlich und natürlich, dass es fortwährend und zwanglos geschieht und dann auch nicht mehr künstlich wirkt. Letztlich ist das Gespräch, durch das sich die Partner seelisch wahrnehmen und berühren, so etwas wie die Lebensluft, der Atem in einer Lebensgemeinschaft. Man erstickt seelisch, wenn dieses Gespräch verkümmert, und man lebt auf, wenn es gelingt und alltägliches Leben wird.

Die Leibgemeinschaft

Es erscheint schon fast banal, wenn man sagt, dass die Ehe auch eine Leibgemeinschaft ist. Damit ist nicht nur Geschlechtlichkeit gemeint. Man kann zum Beispiel eine Freundschaft lange Zeit auf die Entfernung hin durch Briefe pflegen, ohne sich leiblich begegnen zu müssen. Die Freundschaft braucht dadurch keine Minderung zu erfahren. Aber eine Ehe ist nicht vollständig ohne räumliche Nähe. Nicht umsonst ist das Kriterium der rechtlichen Ehe die Frage nach der dauernden Gemeinsamkeit des Haushaltes, ob der Lebensmittelpunkt eine gemeinsame Wohnung ist oder nicht. Denn ohne räumliche Nähe ist eine »Lebensgemeinschaft«, wie sie im nächsten Abschnitt besprochen werden soll, nicht möglich. Das liegt daran, dass unsere Lebenskräfte, die sich in einer Ehe miteinander verbinden, zwar nicht räumlicher Natur, aber doch an den räumlichen Körper unseres physischen Leibes gebunden sind, solange wir leben.

Das heißt nicht, dass Eheleute immer in demselben Raum sein und sich nie von der Seite weichen sollten. Auch nicht, dass sie nie etwas ohne den anderen unternehmen sollten, beispielsweise eine Reise oder einen Urlaub. Aber einen wesentlichen Teil ihres Lebens sollten sie auch räumlich beisammen verbringen.

Man kann sich das an extremen Beispielen klarmachen: Die Ehe eines Kapitäns, der in früheren Zeiten monatelang von zu Hause fort war, »ruht« sozusagen in dieser Zeit bzw. sie kann nur als Freundschaft weitergepflegt werden. Ebenso wenn ein Mann durch Kriegsgefangenschaft viele Jahre lang von seiner Frau getrennt ist, wie es vielen Ehen in diesem Jahrhundert widerfahren ist, so ist das Spezifische der Ehe als »Lebensgemeinschaft« nicht volle Wirklichkeit.

Man kann nun nicht genau sagen, wie viel räumliche Nähe für die Ehe notwendig ist. Aber man kann sagen: Je weniger das räumliche Miteinander-Leben möglich ist, desto mehr muss die Beziehung innerlich reich und einer Freundschaft ähnlich werden.

Noch deutlicher wird dies, wenn wir nun den Aspekt der Geschlechtlichkeit einbeziehen. Es gibt manche Menschen, besonders Frauen, die meinen, die Ehe müsse doch auch ohne gemeinsam gelebte Geschlechtlichkeit möglich sein. Wenn beide Partner das so sehen und ohne Probleme ehrlich auf diese Weise leben können, ist dagegen natürlich nichts einzuwenden.

Aber in den meisten Fällen wird damit die Ganzheitlichkeit der Beziehung in Frage gestellt. Denn eine »Josephs-Ehe« ist nur dann ganzheitlich, wenn Geschlechtlichkeit nicht zur Ganzheit der Person beider Partner gehört. Das ist aber relativ selten der Fall.

So wird in der Regel die Geschlechtlichkeit einer der Bestandteile der Ehe sein. Alles, was wir über die Geschlechtlichkeit bisher beschrieben haben (Seite 82 ff., 89 ff., 123 ff., 132 und 138 f.), müssen wir jetzt voraussetzen. Und auf den Seiten 173 ff. haben wir von dem für die Ehe notwendigen Ideal der Vermenschlichung der Sexualität gesprochen. Wie können wir uns diesem Ideal anfänglich und in kleinen Schritten nähern?

Einiges haben wir schon erwähnt: Nur in einer ganzheitlichen, auch das Wesen des anderen meinenden, dauernden Beziehung kann der instrumentalisierende und entfremdende Aspekt der Sexualität aufgehoben werden. Nur wenn die seelische Gemeinsamkeit harmonisch ist und immer wieder harmonisiert wird, kann eine Frau Sexualität auf Dauer als menschlich erleben. Nur wenn die sexualfreie Zärtlichkeit, bei der die Frau gewiss sein kann, dass sie nicht der Anfang von Geschlechtlichkeit ist, genügend stark und befriedigend gelebt wird, kann eine Frau auf Dauer die männliche Sexualität mittragen. Nur wenn der Mann der Frau in der seelischen Qualität der Geschlechtlichkeit entgegenkommt und die Frau dem Mann in der Quantität, so dass er sich nicht fortwährend in der Rolle des »Bittstellers« befindet, und nur wenn die Frau ihre geschlechtliche »Monopolstellung« nicht als Machtmittel benutzt, um bestimmte Dinge zu erreichen, kann die Geschlechtsbeziehung auf Dauer gelingen.

Die Form der letzten Sätze erscheint durch das wiederholte »nur wenn …« als sehr absolut. Man könnte sie auch in der Form von »wenn – dann« formulieren. In jedem Fall soll zum Ausdruck kommen, dass ich die dargestellten Bemühungen in einer Ehe oder dauernden Lebensgemeinschaft für deren Gelingen für unverzichtbar halte.

Wir haben gesehen, dass die Begierde der Frau mehr auf die Seele des Mannes, die des Mannes mehr auf den Leib der Frau gerichtet ist. Da die Begierde aber immer den Charakter des Zugreifens hat, ist die natürliche Reaktion des Begehrten auf die Dauer, dass er sich zurückzieht. Das aber ist für eine dauernde Beziehung kontraproduktiv. So gibt es gegen die Begierde des anderen nur das Mittel, ihr freiwillig zuvor- und entgegenzukommen, der Mann auf seelischem Gebiet, die Frau auf leiblichem. Denn es hat keinen Sinn, die Begierde des anderen wegzuwünschen, weil sie zu unserem Menschsein dazugehört. Es geht darum, sie zu verwandeln und sich gegenseitig dabei zu helfen. Das geschieht schon anfänglich durch dieses gegenseitige Entgegenkommen.

Für die geschlechtliche Begegnung kann das Ziel der Vermenschlichung der Sexualität noch konkretisiert werden: Je mehr der Vorgang ein aufregender, Muskeln und Nerven stark beanspruchender wird, desto stärker ist die Seele und die Aufmerksamkeit der Beteiligten an den eigenen Leib gebunden, desto weniger können sich die Seelen wahrnehmen und begegnen und desto stärker wird der in der Begierde vorhandene Antipathie-Anteil trennend wirken. Je mehr aber der Vorgang ein ruhiger, ätherischer Lebensvorgang wird, der nicht so sehr von den Muskeln und Nerven, sondern von den Drüsen bestimmt ist, desto freier ist die Seele mit ihrer Aufmerksamkeit für die Seele des Partners, desto offener für eine Begegnung mit ihr und desto geringer ist der auf Dauer trennend wirkende Antipathie-Anteil in dem Begehren.

Dadurch kann die Begierde zwar nicht vollständig verschwinden, aber es kann ihr der »Stachel« genommen werden, der mit ihr verbunden ist. Deswegen sind auch die Sätze des eben Beschriebenen in der Form »je mehr – desto« gehalten, weil es dabei nicht um Absolutheiten, sondern um eine Richtung des Bemühens geht.

Eine weitere Möglichkeit, die Leibesgemeinschaft durch die kreative Einführung der Zärtlichkeit in die Geschlechtlichkeit zu kultivieren, ist von Henning Köhler beschrieben worden.[549]

Es sollte heute selbstverständlich sein, dass zu einer »menschlichen« Geschlechtsgemeinschaft auch dazugehört, dass sich die Partner nicht nur über die Art und Weise und über die Häufigkeit, über eventuelle zeitweilige Enthaltsamkeit bewusst austauschen und partnerschaftlich einigen, sondern auch, dass sie die Frage der Verhütung bewusst regeln. Das kommt, besonders am Anfang einer Beziehung, sehr oft zu kurz. Da es aber wegen der möglichen Folgen eine existentiell wichtige Frage ist und heute niemand mehr in unserem Kulturkreis auf diesem Gebiet in der Naivität und Unbewusstheit vergangener Jahrhunderte ohne Schwierigkeiten leben kann, sollte eine bewusste Verständigung darüber herbeigeführt werden, ob und auf welche Weise verhütet werden soll. Leider ist es noch immer nicht für alle selbstverständlich, dass diese Frage nicht nur Sache der Frau oder des Mannes, sondern eine gemeinsame Verantwortung beider Partner ist. Deswegen sollte bei der Suche nach einer individuellen Lösung für die Partner darauf geachtet werden, dass die Methode der Verhütung nicht auf Dauer zu Lasten eines Partners geht.[550]

Die Lebensgemeinschaft

»Ehe« heißt mit Recht sowohl im zivilrechtlichen als auch im sakramentalen Sinne »Lebensgemeinschaft«. Dieses Wort kann man in einem dreifachen Sinne verstehen:

Der erste Sinn ist der vordergründige, der auch dem rechtlichen Begriff der Ehe zugrunde liegt, dass zwei Menschen zusammen in einem Haushalt leben. Sie haben eine Waschmaschine, einen Herd und wirtschaften gemeinsam. In einer ostfriesischen Heiratsanzeige wurde einmal dieser Tatbestand so gekennzeichnet: »Wi hefft uns Tüch tosamen smeten« (Wir haben unser Zeug zusammengeschmissen). – Es kann auch andere Lebensgemeinschaften dieser Art geben, die aber trotzdem keine Ehe sind, beispielsweise Wohngemeinschaften oder Lebensgemeinschaften mit betreuungsbedürftigen Menschen, die nicht alleine leben können. Eine Ehe aber ist in diesem ersten Sinne immer eine Lebensgemeinschaft.

[549] A.a.O., S. 94 ff.; siehe auch P. Schellenbaum a.a.O., S. 131 ff.

[550] Siehe auch Bartholomeus Maris, *Sexualität – Verhütung – Familienplanung*

Der zweite Sinn ergibt sich, wenn man unter »Leben« das Leben, die Biographie versteht. Dann bedeutet »Lebensgemeinschaft« auch »Biographiegemeinschaft«. Darin liegt dann schon vom Wort und Begriff her das Ziel der Lebenslänglichkeit.

Der dritte Sinn erschließt sich dem Bewusstsein nur, wenn man das Leben nicht als etwas Abstraktes, sondern als eine Summe von Kräften ansieht, die im Menschen (und in anderen Naturwesen) als eine den physischen Körper durchdringende Kraftleiblichkeit – in der Anthroposophie Äther- oder Lebensleib genannt – wirksam ist. Eine grundsätzliche Orientierung über dieses »Wesensglied« findet sich in Rudolf Steiners *Theosophie*.[551] Im Kapitel »Die Überwindung der Geschlechtertrennung« haben wir schon betrachtet, dass Eheleute in diesem unbewussten Teil ihres Wesens mit all seinen Schwierigkeiten zusammenwachsen. So kann man sagen, dass »Lebensgemeinschaft« immer »Ätherleibsgemeinschaft« bedeutet. Dieses Zusammenwachsen der Ätherleiber geschieht unabhängig von rechtlicher oder kirchlicher Trauung allein durch das dauernde Zusammenleben, durch die »Gemeinschaft von Tisch und Bett«, wie man früher sagte, also die gemeinsam gelebten Grundlebensvorgänge von Essen und Schlafen. In diesem Sinne ist die »Lebensgemeinschaft« das menschenkundliche Zentrum der Ehe.

Weil dieser Bereich unseres Wesens weitgehend unbewusst und mit den auf Seite 179 ff. beschriebenen Schwierigkeiten verbunden ist, bedarf die Lebensgemeinschaft einer besonderen Aufmerksamkeit und Pflege.

Zunächst muss man sich klarmachen, dass der Ätherleib auf der einen Seite den physischen Leib belebt, aber auf der anderen Seite auch die Grundlage des Seelenlebens ist. Zum Leib hin drückt er sich aus in den Vorgängen von Wachstum, Stoffwechsel, Erhaltung und Fortpflanzung und nach der seelischen Seite hin ist er der Träger von Charakter, Temperament, Gedächtnis, Gewohnheit und bleibenden Neigungen. Deswegen kann man die Pflege der Lebensgemeinschaft nach zwei Richtungen hin betrachten.

Die Pflege der Lebensvorgänge

Grundsätzlich gilt für die Pflege der Lebensvorgänge, dass sie umso gesünder ist, je mehr sie rhythmisch geschieht, weil alle Lebensvorgänge in Rhythmen verlaufen. Das ist für die Gesundheit jedes einzelnen Menschen wichtig. Allerdings kann eine rhythmische Lebensweise durch viele Faktoren des modernen Lebens be- oder sogar verhindert werden. So ist bekanntermaßen

[551] GA 9, S. 34 ff.

Schichtarbeit eine gesundheitliche Zusatzbelastung, die deshalb auch mit Recht zusätzlich vergütet wird. Je regelmäßiger ein Mensch isst, schläft und arbeitet, desto gesünder ist es.

Dasselbe gilt auch für die Lebensgemeinschaft. Deshalb ist es günstig, wenn die Eheleute möglichst regelmäßig ihre Mahlzeiten gemeinsam einnehmen. Auch begünstigt gemeinsames Aufstehen und Zubettgehen die Lebensgemeinschaft. Die Grundlebensvorgänge gemeinsam zu vollziehen erleichtert das Zusammenwachsen der Lebenskräfte. Das heißt nicht, dass man unbedingt alle Mahlzeiten immer zur gleichen Zeit und ausschließlich gemeinsam einnehmen muss und dass nie ein Partner früher als der andere schlafen gehen oder aufstehen dürfte. Es muss da selbstverständlich auch eine Beweglichkeit für besondere Situationen und spontane Aktivitäten bleiben. Aber ein Grundgerüst an immer wiederkehrenden gemeinsamen Lebensrhythmen ist auch für die Ehe heilsam.

Wenn die Ehe sich zur Familie erweitert, so gilt das alles umso mehr, denn Kinder brauchen einen rhythmischen Tagesablauf, der sich natürlich im Laufe ihrer Entwicklung auch ändern muss. Man braucht keine Angst vor Ritualisierungen zu haben. Im Gegenteil. In den sechziger Jahren begannen junge Paare aus Angst vor der Verbürgerlichung und vor der Fortsetzung alter Rollenmuster, in ihrem Alltag jeden Tag neu darüber zu diskutieren und zu entscheiden, wer das Frühstück oder die Betten macht, wer bügelt, einkauft oder den Mülleimer leert. Damit vergeudet man Zeit, Kraft und Nerven, die man dringend für die Pflege der Ehe jenseits der alltäglichen Notwendigkeiten braucht. Eine vernünftige, auf eine gewisse Zeit festgelegte Verteilung der Arbeit und ihre regelmäßige Verrichtung spart Zeit und Kraft, denn »Rhythmus trägt Leben«.

Es gibt aber noch einen anderen Aspekt, warum in der Ehe die Ausbildung von wiederkehrenden Tätigkeiten und Lebensvollzügen positiv ist. Antoine de Saint-Exupéry hat in seiner berühmten Erzählung *Der kleine Prinz* bei der Schilderung der Freundschaft zwischen dem kleinen Prinzen und dem Fuchs darauf aufmerksam gemacht. Der kleine Prinz hat zunächst den Fuchs zu ganz verschiedenen Zeiten besucht, und der bittet ihn dann, jeden Tag zur gleichen Zeit zu kommen. Und dann sagt der Fuchs: »Il faut des rites!« (Es muss feste Bräuche geben!)

Diese rhythmische Wiederholung der Lebensvorgänge sollte möglichst auch auf den schon besprochenen Gebieten der Pflege der Geist- und Seelengemeinschaft eingehalten werden.

Zu diesem Bereich gehört auch der Umgang mit der Zeit überhaupt, denn der Lebensleib ist zwar kein räumliches Gebilde, aber durch seine Rhythmen so stark mit dem Element der Zeit verbunden, dass man ihn auch den »Zeitleib« nennen kann. Immer wiederkehrende Unpünktlichkeit ist nicht nur ärgerlich, sondern verletzt die Lebensgemeinschaft. Wenn man sich für einen bestimmten Zeitpunkt verabredet hat, ist jede Verspätung, die nicht durch höhere Gewalt entstanden ist, eine Beeinträchtigung der Gemeinschaft. Das heute fast jederzeit und fast überall Mögliche ist, dass man in solchen Fällen telefonisch Bescheid gibt. Wer nämlich den anderen unnötig warten lässt, raubt ihm Lebenszeit, die ein unvermehrbares individuelles Gut ist. Die Achtung vor der Würde der Person des anderen gebietet Pünktlichkeit.

Wieder ist dieses Problem in der Familienehe besonders gravierend, weil die zeitliche Belastung beider Partner meistens so groß ist, dass sie sich Unpünktlichkeit nicht leisten können, ohne wesentliche Aspekte der Ehe zu vernachlässigen.

Es wird immer wieder die Frage gestellt, ob es besser sei, wenn Eheleute ein gemeinsames Schlafzimmer haben, oder ob besser jeder sein eigenes haben sollte. Das gemeinsame Schlafen in einem Raum in unmittelbarer Nähe fördert die Lebensgemeinsamkeit. Aber es kann zahlreiche Gründe geben, weswegen es vielleicht besser sein kann, getrennte Schlafzimmer zu haben. Wenn zum Beispiel der eine Partner nur bei offenem, der andere nur bei geschlossenem Fenster, der eine nur in einem kühlen, der andere nur in einem warmen Zimmer gut schlafen kann, wenn einer den anderen im Schlaf stört durch Schnarchen, Reden im Schlaf oder Herumwälzen, dann sollte man lieber getrennte Schlafzimmer haben, bevor man sich gegenseitig auf die Nerven geht. Auch kann es Krankheitssituationen geben, in denen getrennte Schlafzimmer ratsam sind.

Es kann aber auch sein, dass einer der beiden Partner eine Zeit lang auch in der Nacht seinen eigenen Bereich braucht und deshalb allein schlafen möchte. Diesem Wunsch sollte der andere Partner dann auch entsprechen. Oftmals ist aber der Auszug aus dem gemeinsamen Schlafzimmer ein Ausdruck einer ernsten Ehekrise. Das können die Partner nur selbst beurteilen, und sie sollten sich dann nicht scheuen, eine Eheberatung aufzusuchen.

Gewohnheiten

Nichts kann uns an unserem Partner so aufregen und ärgern wie festgefahrene Gewohnheiten. Die Art, wie er sich anzieht, eine Tube aufrollt oder bei Gebrauch drückt, der Tonfall der Stimme, wenn er etwas Bedeutungsvolles sagen will, die Leidensmiene oder die Unbekümmertheit, »wie er sich räuspert, wie er spuckt …« (Schiller, *Wallenstein*) – das alles kann uns maßlos auf die Nerven gehen. Warum regt uns das so auf? Besonders jugendliche Kinder können sich über die Angewohnheiten ihrer Eltern sehr ärgern, selbst dann, wenn sie zum Beispiel in Geste und Tonfall dieselbe Angewohnheit haben, über die sie sich bei den Eltern aufregen.

Das kann uns zeigen, dass es meistens nicht die Angewohnheit als solche ist, die uns am anderen aufregt, sondern die Tatsache der Unveränderlichkeit. Bei einiger Selbstbeobachtung und Selbstkritik kann jeder solche festgefahrenen Gewohnheiten an sich feststellen. Ohne Gewohnheiten kommen wir nämlich im Leben gar nicht aus. Deswegen können wir sie nicht einfach abschaffen. Gewohnheiten erleichtern das Leben und Entlasten das Bewusstsein.

Es lassen sich aber zwei Arten von Gewohnheiten unterscheiden: Man kann sich zum Beispiel angewöhnen, in der Küche heiße Gefäße immer mit einem Topflappen anzufassen oder beim Zähneputzen vertikale statt horizontale Bewegungen zu machen. Solche Angewohnheiten sind in sich sinnvoll und nützlich. Andere aber sind absolut unnötig, vielleicht sogar störend für meine Mitmenschen. Wer sich vor jedem Satz, den er spricht, räuspert, obwohl er sicher nicht bei jedem Satz einen Frosch im Hals hat, oder dauernd auf die Uhr schaut usw., der zeigt mit solchen unnützen Gewohnheiten seine Unveränderlichkeit in diesem Bereich.

Man beobachte einmal, wie leicht es geschieht, dass Menschen sich beispielsweise bei einer Tagung oder bei einer mehrmaligen Gesprächsrunde immer wieder an denselben Platz im Raum setzen. Dafür ist kein sachlicher Grund zu finden. Es geschieht auch meistens nicht bewusst. Aber es zeigt, wie sehr das Sprichwort zutrifft: »Der Mensch ist ein Gewohnheitstier.« Gerade weil das Beispiel harmlos und unbedeutend ist, kann es uns zeigen, wie leicht wir in kleinen Dingen festgelegt sind. Und wer nicht sehen kann, dass das in der Ehe zum Problem werden kann, der sehe oder höre sich nur Loriots Eheszenen über den kaputten Fernseher oder das weiche Ei an.

Zur Pflege der Lebensgemeinschaft ist es nun sehr förderlich, gute und nützliche Gewohnheiten auszubilden, sowohl als Einzelner als auch als Paar. Davon war oben schon die Rede. Es ist aber genauso förderlich, unnötige oder ärgerliche Gewohnheiten abzulegen. Das ist gar nicht so einfach, weil sie im Ätherleib wurzeln, der unseren Bemühungen einen stärkeren Widerstand entgegensetzt, als wenn wir nur etwas in unserer Seele ändern, zum Beispiel etwas lernen wollen.

Es gibt viele Übungen, um sich in der Sphäre der Gewohnheiten beweglich zu machen. Dabei sollte man mit kleinen und unbedeutenden Dingen anfangen. Man kann beispielsweise eine immer wiederkehrende Bewegung bewusst täglich etwas anders vollziehen. Beim Rasieren kann man jeden Tag an einer anderen Stelle anfangen. Man kann die Blumen in einer anderen Reihenfolge gießen usw. Man kann auch einmal bewusst seine Handschrift ändern. Alle solche Übungen verändern den »Gewohnheitsleib« und machen ihn beweglich.

Solche Übungen sind nicht nur dazu geeignet, unnötige und für den Partner ärgerliche Gewohnheiten abzubauen, sondern sie tragen zur Verwandlung des Ätherleibes und seiner problematischen Seiten bei.

Wir haben diese problematischen Seiten des Ätherleibes in den Kapiteln »Die fünfte Kulturepoche – die heutige Zeit« und »Die Überwindung der Geschlechtertrennung« geschildert und können uns daher vorstellen, wie sehr sie eine Ehe belasten, wenn sie nicht wenigstens ansatzweise verwandelt werden. Das Grundsätzliche zur Verwandlung des Ätherleibes findet sich in Rudolf Steiners *Geheimwissenschaft im Umriss.*[552] Diese Verwandlung des Ätherleibes geschieht sehr langsam und bedarf starker Impulse, zum Beispiel aus dem Erleben wahrer Kunst. Die stärksten Impulse zur Verwandlung des Ätherleibes erhält der Mensch aber von einem regelmäßig gepflegten religiösen Leben in Gebet und Gottesdienst.[553]

Daraus ergibt sich die höchste und geistigste Form der Pflege für die Lebensgemeinschaft und es wird noch einmal deutlich, warum die Ehe einen sakramentalen Segen erfahren kann. Je mehr also die Eheleute gemeinsam Kunst erleben oder sogar ausüben und je intensiver ihr religiöses Leben sein wird, desto mehr schaffen sie ein Gegengewicht gegen die negativen und destruktiven Kräfte in den Untergründen ihrer Lebensleiber. Deshalb ist das gemeinsame Morgen-, Abend- und Tischgebet und das gemeinsame Vollbringen eines Gottesdienstes in der größeren Gemeinschaft seit jeher mit Recht ein wesentlicher Bestandteil ehelichen Lebens gewesen. Früher war das noch eine durch die Gesellschaft vorgegebene Sitte; heute kann es der Mensch nur aus Einsicht in die »Lebensfunktion« der Religion aus freiem Wollen tun.

Man kann allerdings den Eindruck haben, dass die Gewalten, die aus dem Doppelgänger und dem Herd der Zerstörung stammen und die das Zusammenleben der Menschen auch in der Ehe so schwierig machen, in unserer Zeit so stark werden, dass ohne die übermenschlichen Kräfte, die durch wahre Religion in den Menschen einfließen können, in Zukunft die Ehe nicht mehr gelingen kann.

[552] GA 13, S. 72 ff. [553] Ebd., S. 73 f.

Nähe und Distanz – Freiheit und Bindung

Die Ehe ist die Lebensform mit der größten persönlichen Nähe, allein schon durch die Tatsache des gemeinsamen Haushaltes. Der moderne Mensch hat aber auch das Bedürfnis nach Selbständigkeit und Freiheit, und die sind immer mit einer gewissen Distanz vom anderen Menschen verbunden. Denn Freiheit und Selbständigkeit bedeuten ja gerade, dass ich nicht selbstverständlich dasselbe denke, fühle und tue, was der andere denkt, fühlt und tut. Es ist das Problem der gegensätzlichen Strebungen in der Seele des modernen Menschen, das wir im Kapitel »Geborgenheit und Freiheit« angesprochen haben.

Zunächst empfinden wir einen Widerspruch zwischen Bindung und Freiheit: Entweder ich bin gebunden, dann bin ich nicht frei, oder ich bin frei, dann bin ich nicht gebunden. Dem liegt aber ein sehr eingeschränkter Freiheitsbegriff zugrunde. Eigentlich ist es der Begriff der Willkür, der als Gegensatz zu Verbindlichkeit anzusehen ist. Denn wahre Freiheit heißt nicht, jederzeit ohne Rücksicht auf frühere Taten tun und lassen zu können, was einem gerade einfällt, sondern Freiheit ist die Qualität eines Entschlusses und einer Tat des Menschen, »soweit deren Grund aus dem ideellen Teil seines individuellen Wesens hervorgeht«.[554] Freiheit ist eben kein Zustand, sondern die Qualität einer Tat, die, in diese »investiert«, alsbald mit dieser so verbunden ist, dass sie in freiwillige Bindung übergegangen ist. Wenn ich mein Geld, mit dem ich machen kann, was ich will, in den Kauf eines Autos investiert habe, kann ich es nicht mehr für eine Weltreise ausgeben. Wenn ich mich freiwillig entschlossen habe, eine Arbeitsstelle anzunehmen, so bin ich eine Bindung eingegangen und habe ein Stück meiner Freiheit freiwillig aufgegeben. Das ganze soziale Leben besteht aus solchen möglichst freiwillig eingegangenen Bindungen und Verpflichtungen. Jeder muss solche Bindungen eingehen, sonst kann er nicht leben. Aber es ist wichtig, dass wir das Gefühl haben können, diese Bindungen aus Freiheit eingehen zu können.

Es ist dasselbe Problem wie das von Ich und Gemeinschaft: Kein Mensch kann es aushalten, immer allein zu sein, denn der Mensch ist ein »Gemeinschaftswesen«, wie schon die Griechen sagten. Wir können nicht ohne andere Menschen leben, schon gar nicht in unserer hoch technisierten, arbeitsteiligen Welt. Es kann aber auch kein Mensch aushalten, nie allein, sondern immer in Gemeinschaft mit anderen zu sein. Deshalb will heute jeder Mensch zumindest sein eigenes Zimmer oder als Einzelner seine eigene Wohnung

[554] R. Steiner, GA 4, S. 164

haben. Darin drückt sich das Bedürfnis nach Alleinsein aus. Diesen beiden Bedürfnissen gilt es in der Ehe gerecht zu werden.

Der menschliche Organismus zeigt uns, wie ein solches Problem zu lösen ist: Ein- und Ausatmen sind polare Prozesse, die nur dadurch zu einem Ganzen zusammenwirken, dass sie einander rhythmisch abwechseln. So ist es auch in der Ehe wichtig, darauf zu achten, dass bei aller Pflege der Gemeinsamkeit auf allen besprochenen Ebenen genügend Raum und Zeit dafür bleibt, dass der Einzelne auch etwas für sich allein erleben oder tun kann.[555] Das muss zeitlich nicht unbedingt sehr viel sein, aber wichtig ist, dass man sich als Partner überhaupt die Möglichkeit zu einem solchen Rückzug ins Alleinsein einräumt.

Es ist nicht nur wichtig, dass sich jeder Mensch auch in der Ehe auf sich selbst besinnt und bestimmte Dinge für sich alleine tut, sondern es ist auch sehr bereichernd für die Gemeinsamkeit, wenn man immer wieder dem anderen im Gespräch von dem erzählen kann, was man ohne ihn erlebt oder getan hat.

Eine Ehe kann »ersticken« an zu viel Nähe und zu wenig Distanz, oder sie kann »verhungern« an zu wenig Nähe und zu viel Distanz, wobei Männer von Natur aus ein stärkeres Bedürfnis nach Distanz und Frauen ein stärkeres nach Nähe haben.[556] Deshalb kann man auch sagen: Die Kunst der Eheführung ist ein Atmungsproblem. Da wir auf diesem Gebiet aber keinen von der Natur vorgegebenen optimalen Rhythmus haben wie bei der Lungenatmung (durchschnittlich achtzehn Atemzüge pro Minute), müssen wir den Atemrhythmus zwischen Nähe und Distanz selber finden und einhalten. Er wird aber nicht so streng sein müssen wie der Atemrhythmus.[557]

Die Rollenverteilung

Der moderne Mensch empfindet zu Recht, dass eine starre Rollenverteilung in der Ehe – der Mann verdient das Geld durch Berufsarbeit außer Haus und die Frau versorgt Haushalt und Kinder – nicht mehr zeitgemäß ist. Die Frau sollte in dem Maße, in dem sie es wünscht, am Berufsleben teilhaben können. Dem stehen heute noch viele Hindernisse entgegen, wenn sie auch Mutter sein will, wie zum Beispiel die Tatsache, dass noch immer nicht für gleiche Arbeit der gleiche Lohn gezahlt wird oder Teilzeitarbeit nur selten ermöglicht wird.

[555] Siehe auch M.L. Moeller, a.a.O., S. 45 und N. u. G. O'Neill, a.a.O., S. 55 ff.
[556] Siehe A. Moir / D. Jessel, a.a.O., S. 187 f. [557] Siehe auch H. Köhler, a.a.O., S. 68 ff. und besonders auch P. Schellenbaum, *Vom Nein in der Liebe*

Man sollte aber endlich auch anerkennen, dass Muttersein (und Vatersein) ein Beruf ist, der einerseits genauso eine Ausbildung verlangt wie jeder andere Beruf, andererseits aber auch eine volkswirtschaftlich relevante Leistung ist, die eine Bezahlung verdient. Die Berücksichtigung von Erziehungszeiten bei der Berechnung von Rentenansprüchen ist ein erster Schritt in diese Richtung. (Die Sozialausschüsse der CDU haben im Dezember 1998 ein Erziehungsgeld gefordert, das von der Schwangerschaft bis zum Ende der Schulzeit des Kindes gezahlt werden soll. Aber bis zur Realisierung dürfte noch manches Jahr vergehen.) Erst wenn die freie Wahl zwischen Hausarbeit und Kindererziehung oder Berufsarbeit in allen denkbaren Zeitmodellen für Frau und Mann ohne wirtschaftliche Nachteile möglich ist, kann die Rollenverteilung in der Ehe ganz frei vereinbart werden. Heute ist vor allem deshalb die traditionelle Rollenverteilung noch vorherrschend, weil in den meisten Familien das Einkommen immer noch erheblich höher ist, wenn der Mann die Erwerbsarbeit leistet. Das zu ändern ist eine eminente politische Aufgabe der Zukunft, damit autonome Lebensgestaltungen auch in Ehe und Familie realisierbarer werden.

Die andere Seite des Problems ist die Abneigung der Männer gegen die Hausarbeit. Das ist nicht mit politischen Mitteln zu lösen (wie es vor kurzem »die Grünen« gefordert haben), sondern nur durch eindeutige Verabredungen der Partner. Grundlage muss die Einsicht sein, dass es in jedem Beruf Arbeiten gibt, die keinen Spaß machen oder sogar lästig sind. Man macht sie aus der Einsicht, dass ihre Verrichtung eben notwendig ist. Wenn beide voll berufstätig sind, wird auch eine gleichberechtigte Teilung der Hausarbeit angemessen sein. Dabei sollte man auch darauf achten, dass jeder das tut, was er besser kann als der andere. Denn dann wird nicht nur die Arbeit besser erledigt, sondern die Partner gewinnen Zeit, die sie dann für die Pflege ihrer Beziehung zur Verfügung haben. Einem Partner die Arbeit aufzunötigen, die er nur schlecht verrichten kann, sozusagen »aus pädagogischen Gründen«, macht nicht nur Ärger, sondern kommt auch weder der Arbeit noch der Zeit für Gemeinsamkeiten zugute.

Das Geld

In einer partnerschaftlichen Lebensgemeinschaft sollte es selbstverständlich sein, dass der Umgang mit dem Geld eine Aufgabe ist, die beide Partner gleichberechtigt gestalten, auch wenn nur einer erwerbstätig ist. Die Zeiten, wo Ehefrauen wöchentlich ihr »Haushaltsgeld« und eventuell noch »Nadelgeld« vom Ehemann in die Hand bekamen, sollten längst vorbei sein. Es ist einfach entwürdigend und ein Zeichen des Misstrauens, wenn nicht beide Partner zum gemeinsamen Konto Zugang haben. Es sei denn, dass beide Partner erwerbstätig sind und sich auf getrennte Kassen geeinigt haben. Es kommt nicht so sehr darauf an, welche Form des Wirtschaftens die Partner wählen, als darauf, dass dies gleichberechtigt geschieht.

Es empfiehlt sich dabei, gemeinsam eine Etatplanung zu machen, in der besonders die Ausgaben im Vorhinein nach einzelnen Sparten festgelegt sind. Dabei ist es ganz wichtig, gewisse Grundhaltungen festzulegen, zum Beispiel über eine mögliche Sparquote, Versicherungen, Spenden und über ein Taschengeld für beide Partner, über das sie ohne Rücksprache verfügen können. Auch sollte man sich über Vermögenswerte und eventuelle Erbschaften möglichst vor der Ehe einigen.

Eine Etatplanung empfiehlt sich insbesondere dann, wenn einer der Partner es schwer hat, mit Geld so umzugehen, dass keine Probleme auftreten. Es gibt eben einfach Menschen, die haben immer zu wenig Geld, machen dauernd Schulden oder überziehen ihr Konto regelmäßig. Andere, die genauso viel Geld haben, haben immer genug, machen nie Schulden und kommen ohne Schwierigkeiten mit dem aus, was sie haben. Solche Unterschiede bei Ehepartnern können zu großen Schwierigkeiten führen, die aber lösbar sind, wenn eine bewusste Planung notfalls mit Hilfe eines Dritten gemacht wird. Manchmal verbergen sich hinter Geldproblemen aber ganz andere Schwierigkeiten in der Lebensgemeinschaft. Wenn das der Fall ist, ist die Hilfe durch einen erfahrenen Berater unerlässlich.

Entwicklungen und Krisen in der Ehe

Es ist schon an sich ein Problem, wenn man meint, die Ehe sei eine Institution, ein Zustand. Da sie aber eine Lebensgemeinschaft ist, unterliegt sie den Gesetzmäßigkeiten des Lebens. Und das heißt, dass in ihr fortwährend Veränderung, Wachsen und Vergehen, stattfinden muss. Geschieht das in einem Lebensorganismus nicht, so stirbt er ab. Deswegen sollte man realistische Erwartungen an sich und die eigene Ehe-Entwicklung haben, wie sie von Nena und George O'Neill[558] geschildert worden sind. Im Folgenden sollen einige allgemeine Entwicklungsschritte in der Ehe beschrieben werden. Sie müssen alle von den Partnern bewusst gestaltet werden, weil sie sich nicht von Natur aus zum Gedeihen des Lebensorganismus Ehe einstellen, sondern die Tendenz haben, die Lebensgemeinschaft zu gefährden, wenn sie nicht als Herausforderung an den bewussten Gestaltungswillen angesehen werden.

Die Gründung der Ehe

Aus den bisherigen Ausführungen ergibt sich bereits, wie die optimale Gründung einer Ehe geschehen müsste, damit nicht von vornherein bestimmte Probleme, die vermeidbar erscheinen, vorprogrammiert werden. Dazu gehören vor allem: die moderne Partnerwahl und Ehe-Ausbildung (siehe Seite 205 ff.), die Erlangung der eigenen Partnerfähigkeit durch ein zeitweises unabhängiges Single-Dasein, die Abklärung der eigenen Bedürfnisse und Wünsche sowie der des anderen, das Entwickeln einer gemeinsamen Ehe-Idee und eine konkrete Ehevorbereitung mit einem Fachmann oder einer Fachfrau.

Nun wird selbstverständlich der Einwand in jedem Leser auftauchen: Wer macht das schon, wenn er verliebt ist? Das ist doch völlig illusionär! Wie soll

[558] A.a.O., S. 51

man junge Leute von den Vorteilen eines solchen Vorgehens überzeugen? Das ist doch völlig abstrakt und theoretisch!

Ich kann diese Einwände gut verstehen und nachvollziehen und bin trotzdem davon überzeugt, dass dies in Zukunft ein selbstverständlicher Weg zur Ehe werden wird. Auch wenn es in der Gegenwart nur wenige Menschen sind, die ihre Lebensgemeinschaft bei aller persönlichen Sympathie auf einen soliden sach- und geistgemäßen Boden stellen wollen, so wird deren Zahl in Zukunft immer größer werden, einfach weil die Probleme, die auftreten, wenn man wie bisher *allein* aufgrund von gegenseitiger Sympathie eine Lebensgemeinschaft eingeht, immer deutlicher und schwerwiegender in Erscheinung treten werden. Es gibt auch eine wachsende Zahl von Jugendlichen, die durch die sozialen Katastrophen in den Familien ihrer unmittelbaren menschlichen Umgebung durch das Zerbrechen von Ehen so für das Problem sensibilisiert sind, dass sie durchaus bereit sind, eine entsprechende Schulung anzunehmen, wenn sie denn angeboten würde.

Es wird sich immer mehr die Einsicht durchsetzen, dass eine tiefe seelische Begegnung zweier Menschen ein viel zu kostbares Schicksalskapital darstellt, als dass man es durch unsachgemäßen Umgang mit ihr leichtfertig aufs Spiel setzen sollte. Das tut man ja nicht einmal mit Finanzkapital! Und es wird sich immer mehr die zweite Einsicht durchsetzen, dass eine Ehe zu gründen durchaus dem Vorgang entspricht, wenn jemand eine selbständige Firma begründet. Auch da wird er gut daran tun, außer seiner selbstverständlich vorher erfolgten Ausbildung eine kompetente Beratung in Anspruch zu nehmen. Denn er möchte ja unnötigen Kapitalverbrauch durch Fehler, die auf Unkenntnis beruhen, möglichst vermeiden. Ein Risiko bleibt die Gründung einer selbständigen wirtschaftlichen Existenz in jedem Fall, so auch eine Ehe. Denn jede Kulturtat kann misslingen.

Manche werden sagen: Man kann doch am Anfang einer Beziehung das zarte Aufkeimen der Gefühle nicht durch solche sachlichen Erwägungen stören oder gar zerstören! Wer so spricht, hat wohl nie das Erlebnis gehabt, wie sehr es das Kennen- und Liebenlernen steigern kann, wenn junge Leute sich von ihren Hoffnungen und Idealen, von ihren Ängsten, Erfahrungen und von ihren Zielen erzählen. Das steigert nur die Gefühle, wenn sich eine Übereinstimmung zeigt, und macht bald klar, dass die Beziehung nicht tragfähig ist, wenn das tatsächlich nicht der Fall ist.

Vor zwanzig Jahren konnte sich auch niemand vorstellen, dass man einmal so weit kommen könnte, einen Geschlechtspartner, den man noch nicht lange kennt, vor dem ersten Verkehr zu fragen, ob und mit welchem Ergebnis er einen bestimmten medizinischen Test gemacht hat. In den Zeiten von Aids ist das aber nichts Ungewöhnliches mehr. Und ebenso ist es inzwischen für viele Menschen selbstverständlich, sich über Verhütung zu verständigen, bevor sie intim zusammen sind. Ja, es entsteht immer mehr die Notwendigkeit, in der Annäherungsphase der Geschlechter jeden weiteren Schritt der körperlichen Annäherung im Voraus verbal zu klären.[559] Warum sollte dann nicht auch dem Entschluss zusammenzuziehen eine intensive Klärung vorangehen?

Sicher werden noch viele Ehen auf andere Weise beginnen. Aber es wird auch die Zahl der schmerzlich scheiternden Lebensgemeinschaften noch kräftig steigen. Für diejenigen, die das nicht als ein unabwendbares Naturereignis hinnehmen wollen, ist dieses Buch geschrieben.

Das erste Jahr

Wenn zwei Menschen zusammenziehen und damit eine Lebensgemeinschaft begründen, so beginnen sie in ihren Lebenskräften zusammenzuwachsen. Und das hat bei aller Sympathie, die in einem solchen Fall in der Regel vorliegt, zur Folge, dass in den Untergründen ihrer Seelen ein Kampf beginnt, von dem im Kapitel »Die fünfte Kulturepoche – die heutige Zeit« schon die Rede war. Oberflächlich betrachtet kann man sagen: Die beiden müssen sich erst aneinander gewöhnen. Jeder hat vorher vielleicht alleine gelebt und war es nicht gewöhnt, in den Kleinigkeiten des Alltags auf einen anderen Menschen Rücksicht zu nehmen. Je älter die Partner zum Zeitpunkt des Zusammenziehens sind, desto mehr haben sich persönliche Angewohnheiten verfestigt und desto schwieriger kann das Zusammentreffen unterschiedlicher Lebensgewohnheiten werden. Das ist gewiss richtig. Aber es erklärt nicht die Vehemenz und Heftigkeit, mit der die Partner oftmals im ersten Jahr des Zusammenlebens aneinander geraten, ohne es zu wollen.

Das heißt nicht, dass im ersten Jahr solche Schwierigkeiten auftreten müssen, aber man sollte nicht allzu erstaunt sein, wenn sie auftreten. Es ist sozusagen ganz natürlich und keine moralische Schwäche. Oftmals sind die Partner sehr erschrocken, wenn solche Eruptionen und Verletzungen passieren, weil sie meinen, das dürfe und könne es doch nicht geben, wenn sie sich lieben. Sie sollten nicht an ihrer Liebe zweifeln, sondern sich klarmachen, dass solche Ereignisse auftreten, *weil* sie sich lieben. Denn die Ursache liegt darin, dass durch ihre Nähe die in ihren Lebenskräften (Ätherleibern) wirkenden Kräfte des Antisozialen, des Destruktiven, des so genannten Doppel-

[559] Siehe den Beitrag von Ariane Barth im *Spiegel*, Nr.52/1998, S. 68 ff.

gängers aufeinandertreffen. Kleinste Missverständnisse, Versäumnisse, Fehler und Enttäuschungen können so zu großen, die Partnerschaft bedrohenden Dramen werden, die aus dem Anlass selbst absolut nicht erklärbar sind.

Leider werden solche Irritationen meistens nicht geklärt, da beide Partner wegen der Nichtigkeit der Anlässe die Angelegenheit lieber »unter den Teppich kehren«, in der verständlichen Meinung, die Sache lohne keine weitergehende Aufarbeitung, weil der Streit tatsächlich an einer Kleinigkeit ausgebrochen ist. Aber an den an sich unbedeutenden Kleinigkeiten kann man gerade unendlich viel Grundsätzliches lernen, weil sich fast immer in den Kleinigkeiten Grundsätzliches ausspricht. Das gelingt allerdings meistens nur mit fachkundiger Beratung, die man in einem so frühen Stadium noch nicht für notwendig hält. Stattdessen wird durch solche Vorfälle in kleinen Dingen auf die Dauer sehr viel Sympathie- und Vertrauenskapital verschlissen, was die Qualität der Beziehung mindert.

Man sollte also solche Vorfälle auch schon im ersten Jahr auf der einen Seite als natürlich ansehen und nicht zu sehr über sie erschrecken, sie andererseits aber ernst genug nehmen, indem man – am besten in einer Beratung – sich fragt: Was wollen sie uns sagen? Warum treten sie überhaupt auf? Wofür sind sie Symptom und Zeichen? Denn sie sind eigentlich immer eine Gelegenheit zur Steigerung und Erweiterung des Bewusstseins und zu weiteren Schritten des Lernens in der Beziehung.

Am besten ist es, wenn eine Lebensgemeinschaft gegründet und gepflegt wird, bevor sie sich durch ein kommendes Kind zur Familie erweitert. Eine gewisse Sicherheit in der Eheführung und Ehepflege erlangt zu haben, bevor ein Kind kommt, erweist sich als sehr günstig. Denn die Familienehe braucht die Partnerehe als Grundlage und Voraussetzung, weil es viel schwerer ist, das »Handwerk« der Partnerehe praktisch zu lernen, wenn ein Kind unterwegs oder schon geboren ist. Dann muss man das Handwerk der Familienehe lernen.

Instinktiv verhalten sich heute viele junge Leute schon so, dass sie, lange bevor ein Kind kommt, schon zusammenleben und ihre Partnerfähigkeit erproben.

Von der Partner- zur Familienehe

Der erste große Entwicklungsschritt einer Ehe geschieht dadurch, dass sich ein Kind ankündigt. Und da gibt es grundlegende Unterschiede, ob und wie die Partner dies erwarten. In früheren Zeiten war es für eine Ehe kein Problem, wenn sich ein Kind ankündigte, weil der Sinn und Zweck der Ehe ja gerade darin bestand, Nachkommen zu zeugen. Außerdem sah man es als die natürliche und selbstverständliche Folge der Geschlechtlichkeit an.

Heute ist das ganz anders. Der moderne Mensch will Geschlechtlichkeit und Fortpflanzung voneinander trennen und hat auch die Möglichkeit dazu. Damit wird die Frage, ob ein Kind kommen soll, zu einer bewussten Entscheidung eines Paares. Die Erfahrung zeigt aber, dass bei weitem nicht alle Kinder so genannte »Wunschkinder« sind. Es kommt sehr häufig vor, auch bei ansonsten sehr bewusst lebenden Paaren, dass sie ein Kind zeugen, ohne sich vorher bewusst dazu entschlossen zu haben. So kann es zu einem Konflikt zwischen den Partnern kommen, wenn eine Schwangerschaft festgestellt wird, die einer von beiden nicht gewollt hat. Zwar haben sich beide Partner in einem solchen Fall so verhalten, dass ein Kind kommen konnte, und damit tragen beide die Verantwortung dafür, aber es kann trotzdem zu ungerechtfertigten Vorwürfen kommen, die rational nicht zu fassen sind und einer realistischen Betrachtung nicht standhalten. Denn es spielt natürlich der Ärger eine Rolle, dem eigenen Anspruch nach Bewusstheit in einer so existentiellen Angelegenheit nicht genügt zu haben. Wenn das Paar sich in einem solchen Fall nicht wirklich zu einer gemeinsamen Haltung durchringen kann, so sollte es eine Beratung aufsuchen. Denn dann liegt meistens schon ein tieferer Konflikt zugrunde.

Nicht nur für das Kind, sondern auch für die Partnerschaft ist es wesentlich, ob beide Eltern die Ankunft des Kindes mit Freude erwarten oder nicht. Besonders für die Frau ist es ganz wichtig, in dieser Situation der äußeren und inneren Bejahung und der Unterstützung durch den Partner gewiss zu sein. Jetzt muss sich bewähren, ob das notwendige Eheziel, das Gattungsschicksal des anderen zu seinem eigenen machen zu wollen (siehe Seite 172 f.), wirklich gewollt wird. Denn die Mutterschaft gehört ganz wesentlich zu dem möglichen, heute hoffentlich bewusst und freiwillig gewollten Gattungsschicksal einer Frau, das sie in ihrem ganzen Wesen betrifft und verändert.

Seit drei Jahrzehnten etwa ist es üblich geworden, dass die Männer einen größeren inneren und äußeren Anteil nehmen an den Vorgängen von Schwangerschaft und Geburt. Durch die Teilnahme an Schwangerschaftsberatungen, Wickelkursen und durch die Lektüre entsprechender Bücher begleiten sie nicht nur ihre Frauen, sondern bereiten sich auch aktiv auf ihre Vaterrolle vor. Das wird von ihnen auch von den meisten Frauen erwartet und ist in jeder Hinsicht zu begrüßen. Denn die alte Haltung, alle diese Dinge seien »Frauensache«, bei der Männer nichts zu suchen hätten, hat sich überlebt und fördert die partnerschaftliche Lebensgemeinschaft nicht, sondern lässt die Frau gerade in einem wesentlichen Abschnitt ihrer Biographie mit ihrem Gattungsschicksal allein.

Die Lebensgemeinschaft fördernd ist allein, wenn beide Partner Schwangerschaft und Geburt mit allen Freuden und Belastungen als ihre gemeinsame Angelegenheit betrachten, an der sich nach Möglichkeit und Fähigkeit auch die Männer beteiligen, auch wenn es sie von Natur aus nicht in gleicher Weise betrifft.

Wenn auf diese Weise ein Kind gemeinsam erwartet und empfangen wird, kann diese Zeit zu einem Höhepunkt der Lebensgemeinschaft werden. Aber gleichzeitig kann diese Zeit auch der Anfang einer tiefgreifenden Entfremdung werden,[560] besonders dann, wenn das Paar und vor allem die Frau sich seelisch einseitig auf das Kind orientiert und konzentriert. Oftmals wird die Pflege der Seelengemeinschaft des Paares in dieser Zeit deutlich vernachlässigt. Das sollte auf jeden Fall vermieden werden. Manchmal vergisst auch die Frau in dieser Zeit das Gattungsschicksal des Mannes, weil sie so stark mit dem Kind beschäftigt ist. Deshalb muss ein Paar sich sorgfältig überlegen, wie es in dieser Zeit der Schwangerschaft, der Geburt und der Stillzeit mit Zärtlichkeit und Geschlechtlichkeit umgehen will. Damit soll kein bestimmtes Verhalten für alle empfohlen, sondern nur von der Notwendigkeit der Verständigung und Verabredung gesprochen werden. Und wenn diese Verständigung nicht zur Zufriedenheit beider gelingt, sollte auf jeden Fall eine Beratung aufgesucht werden. Denn wenn das Leben ohne eine solche Verständigung weitergeht, sind Schwierigkeiten in der Folge nicht zu vermeiden.

Familie und Partnerehe

Wenn nun durch weitere Kinder eine richtige Familie entsteht, so gilt das im vorigen Abschnitt Gesagte umso mehr. Die Gefahr wird größer, dass das Paar immer mehr Zeit und Kraft für die Kinder und den Erwerb des Lebensunterhaltes braucht und in den Notwendigkeiten des Alltags versinkt. Die Partnerehe verschwindet dann im Familienleben. Und das gefährdet sie in hohem Maße. Zwar kann die Ehe durch das Leben mit den Kindern ganz gewiss eine große Bereicherung erfahren, auch wenn die Partnerbeziehung nicht mehr so gepflegt wird wie in den Zeiten ohne Kinder. Aber es wird ganz schwierig, wenn die Eltern überhaupt nichts mehr gemeinsam ohne die Kinder tun, außer miteinander zu schlafen.

[560] Siehe A. Moir / D. Jessel, a.a.O., S. 195 ff.

Deshalb muss besondere Aufmerksamkeit und Sorgfalt darauf verwendet werden, wie und in welchem Maße die Ehepflege, wie sie im Kapitel »Eheführung und Ehepflege« beschrieben worden ist, verwirklicht werden kann. Meistens unterbleibt sie sonst nämlich, und die Folge ist, dass die Partnerehe unterernährt bleibt, schwach wird und erkrankt. Zumindest das Seelengespräch, das über notwendige Verabredungen weit hinausgeht, muss regelmäßig jeden Tag weiter gepflegt werden, damit die Partnerehe keinen Schaden nimmt. Auch sollten Gelegenheiten gesucht und geschaffen werden, dass die Eltern ohne die Kinder etwas gemeinsam tun und erleben können. Hier sind Babysitter, Tanten und Onkel, Großeltern und Freunde und der ganze soziale Umkreis einer Familie gefragt, die damit zum Gelingen einer Ehe beitragen können. Eventuell sind auch mal gemeinsame Urlaubstage ohne Kinder möglich, in denen die Partnerehe eine wesentliche Erfrischung erfahren kann.

Jedenfalls sollte die Gesinnung herrschen, dass eine Familienehe nur dann auf Dauer »funktionieren« kann, wenn die Partnerehe richtig und genügend gepflegt wird.[561] Man muss sich eben klar darüber sein, dass bei einer Familie mit mehreren Kindern jeder Partner drei Berufe auszuüben hat: Die Frau ist Mutter, Ehefrau und Hausfrau, der Mann Vater, Ehemann und Erwerbstätiger durch seinen »Außenberuf«. Alle drei erfordern Zeit, Kraft, Arbeit und Aufmerksamkeit und müssen als gleichberechtigt in ihren Anforderungen gelten, auch wenn natürlich nicht für alle drei die gleiche Zeit und Kraft eingesetzt werden kann.

Besonders wichtig ist es, die Übergänge von der einen zur anderen »Berufstätigkeit« bewusst zu gestalten. Wenn der Vater von der Arbeit kommt, sollte er nicht sofort von Frau und Kindern in Beschlag genommen werden. Er sollte die Möglichkeit haben, eine kleine Pause zu machen, in der er sich entspannen kann. Der eine tut das beim Zeitunglesen, der andere ruht sich etwas aus oder Ähnliches. Dann sollte er sich aber mit ganzer Seele seinem Beruf als Vater und Ehemann widmen. Auch der Übergang vom Elternberuf zum Beruf des Ehegatten sollte bewusst vollzogen werden. Das ist nicht immer leicht, weil die Pflichten und Notwendigkeiten von »Außenberuf« und Elternschaft oft alle Kräfte fordern. Trotzdem sollte alles daran gesetzt werden, Gelegenheiten herbeizuführen, in denen die Pflege der Partnerehe möglich ist. Diese Gelegenheiten müssen manchmal den anderen Notwendigkeiten mit dem Terminkalender in der Hand regelrecht abgerungen werden. Und dann kostet es viel innere Disziplin, die anderen zwei Berufe wenigstens für kurze Zeit zu vergessen und sich ganz dem Partner zuzuwenden.

[561] Siehe auch N. u. G. O'Neill, a.a.O., S. 48

Das Schwinden der natürlichen Liebe – Arbeit und Dank

Auch wenn keine größeren Irritationen und Schwierigkeiten auftreten, sollte man damit rechnen, dass die Zeit der natürlichen Verliebtheit notwendigerweise einmal zu Ende geht. Das Leben in den Gewohnheiten und Pflichten des Alltags und die Selbstverständlichkeit des täglichen Umgangs miteinander lassen alles Aufregende und Neue an dem anderen allmählich verschwinden. Man lernt sich bis in die verborgensten Kleinigkeiten hinein kennen und damit auch in den weniger erfreulichen Seiten unseres Wesens. Die geschlechtliche Attraktivität lässt nach. Das alles mindert das natürliche Gefühl der Verliebtheit.

Nun wird es immer deutlicher, dass an die Stelle der natürlichen Verliebtheit die Bemühung treten muss, die Kunst des Liebens lernen zu wollen, wenn man nicht eines Tages den Verlust jeglicher Liebe beklagen will. Dazu ist das erste Element der Ehe-Idee, die Kunst des Liebens in ihrer umfassendsten denkbaren Form lernen zu wollen, die notwendige Voraussetzung. Denn es reicht nicht, dem Partner durch kleine Geschenke, Aufmerksamkeiten und Worte der Dankbarkeit die eigene Zuneigung immer wieder zu bezeugen – so wichtig und notwendig diese Gesten auch sind –, sondern die errungene Liebe entsteht nur durch das »gemeinsam in eine Richtung Blicken«,[562] nicht allein durch gegenseitige Zuwendung.

Am besten eignet sich dazu das, was wir als Pflege der Seelen- und Geistgemeinschaft auf den Seiten 221 ff. und 224 ff. beschrieben haben, sowie eine gemeinsam gelebte Religion. Auch ein gemeinsam gepflegtes Engagement im sozialen Umkreis kann dabei hilfreich sein.

Ganz wichtig ist auch, die Gesinnung zu pflegen, dass alles, was der andere tut, nicht selbstverständlich und natürlich ist. Oftmals beklagen sich Frauen, dass sie zum Beispiel als Hausfrau und Mutter nie einen Dank ihres Ehemannes erfahren für ihre fortwährende Arbeit im Haus, für das Kochen der Mahlzeiten und für die Betreuung und Erziehung der Kinder. So berechtigt diese Klage ist, sollten sich diese Frauen aber auch fragen, ob sie ihrem Mann jemals dafür gedankt haben, dass er mit seiner täglichen Arbeit den Lebensunterhalt der Familie sicherstellt und sie selbst von der Notwendigkeit der Erwerbsarbeit frei hält. Ich habe in meiner Beratungstätigkeit noch nie erlebt, dass ein Dank in dieser Richtung erfolgt ist.

[562] A. de Saint-Exupéry in einem Brief an seine Freundin Renette, siehe J. Lenz, a.a.O., S. 68

Da aber jegliche Arbeit eine Kulturleistung ist, die nicht natürlich und selbstverständlich ist, sollte sie immer wieder ein Echo der Dankbarkeit erfahren. Denn in dem Dank spricht sich die Anerkennung und Wertschätzung des Ich des anderen aus. Und damit ist Dank ein wesentlicher praktischer Weg zu dem, was Erich Fromm den »Respekt« als einen Teil der Kunst des Liebens nennt. Man kann auch sagen: Dank ist eine »moralische Technik« zur Verwirklichung der moralischen Intuition, das Lieben lernen zu wollen.

Außerdem ist Dankbarkeit ein gutes Mittel gegen die negativen Seiten von Gewohnheit und Routine. Wir haben schon auf den Seiten 233 ff. gesehen, dass man zwischen notwendigen und guten Gewohnheiten einerseits und unnötigen bis schlechten Gewohnheiten andererseits unterscheiden sollte. Um den lähmenden Wirkungen der schlechten oder unnötigen Gewohnheiten zu entgehen, ist nicht nur deren Vermeidung oder Verwandlung günstig, sondern auch das Staunen und die Dankbarkeit dem Partner gegenüber.

Wichtig ist auch, dass man als Ehepartner die Arbeit des anderen nicht kritisiert, auch wenn es dazu Anlass und Berechtigung gibt. Denn der Partner weiß selbst meistens sehr gut, ob er eine gute Arbeit geleistet hat oder nicht. Wenn ich meine, dass meine Frau nicht gut kocht, so muss ich bereit und fähig sein, es selber besser zu machen oder es still und eventuell mit Humor zu tragen, wenn eine Mahlzeit einmal nicht so gut schmeckt, weil ich weiß, dass sie sich trotzdem Mühe gegeben hat und mir selbst auch nicht immer alles gleich gut gelingt. Wenn eine Frau die Arbeit des Mannes, besonders seine Erwerbsarbeit, nicht schätzen kann, so sollte sie bereit sein, den Lebensunterhalt der Familie zu beschaffen. Kritik an der Arbeit des anderen ist eine Infragestellung seines Ichs, seiner Person, und man sollte sich sehr gut überlegen, ob sie notwendig und förderlich ist. Man kann sich natürlich auch darüber äußern, wenn ihr mal eine Mahlzeit nicht so geglückt ist oder er seine Arbeit im Haus nicht so gut gemacht hat. Manchmal ist das auch notwendig. Aber man sollte mit solcher Kritik sehr vorsichtig sein.

Deswegen halte ich es auch nicht für besonders günstig, wenn Eheleute unmittelbare Arbeitskollegen sind. Wenn beispielsweise zwei Künstler immer gemeinsam auf der Bühne stehen, wo es natürlich auch um Leistung, um Leistungskontrolle und Korrektur geht, und gleichzeitig als Ehepartner im Alltag zusammenleben, dann kommt zu der Belastung, die eine ständige Nähe mit sich bringt, die andere hinzu, dass man in gewissem Sinne auch in eine Konkurrenzsituation miteinander tritt und sich kritisieren muss, um die notwendige Leistung zu erbringen. Und das ist für eine Ehe nicht sehr förderlich.

Das heißt nicht, dass man in der Ehe alles kritiklos hinnehmen sollte, was von dem anderen kommt, aber die notwendige Kritik sollte in der Form von

»Ich-Botschaften« erfolgen. Statt zu sagen: »Musst du beim Frühstück immer die Zeitung lesen?« sollte man lieber sagen: »Ich fühle mich unwohl und überflüssig am Frühstückstisch, wenn du deine Aufmerksamkeit nicht mir, sondern der Zeitung zuwendest.« In der Kommunikationspsychologie finden sich viele und gute Beispiele, wie man auf diesem Gebiet förderlich miteinander umgehen kann.[563]

In diesen Bereich gehört auch die Frage, wie man am besten mit den Wünschen umgeht, die man an den Partner hat. Frauen haben es am liebsten, wenn sie einen Wunsch erfüllt bekommen, den sie gar nicht zu äußern brauchten. Ja, sie meinen, es sei ein untrügliches Zeichen der Liebe, wenn ihr Partner ihnen einen Wunsch erfüllt, den sie nicht genannt haben, und ein ebensolches Zeichen dafür, dass er sie nicht liebt, wenn er es nicht tut. Diese Erwartung wird, außer in der Phase der Verliebtheit, meistens enttäuscht. Deshalb sollte sich niemand auf die Erfüllung unausgesprochener Wünsche verlassen, sondern sie mit Worten zum Ausdruck bringen.[564] Wir sind als Erwachsene ja nicht wie Babys, die ihre Bedürfnisse und Wünsche nur durch Geschrei oder Lächeln, durch die Körpersprache ausdrücken können, sondern wir haben einen Mund zum Reden. Und die verbale Kommunikation ist die bewussteste, die uns zur Verfügung steht, und gleichzeitig diejenige, bei der man Missverständnisse am leichtesten vermeiden oder aufklären kann.

Wie Frauen es lernen können, ihre Bedürfnisse und Wünsche ihrem Partner durch Worte mitzuteilen, hat John Gray[565] meisterhaft dargestellt. Das alles soll nicht heißen, dass die Männer nicht versuchen sollten, ihrer Partnerin auch einmal einen unausgesprochenen Wunsch zu erfüllen. Aber die Frauen sollten es nicht als etwas Natürliches erwarten, sondern als eine »Dreingabe« besonderer Art auffassen, wenn es einmal geschieht.

So ist es wichtig, neben der Kultur des Dankens auch eine solche des Bittens zu pflegen. Freilassendes Bitten und freiwilliges Danken zeichnen eine gute Partnerschaft aus.

Das Geld

Das Wesentliche über dieses Thema ist schon auf Seite 238 f. ausgeführt worden. Wenn in der Ehe Probleme im Umgang mit dem Geld auftauchen, so ist meistens nicht das Geld selber das Problem, sondern in den Geld-

[563] Siehe zum Beispiel M.L. Moeller, a.a.O., S. 119 ff.

[564] Siehe dazu auch M.L. Moeller, a.a.O., S. 202 ff. [565] A.a.O., S. 270 ff.

problemen zeigen sich ganz andere Schwierigkeiten der Ehe, beispielsweise die mangelnde verbale Kommunikation. Es kann auch sein, dass die Wertvorstellungen weit auseinander liegen. Der eine Partner hat zum Beispiel das Bedürfnis, für eventuelle Fälle der Zukunft zu sparen, während der andere lieber jetzt das Leben mit dem Geld angenehmer und schöner gestalten will. Es kann auch sein, dass die Fähigkeit, mit Geld umzugehen, so verschieden ist, dass der eine Partner den anderen auf diesem Gebiet nur schwer oder gar nicht ertragen kann. Wenn ein Paar seine Geldprobleme nicht für beide Teile zufrieden stellend lösen kann, sollte es auf jeden Fall eine Beratung aufsuchen, denn auf diesem Feld kommen Eheprobleme unabweisbar zum Vorschein. Sie lassen sich auf Dauer nicht überdecken oder verdrängen, denn dieses Gebiet gehört zu den »harten« Tatsachen des Lebens, die unbedingt eine Lösung erfordern.

In derselben Art gehören die Geschlechtlichkeit und die Erziehung zu den Feldern, auf denen Eheprobleme unabweisbar in Erscheinung treten. Nicht dass Geld, Geschlechtlichkeit und Erziehung die Hauptprobleme in der Ehe wären, vielmehr kommen auf diesen Gebieten notwendigerweise fast alle Eheprobleme zum Vorschein. Zusätzlich können sie natürlich auch selber ein Problem sein. Deswegen ist es gut, eine Beratung aufzusuchen, weil ein unbefangener Außenstehender leichter unterscheiden kann, ob die Sache selbst das Problem oder nur sein Erscheinungsfeld ist.

Ordnung, Sauberkeit und das Autofahren

Es gibt Partner, die in ihrem Bedürfnis nach Ordnung und Sauberkeit so weit auseinander liegen, dass es zu ernsten Schwierigkeiten kommt. Der eine sieht ein Ideal darin, den Fußboden so sauber zu haben, dass man davon essen kann (andere Leute nehmen trotzdem lieber einen Tisch zum essen), den anderen stören ungeputzte Fenster überhaupt nicht. Der eine hat seine Sachen immer um sich ausgebreitet, der andere sorgfältig in Schränken und Schubladen geordnet. Diese Empfindungen und Bedürfnisse bezüglich Ordnung und Sauberkeit sitzen so tief in der Seele, in der Lebensgewohnheit, dass sie sich nur selten ändern lassen.

In solchen Fällen hilft oft nur, dass die Partner je ihren eigenen Raum haben, in dem sie nach ihrer Art auf diesem Gebiet leben können. Für gemeinsam genutzte Räume muss dann allerdings ein Kompromiss gefunden werden. Das gelingt häufig nur mit der Hilfe eines Beraters.

Mit Sauberkeit ist hier nur die von Räumen gemeint. In den Fragen der

Hygiene, der körperlichen Sauberkeit, ist ein für beide Teile akzeptabler Standard unbedingte Voraussetzung der Lebensgemeinschaft.

Für viele Paare ist das gemeinsame Autofahren eine Schwierigkeit. Man kann ja ein Auto nicht so fahren wie ein Tandem, das nur dann ordentlich fährt, wenn man sich in seinen Bewegungen aufeinander einstellt. Deswegen benutzen manche Menschen das gemeinsame Tandemfahren auch als Partnerübung. Im Auto kann immer nur einer am Lenkrad sitzen und damit »die Sache in der Hand haben«. Da aber der Fahrstil des Menschen ganz entscheidend von seinem Temperament und seinem Charakter abhängt, also von seinem »Gewohnheitsleib«, treten beim Autofahren häufig tiefsitzende Unterschiede der Partner in Erscheinung. Wie der andere fährt, kann der eine nicht gut ertragen. Meistens wird der Mann schneller und risikoreicher fahren als die Frau, diese aber defensiver und vorsichtiger. Da man als Beifahrer existentiell betroffen ist, ist es sehr schwer, den Fahrstil des anderen nicht zu kommentieren oder zu kritisieren. Aber das ist notwendig, damit das gemeinsame Autofahren nicht zu einer Belastung für die Beziehung wird. Natürlich kann man seinen Partner bitten, seinen Fahrstil zu ändern. Aber der Wille und besonders die Fähigkeit zu einer solchen Änderung ist sehr häufig begrenzt. Wenn man nicht lernt, den Fahrstil des anderen ohne Bemerkungen gelassen hinzunehmen, sollte man lieber darauf verzichten, gemeinsam Auto zu fahren.

Das Problem der Erziehung

Wenn sich die Partnerehe zur Familienehe erweitert, entsteht sogleich das Problem der Erziehung. Und zwar nicht erst, wenn das Kind in die Trotzphase kommt, sondern sofort nach der Geburt. Es ist nämlich aller Umgang mit dem Säugling, ja sogar schon die Umgebung, in der das Kind das Licht der Welt erblickt und die ersten Sinneserfahrungen macht, bereits Erziehung, weil alles, was das Kind in den ersten Tagen und Wochen in seiner Umgebung erlebt, bereits tiefgreifende Wirkungen auf die Kinderseele ausübt.

Ob das Kind mit Muttermilch oder Milupa ernährt, in welche Art von Textilien es gehüllt wird, ob es direkt oder indirekt den Wirkungen der Medien ausgesetzt wird oder nicht, ob es gewickelt wird oder von Anfang an eine Strampelhose angezogen bekommt, ob es so bald wie möglich an einen festen Rhythmus von Essens- und Schlafzeiten gewöhnt wird, welche Art von Medizin man dem Kind nötigenfalls angedeihen lässt – das alles sind Wert- und Normfragen, über die sich die Eheleute möglichst schon vor der Geburt verständigen sollten.[566] Denn sie haben als Eltern eine gemeinsame Verantwortung für das Kind, die sie nur wahrnehmen können, wenn sie sich grundsätzlich auf bestimmte Ziele und Werte einigen.

Da alles, was Eltern mit ihren Kindern und für sie tun, nicht von Natur, aus einem Instinkt heraus geschieht, sondern eine Kulturtat sein muss, gilt für diesen Bereich dasselbe wie für die Ehe: Es bedarf einer Ausbildung, des Erwerbs von Kenntnissen und Fähigkeiten. Zumeist werden sich die Eltern am Wohl des Kindes orientieren wollen. Aber was das im Einzelfall konkret heißt, das muss mühsam erarbeitet werden, denn Erziehung ist nicht einfach ein Gebiet, in dem es um feststehende Tatsachen geht und wo es eventuell »eindeutige wissenschaftliche Erkenntnisse« gibt, sondern es geht dabei um das, was werden soll, um finale Bestimmungen, und die haben immer mit Werten und Normen zu tun.

Es ist beispielsweise eine Frage, welche Rolle die Eltern dem Ideal der Freiheit für das Kind beimessen, ob sie ihm so bald als möglich Wahlfreiheiten einräumen wollen oder nicht, ob es selber bestimmt, was es anziehen und essen, wann es schlafen und wachen will. Außerdem sollte geklärt werden, ob und wie die Eltern dem Kind Verhaltensgrenzen setzen wollen oder nicht. Für die Partnerschaft der Eltern ist die Frage am wichtigsten, ob es gelingt, das Kind an einen festen Schlafrhythmus zu gewöhnen oder nicht, weil davon für ihre Kräfte und besonders die der Mutter sehr viel abhängt. Ausreichender, gesunder Schlaf ist nicht nur für die Bewältigung der Aufgaben in Beruf und Elternschaft, sondern auch für die Partnerfähigkeit der Eheleute eine unverzichtbare Voraussetzung. Wenn es nicht gelingt, das Kind an das Durchschlafen zu gewöhnen, so kann der Schlafmangel besonders der Mutter mit seinen Folgen schwerwiegende Auswirkungen auf die Ehe haben.

Was für die erste Lebensphase des Kindes notwendig ist, gilt auch für alle weiteren: Die Eltern müssen sich verständigen über die Grundziele und -prinzipien der Erziehung. Welche Bedeutung messen wir der Erziehung zu Ordnung, Sauberkeit und Pünktlichkeit bei? Wie soll die Gesinnung gegenüber der Natur und den Mitmenschen gepflegt werden? Ab wann sollte das Kind an den Umgang mit Medien gewöhnt werden? Wann und wie soll es durch wen aufgeklärt werden? Zu den Erziehungszielen gehört dann auch die Frage nach dem Erziehungsstil, um den sich die Eltern bemühen wollen, und die Frage, in welche Schule das Kind gehen und in welcher religiösen Überzeugung es aufwachsen soll. All diese Fragen und Probleme können hier nicht ausführlich dargestellt werden. Deshalb sei auf die reichhaltige Literatur zu diesem Thema verwiesen.

566 Siehe dazu Michaela Glöckler und Wolfgang Goebel, *Kindersprechstunde*, Stuttgart [13]1999

Im Zusammenhang mit dem Thema Ehe ist es aber wichtig festzuhalten, dass es ernste Schwierigkeiten zwischen den Eheleuten geben muss, wenn sie sich nicht auf gemeinsame Erziehungsziele einigen und dadurch zum Beispiel der eine Partner durch sein Verhalten die pädagogischen Bemühungen des anderen konterkariert. Wenn die Mutter die Kinder zu bestimmten Tischmanieren erziehen will, während der Vater ungeniert schmatzt, so wird das ihrer Partnerschaft nicht zuträglich sein. Gemeinsame Ziele in der Erziehung heißt aber nicht, dass beide Eltern in allen Dingen die Kinder gleichartig behandeln müssen, weil es zum gleichen Ziel verschiedene Wege gibt. Die Art, wie zum Beispiel eine Regel befolgt oder durchgesetzt wird, kann durchaus verschieden sein. Wichtig ist nur, dass die Eltern sich auf die gleiche Regel geeinigt haben und der eine den anderen nicht wegen seines Erziehungsstiles vor den Kindern kritisiert oder zur Rechenschaft zieht.

Normalerweise sollte in einer bestimmten Situation immer nur die Mutter oder nur der Vater das Zepter der Erziehung in der Hand halten, nicht beide gleichzeitig. Beispielsweise sollten bei Tisch nicht beide Eltern zur gleichen Zeit Erziehungsmaßnahmen ergreifen, sondern sich vorher oder grundsätzlich einigen, wer in welchem Bereich und zu welcher Zeit die konkrete Erziehungsarbeit leistet. Wenn allerdings der Vater – wie das früher oft der Fall war – nur zum Drohen und Bestrafen eingeschaltet wird, so ist das weder für die Kinder noch für die Eltern förderlich.

Und wenn man mit den Maßnahmen des anderen nicht einverstanden ist, so sollte man das auf keinen Fall vor den Kindern äußern, weil sie solche Uneinigkeiten sehr genau bemerken und schon vom Kleinkindalter an ausnützen werden, womit sie einen Keil zwischen die Eltern treiben können. Man sollte das Problem oder die Unstimmigkeit in einem gesonderten Gespräch mit dem Partner in Ruhe besprechen.

Wenn ein solches Gespräch über Erziehungsziele oder -methoden nicht zu einer Einigung führt, sollte man unbedingt eine Beratung aufsuchen, weil ungelöste Erziehungsprobleme die Lebensgemeinschaft auf die Dauer zerstören.

Ehe und Freundschaften – der Dritte

Freundschaften gehören zu den schönsten und wichtigsten Bereicherungen des menschlichen Lebens. Wenn sie die Ehe nicht stören, können sie auch das Leben der Eheleute bereichern. Deshalb gehört es für die meisten Menschen zu ihrem Leben dazu, Freundschaften zu pflegen. Etwas problematisch kann es manchmal dann werden, wenn der eine Partner zu dem Freund des anderen keine Beziehung hat, wenn also eine Freundschaft nur unter Ausschluss des einen Partners gepflegt werden kann. Wie sollte man mit der Freundschaft zu Dritten umgehen? Kann man auch mit einem Dritten gut befreundet sein, ohne dass der Partner dabei ist? Entsteht da nicht allzu leicht Eifersucht? Selbst wenn die Ehefrau die Beziehung zu einer guten Freundin aufrechterhält, kann der Mann eifersüchtig werden. Oder wenn der Mann die Beziehung zu seinen Skat- oder Sportfreunden pflegt, kann sich die Frau vernachlässigt fühlen.

Wenn eine Ehe nur unter Verzicht auf jegliche tiefere Beziehung zu anderen Menschen möglich wäre, so würde wohl jeder diesen »goldenen Käfig« irgendwann wieder verlassen. Deshalb sollten in einer modernen Ehe nicht nur gemeinsam, sondern auch einzeln gepflegte Freundschaften möglich sein. Wenn ein Partner das vor Eifersucht nicht aushält, dann ist er nicht wirklich beziehungsfähig. Eifersucht ist eine Schwäche, die gar nichts mit wirklicher Liebe zu tun hat, sondern Ausdruck eines ausschließenden Besitzanspruches ist. Sie ist mit einer partnerschaftlichen Lebensgemeinschaft auf Dauer nicht vereinbar, und wer von ihr erfüllt ist, sollte sich einer Therapie zuwenden, die seine Individuation fördert, sein Selbstbewusstsein stärkt und seine Souveränität entwickelt. In schwerer Form zerstört sie jegliche Beziehung.

Es ist aber zu beachten, dass die Pflege der Freundschaft mit Dritten gewisse Voraussetzungen erfüllen muss, wenn man die Ehe nicht beeinträchtigen will.[567] Die wichtigste ist, dass die Ehe selber und die Freundschaft in der Ehe gut gepflegt werden. Denn wenn die Eheleute nicht ebenfalls gute Freunde sind, wird ihre Lebensgemeinschaft allmählich ausgehöhlt werden. Die Freundschaft zu Dritten ist dann nicht der Grund für eine Schwächung der Ehe, sondern nur ihre vielleicht der Ehe gefährlich werdende Folge. Wenn der Freundschaft zu Dritten mehr Zeit und Aufmerksamkeit gewidmet wird als der ehelichen Beziehung, so kann das nur dann ohne negative Auswirkungen auf die Ehe bleiben, wenn dies nur für kurze Zeit so ist, beispielsweise wenn ein Freund in einer Notsituation besonderer Hilfe und Unterstützung bedarf.

Die andere Voraussetzung ist für die meisten Menschen, dass die Freundschaft zu Dritten keine geschlechtliche Beziehung einschließt. Es lohnt sich, darüber nachzudenken, warum eigentlich nicht? Denn es gibt ja viele Menschen, besonders Männer, für die ist es durchaus denkbar, neben einer Ehe zusätzlich noch einen weiteren Partner zu haben. Und wenn erst einmal eine starke Beziehung zu einem Dritten entstanden ist, so tritt sehr häufig die Idee und die Bemühung auf, beide Beziehungen aufrechtzuerhalten.

[567] Siehe auch N. u. G. O'Neill, a.a.O., S. 91 ff.

Abgesehen davon, dass eine Beziehung zu einem Dritten meistens heimlich gepflegt wird, was dann in der Folge zu Unwahrhaftigkeit in der Ehe führt, muss die Frage gestellt werden, warum von den meisten Betroffenen eine solche auch geschlechtliche Beziehung als Vertrauensbruch empfunden wird, selbst dann, wenn man sich grundsätzlich vorher solche Beziehungen zugestanden hat. Ist auch das nur der Ausdruck besitzergreifender Eifersucht? Nur die Folge von Verlustängsten? Nur kleinkarierte altmodische Bürgerlichkeit?

In älteren Zeiten nannte man das Faktum Ehebruch. Und das war für den Ehegatten ein öffentlich anerkannter Scheidungsgrund. Aber was bricht da eigentlich? Wenn ein Ast von einem Baum abbricht, so ist das ein unumkehrbares Ereignis. Der Ast kann nicht wieder anwachsen. So ähnlich hat man früher oft einen Ehebruch erlebt. Es gibt aber auch die Tatsache, dass ein Mensch sich das Bein bricht. Dann ist das Bein nicht abgebrochen, sondern nur der Knochen, der ihm Halt und Standfestigkeit gibt, ist gebrochen. Alles andere am Bein, die Muskeln, Sehnen, Nerven und Adern sind noch heil und können ihre Funktion zum Teil weiter erfüllen.

So muss ein Ehebruch nicht gleich das Ende der Ehe bedeuten, aber er ist eine schwere Krankheit der Ehe, die einer Behandlung bedarf, wenn diese Krankheit nicht zum Tod der Ehe führen soll. Und zwar hat diese Krankheit nichts mit Eifersucht zu tun, obwohl diese eine Begleiterscheinung sein kann. Was eigentlich vorliegt, kann man am deutlichsten sehen, wenn beide Ehegatten in ihren Gedanken, Vorstellungen *und Gefühlen* mit der Tatsache eines weiteren Geschlechtspartners einverstanden sind, wenn es dem Partner, der keine weitere Beziehung hat, wirklich an nichts mangelt, wenn auch nicht die Spur von Eifersucht und Verlustangst vorhanden ist. In solchen zugegebenermaßen seltenen Fällen tritt das Urphänomen des Ehebruchs eindrücklich in Erscheinung: Wenn der Mann eine Freundin hat und die Beziehung zu ihr im Einverständnis mit seiner Frau regelmäßig pflegt, also keine Heimlichkeit und Unwahrhaftigkeit vorliegt, wird doch die Frau allmählich merken, dass diese Tatsache trotz ihres Einverständnisses an ihren Lebenskräften zehrt, auch wenn es sie seelisch nicht belastet. Vielleicht wird sie sogar krank. Man kann daran erkennen, dass die Ehe im Kern eben eine Ätherleibsgemeinschaft und nicht eine Seelengemeinschaft ist. Und die Geschlechtlichkeit gehört in diesen Kern der Lebenskräftegemeinschaft. Da entsteht ein »Bruch«, eine Verletzung, durch den »Ehebruch«. Und diese Verletzung raubt Kraft, auch dann, wenn sie keine Schmerzen verursacht.

Männer bemerken diese Tatsache im umgekehrten Fall meist nicht so deutlich, weil sie sowieso einen schwächeren Ätherleib und außerdem eine schwächere Wahrnehmung seines Zustandes, einen schwächeren so genannten Lebenssinn haben.

In jedem Fall ist schon die Tatsache, dass sich ein Ehepartner in einen Dritten verliebt, und erst recht, wenn er zu ihm in eine geschlechtliche Beziehung tritt, ein Symptom für schwere Defizite in der ehelichen Beziehung. Wenn die Partner an ihrer Ehe festhalten wollen, sollten sie unbedingt eine Eheberatung aufsuchen. Denn eine Klärung und Aufarbeitung einer solchen Situation ist für die Betroffenen eine schier übermenschliche Anforderung, umso mehr, je länger die andere Beziehung andauert. Unter keinen Umständen sollte der betroffene Ehepartner versuchen, mit dem Dritten in klärende Gespräche einzutreten. Das macht alles nur noch viel schwieriger. In einem solchen Fall sollte ein unbefangener, fachkundiger Berater hinzugezogen werden.

Nicht jeder Frau wird es möglich sein, um ihren Mann zu kämpfen, der eine Geliebte hat, wie es Shirley Eskapa in ihrem Buch *Eine Andere*[568] beschrieben hat. Selten wird es fruchtbar und heilsam für eine Beziehung sein, wenn jemand um seinen Partner »kämpft«. Besser ist die Anschauung, dass eine Beziehung krank ist, wenn ein Partner eine/n Geliebte/n hat. Und bei einer Krankheit sucht man Heilung durch die Hilfe Dritter und nicht den einsamen Kampf der Verzweiflung.

Ein besonderer Fall, dass Dritte in die Ehe störend hineinwirken, liegt bei dem so genannten »Schwiegermutterproblem« vor. Dabei handelt es sich darum, dass ein Elternteil oder beide Eltern eines Ehepartners nicht genügend Abstand zu den Eheleuten halten. Am schlimmsten wirkt sich das aus, wenn die Eheleute von den Eltern wirtschaftlich noch abhängig sind. Wenn es den Ehepartnern nicht gelingt, sich von den Einwirkungen der Eltern zu befreien, oder wenn von einem Partner nicht einmal die Notwendigkeit einer solchen Befreiung gesehen wird, dann sollte unbedingt eine Beratung aufgesucht werden, bevor die Lebensgemeinschaft ernstlich Schaden nimmt.

Sich wandelnde geistige Orientierung

Zu den einschneidendsten Veränderungen, die in einer Ehe geschehen können, gehören Wandlungen eines Ehepartners in Bezug auf seine Weltanschauung, seine Religion oder andere Wert- und Normvorstellungen. Wenn der eine Partner plötzlich Vegetarier wird und nicht einmal mehr den Geruch von Fleisch verträgt, während der andere nicht auf den bis dahin gemeinsamen

[568] München 1985

Fleischgenuss verzichten will oder kann; wenn nach einer gemeinsamen Lebenszeit ohne praktizierte Religion ein Partner nicht nur regelmäßig in die Kirche gehen will und dafür das späte Sonntagsfrühstück auslässt, sondern sogar vor jeder Mahlzeit und vor dem Schlafengehen beten will; wenn die Mutter sich auf einmal für die Waldorfpädagogik begeistert und ihr Kind unbedingt in eine solche Schule schicken will, die auch noch Geld kostet; oder wenn einer der Partner sich auf einen spirituellen Entwicklungsweg begibt, dann ist das meistens eine schwere Prüfung für eine Lebensgemeinschaft. Denn solche Wandlungen geschehen in den seltensten Fällen bei beiden Partnern gleichzeitig und dann auch noch in dieselbe Richtung. Sie sind aber für das Leben der Partner sehr einschneidend, weil sie sich meistens auf mehreren Lebensgebieten auswirken.

Am besten ist es natürlich, wenn sich der Partner, dem zunächst nicht an einer Veränderung gelegen ist, für das interessiert, was den anderen da plötzlich beschäftigt. Es braucht kein natürlich vorhandenes Interesse zu sein, sondern kann willentlich erweckt werden, weil man den geliebten Partner verstehen möchte. Kann man sich für das betreffende Gebiet auch erwärmen, so kann das zu einer tiefen Bereicherung der Ehe führen. Wenn einem aber das, was den anderen begeistert, auf Dauer fremd und unsympathisch bleibt oder vielleicht sogar verrückt oder gefährlich erscheint, dann ist die Ehe in Gefahr. Denn dann ist oft kein Kompromiss mehr möglich. Wenn zum Beispiel der eine Partner ganz und ausschließlich den diesseitigen Genüssen zugetan ist, der andere aber geistige und religiöse Werte leben will, dann wird es auf Dauer zu unüberbrückbaren Schwierigkeiten kommen. Es ist beispielsweise leichter, gemeinsam in einer Ehe zu leben, wenn der eine Partner in die evangelische und der andere in die katholische Kirche geht, als wenn nur der eine ein religiöses Leben führt, der andere aber gar nichts davon hält.

Zum Glück hat man bei der Bewältigung solcher Probleme meistens viel Zeit, weil sie sich in der Regel langsam entwickeln und nicht sofort gelöst werden müssen. Man sollte aber auch in diesen Fällen lieber eine Beratung aufsuchen, bevor diese Probleme ihre größtmögliche Sprengkraft entfalten. Besonders sollten sich die Frauen hüten, ihre Männer zu irgendwelchen spirituellen oder religiösen Dingen »missionieren« zu wollen. Denn meistens erreichen sie eher das Gegenteil von dem, was sie wollen, weil Männer zumeist einen ganz anderen Zugang zu diesen Bereichen brauchen und auf ganz andere Weise zu ihren Evidenzerlebnissen kommen wollen.

Krankheiten

Krankheiten gehören als unabdingbarer Bestandteil zum menschlichen Leben dazu. Sie sind nicht nur eine »Betriebsstörung«, die so schnell wie möglich beseitigt werden sollte, sondern sie sind auch Chancen und Möglichkeiten für die leibliche und besonders für die seelische Entwicklung des Menschen. Für das Eheleben und vor allem auch für das familiäre Leben kommen sie immer ungelegen und bringen für alle Beteiligten zusätzliche und besondere Belastungen. So werden sie für die Lebensgemeinschaft eine Zeit der Prüfung und Bewährung. Denn manches, das einem lieb und wert ist, muss man in dieser Zeit entbehren und anderes auf sich nehmen. Aber gerade in Zeiten der Krankheit kann das Element der Fürsorge, das ein notwendiger Bestandteil der Liebe ist,[569] besonders entwickelt werden. Es zeigt sich dann, wie weit der Einzelne für eine Zeit von sich absehen und ganz für den anderen da sein kann.

Eine besondere Belastung der Lebensgemeinschaft liegt vor, wenn einer oder beide Partner an einer chronischen Krankheit leiden. Dann müssen manchmal spezielle Einrichtungen geschaffen und besondere Gewohnheiten entwickelt werden. Das muss dann individuell und kann nicht mehr generell betrachtet und gelöst werden.

Es gibt aber auch Krankheiten, bei denen eine partnerschaftliche Lebensgemeinschaft nicht mehr möglich ist, wo sich die Ehe entweder in eine therapeutische Beziehung wandeln oder aber aufgelöst werden muss. Das Erstere kann im hohen Alter geschehen, wenn der eine Partner so verwirrt ist, dass er auch den vertrautesten Menschen nicht mehr erkennt, und damit eine normale seelische Beziehung unmöglich wird; und das Letztere kann eintreten, wenn beispielsweise der eine Partner auf Dauer so schwer psychisch erkrankt, dass eine Lebensgemeinschaft mit Kindern und Ehepartner unmöglich wird. Solche Fälle müssen aber ganz individuell betrachtet und behandelt werden.

Rollenwechsel – das Ende der Familienehe – die silberne Hochzeit

Besondere Anforderungen werden an die Lebensgemeinschaft gestellt, wenn größere Veränderungen der Lebensumstände notwendig werden, sei es durch Einwirkungen von außen oder durch freie Entschlüsse der Ehepartner.

[569] Siehe Erich Fromm, *Die Kunst des Liebens*, S. 46

Wenn die Ehefrau zum Beispiel nach einer längeren Phase der Tätigkeit als Mutter und Hausfrau ihre Ausbildung fortsetzen oder beenden oder berufstätig werden will, so ist eventuell eine Einschränkung der Berufstätigkeit des Mannes und sein verstärkter Einsatz in Haus und Familie notwendig. Das verändert alle Lebensgewohnheiten und das Lebensgefühl aller Beteiligten.

Dasselbe gilt, wenn aus beruflichen Gründen nicht nur ein Umzug, sondern auch ein Ortswechsel der ganzen Familie notwendig wird. Es müssen neue Beziehungen geknüpft, eventuell alte Gewohnheiten aufgegeben und neue gebildet werden. Das alte, bisher tragende soziale Umfeld muss verlassen und ein neues aufgebaut werden. Das alles kostet Aufmerksamkeit, Zeit und Kraft und birgt die Gefahr in sich, dass dies auf Kosten der ehelichen Beziehung geschieht.

Auch ein Stellenwechsel oder gar ein Berufswechsel erfordern besondere Anstrengungen und oft viel Zeit und Kraft, insbesondere wenn ein Partner sich beruflich selbständig macht. Erst recht, wenn ein Haus gebaut wird, besonders wenn dies aus finanziellen Gründen mit viel Eigenleistung verbunden ist, gerät manche Ehe in die Krise, weil oft dem äußeren Hausbau der innere Bau an der Lebensgemeinschaft in keiner Weise entspricht und durch die äußere An- oder Überforderung kaum noch Zeit und Kraft für die Pflege der Ehe verbleibt. Solche Zeiten verstärkter Beanspruchung, die nicht zu lange dauern dürfen, erfordern viel Disziplin. Auf Phasen dieser Art sollten unbedingt Zeiten verstärkter Beziehungspflege folgen.

Ein weiterer schwerer Einschnitt geschieht, wenn der erwerbstätige Partner oder beide unfreiwillig arbeitslos werden. Obwohl heute in unserem Land niemand mehr deswegen verhungert, erfordert dies eine Neuorientierung nicht nur des Betroffenen. Die Partner müssen nun damit umgehen lernen, den ganzen Tag zusammen zu sein, die notwendigen Hausarbeiten gerecht zu verteilen und ihre zusätzliche freie Zeit einigermaßen sinnvoll zu verbringen.

Besonders einschneidend sind die Veränderungen, die sich ergeben, wenn das Kind oder die Kinder das Elternhaus verlassen und die Ehefrau, die vielleicht viele Jahre lang ihren Lebenssinn und ihre Lebensaufgabe in der Erziehung und Versorgung der Kinder erlebt hat, sich einen neuen Lebensinhalt, vielleicht einen neuen Beruf, suchen muss. Wenn sie den nicht findet, kann sie leicht zur Behinderung für die Entwicklung ihrer erwachsenen Kinder und sogar zur Gefahr für deren Lebensgemeinschaften werden. Aber auch die Ehe selbst macht eine große Veränderung durch, indem die Familienehe sich wieder zur Partnerehe wandeln muss. In vielen Fällen stellt sich den Partnern dann ganz stark die Frage nach dem Sinn der Ehe ohne Kinder, besonders dann, wenn sie am Anfang ihres gemeinsamen

Lebens keine Zeit der Partnerehe erlebt haben, weil gleich ein Kind vorhanden war.

Es gibt viele Ehen, für die das Ende der Familienehe das Ende überhaupt bedeutet. Aber wenn es gelingt, der Lebensgemeinschaft neuen Inhalt und neue Ziele zu geben, so kann eine wunderbare neue Phase der Ehe beginnen, und es ist kein Zufall, dass das Ende der Familienphase der Ehe meistens in der Zeit kommt, in der man mit der Silberhochzeit den Entschluss zur Lebensgemeinschaft erneuern und bekräftigen kann. Wenn dann die Eheleute sich das Ja-Wort geben, so hat es nach all den Jahren der Gemeinsamkeit doch einen neuen, tieferen Klang als 25 Jahre zuvor.

Das Ende des Erwerbslebens – der gemeinsame Lebensabend – die goldene Hochzeit

Da die silberne Hochzeit zumeist in dem Lebensabschnitt um die fünfzig gefeiert wird, fällt sie auch mit einer bedeutenden Phase in der Biographie des Einzelnen zusammen. Entweder es kommt noch einmal eine Zeit erhöhter beruflicher Produktivität und Verantwortung oder das Ende der Berufstätigkeit kommt deutlicher in den Blick – durch Krankheit, Vorruhestand oder weil das Bisherige einfach nur noch weiterläuft. Die Fragen des Schicksals, des Lebenssinns und des Todes drängen sich immer deutlicher ins Bewusstsein, und die körperlichen Beeinträchtigungen nehmen zu. Wer mit dem langsamen leiblichen Abstieg nicht auch einen seelischen erleiden will, muss sich um eine geistige Entwicklung kümmern, die der Seele neue Ziele und Kräfte gibt.

Oftmals sind es ehrenamtliche Tätigkeiten im sozialen oder kirchlichen Bereich, die dann eine Erfüllung bedeuten, oder es werden künstlerische Tätigkeiten und Erlebnisse gesucht, zu denen man vorher nicht die Zeit hatte, oder es wird ein neuer Zugang zur Religion gefunden. Und wenn dann solche Dinge in Gemeinsamkeit gepflegt werden können, so helfen sie auch darüber hinweg, wenn die Berufstätigkeit ganz aufhören muss.

Es kann auch eine Phase des Lebens als Großeltern eintreten, in der das Paar ohne die unmittelbare Verantwortung für ihre Enkel ihnen doch sehr viel bedeuten kann. Denn die kleinen Kinder haben eine besondere Beziehung zu den alten Menschen und es kann kaum Schöneres und Bereicherndes für sie geben, als in Ehrfurcht, Liebe und Vertrauen zu ihren Großeltern aufblickend ihre Kindheit zu verbringen. Wie viel Lebensmut und -zuversicht kann da in ihnen wachsen!

Aber auch auf die ganze soziale Umgebung kann etwas von einer gelungenen Altersehe ausstrahlen. Denn sie verkörpert den geheimen Wunsch vieler Menschen, gemeinsam alt zu werden. Wie der Goldglanz eines Abendrotes kann empfunden werden, was von einem alten Ehepaar ausgeht. Und so ist es tief berechtigt, nach fünfzig Jahren Ehe eine »goldene Hochzeit« zu feiern.

Eheberatung und Ehetherapie

Die objektiven Grundprobleme

Die Eheberatung, die hier vertreten wird, geht von der Erfahrung aus, dass eigentlich alle Eheprobleme bei den verschiedenartigsten Menschen doch immer im Wesentlichen dieselben sind. Es ist nicht so wie im Bereich der Medizin, wo Tausende von verschiedenen Krankheiten und viele, oft undurchschaubare Krankheitsursachen vorliegen können. Sondern es gibt bei der einen »Ehekrankheit« nur eine an den Fingern abzählbare Anzahl von Ursachen, und auch die Probleme und Symptome, die sie hervorruft, sind leicht überschaubar. Individuell ist dann meistens nur, welche von den Problemen auf welche Weise und wie stark auftreten.

Die zweite Erfahrung aus der langjährigen Beratung ist die, dass sich diejenigen Probleme, die sich aus den beteiligten Personen, ihrem Temperament, ihrem Charakter und ihren Schwächen ergeben, relativ leicht lösen lassen, wenn die allgemeinen und objektiven Probleme zufrieden stellend bearbeitet werden können.

Diese grundlegenden, objektiven Eheprobleme und ihre Ursachen sind in der bisherigen Darstellung schon mehrfach angesprochen worden. Sie seien hier noch einmal genannt:

1. Die Meinung, die Ehe sei etwas Natürliches und es käme nur darauf an, den »richtigen« Partner zu finden, führt notwendigerweise zu Verhaltensweisen, die der Beziehung schaden.
2. Weil die Einsicht nicht vorliegt, dass die Ehe nur eine Kulturtat sein kann, werden die aus einer solchen Einsicht folgenden Konsequenzen nicht gezogen.
3. Eine Ehe-Ausbildung findet nicht statt, d.h. die Partner gehen ohne wirkliche Kenntnisse der Wesensunterschiede von Mann und Frau in die Ehe, was notwendigerweise zu Missverständnissen und Ungeschicklichkeiten führt.

4. Eine grundlegende »Leitbild-Arbeit« findet vor der Ehe nicht statt. Weder eine bewusste Klärung der Bedürfnisse, Wünsche und Erwartungen noch eine klare Beschreibung der Eheziele kommt den Partnern in den Sinn, bevor sie zusammenziehen.
5. Die in unserem Jahrhundert vollständig neue und erstmalige Situation, dass das Verhältnis der Geschlechter und ihr Zusammenleben nicht mehr von der Gesellschaft geregelt wird, sondern der Freiheit und Verantwortung des Einzelnen überlassen ist, wird weder erkannt noch durch Konsequenzen berücksichtigt.
6. Die ebenfalls erstmalige Situation in der Menschheitsgeschichte, dass die Ehe nur unter dem Vorzeichen der Gleichberechtigung der Geschlechter im Geist der Partnerschaftlichkeit gelingen kann, wird in ihrer Tragweite nur ungenügend erkannt und es ist schwer für den Einzelnen, die Formen zu finden, die dieser Voraussetzung entsprechen.
7. Es fehlt oft an der Partnerfähigkeit, nicht nur bei dem Vorliegen von Süchten (Alkohol-, Drogen-, Beziehungssucht), sexuellem Missbrauch in der Kindheit und psychischer Krankheit, sondern auch, weil – oft durch eine zu frühe Heirat – meist eine mangelnde Entwicklung zur souveränen, selbständigen Persönlichkeit erfolgt ist.
8. Natürliche Verliebtheit wird mit Liebe verwechselt und zum einzigen Kriterium der Partnerwahl gemacht, was leicht zum »karmischen Inzest« mit seinen Folgen führt.
9. Eine konsequente und »sachgerechte« Ehepflege findet meist nur ungenügend statt mit der Folge, dass fast immer die verbale Kommunikation als das Lebensblut der Ehe degeneriert.[570] Das wiederum hat negative Auswirkungen auf die geschlechtliche Beziehung der Partner.
10. Auftretende Probleme werden nicht wirklich gelöst, Gespräche über die Probleme machen diese nur noch schlimmer und sie werden dem anderen Partner zum persönlichen Vorwurf gemacht. Eine fachgerechte Beratung wird fast immer erst in einem Spätstadium der Zerrüttung der Ehe aufgesucht, wenn das allermeiste Sympathiekapital schon aufgebraucht ist.

Man kann sagen, dass die Probleme zwar am Persönlichen der Partner erscheinen, aber doch einen überpersönlichen Grund haben. Sie liegen fast alle im Gattungs- und im Zeitenschicksal und sind dem Einzelnen nicht einfach moralisch zuzurechnen, weil sie nicht aus bösem Willen geschehen. Denn die Partner wollen ja nicht absichtlich, dass ihre Lebensgemeinschaft nicht gelingt, sondern sie misslingt ihnen aus Unkenntnis und Unfähigkeit. Sie wollen

[570] Siehe M.L. Moeller, a.a.O., S. 35 ff.

sich ja fast nie bewusst verletzen und tun es trotzdem immer wieder. So werden sie »unschuldig schuldig« aneinander.

An den aufgeführten Grundproblemen wird auch deutlich, dass die Ursachen nicht in erster Linie in »moralischer Schuld« bestehen, wie man sie früher als Fehlverhalten definiert hat, sondern dass sie im Wesentlichen Unterlassungen sind, »Schulden« im Sinne des noch nicht Getanen, noch nicht Erarbeiteten.

So kann man die Eheberatung als den Versuch ansehen, bisher Unterlassenes nachzuholen. Denn so überpersönlich die Eheprobleme ihrer Ursache nach auch sind, sie müssen doch ganz persönlich von den Betroffenen gelöst werden. Und die Beratung kann nur Hilfe zur Selbsthilfe sein.

Der Weg zum Eheberater

Frauen nehmen den Zustand einer Beziehung wacher und genauer wahr als Männer. Deshalb bemerken und empfinden sie deren Mängel eher und stärker als diese. Das wird unter anderem daran deutlich, dass 70% aller Scheidungen von Frauen eingereicht werden. Frauen sind also viel unzufriedener mit den bestehenden Eheverhältnissen als Männer. Sie haben größere und weitere Erwartungen an die Qualität der Lebensgemeinschaft. Männer sind oft schon zufrieden, wenn nur einige Grundbedürfnisse in der Ehe befriedigt werden. Sie »bilanzieren« bewusst oder unbewusst, gedanklich oder gefühlsmäßig den Wert ihrer Ehe. Wenn 60% gut sind und 40% nicht, dann ist das für sie ein großer »Überschuss« und die Ehe ist für sie im Ganzen positiv. Frauen bilanzieren den Wert ihrer Beziehung nicht. Wenn 90% positiv sind, so verschwinden die 10% an Negativem nicht. Sie werden nicht aufgewogen oder gar aufgehoben. Sie bleiben als Stein des Anstoßes und als Impuls zur Veränderung bestehen.

Deswegen drängen Frauen im Allgemeinen stärker auf Veränderungen in der Ehe und sind auch eher bereit, die Hilfe Dritter, beispielsweise im seelsorgerlichen Gespräch mit einem Pfarrer oder bei einem Eheberater, zu suchen und anzunehmen. Das fällt Männern schwerer, weil in ihnen leichter das Gefühl aufsteigt, versagt zu haben, und weil es ihnen oft Schwierigkeiten bereitet, ihre persönlichen und seelischen Dinge anderen anzuvertrauen. Sie verschließen ihre Probleme eher in sich selbst.

So kommt es meistens, dass die ungelösten Probleme im Laufe der Zeit immer gravierender werden und Hilfe oft erst gesucht wird, wenn die Schmerzen und Belastungen zu gesundheitlichen Beeinträchtigungen geführt haben, wenn es schließlich zu Hass oder Gewaltausbrüchen gekommen ist oder wenn einer von beiden sich in einen neuen Partner verliebt hat. So wird erst dann ein Außenstehender um Rat gefragt, wenn die Scheidung schon nahe bevorsteht oder es einem der Partner unausweichlich erscheint, wenn also kaum noch Hoffnung für die Ehe besteht. Das ist vergleichbar einer Blinddarmentzündung, wenn der Patient nicht gleich beim Auftreten der ersten Schmerzen im Unterbauch zum Arzt geht, sondern erst, wenn der Blinddarm durchgebrochen ist und der Eiter sich in der Bauchhöhle ausgebreitet hat. Dann kann mit einer schnellen Operation und einer nachfolgenden Intensiv-Behandlung versucht werden, das Leben des Patienten zu retten – allerdings nicht selten vergeblich.

Daraus ergibt sich die Frage: Wie kann man in der Ehe einen »Schnupfen«, wegen dem man ja auch nicht zum Arzt geht, von einer »Blinddarmentzündung« unterscheiden? Wann sollte man eine Eheberatung aufsuchen? Im vorigen Kapitel haben wir eine ganze Reihe von Fällen beschrieben, in denen man möglichst bald eine Beratung aufsuchen sollte. Allgemein kann man sagen: Wenn einer von beiden Partnern (meistens die Frau) das Gefühl hat, dass die Bemühungen des Einzelnen oder beider Partner nicht wirklich zu einer Verbesserung führen, dann sollte die Hilfe eines fachkundigen Beraters gesucht werden. Der andere Partner sollte dem Wunsch nach Beratung entsprechen, auch wenn er selbst das Gefühl hat, eine solche sei unnötig. Er kann seinem Partner mit diesem Entgegenkommen zeigen, dass er ihn liebt, dass er etwas um seinetwillen zu tun bereit ist. Allerdings muss der Mann die größere »Kulturleistung« erbringen als die Frau, wenn er um Hilfe bittet, und das sollte seine Frau auch deutlich anerkennen können.

Die Bereitschaft, eine Eheberatung aufzusuchen, wird oft behindert durch den Gedanken, dass man ja doch allein mit den Problemen fertig werden müsse und deshalb eine Hilfe von dritter Seite gar nicht möglich sei. Das ist aber eigentlich immer eine subtile Ausrede, die nur den Anschein von Wahrheit besitzt. Denn selbstverständlich muss jedes Paar letztlich seine Probleme selber lösen. Aber das schließt Rat und Hilfe doch nicht aus. Gerade durch die Eheberatung kann man lernen, wie und wo man mit der Selbsthilfe ansetzen kann und was man besser unterlassen sollte. Tatsächlich kann man sich nicht die eigene Ehe führen lassen. Aber man muss auch nicht auf dem Gebiet der Ehe das Rad neu erfinden wollen.

Ein weiteres wesentliches Hindernis auf dem Weg zur Eheberatung ist die Scheu, »persönliche« Probleme vor einem dritten, womöglich gänzlich unbekannten Menschen auszubreiten. Man möchte da keine »schmutzige Wäsche waschen«. Es ist im vorigen Abschnitt und in allem bisher Dargestellten wohl hinreichend deutlich geworden, dass fast alle Probleme keine »persönlichen« sind, sondern ganz allgemeine Ursachen haben. Ein erfahrener Eheberater kennt etwa 90% aller Probleme des Paares, das vor ihm sitzt, bevor auch nur ein Satz von einem der beiden gesprochen wurde. Wahrscheinlich hat das Paar nicht alle Probleme, die der Eheberater kennt. Aber fast alle, die es hat, kennt er. Denn es ist sehr schwer, in der Ehe originelle, individuelle Fehler zu machen!

Ein tieferer Grund dafür, eine Eheberatung nicht aufzusuchen, liegt oft in der mangelnden Bereitschaft, überhaupt an sich, der eigenen Einstellung und dem eigenen Verhalten etwas zu verändern. Ändern muss sich schließlich der andere! Aber tief im Inneren weiß jeder Mensch, dass er selbst auch ein Teil des Problems und letztlich eine Veränderung unausweichlich ist. Denn eine Veränderung tritt auf jeden Fall ein, auch und gerade dann, wenn die Lebensgemeinschaft endgültig scheitert. Dann geht es meistens auch ganz äußerlich, im Finanziellen, anders – und nicht besser – zu. Deshalb sollte sich derjenige, der sich eine Eheberatung nicht vorstellen kann, sagen: Was habe ich denn zu verlieren? Lohnt sich nicht vielleicht doch der Versuch eines ersten unverbindlichen Gespräches?

Und wenn es sich um einen Mann handelt, der eine Beratung ablehnt, so sollte er sich die folgenden Gedanken vor Augen führen: Mein Auto bekommt von mir immer Sprit und das nötige Motoröl. Was habe ich meiner Ehe als »Kraftstoff« zukommen lassen? Mein Auto kommt regelmäßig zum Kundendienst in die Werkstatt und zur Überprüfung der Fahrtauglichkeit zum TÜV. Sollte nicht auch meine Ehe ab und zu auf den Prüfstand? Und wenn einmal eine Reparatur des Autos nötig ist, so ist es auch nicht ehrenrührig, wenn ich den Schaden nicht selber beheben kann, sondern es in die Werkstatt geben muss, wo er von ausgebildeten Fachkräften repariert wird. Eine Ehe ist zwar keine Maschine, aber auch eine Kulturtat wie diese, und zwar eine viel kompliziertere. Und die Eheberatung kann auch nicht einfach von außen den Schaden »beheben«. Aber ohne Hilfe von außen kann die »Ehekrankheit« meistens nicht geheilt werden. Es gibt keine »Arzenei« für sie, die man einfach nur regelmäßig nehmen müsste. Viel stärker als in der Medizin kommt es in der Ehetherapie auf die Aktivität und Arbeit der Betroffenen an. Man kann sich die Ehe nicht gesund »machen lassen«. Aber man kann sich helfen lassen zu lernen, wie man sie heilen kann.

Wenn alle Bemühungen und Bitten, in eine Beratung einzuwilligen, nicht zum Ziel führen und einer von beiden nicht will, dann bleiben dem beratungswilligen Partner auf Dauer nur zwei Möglichkeiten:

Entweder hat er genug gelitten und spürt schon deutlich die Wirkungen der Ehekrise auf seine Gesundheit und Leistungsfähigkeit, dann sollte er einen letzten Versuch unternehmen und seinem Partner sagen: »Komm mit zu einer Eheberatung. Ich bitte dich zum letzten Mal darum. Und wenn du nicht willst, dann ziehe ich die Konsequenz und ziehe aus, denn ich halte es so nicht länger aus!« Das darf eine Frau aber nur dann sagen, wenn sie fest entschlossen ist, dies auch zu tun, und wenn sie konkret weiß, wo sie hingehen wird. Es darf keine leeren Drohungen geben, von denen es wahrscheinlich zuvor schon genug gegeben hat. Manche Männer verstehen nur die Sprache der Tatsachen und besonders solche, die ans Geld gehen. Ein solches Vorgehen, das eine Erpressung zu sein scheint, ist für viele Frauen sehr schwer, weil sie nicht so gerne im Sinne von »entweder – oder« denken und handeln, sondern mehr in die Richtung von »sowohl – als auch«. Und es ist natürlich eine Ultima Ratio, die man nur anwenden sollte, wenn wirklich alles andere vergeblich versucht worden ist.

Wenn der beratungswillige Partner – meistens die Frau – nicht so vorgehen will oder kann, dann hat sie die andere Möglichkeit, weiter wie bisher zu leiden, denn dann hat sie noch nicht genug gelitten. Irgendwann wird sie dann aber doch die erste Möglichkeit ergreifen und realisieren.

Das Erstgespräch

Wenn es dann tatsächlich zum ersten Gespräch mit einem Berater kommt, so sollte das Paar zunächst von diesem über seine Grundeinstellung zu Eheproblemen und über seine Methode aufgeklärt werden. Dabei erweist es sich als günstig, einiges von den grundsätzlichen, objektiven Eheproblemen zu erläutern, die im vorletzten Abschnitt aufgelistet sind. Denn das Paar kommt meistens mit dem Gefühl, ganz persönliche Probleme zu haben. Schon die Aussage, dass die meisten Probleme immer und bei allen Paaren die gleichen und dem Berater hinreichend bekannt sind, kann für die Betroffenen eine erste Erleichterung sein. Wenn man dann noch das Problem der verbalen Kommunikation ein wenig beschreibt, entsteht meistens der Eindruck, dass der Berater die Probleme der Ehe wirklich kennt, und es entsteht ein erstes Vertrauen.

Als Zweites kann man das Paar auffordern, nacheinander zu beschreiben, was sie gegenwärtig als das Hauptproblem oder die zwei bis drei Hauptprobleme ihrer Ehe empfinden. Dadurch erhält man einen ersten Überblick über den Zustand der Ehe. Zusätzlich kann man an der Art, wie sie das tun, schon viel über den Grad der Zerrüttung dieser Ehe beobachten. Sprechen sie ruhig und besonnen, um Sachlichkeit bemüht oder rein emotional? Erwähnen sie von sich aus auch eigene Versäumnisse oder Fehler? Wie verhalten sie sich, wenn der andere spricht? Fallen sie ihm ins Wort oder lassen ihn ausreden? Zeigen sie noch Regungen gegenseitiger Sympathie oder ist die Atmosphäre sehr frostig zwischen ihnen? Ist ein Dritter im Spiel oder nicht? Sind Kinder vorhanden und in welchem Alter?

Gut ist auch, wenn man ihnen zwischendurch mit Bemerkungen zu verstehen gibt, dass man ein angedeutetes Problem kennt, und eventuell schon darauf hinweist, dass es zu den allgemeinen und objektiven gehört, dass man das Paar deswegen nicht moralisch be- oder gar verurteilt, sondern es so ansieht, wie der Arzt eine Krankheit betrachtet. Das bewirkt, dass sich das Paar in dieser schwierigen Situation verstanden und angenommen fühlen kann.

Wichtig ist auch, dass man möglichst gleich beim ersten Gespräch klärt, ob Dinge vorliegen, die eine Eheberatung unmöglich bzw. unfruchtbar machen, weil sie einem der Partner die Fähigkeit nehmen, an der Ehe zu arbeiten. Dazu gehören: Drogenkonsum, regelmäßiger Alkoholgenuss, regelmäßig auftretende Gewalttätigkeit, sexueller Missbrauch in der Kindheit sowie psychische Erkrankungen. Liegt eines oder gar mehrere dieser Probleme vor, so muss zuerst eine spezifische Therapie gesucht werden, damit die Fähigkeit zu freiem, autonomem Lernen und Handeln und die zur Eheführung notwendige individuelle Schöpferkraft erst bzw. wieder errungen werden kann. Es ist dann die Aufgabe des Beraters, darauf hinzuwirken, dass die Notwendigkeit einer solchen speziellen Therapie eingesehen wird, und dabei zu helfen, eine solche zu finden.

Man sollte allerdings sehr vorsichtig sein, wenn jemand seinen Partner für »psychisch krank« erklärt. Denn als unmittelbar Betroffener ist er in jedem Fall befangen und sollte die Diagnose dem Berater bzw. dem Arzt überlassen. Sonst kann die Bezeichnung »psychisch krank« leicht zu einem Kampfbegriff oder zu einer billigen Entschuldigung werden.

Meistens ist es auch möglich, schon im ersten Gespräch zu erfahren,

1. ob die beiden ihre Lebensgemeinschaft grundsätzlich weiterführen wollen und »nur« darunter leiden, dass ihnen das schwerfällt oder nicht so gelingt, wie sie es sich wünschen,
2. oder ob einer oder beide kaum noch die Hoffnung haben, dass dies überhaupt möglich sein könnte, und ob einer nur noch die Trennung für möglich hält und vielleicht sogar schon die Scheidung will, während der andere aber an der Beziehung festhalten will,
3. oder ob beide fest zur Trennung entschlossen sind.

Im ersten, seltenen Fall – selten, weil in diesem Stadium leider nur wenige den Weg zum Berater suchen – geht es dann hauptsächlich um das Handwerk und die Kunst der Eheführung. Darüber ist im Kapitel »Eheführung und Ehepflege« das Wesentliche gesagt. Oft ist dann aber auch eine tiefere Sinnfindung für die Ehe, eine Ehe-Idee gefragt. Eine konsequente Aufarbeitung, wie sie im folgenden Abschnitt beschrieben wird, ist dann meistens nicht notwendig.

Im dritten Fall ist die Frage zu stellen, was das Paar denn dann von einer Eheberatung erwartet oder erhofft. Wenn es sich um eine Trennungsberatung handelt, so muss der Berater entscheiden, ob das Paar nicht lieber zu einem Mediator gehen sollte, einem Juristen, der sich auf einvernehmliche Scheidungen spezialisiert hat, oder ob er es für sinnvoll hält, selber eine Trennungsberatung durchzuführen. Das kann sinnvoll sein, wenn das Paar eine Aufarbeitung der gemeinsamen Vergangenheit wünscht, um ein *gemeinsames* Bewusstsein *und* Urteil über die Gründe zu gewinnen, die zum Scheitern der Ehe geführt haben. Denn durch ein solches gemeinsames Bewusstsein und Urteil wird es sehr viel leichter, einigermaßen in Frieden auseinanderzugehen, eventuelle Elternrechte und -pflichten wahrzunehmen und später einen menschlichen Umgang miteinander zu ermöglichen.

Am schwierigsten und langwierigsten sind die Fälle der zweiten Art. Da liegt meistens eine tiefere Störung der Beziehung, Zweifel am Sinn der weiteren Lebensgemeinschaft, eine Liebesbeziehung zu einem Dritten oder eben schon der Wunsch nach Trennung vor. Dann ist es mit einer ergebnisorientierten, nur zukunftsgerichteten Beratung nicht getan, die allein darauf abzielt, dem Paar zu helfen, wie sie ihre Beziehung gestalten und pflegen können. Dann muss es zu einer Aufarbeitung der Vergangenheit kommen.

Die Aufarbeitung

Wenn man nach dem ersten oder zweiten Gespräch den Eindruck hat, dass die Ehe sehr krank oder sogar schon »gestorben« ist, dann sollte man dem Paar eine Aufarbeitung ihrer Ehebiographie nahe legen und anbieten. Dazu ist zunächst einmal nötig, dass beide Partner das auch wollen. Das ist oft nicht leicht zu erreichen, weil sie sich darunter nichts Konkretes vorstellen können und deswegen verständlicherweise davor zurückschrecken und weil der Partner, der eigentlich schon das Ende der Beziehung will, kein vitales Interesse mehr an der gemeinsamen Vergangenheit hat. Das gilt in erhöhtem Maße, wenn er schon eine neue Beziehung eingegangen ist. Dann will er die Vergangenheit hinter sich lassen, keine »schmutzige Wäsche waschen« und sich vielleicht auch nicht an seinen Anteil am Scheitern der Ehe erinnern lassen, weil er sich wohler fühlt bei dem Gedanken, dass ja sowieso der andere die Hauptschuld an der Misere trägt. Und wenn er das Gefühl hat, dass er selbst auch seinen Anteil an dem Konflikt hat, kann es ihm unerträglich erscheinen, das vor seinem Ehepartner und auch noch vor dem Berater einzugestehen.

Um solche Bedenken gegen eine Aufarbeitung zu zerstreuen, ist es günstig, erst einmal zu klären, dass es in einer solchen Aufarbeitung nicht um Schuldzuweisung gehen kann und soll, sondern um Ursachen-Erkenntnis durch die Fragestellung: Warum sind wir jetzt an einem Punkt, an den keiner von uns hinwollte, als wir uns zusammentaten? Jeder ist sich sicher, dass er nur das Beste gewollt hat. Aber der andere hat ... So ist zunächst in dieser Lage das Urteil der beiden Partner über die Ursachen der Zerrüttung ganz verschieden, obwohl die Lebenstatsachen dieselben sind. »Tatsachenwelt« und »Bedeutungswelt«[571] klaffen weit auseinander.

Nun ist es für den weiteren Prozess eine wichtige Frage, ob beide Partner einen Wert, ein Ziel darin sehen können, zu einem gemeinsamen Bewusstsein und Urteil über ihre gemeinsame Vergangenheit zu kommen. Für den Partner, der eigentlich schon die Beziehung aufgegeben hat, kann es eine Hilfe sein, wenn man ihm einsichtig machen kann, dass er ohne eine solche Aufarbeitung leicht in die Gefahr gerät, auch bei einer neuen Beziehung die gleichen Fehler wieder zu machen wie bei der ersten, weil er ohne eine gemeinsame und dadurch objektivere Betrachtung der vergangenen Beziehung gar nicht alle Fehler erkennen kann, die er gemacht hat. – Für manchen kann auch der Gedanke hilfreich sein, dass man durch eine solche Aufarbeitung nicht nur sein Leben und sich selbst besser verstehen lernen kann, sondern dass sich auch das Verständnis des anderen auf diese Weise vertiefen kann, dass man zu größerer Klarheit im eigenen Schicksal, zu Vergebung und Verzeihung kommen, ja sogar ein Stück nachtodlichen Lebens vorwegnehmen kann.

Voraussetzung einer solchen Ehe-Aufarbeitung kann also weder sein: Die Ehe muss auf jeden Fall wiederhergestellt werden, noch: Die Ehe wird auf gar keinen Fall wieder neu begründet. Selbst wenn eine solche gegensätzliche Interessenlage bei den Partnern vorhanden ist, hat eine Aufarbeitung nur dann einen Sinn, wenn diese Interessen so lange zurückgestellt werden, wie die Gespräche zur Aufarbeitung dauern, und beide Partner in der Aufarbeitung selbst einen Sinn sehen können.

Da solche Aufarbeitungsgespräche länger dauern (fünf bis fünfzehn Gesprächstermine etwa), je nachdem wie gut die Partner mitarbeiten können, müssen Verabredungen getroffen werden, wie das Leben inzwischen erträg-

[571] Begriffe von Bernard Lievegoed

lich weitergehen kann, d.h. es muss erst ein »Waffenstillstand« ausgehandelt werden, um neue Verletzungen möglichst zu verhindern. Dazu können Haupt-Streitpunkte benannt und Kompromisse erarbeitet werden. Es geht dabei nicht um dauerhafte Lösungen, sondern um vorläufige Vereinbarungen. Es kann zum Beispiel hilfreich sein, wenn ein Partner aus dem ehelichen Schlafzimmer auszieht (wenn das nicht längst geschehen ist) oder auf andere Weise ein leichtes räumliches Auseinanderrücken stattfindet. Es geht dabei nur um die Vermeidung neuer Konfrontationen. Auch sollte sich das Paar bemühen, in dieser Zeit jegliches Problemgespräch und jeden verbalen Konflikt zu vermeiden und auftretende Probleme lieber nur gemeinsam mit dem Eheberater beim nächsten Gesprächstermin zu erörtern. Denn zu konstruktiven Gesprächen, die zu Problemlösungen führen, sind die Partner meist nicht in der Lage; vielmehr verschlimmern sie ihre Situation häufig mit vergeblichen Gesprächsversuchen zu zweit, weil sie durch ihre Befangenheit und Verletztheit oft »den Wald vor lauter Bäumen nicht sehen«, d.h. auch einfachste Kompromissmöglichkeiten übersehen.

Hilfreich ist auch, wenn verabredet werden kann, dass kein Partner von sich aus, ohne vorherige Absprache zu dritt, etwas am »status quo« ändert, etwa einen Wohnungswechsel vornimmt, die Arbeitsstelle kündigt oder besondere Anschaffungen macht.

Am schwierigsten bei diesen »Waffenstillstandsverhandlungen« ist die Frage, wie mit einer möglicherweise vorhandenen Beziehung zu einem Dritten umgegangen werden sollte. Das Ende dieser Beziehung als Voraussetzung für die Beratungsgespräche zu fordern führt in der Regel zu Unwahrhaftigkeit oder Trotz und kann selbst bei gutem Willen nur selten realisiert werden. Besser ist es, auszuloten, inwieweit der verliebte Partner freiwillig dazu bereit und fähig ist, die Beziehung als »Beitrag zur Entspannung« einzuschränken. Dieser Beitrag kann beispielsweise darin bestehen, für die Zeit der Gespräche auf die sexuelle Seite der neuen Beziehung zu verzichten oder für einige Wochen den Kontakt zu dem Dritten auf Briefe und / oder Telefonate zu beschränken oder die Häufigkeit der Begegnungen zu halbieren. Wichtig ist dabei nicht das absolute Ergebnis, sondern die Geste des Entgegenkommens.

Wenn dem anderen Partner ein solches Entgegenkommen nicht genügt, dann kann dies das Ende der Gespräche bedeuten. Wenn der verliebte Partner auf die uneingeschränkte Weiterführung seiner Beziehung besteht, kann dies dasselbe bedeuten, wenn der andere Partner meint, das nicht aushalten zu können. Es ist klar, dass eine Einschränkung der Beziehung zu dem Dritten eine bessere Voraussetzung für die Aufarbeitungsgespräche darstellt, aber es kann genauso gut sein, dass diese auch dann einen Sinn haben, wenn eine solche Einschränkung nicht möglich ist. Jedenfalls sollte der Berater keine absoluten Forderungen an den verliebten Partner stellen, sondern nur die Entspannungsmöglichkeiten ausloten.

Wenn es die Frau ist, die eine Beziehung zu einem Dritten hat, und wenn sie diese Beziehung einschließlich Geschlechtlichkeit schon längere Zeit lebt, dann ist die Chance, dass sich das noch einmal auflösen lässt, nach meiner Erfahrung gleich null. Bei Männern ist das anders. Sie können eine solche Beziehung offenbar eher noch einmal in Frage stellen.

In jedem Fall muss der Berater für diese »Waffenstillstandsgespräche« viel Phantasie aufbringen, um in der jeweiligen Situation individuelle Kompromisse zu erreichen. Es muss auch vor jedem neuen Gespräch die Frage gestellt werden, ob die bis dahin verabredeten Waffenstillstandsbedingungen eingehalten worden sind, ob beide Partner weiterhin damit leben können oder ob sie verändert werden sollten. Dann müssen neue Kompromisse und Vermeidungsstrategien gefunden werden.

Wenn dann die eigentliche Aufarbeitung beginnen kann, hat es keinen Sinn, wie in einer Tagesrückschau mit dem gegenwärtigen Augenblick anzufangen und dann Schritt für Schritt in der Erinnerung zurückzugehen. Wegen der emotionalen Belastung der Gegenwart muss in der Vergangenheit begonnen und der gemeinsame Lebenslauf »von Anfang an« nachvollzogen werden.

Dazu beschreiben beide Partner kurz ihr Leben bis zu dem Zeitpunkt, als sie sich kennen lernten. Ausführlich schildert dann der eine die Begegnung, das Kennenlernen und die Entstehung der gegenseitigen Liebe. Zuerst nur die Tatsachen und dann auch, was es ihm bedeutet hat. Dann ergänzt oder korrigiert der andere die Tatsachen und berichtet über seine Gefühle und Emotionen in dieser ersten gemeinsamen Zeit. Diese Schilderung sollte spätestens mit dem Augenblick enden, als die beiden zusammengezogen sind, oder höchstens bis zu dem Punkt dauern, wo erstmals ein Problem aufgetreten ist, das einem von beiden als das erste im Bewusstsein ist.

Dieser Anfang ihrer Beziehung erscheint den meisten Partnern ganz problemlos. Aber der Berater kann ihnen nun bewusst machen, dass auch damals schon die Keime und Anfänge von Problemen vorhanden waren. Dazu gehören die im ersten Abschnitt dieses Kapitels genannten Grundprobleme 1 bis 8 (Seite 262 f.), zu frühe Heirat und Asymmetrie der Beziehung (siehe Seite 158 ff.). An solchen »objektiven Problemquellen« kann das Paar dann deutlich erleben, dass die Probleme nicht aus persönlichem Fehlverhalten, schlechten Charaktereigenschaften oder gar aus bösem Willen entstehen müssen, dass sie nicht dem anderen Partner als dessen »Schuld« zuzurechnen sind, sondern dass beide Partner durch Unkenntnis und unbewusste Unterlassungen

»unschuldig schuldig« geworden sind. Sie tragen keine Schuld in dem Sinne, dass sie wider besseres Wissen gehandelt haben, sondern sie sind einander etwas »schuldig geblieben«, wovon sie aber kein Bewusstsein hatten, was aber dennoch notwendigerweise seine Auswirkungen hat.

Je mehr den Partnern der objektive Ursprung und Charakter ihrer Schwierigkeiten einsichtig werden kann, desto mehr schwindet die Haltung des gegenseitigen Vorwurfs und desto mehr wird die emotionale Belastung abgebaut. An die Stelle von Unwille, Vorwurf und Hass tritt Verständnis, das Gefühl für unvermeidbare Tragik und sogar ein befreiendes Gefühl.

Das steigert sich nun noch im Verlauf der eigentlichen Aufarbeitung. Dazu müssen die Partner der Reihe nach alle Situationen und Ereignisse darstellen, an denen sie in der Erinnerung anstoßen in dem Sinne: Wodurch habe ich mich unverstanden, verletzt, gedemütigt gefühlt? Was hat mich irritiert, enttäuscht, befremdet? Was ist nie ausgesprochen, geklärt, verarbeitet, verziehen worden?

Die Aufarbeitung der einzelnen Ereignisse und Vorgänge vollzieht sich in vier Stufen:

1. Ein Partner beginnt mit der Schilderung des betreffenden Ereignisses, wie er sich daran erinnert. Der andere Partner ergänzt oder korrigiert die Schilderung wenn nötig. Die Tatsachen sollen so gut und deutlich wie möglich beschrieben werden, noch ohne jede Wertung. Lassen sich die Tatsachen nicht mehr feststellen, steht eventuell sogar Aussage gegen Aussage, so lässt man das zunächst auf sich beruhen (obwohl sich meistens derjenige Partner genauer erinnern kann, der unter dem Ereignis mehr gelitten hat).
2. In einem zweiten Durchgang schildern die Partner die innere Seite des Erlebnisses: Was hat es für mich bedeutet, was hatte ich für Gefühle dabei und danach? Wie bin ich damit umgegangen? Es kommt auf dieser Stufe darauf an, dass die Partner diese »Bedeutungswelt« des anderen – und sei sie noch so subjektiv – ganz objektiv und ernst nehmen und nachzuempfinden versuchen, was sie durch ihr Verhalten und Tun im anderen ausgelöst haben. Diesen Prozess kann der Berater durch verschiedene Interventionen fördern. Damit wird freiwillig ein wenig die Haltung eingenommen, die wir im nachtodlichen Leben notwendigerweise haben, wenn wir fühlen, was unsere Taten in anderen Wesen bewirkt haben.
3. Sind alle Tatsachen und Bedeutungen ausgesprochen, so kann der Berater versuchen, das gegenseitige Verständnis für das Verhalten und Betroffensein der Partner zu fördern, indem er zum Beispiel objektive Ursachen in den Unterschieden von Mann und Frau, in den Zeitschicksalen, in der

Menschennatur allgemein darstellt, die zu den besprochenen Problemen führen. Diese Stufe muss sehr individuell und verschieden gehandhabt werden. Das Ziel ist, ein Verständnis für das Entstehen und den Verlauf von Schwierigkeiten zu ermöglichen und aus dem durchlebten Leid die Erkenntnisse zu entbinden, wegen deren Mangel es überhaupt entstanden ist. Denn nichts ist auf die Dauer schwerer zu ertragen als unverstandenes Leid. Und wenn es verstanden wird, wird es auch schon leise verwandelt.

Die meisten Schwierigkeiten beruhen auf unbewussten Unterlassungen, und der »Mist«, den man »gebaut« hat, stinkt nur so lange, bis er kompostiert, d.h. durch Erkenntnis und Verständnis verwandelt wird. Dann kann er sogar zu einer guten Grundlage für das weitere Leben werden.

4. Wenn alles den Beteiligten Mögliche aus den Schwierigkeiten gelernt wurde, dann kann der Berater das Vergangene »ins Rechte denken«, d.h. er kann schildern, was hätte geschehen und getan werden müssen, wenn die Schwierigkeiten hätten vermieden werden sollen. Dabei wird ganz deutlich, dass die Probleme notwendigerweise aufgetreten sind, dass sie von den Beteiligten in ihrer damaligen Situation nicht vermieden werden konnten. Nehmen wir als Beispiel, dass der Berater sagt: Sie hätten vor Ihrem Zusammenleben Ihre Ehe planen müssen, hätten eine Eheschule besuchen und sich beraten lassen müssen, ob Sie eigentlich ehefähig waren, wenn Sie die Schwierigkeiten hätten vermeiden wollen. – Selbst wenn das jemand dem Paar damals gesagt hätte, so hätten sie es zu jener Zeit ganz gewiss nicht getan, obwohl sie jetzt vielleicht einsehen können, dass damit viele Schwierigkeiten vermieden worden wären.

Diese Stufe ist nicht der vergebliche Versuch, die Vergangenheit zu ändern, sondern ihr Sinn liegt darin, das vergangene Schicksal als notwendig empfinden und anerkennen zu lernen. Und nur auf dieser Anerkennung können Schritte zu einer freieren Zukunftsgestaltung des eigenen Lebens getan werden.

Wenn diese Stufen für alle wesentlichen Ereignisse der gemeinsamen Biographie durchgemacht wurden, dann ist es günstig, wenn beide Partner, jeder für sich, für ein weiteres Gespräch sich folgende Fragen beantworten: Ist wirklich alles, was ich als belastend und schmerzlich empfunden habe, ausgesprochen? Habe ich wirklich verstanden und nachempfunden, warum alles so gekommen ist, und auch, warum mein Partner so gehandelt hat? Fühle ich mich von meinem Partner jetzt auch verstanden? Bin ich sicher, dass wir jetzt ein gemeinsames Bewusstsein und Urteil über den Verlauf unserer Ehe haben? Kann ich anerkennen, dass alles so, wie es war, notwendig war, weil wir so waren, wie wir waren? Kann ich meinem Partner deswegen verzeihen für das, was er mir angetan hat?

Die Aufarbeitung kann dann mit einem Austausch und einer eventuellen weiteren Bearbeitung dieser Fragen beendet werden. Und wenn sie einigermaßen gelungen ist, dann sind Vorwürfe und Unterstellungen verschwunden, Schmerzen gelindert und es kann ein neues Gefühl von Freiheit und Einklang mit dem eigenen Schicksal entstanden sein.

Die Klärung der Bedürfnisse und Wünsche

Nun muss natürlich die bis dahin oft unter Schmerzen zurückgehaltene Frage wieder zugelassen werden: Wie kann es denn weitergehen? Diese Frage ist natürlich besonders belastet, wenn einer der Partner eine neue Beziehung eingegangen ist und sie auch nicht gleich aufgeben kann oder will. Aber auch wenn dies nicht der Fall ist, kann diese Frage nicht sogleich beantwortet werden. Es gilt vielmehr zunächst, den Freiheitsmoment zu nutzen, der durch eine gelungene Aufarbeitung entstanden ist.

Die Partner bekommen nun die »Hausaufgabe«, bis zum nächsten Gespräch ihre Bedürfnisse und Wünsche an einen Lebenspartner jeder für sich schriftlich und in ganzen Sätzen darzustellen, und zwar ohne direkten Bezug auf den tatsächlichen Ehepartner: Was habe ich für leibliche Bedürfnisse, deren Befriedigung ich mir von dem Zusammenleben mit einem Menschen anderen Geschlechts erhoffe? Damit ist nicht nur Zärtlichkeit und Geschlechtlichkeit gemeint, sondern alles, was sinnlich-materiell wahrnehmbar ist bis hin zum äußeren Lebensstandard, den man sich wünscht (Geld, Kapital, Haus im Grünen etc.). Auch die Arbeitsteilung in der Ehe gehört hierher (Haushalt, Ordnung, Garten, Heimwerkerarbeiten usw.). Man denke nicht, dies sei eine leichte Aufgabe. Denn oftmals sind die eigenen Bedürfnisse und Wünsche tief verschüttet und es muss erst gelernt werden, sie wieder zuzulassen und sogar vor dem anderen auszusprechen.

Als Zweites sollen alle seelischen Wünsche aufgeschrieben werden, deren Erfüllung man sich durch das Zusammenleben erhofft. Vertrauen, Ehrlichkeit, Offenheit, Treue oder der Wunsch nach bestimmten gemeinsamen Erlebnissen und Tätigkeiten (Natur, Kunst Sport, Spiel etc.) gehören in diesen zweiten Bereich.

Es kommt darauf an, dass die Partner so umfassend und ehrlich wie möglich ihre eigenen Erwartungen in klare Worte fassen, auch sich selbst gegenüber – unabhängig von der Erfüllbarkeit durch den Ehepartner zur gegenwärtigen Zeit. Die schriftliche Form hat den Sinn, sich seiner eigenen Natur bewusster zu werden und sie in einer Sprache darzustellen, die dem anderen

Menschen verständlich ist. Das scheint leichter zu sein als es ist. Eine wesentliche Hilfe kann es sein, wenn es den Beteiligten gelingt, ihre Wünsche, Bedürfnisse und Erwartungen in eine Reihen- oder Rangfolge zu bringen, in eine hierarchische Ordnung, so dass Werte und Normen sichtbar werden. So können die Wünsche und Bedürfnisse beispielsweise ihrer Priorität nach in verschiedene Sparten wie »unverzichtbar«, »wünschenswert« und »eventuell verzichtbar« eingeteilt werden.

Die Darstellung kann dadurch ergänzt werden, dass die Partner auch das aufschreiben, was sie in eine Lebensgemeinschaft einzubringen bereit sind, was sie dem anderen auf leiblich-sinnlichem und seelischem Gebiet geben und tun wollen und was nicht.

Was die Partner aufgeschrieben haben, lesen sie sich beim nächsten Gespräch mit dem Berater vor. Da kann es zu Ergänzungen und Klärungen kommen. Manchmal muss die Aufgabe erneut ergriffen oder fortgesetzt werden. Wenn alles dargestellt ist, kommt die wichtige Frage: Gibt es irgendetwas in den Bedürfnissen und Wünschen des anderen, das für mich eine dauernde Lebensgemeinschaft ausschließt? Sind die Erwartungen zu verschieden oder ist die »Schnittmenge« der Bedürfnisse und Wünsche groß genug? In den meisten Fällen sind die Bedürfnisse gar nicht so verschieden, einfach weil sie tief in der leiblichen und seelischen Natur des Menschen verankert sind. Und in diesem Bereich sind wir noch nicht so furchtbar individuell. Aber es kann auch deutlich werden, dass die Wünsche und Bedürfnisse so verschieden sind, dass ein eheliches Zusammenleben nicht möglich erscheint. Wenn dies beide einsehen – umso besser. Dann kann man ihnen helfen, sich anständig zu trennen. Schwieriger wird es, wenn einer von beiden die Unmöglichkeit eines weiteren Zusammenlebens nicht einsehen kann oder will. Wenn aber zum Beispiel hinter den verschiedenen Bedürfnissen und Wünschen letztlich eine unterschiedliche Weltanschauung oder Lebenshaltung steht, wenn beispielsweise der eine fast ausschließlich materiell-leibliche Bedürfnisbefriedigungen sucht, der andere aber auch religiöse und spirituelle Bedürfnisse und Ziele hat, dann ist eine Ehe auf Dauer unmöglich. Manchmal muss man als Berater sogar dringend zur Trennung raten, damit das Leid – auch der Kinder – nicht unnötig vergrößert und verlängert wird.

Wenn sich aber zeigt, dass die Schnittmenge der Bedürfnisse der beiden Partner groß genug erscheint, dann gibt es zwei Möglichkeiten: Entweder der gemeinsame Ehewille der beiden ist fraglos und ungebrochen, dann gilt es nur noch, ihnen bei der »Technik« – d.h. bei der Kunst der Eheführung – zu helfen und ihnen Wege zu zeigen, wie sie ihre Ehe pflegen können. Das Wesentliche dazu wurde im Kapitel »Eheführung und Ehepflege« dargestellt.

Oder aber der Ehewille ist bei einem oder bei beiden Partnern nicht eindeutig, dann kann noch die Frage nach dem Sinn der Ehe, nach der Ehe-Idee gestellt werden.

Das Erarbeiten einer Ehe-Idee

Wenn die Beratung bis an diesen Punkt gekommen ist, dann haben die Partner sicher bereits ein Bewusstsein davon, dass es ihnen an einer gemeinsamen grundlegenden Ehe-Idee, die über die gegenseitige Bedürfnisbefriedigung hinauszielt, mangelt oder wenigstens gemangelt hat. So werden die meisten Paare der Frage ziemlich ratlos gegenüberstehen: Was ist die Idee der lebenslangen Einehe? Was kann in dieser Lebensform entwickelt werden, das auf keine andere Weise geschaffen werden kann? Aber sie werden doch ein Gefühl dafür haben, dass eine solche Idee wesentlich sein könnte. Besonders Frauen haben oft das Gefühl: Es muss doch einen Sinn geben. Man kann also den Partnern die Aufgabe stellen, sich bis zum nächsten Gespräch Elemente einer Ehe-Idee zu überlegen, sollte ihnen aber versichern, sie mit dieser Aufgabe nicht allein zu lassen.

In den meisten Fällen wird man ihnen helfen müssen, die ersten vier der im Kapitel »Elemente einer neuen Ehe-Idee« dargestellten Ehe-Ziele zu entwickeln, damit ihnen der Unterschied zwischen Wunsch und Bedürfnis einerseits und Idee und Ziel andererseits überhaupt erst einmal bewusst wird. Erst wenn den Partnern wirklich klar ist, dass diese Ideen als Willensziele nicht aus den natürlichen Bedürfnissen und Wünschen entspringen können, erst wenn sie sich diese durch selbständige Gedankenarbeit zu Eigen gemacht haben und sie einleuchtend finden können, bekommen die Ideen einen Wert für sie. Und erst wenn sie solche Ziele für ihr Handeln als erstrebenswert empfinden, können sie dazu kommen, solche Ideen zu lieben, wie es Rudolf Steiner in seiner *Philosophie der Freiheit* als Grundlage und Voraussetzung einer frei zu nennenden Tat genannt hat, erst dann können diese Ideen Antrieb und Ziel ihres kulturellen Handelns auf dem Gebiet der Lebensgemeinschaft werden.

Dass solche ideellen, sinngebenden Ziele geistiger und nicht seelischer Natur sind, können wir daran erkennen, dass sie nicht unmittelbar gegeben sind. Bedürfnisse und Wünsche treten ohne mein Zutun in mir auf. Ich muss sie nur zulassen und wahrnehmen. Sie wirken sogar, wenn ich mir ihrer nicht bewusst bin. Sie gehören zu meiner Natur. Geistige, sinnstiftende Ziele sind mir nicht einfach gegeben. Ich muss sie mir gedanklich durch Erkenntnisbemühungen erarbeiten. Sie üben auf mich auch keinen Zwang aus wie Wünsche und Bedürfnisse, die nach Erfüllung und Befriedigung drängen. Vielmehr ziehen sie sich immer wieder aus meinem Bewusstsein zurück. Ich muss sie immer wieder neu schaffen, ergreifen, um sie nicht zu verlieren. Und ich muss Arbeit darauf verwenden, sie durch mein Handeln in konkrete Wirklichkeit umzusetzen. Deswegen bin ich ihnen gegenüber frei.

Wenn die Partner auf diese Weise die Idee der Ehe in sich denkend erschaffen und sie als durchaus human empfinden können, wenn ihnen einleuchtet, dass die Ehe als Lebensgemeinschaft in diesem Sinne ein lohnendes Ziel sein kann, entstehen drei Fragen:

1. Jeder von den beiden muss sich fragen: Will ich diese Idee zu *meinem* Ideal, d.h. zur Richtschnur meines Lebens und Handelns machen? Das kann nur meine eigene freie Tat sein. Nichts und niemand kann mich dazu nötigen oder gar zwingen. Nur meine eigene Liebe zu dieser Idee kann mich dazu bewegen.
2. Die zweite Frage stellen sich die Partner gegenseitig: Willst auch du diese Ideen zum Ideal deines Handelns machen?
3. Und erst die dritte Frage lautet: Willst du mit mir, wollen wir gemeinsam nach diesen Idealen eine Lebensgemeinschaft führen?

Der Berater kann diese Fragen nur anregen. Die Partner müssen sie natürlich selber, in völliger Freiheit aus ihrem innersten Willen heraus beantworten. Das »Ja« oder »Nein« auf die dritte Frage kann und braucht auch nicht weiter begründet zu werden. Aber es ist vielleicht deutlich, dass ohne ein »Ja« beider Partner auf alle drei Fragen keine Grundlage für eine Neubegründung der Lebensgemeinschaft vorhanden sein kann. Wenn also im Verlauf der Beratung der Ehewille mit diesem Partner nicht schon erkennbar vorhanden war, ist jetzt die letzte Gelegenheit, dass er sich offenbaren kann. Sonst ist die Ehe eben nicht nur gestorben, sondern sollte dann auch möglichst würdig bestattet werden. Aber selbst wenn das nötig wird, muss die Beratung kein Misserfolg sein, weil die Partner durch den ganzen Prozess eine andere Grundlage für ihren zukünftigen Umgang miteinander, eventuell als Eltern oder sogar als Freunde, gefunden haben können.

Wenn aber alle drei Fragen von beiden mit »Ja« beantwortet werden können, stellt sich die Frage nach der Verwirklichung der gemeinsamen Idee.

Konkrete Hilfen und Aufgaben

Spätestens jetzt ist der Zeitpunkt gekommen, über die Eheführung und Ehepflege zu sprechen. Was wir in den Kapiteln »Von der Idee zum Ideal und zu seiner Verwirklichung« und »Eheführung und Ehepflege« betrachtet haben, bietet dazu eine erste Grundlage. Weiteres ergibt sich aus den Fragen der Ehepartner. Es kann aber auch schon viel früher im Verlauf der Gespräche möglich, wünschenswert oder nötig sein, den Partnern Übungen für ihren Umgang miteinander zu geben. So bedeutet der Rat, in der Aufarbeitungsphase keine Problem- oder Konfliktgespräche ohne den Berater zu führen, schon eine wichtige Übung für die Geistesgegenwart und Disziplin. Das Aufschreiben der Bedürfnisse und Wünsche ist für manchen schon eine Konfrontation mit sich selbst, die den Charakter einer inneren Übung hat.

Die wesentlichste Hauptübung besteht aber in dem konsequenten Lernen des täglichen Seelengespräches, wie es im Kapitel »Die Seelengemeinschaft« beschrieben wurde. Diese Übung ist für fast alle Paare, die Probleme miteinander haben, unerlässlich und kann schon verhältnismäßig früh eingesetzt werden, wenn die Partner sich darauf einlassen wollen. Wenn die Bereitschaft zu dieser Übung im Verlauf der Gespräche nicht erreicht wird, kann dies das Ende der Gespräche und das Ende der Lebensgemeinschaft bedeuten. Das Gleiche gilt, wenn es den Partnern über viele Wochen hin nicht gelingt, diese Übung mit wachsendem Erfolg zu praktizieren. Denn ohne eine verbale Kommunikation, in der sich die Partner seelisch wirklich wahrnehmen und berühren, wird eine Lebensgemeinschaft unmöglich oder zu einer dauernden Qual.

Eine weitere, umfassendere und schwierigere Form der Kommunikationsübung ist das von Michael Lukas Moeller in seinem Buch *Die Wahrheit beginnt zu zweit*[572] dargestellte Paargespräch, das von den meisten Paaren nur mit therapeutischer Begleitung oder in einer Gruppe gelernt werden kann. Es führt aber, wenn es gelingt, tiefer in die Verwandlung der Beziehung als das hier beschriebene »Seelengespräch«, das man auch als eine Vorstufe dazu ansehen und praktizieren kann.

Dabei kann es sehr hilfreich sein, die größten Hindernisse einer gelungenen verbalen Kommunikation bewusst zu machen und an ihrer Beseitigung zu arbeiten: Behaupten, Verallgemeinern, Unterbrechen, sich auf Annahmen stützen und Übertreiben.[573]

Ganz wichtig ist auch, dass die Partner durch die gemeinsame Arbeit an einem wichtigen Text das Geistgespräch lernen, wie es im Kapitel »Die Geistgemeinschaft« beschrieben wurde. Das stärkt sie nicht nur in ihrem Ich, weil dieses selbst Geist ist und durch geistige Inhalte ernährt wird, sondern es klärt und stärkt auch die Grundlagen ihrer Gemeinsamkeit.

Neben diesen grundsätzlichen Übungen kann es notwendig werden, dass der Berater für die verschiedensten Bereiche der Ehe Ratschläge gibt und

[572] Hamburg 1988 [573] Siehe auch M.L. Moeller, a.a.O., S. 153 ff.

Übungen anregt, beispielsweise für den Umgang mit Geld, für die zeitliche Einteilung und Planung, für die Erziehung der Kinder oder für eine Wiederannäherung auf leiblicher Ebene in Zärtlichkeit und Geschlechtlichkeit.

Die Ausführungen über die Eheberatung in diesem Kapitel sind nicht so gemeint, dass alles unbedingt in der dargestellten Reihenfolge geschehen müsste. Es wurden nur die Grundelemente und wesentlichen Prozesse in einer idealtypischen Folge geschildert. In der individuellen Wirklichkeit einer Beratung kann und sollte das Dargestellte nach den auftretenden Notwendigkeiten und Möglichkeiten der Beteiligten vielfältig variiert und individualisiert werden. Man sollte nicht meinen, dass diese Beschreibungen wie ein Rezept verwendbar seien, denn wirksam ist nur das, was man selber aus voller Überzeugung vertreten kann.

Auch sollte niemand meinen, dieses Buch könnte eine Eheberatung durch einen fachkundigen Berater ersetzen. Selbst wenn es einem neue Perspektiven und Möglichkeiten eröffnet hat, kann es in der Bearbeitung der konkreten Probleme niemals dasselbe leisten wie ein lebendiger außenstehender und sachlich urteilender Mensch.

Nachwort

Auch in vergangenen Zeiten haben Ehepaare Probleme miteinander gehabt, aber die Wege zu deren Lösung waren ganz andere als die, die wir heute suchen. So gab es zum Beispiel in der Kirchenburg von Birthälm (Biertan) in Siebenbürgen (Rumänien) ein »Ehegefängnis«, in das streitende Ehepaare eingesperrt wurden. Noch heute kann man das kleine Häuschen in dem obersten der drei Mauerringe, welche die Kirche umschließen, besichtigen. Die streitenden Ehepaare wurden dort früher in einem Raum mit einem Bett, einem Tisch, einem Stuhl, einem Teller, einem Löffel und einem Becher so lange eingesperrt, bis sie sich wieder vertrugen. Und es wird berichtet, dass in all den Jahrhunderten, in denen diese Einrichtung bestand, in dem Gerichtsbezirk nur drei Scheidungen vorgekommen seien.

Sicher wird niemand die Zeiten solcher Zwangsmaßnahmen wieder herbeisehnen. Wenn man aber meint, wir seien heute zum Glück solchem Horror nicht mehr ausgesetzt, sollte man nicht vergessen, dass heute zwar kein äußerer Zwang, dafür aber vielfältige innere Unfreiheiten ein »Ehegefängnis« bilden und manche Ehe ein einziger Horror ist, der kaum besser sein dürfte als ein solches mittelalterliches Ehegefängnis.

Mancher Leser wird sich gefragt haben, ob all die Erfordernisse, die hier für das Gelingen einer lebenslangen Einehe beschrieben worden sind, überhaupt von »normalen« Menschen erfüllbar sind. Wird die Ehe nicht zu einem Privileg einiger weniger, wenn man so hohe Anforderungen stellt? Hat nicht jeder ein Recht auf ein erfülltes Leben mit einem Partner?

Darauf kann man antworten: Natürlich hat jeder ein Recht darauf. Die Zeiten, in denen die Ehe bestimmten Menschen von Rechts wegen untersagt war, sind vorbei. Aber nicht jeder kann jedes Recht wahrnehmen. Jeder hat das Recht, den Beruf des Arztes anzustreben. Er kann ihn aber nur ergreifen, wenn er die Anforderungen des Studiums und der Ausbildung erfüllt, und das heißt, wenn er die notwendigen Kenntnisse und Fähigkeiten erwirbt. Denn ob einer Arzt wird oder nicht, ist keine Frage des Rechtes, sondern der Fähigkeit. So ist heute auch die Frage nach lebenslanger Ehe keine Rechts-, sondern eine Fähigkeitsfrage. Das war in früheren Jahrhunderten nicht der Fall, weil der Einzelne nicht die Ehe »schaffen« musste, sondern weil er sich nur in eine vorgegebene soziale Form einzufügen brauchte. Und die »Anforderungen« werden ja nicht von einer menschlichen Instanz oder Institution gestellt, sondern sie ergeben sich aus den Tatsachen, wie hoffentlich deutlich geworden ist.

So kann man die zu Beginn gestellte Frage, ob die lebenslange Einehe noch eine zeitgemäße Lebensform ist, weder mit Ja noch mit Nein beantworten, weil es die Ehe nicht wie eine Naturtatsache »gibt«, sondern weil ihre Existenz in Zukunft allein von dem Willen und den Fähigkeiten freier einzelner Menschen abhängig ist. Wie viele es sein werden, die Ehe »schaffen« im doppelten Sinne, das wird sich erweisen. Wahrscheinlich werden es zunächst nur wenige sein. Denn es gilt dafür dasselbe, was Erich Fromm am Schluss seines Buches von der Kunst des Liebens gesagt hat: »Menschen, die der Liebe fähig sind, bilden innerhalb des gegenwärtigen Systems eine Ausnahme; die Liebe ist notwendigerweise in der heutigen westlichen Gesellschaft ein seltenes Phänomen ...«[574]

So wird auch eine dauernde oder sogar lebenslange Einehe zunehmend zu einem »seltenen Phänomen«. Aber das bedeutet nicht, dass sie nicht, von Einzelnen ausgehend, auch von immer mehr Menschen gelernt werden kann. Zu solchem Lernen will dieses Buch ein Beitrag sein. Und es hat seinen Zweck erfüllt, wenn Menschen sich in dem Bemühen um dieses Lernen gefördert fühlen.

Kiel, im August 1999 Wolfgang Gädeke

[574] A.a.O., S. 169

Literaturverzeichnis

Ariès, Philippe / Béjin, André, *Die Masken des Begehrens,* Frankfurt/M. 1984

Beer, Ulrich, *Ehekriegspiele,* Tübingen 1971

Beltle, E. / Vierl, K., *Erinnerungen an Rudolf Steiner,* Stuttgart 1979

Betti, Ulrike und Mario / Kersten, Birgit und Wolfgang, *Es ist nicht gut, dass der Mensch allein sei …,* Stuttgart 1998

Bockemühl, Almut, *Selbstfindung und Muttersein,* Stuttgart 1989

Bornemann, Ernest, *Das Patriarchat,* Frankfurt/M. 1975

Branden, Nathaniel, *Liebe für ein ganzes Leben,* Reinbek 1982

Brown, Gabrielle, *Liebe ohne Sex,* Frankfurt/M. 1983

Buber, Martin, *Das dialogische Prinzip,* Heidelberg 1984

Busch, Wilhelm, *Kritik des Herzens,* in: *Sämtliche Werke,* Wiesbaden o.J.

Camenzind, Elisabeth / Knüsel, Kathrin, *Frauen wollen's anders,* Zürich 1994

Dautzenberg, Gerhard (Hrsg.), *Die Frau im Urchristentum,* Freiburg 1983

Davies, Nigel, *Weltgarten der Lüste,* Düsseldorf 1986

Davy, Gudrun / Voors, Bons, *Familienleben,* Stuttgart 1985

Devereux, Georges, *Baubo, die mythische Vulva,* Frankfurt/M. 1981

Dölling, Irene, *Der Mensch und sein Weib,* Berlin 1991

van Doorn, Manfred, *Sexualität. Zwischen Geist und Sinnlichkeit,* Stuttgart 1999

Dörrzapf, Reinhold, *Eros, Ehe, Hosenteufel,* Frankfurt/M. 1995

Dowling, Colette, *Der Cinderella-Komplex,* Frankfurt/M. 1984

Duby, Georges, *Ritter, Frau und Priester,* Frankfurt/M. 1985

Dumke, Klaus, *Erkennen und Zeugen,* in: *Die Drei,* September 1973, S. 409 ff.

Ell, Ernst, *Flegelalter,* Tübingen 1973

Ennen, Edith, *Frauen im Mittelalter,* München 1985

Eskapa, Shirley, *Eine Andere,* München 1985

Fischers Lexikon der Völkerkunde, Frankfurt/M. 1959

Fischkurt, Eva Julia, *Wenn Frauen nicht mehr lieben,* Düsseldorf 1998

Freud, Sigmund, *Drei Abhandlungen zur Sexualtheorie,* Frankfurt/M. 1961

Frieling, Rudolf, *Agape – die göttliche Liebe im Johannes-Evangelium,* Stuttgart 1967

Fromm, Erich, *Die Kunst des Liebens,* Frankfurt/M. 1979 u.ö.

Gädeke, Rudolf, *Die Gründer der Christengemeinschaft,* Dornach 1992

Gädeke, Wilhelm, *Liebe neu gefasst,* in: *Die Christengemeinschaft,* 70. Jg., Heft 9/1998

Gädeke, Wolfgang, *Partnerschaft und Ehe, Interviews und Vorträge,* Flensburger Hefte, Sonderheft 1, Flensburg 1986
Gädeke, Wolfgang, *Der geteilte Vorhang,* in: *Sexualität,* Flensburger Hefte 20, Flensburg 1988
Gädeke, Wolfgang, *Ehe alles zerbricht,* in: *Scheidung – warum?,* Flensburger Hefte 44, Flensburg 1994
Gädeke, Wolfgang, *Warum Ehen scheitern,* Stuttgart 1998, [2]2000
Gädeke, Wolfgang, *Gesten der Liebe,* in: *Liebe. Die Sonne der Welt,* Flensburger Hefte 64, Flensburg 1999
Glöckler, Michaela, *Die männliche und weibliche Konstitution,* Stuttgart [13]1999
Gray, John, *Männer sind anders. Frauen auch,* München 1992
Gründel, Johannes, *Die Zukunft der christlichen Ehe,* München 1978
Hartmann, Otto Julius, *Fragen der Seele in der Welt von heute,* Freiburg o.J.
Hartmann, Otto Julius, *Das Männliche und das Weibliche – Anforderungen der modernen Ehe,* Freiburg 1975
Hessenbruch, Helmut, *Wesen und Aufgaben des Männlichen und des Weiblichen,* Bad Liebenzell 1971
Hirschberg, Walter, *Neues Wörterbuch der Völkerkunde,* Berlin 1988
Howard, Alan, *Sexualität im Lichte von Reinkarnation und Freiheit,* Stuttgart 1985
Huch, Ricarda, *Romantische Ehe,* in: Keyserling, Graf Hermann, *Das Ehe-Buch,* Celle 1925
Illies, Joachim, *Theologie der Sexualität,* Zürich 1980
Kant, Immanuel, *Die drei Kritiken,* Stuttgart 1975
Kelber, Wilhelm, *Raphael,* Stuttgart 1979
Kitzinger, Sheila, *Sexualität im Leben der Frau,* München 1984
Kloehn, Ekkehard, *Typisch weiblich? Typisch männlich?,* Hamburg 1979
Köhler, Henning, *Vom Ursprung der Sehnsucht,* Stuttgart 1998
Köhler, Henning, *Wie kann Sexualität menschlich werden?,* in: *Erziehungskunst,* 62. Jg., Heft 6, Juni 1998
Köhler, Henning, *Eros als Qualität des Verstehens,* Wangen 1998
Körner, Wolfgang, *Meine Frau ist gegangen,* Frankfurt/M. 1979
Kramer, Jonathan / Dunaway, Diane, *Warum Männer nicht genug Sex bekommen und Frauen nicht genug Liebe,* Frankfurt/M. 1993
Kretschmer, Herbert, *Männlich – Weiblich,* Dornach 1991
Leber, Stefan u.a., *Die Geschlechtlichkeit des Menschen,* Stuttgart 1989
Lenz, Eduard, *Ostern – Eros und Agape,* in: *Aufbruch,* Stuttgart 1959
Lenz, Johannes, *Lebensgemeinschaft und Trauung,* Stuttgart 1985
Lexikon für Theologie und Kirche, Freiburg 1957 und 1986
Lievegoed, Bernard, *Lebenskrisen – Lebenschancen,* München 1979
Lievegoed, Bernard, *Der Mensch an der Schwelle,* Stuttgart 1985
Lusseyran, Jacques, *Das wiedergefundene Licht,* Stuttgart 1967
Luther, Martin, *Vom ehelichen Leben* (1522), Stuttgart 1978
Maris, Bartholomeus, *Sexualität – Verhütung – Familienplanung,* Stuttgart 1999
Maslin, Bonnie / Nir, Yehuda, *Die Kunst der Ehe,* Düsseldorf 1988

Meves, Christa, *Ehe-Alphabet,* Freiburg 1973
Meyerhoff, Horst, *Begegnung, Liebe, Bindung,* München 1961
Moeller, Michael Lukas, *Die Wahrheit beginnt zu zweit,* Hamburg 1988
Moir, Anne / Jessel, David, *Brainsex,* Düsseldorf 1993
Ogden, Gina, *Ich liebe Sex,* Reinbek 1997
O'Neill, Nena und George, *Die offene Ehe,* Reinbek 1975
Petersen, Peter, *Dieser kleine Funken Hoffnung,* Stuttgart 1993
Platon, *Sämtliche Werke,* Band 2 und 4, Reinbek 1961
Plattner, P., *Glücklichere Ehen,* München 1965
Pool, Robert, *Evas Rippe,* München 1995
Reinsberg, Carola, *Ehe, Hetärentum und Knabenliebe im antiken Griechenland,* München 1993
Rhodes, Sonya, *Wenn Männer sich nicht binden wollen,* München 1988
Rossiaud, Jacques, *Dame Venus,* München 1989
Schaefer, Signe u.a., *Das Erwachen Ariadnes,* Stuttgart 1987
Schauder, Hans / Lefebure, Marcus, *Lebensberatung,* Dornach 1987
Schellenbaum, Peter, *Das Nein in der Liebe,* Stuttgart 1986
Schenk, Herrad, *Freie Liebe, wilde Ehe,* München 1995
Schmidt-Brabant, Manfred, *Spirituelle Grundlagen einer menschengemäßen Hausmütterarbeit,* Dornach 1993
Schubart, Walter, *Religion und Eros,* München 1966
Sieder, Reinhard, *Sozialgeschichte der Familie,* Frankfurt/M. 1987
Siegmund, Georg, *Warum heiraten?,* Stuttgart 1974
Simonis, Werner-Christian, *Die geistigen Hintergründe zum Entstehen und zum Wandel der Geschlechter,* Stuttgart 1977
Spörri, Gertrud, *Ur-Offenbarungen der Liebe im Werden der Menschheit,* München 1965
Steiner, Rudolf, GA 4, *Die Philosophie der Freiheit,* Dornach 1962
Steiner, Rudolf, GA 9, *Theosophie,* Dornach 1961
Steiner, Rudolf, GA 10, *Wie erlangt man Erkenntnisse der höheren Welten?,* Dornach 1972
Steiner, Rudolf, GA 11, *Aus der Akasha-Chronik,* Dornach 1964
Steiner, Rudolf, GA 13, *Die Geheimwissenschaft im Umriss,* Dornach 1962
Steiner, Rudolf, GA 14, *Vier Mysteriendramen,* Dornach 1962
Steiner, Rudolf, GA 17, *Die Schwelle der geistigen Welt,* Dornach 1956
Steiner, Rudolf, GA 21, *Von Seelenrätseln,* Dornach 1960
Steiner, Rudolf, GA 28, *Mein Lebensgang,* Dornach 1962
Steiner, Rudolf, GA 34, *Lucifer – Gnosis,* Dornach 1960
Steiner, Rudolf, GA 39, *Briefe II,* Dornach 1987
Steiner, Rudolf, GA 54, *Die Welträtsel und die Anthroposophie,* Dornach 1966
Steiner, Rudolf, GA 55, *Die Erkenntnis des Übersinnlichen in unserer Zeit und deren Bedeutung für das heutige Leben,* Dornach 1959
Steiner, Rudolf, GA 56, *Die Erkenntnis der Seele und des Geistes,* Dornach 1965
Steiner, Rudolf, GA 58, *Metamorphosen des Seelenlebens – Pfade der Seelenerlebnisse I,* Dornach 1957

Steiner, Rudolf, GA 59, *Metamorphosen des Seelenlebens – Pfade der Seelenerlebnisse II,* Dornach 1971
Steiner, Rudolf, GA 65, *Aus dem mitteleuropäischen Geistesleben,* Dornach 1962
Steiner, Rudolf, GA 93, *Die Tempellegende und die Goldene Legende,* Dornach 1979
Steiner, Rudolf, GA 93a, *Grundelemente der Esoterik,* Dornach 1972
Steiner, Rudolf, GA 94, *Kosmogonie,* Dornach 1979
Steiner, Rudolf, GA 95, *Vor dem Tore der Theosophie,* Dornach 1964
Steiner, Rudolf, GA 96, *Ursprungsimpulse der Geisteswissenschaft,* Dornach 1974
Steiner, Rudolf, GA 97, *Das christliche Mysterium,* Dornach 1968
Steiner, Rudolf, GA 99, *Die Theosophie des Rosenkreuzers,* Dornach 1962
Steiner, Rudolf, GA 100, *Menschheitsentwicklung und Christus-Erkenntnis,* Dornach 1967
Steiner, Rudolf, GA 102, *Das Hereinwirken geistiger Wesenheiten in den Menschen,* Dornach 1974
Steiner, Rudolf, GA 103, *Das Johannes-Evangelium,* Dornach 1962
Steiner, Rudolf, GA 104, *Die Apokalypse des Johannes,* Dornach 1962
Steiner, Rudolf, GA 105, *Welt, Erde und Mensch,* Dornach 1960
Steiner, Rudolf, GA 106, *Ägyptische Mythen und Mysterien,* Dornach 1960
Steiner, Rudolf, GA 107, *Geisteswissenschaftliche Menschenkunde,* Dornach 1973
Steiner, Rudolf, GA 109, *Das Prinzip der spirituellen Ökonomie im Zusammenhang mit Wiederverkörperungsfragen,* Dornach 1965
Steiner, Rudolf, GA 110, *Geistige Hierarchien und ihre Widerspiegelung in der physischen Welt,* Dornach 1972
Steiner, Rudolf, GA 112, *Das Johannes-Evangelium im Verhältnis zu den drei anderen Evangelien,* Dornach 1975
Steiner, Rudolf, GA 113, *Der Orient im Lichte des Okzidents,* Dornach 1960
Steiner, Rudolf, GA 114, *Das Lukas-Evangelium,* Dornach 1955
Steiner, Rudolf, GA 115, *Anthroposophie – Psychosophie – Pneumatosophie,* Dornach 1965
Steiner, Rudolf, GA 116, *Der Christus-Impuls und die Entwickelung des Ich-Bewusstseins,* Dornach 1961
Steiner, Rudolf, GA 117, *Die tieferen Geheimnisse des Menschheitswerdens im Lichte der Evangelien,* Dornach 1966
Steiner, Rudolf, GA 118, *Das Ereignis der Christus-Erscheinung in der ätherischen Welt,* Dornach 1992
Steiner, Rudolf, GA 119, *Makrokosmos und Mikrokosmos,* Dornach 1962
Steiner, Rudolf, GA 120, *Die Offenbarungen des Karma,* Dornach 1968
Steiner, Rudolf, GA 121, *Die Mission einzelner Volksseelen,* Dornach 1962
Steiner, Rudolf, GA 122, *Die Geheimnisse der biblischen Schöpfungsgeschichte,* Dornach 1961
Steiner, Rudolf, GA 123, *Das Matthäus-Evangelium,* Dornach 1959
Steiner, Rudolf, GA 127, *Die Mission der neuen Geistesoffenbarung,* Dornach 1975
Steiner, Rudolf, GA 129, *Weltenwunder, Seelenprüfungen und Geistesoffenbarungen,* Dornach 1960

Steiner, Rudolf, GA 130, *Das esoterische Christentum und die geistige Führung der Menschheit,* Dornach 1962
Steiner, Rudolf, GA 133, *Der irdische und der kosmische Mensch,* Dornach 1964
Steiner, Rudolf, GA 134, *Die Welt der Sinne und die Welt des Geistes,* Dornach 1959
Steiner, Rudolf, GA 135, *Wiederverkörperung und Karma,* Dornach 1959
Steiner, Rudolf, GA 136, *Die geistigen Wesenheiten in den Himmelskörpern und Naturreichen,* Dornach 1960
Steiner, Rudolf, GA 137, *Der Mensch im Lichte von Okkultismus, Theosophie und Philosophie,* Dornach 1973
Steiner, Rudolf, GA 138, *Von der Initiation. Von Ewigkeit und Augenblick. Von Geisteslicht und Lebensdunkel,* Dornach 1959
Steiner, Rudolf, GA 139, *Das Markus-Evangelium,* Dornach 1976
Steiner, Rudolf, GA 140, *Okkulte Untersuchungen über das Leben zwischen Tod und neuer Geburt,* Dornach 1970
Steiner, Rudolf, GA 141, *Das Leben zwischen dem Tode und der neuen Geburt im Verhältnis zu den kosmischen Tatsachen,* Dornach 1964
Steiner, Rudolf, GA 143, *Erfahrungen des Übersinnlichen. Die drei Wege der Seele zu Christus,* Dornach 1970
Steiner, Rudolf, GA 145, *Welche Bedeutung hat die okkulte Entwickelung des Menschen für seine Hüllen – physischen Leib, Ätherleib, Astralleib – und sein Selbst?,* Dornach 1957
Steiner, Rudolf, GA 147, *Die Geheimnisse der Schwelle,* Dornach 1969
Steiner, Rudolf, GA 148, *Aus der Akasha-Forschung. Das Fünfte Evangelium,* Dornach 1963
Steiner, Rudolf, GA 150, *Die Welt des Geistes und ihr Hereinragen in das physische Dasein,* Dornach 1973
Steiner, Rudolf, GA 153, *Inneres Wesen des Menschen und Leben zwischen Tod und neuer Geburt*, Dornach 1959
Steiner, Rudolf, GA 155, *Christus und die menschliche Seele,* Dornach 1960
Steiner, Rudolf, GA 168, *Die Verbindung zwischen Lebenden und Toten,* Dornach 1976
Steiner, Rudolf, GA 169, *Weltwesen und Ichheit,* Dornach 1963
Steiner, Rudolf, GA 170, *Das Rätsel des Menschen. Die geistigen Hintergründe der menschlichen Geschichte,* Dornach 1978
Steiner, Rudolf, GA 171, *Innere Entwicklungsimpulse der Menschheit. Goethe und die Krisis des neunzehnten Jahrhunderts,* Dornach 1964
Steiner, Rudolf, GA 175, *Bausteine zu einer Erkenntnis des Mysteriums von Golgatha,* Dornach 1961
Steiner, Rudolf, GA 177, *Die spirituellen Hintergründe der äußeren Welt. Der Sturz der Geister der Finsternis,* Dornach 1977
Steiner, Rudolf, GA 180, *Mysterienwahrheiten und Weihnachtsimpulse. Alte Mythen und ihre Bedeutung,* Dornach 1966
Steiner, Rudolf, GA 181, *Erdensterben und Weltenleben. Anthroposophische Lebensgaben. Bewusstseinsnotwendigkeiten für Gegenwart und Zukunft,* Dornach 1967
Steiner, Rudolf, GA 182, *Der Tod als Lebenswandlung,* Dornach 1976

Steiner, Rudolf, GA 186, *Die soziale Grundforderung unserer Zeit – In geänderter Zeitlage,* Dornach 1979
Steiner, Rudolf, GA 196, *Geistige und soziale Wandlungen in der Menschheitsentwickelung,* Dornach 1966
Steiner, Rudolf, GA 203, *Die Verantwortung des Menschen für die Weltentwickelung,* Dornach 1978
Steiner, Rudolf, GA 205, *Menschenwerden, Weltenseele und Weltengeist I,* Dornach 1967
Steiner, Rudolf, GA 207, *Anthroposophie als Kosmosophie I,* Dornach 1972
Steiner, Rudolf, GA 214, *Das Geheimnis der Trinität,* Dornach 1970
Steiner, Rudolf, GA 215, *Die Philosophie, Kosmologie und Religion in der Anthroposophie,* Dornach 1962
Steiner, Rudolf, GA 218, *Geistige Zusammenhänge in der Gestaltung des menschlichen Organismus,* Dornach 1976
Steiner, Rudolf, GA 219, *Das Verhältnis der Sternenwelt zum Menschen und des Menschen zur Sternenwelt,* Dornach 1966
Steiner, Rudolf, GA 223, *Der Jahreskreislauf als Atmungsvorgang der Erde und die vier großen Festeszeiten. Die Anthroposophie und das menschliche Gemüt,* Dornach 1966
Steiner, Rudolf, GA 225, *Drei Perspektiven der Anthroposophie,* Dornach 1961
Steiner, Rudolf, GA 227, *Initiations-Erkenntnis,* Dornach 1960
Steiner, Rudolf, GA 234, *Anthroposophie – Eine Zusammenfassung nach einundzwanzig Jahren,* Dornach 1959
Steiner, Rudolf, GA 239, *Esoterische Betrachtungen karmischer Zusammenhänge V,* Dornach 1975
Steiner, Rudolf, GA 240, *Esoterische Betrachtungen karmischer Zusammenhänge VI,* Dornach 1966
Steiner, Rudolf, GA 253, *Probleme des Zusammenlebens in der Anthroposophischen Gesellschaft. Zur Dornacher Krise vom Jahre 1915,* Dornach 1989
Steiner, Rudolf, GA 257, *Anthroposophische Gemeinschaftsbildung,* Dornach 1965
Steiner, Rudolf, GA 258, *Die Geschichte und die Bedingungen der anthroposophischen Bewegung im Verhältnis zur Anthroposophischen Gesellschaft,* Dornach 1959
Steiner, Rudolf, GA 260, *Die Weihnachtstagung zur Begründung der Allgemeinen Anthroposophischen Gesellschaft 1923/24,* Dornach 1963
Steiner, Rudolf / Steiner-von Sivers, Marie, GA 262, *Briefwechsel und Dokumente 1901–1925,* Dornach 1967
Steiner, Rudolf, GA 264, *Zur Geschichte und aus den Inhalten der ersten Abteilung der Esoterischen Schule 1904 bis 1914,* Dornach 1984
Steiner, Rudolf, GA 265, *Zur Geschichte und aus den Inhalten der erkenntniskultischen Abteilung der Esoterischen Schule von 1904 bis 1914,* Dornach 1987
Steiner, Rudolf, GA 272, *Geisteswissenschaftliche Erläuterungen zu Goethes »Faust« I. Faust, der strebende Mensch,* Dornach 1955
Steiner, Rudolf, GA 273, *Geisteswissenschaftliche Erläuterungen zu Goethes »Faust« II. Das Faust-Problem,* Dornach 1956

Steiner, Rudolf, GA 293, *Allgemeine Menschenkunde als Grundlage der Pädagogik I,* Dornach 1960
Steiner, Rudolf, GA 302, *Menschenerkenntnis und Unterrichtsgestaltung,* Dornach 1971
Steiner, Rudolf, GA 303, *Die gesunde Entwickelung des Menschenwesens,* Dornach 1969
Steiner, Rudolf, GA 307, *Gegenwärtiges Geistesleben und Erziehung,* Dornach 1973
Steiner, Rudolf, GA 315, *Heileurythmie,* Dornach 1966
Steiner, Rudolf, GA 319, *Anthroposophische Menschenerkenntnis und Medizin,* Dornach 1971
Steiner, Rudolf, GA 342, *Vorträge und Kurse über christlich-religiöses Wirken I,* Dornach 1993
Steiner, Rudolf, GA 343, *Vorträge und Kurse über christlich-religiöses Wirken II,* Dornach 1993
Steiner, Rudolf, GA 344, *Vorträge und Kurse über christlich-religiöses Wirken III,* Dornach 1994
Suchantke, Andreas, *Sexualität – Individualität – Bewusstsein,* in: *Erziehungskunst,* März / April 1981, S. 130 ff.
Swedenborg, Emanuel, *Der Mensch als Mann und Weib,* Zürich 1973
Tannahill, Reay, *Kulturgeschichte der Erotik,* Frankfurt/M. 1983
Tannen, Deborah, *Du kannst mich einfach nicht verstehen,* Hamburg 1991
Tournier, Paul, *Rückkehr zum Weiblichen,* Freiburg 1981
Treichler, Rudolf, *Die Entwicklung der Seele im Lebenslauf,* Stuttgart 1981
Vilar, Esther, *Der dressierte Mann – Das polygame Geschlecht – Das Ende der Dressur,* München 1987
Vogel, Lothar, *Der dreigliedrige Mensch,* Dornach 1967
Vogt, Hans-Heinrich, *Tiere intim,* Gütersloh 1973
Wais, Mathias, *Sexueller Missbrauch,* in: Straube, Martin / Hasselberg, Renate (Hrsg.), *Schwellenerlebnisse – Grenzerfahrungen,* Stuttgart 1994, S. 93 ff.
Wais, Mathias, *Sinn und Unsinn der Ehe heute,* Esslingen 1997
Wais, Mathias u.a., *Trennung und Abschied,* Stuttgart 1998
Wickler, Wolfgang / Seibt, Uta, *Männlich – weiblich,* München 1983
Winkler, John, *Der gefesselte Eros,* Marburg 1994
Wistinghausen, Kurt v., *Grundlegung der Ehe,* Stuttgart 1963
Zolligkofer, Ernst, *Ehe ohne Trauschein,* Stuttgart 1976

Register

Der Autor

Wolfgang Gädeke, geb. 1943 in Bremen. Studium am Priesterseminar der Christengemeinschaft in Stuttgart und der evangelischen und katholischen Theologie, Geschichte und Psychologie in Marburg und Tübingen. 1968 Priesterweihe. Tätigkeit als Pfarrer in Ulm, Hamburg und Kiel. Dozent an der Freien Hochschule – Priesterseminar der Christengemeinschaft. Langjährige Tätigkeit als Eheberater; Leitung von Ehe-Kursen für Jugendliche und Erwachsene. Seit 1990 Lenker in der Christengemeinschaft in Norddeutschland. Seit dreißig Jahren verheiratet, vier Kinder.
Im Verlag Urachhaus erschien von ihm bereits *Warum Ehen scheitern. Grundzüge einer anthroposophischen Eheberatung* (1998) und *»Man kommt auch mit wenig Sünden aus …«. Anekdoten aus der Christengemeinschaft* (1999).

MANFRED VAN DOORN

Sexualität

Zwischen Geist und Sinnlichkeit

125 Seiten, kartoniert

Die Sexualität gehört zu den großen Paradoxien des menschlichen Lebens. Einerseits spielt sie sich ganz im körperlichen Bereich ab, andererseits gehört sie zu den höchsten geistigen Wirkungskräften, die sich im Menschen offenbaren. Wie ist es möglich, vollmenschlich mit diesem Gegensatz zu leben? Woher beziehen wir unsere Normen, unsere Grenzen, unsere Tabus? Wie gehen wir in Partnerschaften damit um?
Manfred van Doorn schildert die verschiedenen Erscheinungsformen und Dimensionen der Sexualität, die Fragen und Probleme, die durch sie ausgelöst werden, aber auch Wege zu einem neuen, spirituellen Umgang mit ihr.

BARTHOLOMEUS MARIS

Sexualität Verhütung – Familienplanung

Methoden / Entscheidungshilfen / Vor- und Nachteile

143 Seiten, kartoniert

Wird über eine geeignete Methode zur Schwangerschaftsverhütung nachgedacht, steht die Frage nach ihrer Sicherheit meist an erster Stelle. Doch jede Methode ist auch mit einer Manipulation des menschlichen Körpers oder mit einer Beeinträchtigung der Intimsphäre verbunden, die das eigene körperliche Wohlbefinden verändern kann.
Wer von Anfang an neben der Zuverlässigkeit auch mögliche Auswirkungen auf Gesundheit, Sexualität, Partnerschaft und Familienplanung in seine Überlegungen einbeziehen möchte, findet in diesem Ratgeber eine unentbehrliche Hilfe, um sich für die individuell am besten geeignete Methode zu entscheiden.

- Wie wirken die unterschiedlichen Verhütungsmethoden, welche Vor- und Nachteile haben sie?
- Wie zuverlässig sind sie und was sollte man bei ihrer Anwendung beachten?
- Welchen Einfluss haben sie auf Sexualität und Partnerschaft?
- Welche Methode ist in welchem Alter und in welcher Lebenssituation am besten geeignet?
- Wo liegen die Grenzen und Möglichkeiten der Familienplanung?

aethera®